Die Unwägbarkeit des Glücks

Mary Jo Putney

Die Unwägbarkeit des Glücks

Roman

Deutsch von Bettina Albrod

Weltbild

Die amerikanische Originalausgabe erschien
unter dem Titel *The Burning Point* bei Berkley Books,
a member of Penguin Putnam Inc.

Besuchen Sie uns im Internet:
www.weltbild.de

Genehmigte Lizenzausgabe
für Verlagsgruppe Weltbild GmbH,
Steinerne Furt, 86167 Augsburg

Übersetzung: Bettina Albrod
Umschlaggestaltung: Studio Höpfner-Thoma, München
Umschlagmotiv: gettyimages, München
Gesamtherstellung: GGP Media GmbH,
Karl-Marx-Straße 24, 07381 Pößneck
Printed in Germany
ISBN 3-8289-7145-8

2006 2005 2004 2003
Die letzte Jahreszahl gibt die aktuelle Lizenzausgabe an.

Für Ruth, eine Literaturagentin, die den Dingen
immer auf den Grund gegangen ist

»Die Liebe ist der Brennpunkt des Lebens ...
Je stärker die Liebe ist, desto größer ist der
Schmerz.«
»Aber die Liebe erträgt alles.«

Joseph Campbell und Bill Moyers,
Die Macht des Mythos

DANKSAGUNG

Ich möchte mich bei Familie Loizeaux von *Controlled Demolition Incorporated* dafür bedanken, dass sie mir bei den technischen Aspekten dieses Romans geholfen hat. Unnötig zu sagen, dass sie *CDI* in einer weitaus professionelleren Art führt als es bei meinem fiktiven Sprengungsunternehmen der Fall ist, von der Unfallsicherheit ganz zu schweigen.

Insbesondere danke ich Stacey Loizeaux, die bereits in dritter Generation zu *CDI* gehört und der lebende Beweis dafür ist, dass es keinen Grund gibt, warum nicht eine Frau Gebäude in die Luft jagen kann, wenn sie will. Alle Fehler in der Darstellung liegen bei mir.

Es braucht die Unterstützung vieler Freunde, wenn eine Autorin sich vorsichtig von einem Genre ins andere wagt. Mein größter Dank für Hilfe und Verständnis geht (in keiner besonderen Reihenfolge) an Binnie Braunstein, Kate McMurry, Laura Resnick, Jeri Wright, Suzanne Kelly, Mary Kilchenstein, Denise Little, Laurie Miller, Val Taylor, Jaclyn Reding, Barbara Ankrum, Chris Ashley, Shannon Katona, Brad Clark und Mary Shea. Nicht vergessen seien Loretta Chekani, Marjorie Farrell, Alison Hyder, Julia Kendall, Carol O'Hanlon, Ciji Ware, Nic Tideman, Peggy Wyne und ganz besonders der unbezähmbare Pat Rice.

Außerdem danke ich Colleen Faulkner für die fruchtbaren Katzen, aber ich kann wirklich keines der kleinen Kätzchen nehmen.

PROLOG

Vor fünfundzwanzig Jahren

Ein durchdringender Heulton durchschnitt die Morgenluft. In der wartenden Menge, sicher durch Absperrungen zurückgehalten, breitete sich erwartungsvolles Gemurmel aus. In der Kommandostelle hüpfte Kate Corsi vor Aufregung von einem Fuß auf den anderen. »Jetzt, Papa?«

Sam Corsi lachte. »Noch nicht, Katie. Das ist nur die Warnsirene, dass es in zwei Minuten losgeht.«

Katie versuchte, still zu stehen, aber zwei Minuten kamen ihr vor wie eine Ewigkeit. Sie wusste, dass es der Beruf ihres Vaters war, Gebäude in die Luft zu jagen, und sie hatte Filme über seine Arbeit gesehen. Aber das hier war anders, zum ersten Mal war sie selber dabei. Unruhig zerrte Katie an dem Band, das ihre blonden Haare bändigte. »Darf ich auf den Knopf drücken?«

»Wenn du lieb bist, lasse ich dich eines Tages die Sprengladung zünden, aber dieses Mal nicht.« Sam Corsi fuhr ihrem Bruder durch die dunklen Haare. »Das Geschäft wird einmal Tom gehören, und er muss lernen, wie man mit so viel Kraft umgeht.«

Tom schlang in einer entschuldigenden Umarmung einen Arm um Kate. »Deine Zeit wird schon kommen, Kleine.«

Der Countdown, durchgeführt von Luther Hairston, nahm seinen Lauf. Als er bemerkte, dass Kate ihn beobachtete, zwinkerte er ihr zu, ohne das stetige Zählen zu unterbrechen.

»In Ordnung, Tom«, befahl Sam Corsi. »Leg den Finger auf den Knopf und warte, bis ich ›jetzt‹ sage. Drücke nicht, ehe ich es dir sage.«

Tom sah ein wenig blass aus, als er den Finger auf den Knopf legte. Aber Kate wusste, dass er keinen Fehler machen würde. Er war der klügste große Bruder der Welt.

Sieben, sechs, fünf, vier, drei, zwei ...

»Jetzt«, bellte ihr Vater.

Tom drückte so hart zu, dass seine Fingerspitze weiß wurde. Nichts geschah, und Kate hatte einen schrecklichen Moment lang das Gefühl, ihr Herz würde still stehen bleiben.

Dann erklang aus dem Gebäude auf der anderen Straßenseite ein Knall wie von einem Maschinengewehr, und Staubwolken quollen aus den Fenstern im Erdgeschoss. Es folgten tiefe, markerschütternde Explosionen. Die Wände fielen nach innen, und das ganze große Gebäude sank in sich zusammen. Kate schrie vor Begeisterung.

Ihr Vater hob sie auf seine Schultern, damit sie besser sehen konnte. »Sieh genau hin, Katie. Das ist *Phoenix Demolition* bei der Arbeit, und wir sind die Besten!«

Kate hüpfte auf und ab. »Eines Tages sprenge auch ich Gebäude in die Luft.«

Sam lachte leise. »Sprengungen sind nichts für Mädchen. Tom wird die Firma führen. Wenn du ihn nett darum bittest, lässt er dich vielleicht im Büro arbeiten.«

»Die Zeiten ändern sich, Sam«, warf Luther ein. »Dieses lebhafte kleine Mädchen wird vielleicht eine gute Ingenieurin sein, wenn sie einmal erwachsen ist.«

»Meine Tochter wird niemals als Sprengmeisterin arbeiten.«

Kate schniefte. Papa war störrisch, aber das war sie auch. Sie würde ihn schon dazu bringen, dass er sie in der Firma arbeiten ließ.

Denn Katherine Carroll Corsi wollte wirklich Gebäude in die Luft sprengen.

1. Kapitel

Gegenwart, außerhalb von Washington, D.C.

Noch eine Stunde bis zur Detonation.

Bis zum Sonnenaufgang war es noch eine Weile hin. Donovan trat in die Wärme des Bürocontainers von *Phoenix Demolition,* der neben dem schäbigen Apartmenthaus aufgestellt worden war, welches das gegenwärtige Projekt der Firma war. Sein Chef Sam Corsi goss ihm ungefragt einen Becher Kaffee ein und reichte ihn ihm.

»Danke.« Donovan nahm einen heißen Schluck. »Verdammt, ist das kalt draußen. Fällt schwer, da an die globale Erwärmung zu glauben.«

»Alles in Ordnung?«

Donovan nickte. »Alles klar, und wir liegen sogar etwas besser in der Zeit als der Plan vorsieht. Jetzt fehlt nur noch die Sprengung selbst. Soll ich das machen?«

»Zum Teufel, nein. Ich habe nicht all die Jahre lang *PDI* aufgebaut, damit junge Kerle wie du Spaß haben.«

Donovan, der keine andere Antwort erwartet hatte, grinste. Der letzte Handgriff, um ein Gebäude dem Erdboden gleich zu machen, war eine besondere Art von Erlebnis, und Sam nutzte seine Stellung schamlos aus, um das zu tun, so oft er konnte. Um keinen Preis würde er seine rechte Hand den Job übernehmen lassen, nicht einmal in einer Nacht, in der sogar ein Eisbär frieren würde.

Sams Tochter Kate hatte ebenfalls diese übertriebene Begeisterungsfähigkeit gehabt. Kate, Donovans lang verflossene, aber nicht vergessene Ex-Frau.

Sam trank den Rest seines Kaffees aus, den Blick auf die dunkle Silhouette des Jefferson Arms gerichtet, das sich schwarz vor den Lichtern Washington D.C.s abzeichnete. Davor hielten Polizeikräfte die Schaulustigen in sicherer Entfernung. Weil es an diesem frühen Januarmorgen besonders kalt war, hatten sich nur wenige eingefunden, um Zeuge der Sprengung zu werden.

Brüsk fragte Sam: »Hast du je überlegt, dich wieder mit Kate zusammen zu tun?«

»Himmel, Sam!« Donovan verschluckte sich an seinem Kaffee. »Wie, zum Teufel, kommst du denn darauf? Es ist gut zehn Jahre her, seit Kate und ich uns getrennt haben, und soweit ich weiß, hat sie seitdem nie mehr einen Fuß nach Maryland gesetzt.«

Sam zuckte die Achseln, den Blick immer noch auf das Jefferson Arms gerichtet. »Ja, aber es hat auch keiner von euch Anzeichen gezeigt, sich jemand anderen zu suchen. Ihr wart zu jung, als ihr geheiratet habt, aber da war etwas verdammt Gutes zwischen Euch. Außerdem wünscht sich Julia ein paar Enkelkinder zum Verwöhnen.«

Donovan zuckte zusammen, als sich die Unterhaltung auf gefährlichen Boden bewegte. »Du hast Recht, dass wir zu jung waren. Aber selbst wenn man mal annimmt, dass Kate Interesse hätte – und offen gesagt denke ich, dass sie mich eher in der Hölle sehen würde –, ist da noch das kleine Problem, dass sie in San Francisco lebt. Das ist nicht gerade die ideale Entfernung für Verabredungen.«

»Die Dinge ändern sich.« Sam warf einen Blick auf die Uhr und zog sich dann Handschuhe und Parka an. »Kann sein, dass ich Tom demnächst mal anrufe.«

Diese Bemerkung war ein noch größerer Schock als der Vorschlag mit Kate. Donovan dachte an Sams unerwartete Einlieferung in die Notaufnahme im letzten Monat und fragte unsicher: »Haben die Ärzte etwas an deinem Herzen gefunden, von dem du mir nichts erzählt hast? Ich dachte, sie hätten gesagt, dass es eine Magenverstimmung war.«

»Alles in Ordnung mit meinem Herzen, das kann ich mit einem EKG beweisen.« Sam setzte sich den Hut auf seine grau gesprenkelten Haare und griff sich eine große Taschenlampe. »Aber ich muss zugeben, dass es mich nachdenklich gemacht hat, so ins Krankenhaus gekarrt zu werden. Keiner lebt ewig. Vielleicht ist es an der Zeit, dass ich ein paar Leuten den Kopf wasche.«

Als Sam den Ausdruck auf Donovans Gesicht sah, grinste er und schlug ihm spielerisch mit der Faust gegen die Schulter. »Mach dir keine Sorgen. Wenn ich ein paar Leuten den Kopf wasche, dann nur zu deinem Besten.« Damit trat er hinaus in die Kälte der Nacht.

Donovan fragte sich, wozu das eben hatte gut sein sollen, und überprüfte dabei den Funkkontakt zu den anderen Mitarbeitern. Eine perfekte Sprengung war kein Zufall, und die unfallfreie Geschichte von *PDI* war das Ergebnis sorgfältigster Planung bei jedem Schritt eines Projekts. Auch diese Sprengung war Routine, wenn man bei dem Vorgang, ein mächtiges Hochhaus innerhalb von Sekunden dem Erdboden gleich zu machen, überhaupt von Routine sprechen konnte. Nicht mehr lange, und das Bauwerk würde ausgelöscht sein, und zwar nicht mit einem leisen Wispern, sondern mit einem gewaltigen Knall. An seiner Stelle würde dann etwas Besseres entstehen.

Der tanzende Strahl der Taschenlampe bezeichnete Sams Weg durch das Jefferson Arms. Er war in dem hallenden Gebäude unterwegs, um noch einmal jede Sprengladung zu überprüfen, jeden Draht und sogar das Mehl, das seine Leute auf den Fluren und Treppen verstreut hatten, um zu prüfen, ob sich noch ein Obdachloser oder ein streunendes Tier in dem Gebäude versteckt hielt.

Noch zwanzig Minuten bis zur Sprengung. Aufgekratzt vom Adrenalin, das immer vor der Sprengung bei ihm freigesetzt wurde, griff Donovan wieder nach dem Mikrofon der Funkanlage. »Wie sieht's aus, Sam?«

»Alles klar«, dröhnte die Stimme seines Chefs. »Der Bau hier mag zwar ein lausiges Wohngebäude gewesen sein, aber er wird einen großartigen Haufen Kies abgeben. In zehn Minuten bin ich draußen.«

Donovan wollte gerade das Mikrofon abstellen, als er Sam murmeln hörte: »Das ist aber seltsam.«

»Was denn?«

»Ich bin mir nicht sicher. Einen Moment ...«

Plötzlich erklang ein ohrenbetäubender Knall durch die Stille der Nacht. Eine Reihe von Explosionen ging durch das Jefferson Arms und hüllte das Gebäude in Rauch und Flammen. Die Wände wölbten sich nach innen, und während Sand und Steine in alle Richtungen flogen, sank das Haus majestätisch in sich zusammen.

»Sam! *Sam!*«, schrie Donovan panisch und rannte instinktiv durch die Tür nach draußen.

Aber es war zu spät. Tausende Tonnen Beton hatten bereits den Mann unter sich begraben, der sein halbes Leben lang Boss, Freund und Ersatzvater für ihn gewesen war.

Drei Tage später

Beerdigungen waren die Hölle, und der Leichenschmaus danach war nicht viel besser. Kate Corsi hatte die Grenzen ihrer Belastbarkeit erreicht und zog sich für ein paar Minuten zurück, um nicht vor Dutzenden von Freunden und Verwandten zusammenzubrechen. Da sie im ersten Stock kein ruhiges Plätzchen fand, stieg sie die teppichbelegten Stufen des großen Hauses hinauf, bis sie das hintere Schlafzimmer erreichte, das ihr Vater als Arbeitszimmer genutzt hatte.

Alles in diesem Zimmer erinnerte an Sam Corsi, von den verschiedenen Andenken an gesprengte Gebäude bis hin zu dem schwachen Zigarrengeruch der noch im Zimmer hing. Kate hob einen Jahrhunderte alten Ziegelstein hoch, der von der Sprengung einer Fabrik in New England stammte. Das war das erste Projekt von *PDI* gewesen, das für einen Hollywood-Film verwendet worden war – es war ein Film über eine Invasion durch Außerirdische – und Sam war darüber völlig aus dem Häuschen gewesen. Seitdem waren noch einige Sprengungen des Unternehmens auf Kinoleinwand gebannt worden.

Kate legte den Stein wieder hin, nahm eine Zigarre aus der Schachtel und drückte sie an ihre Wange. Der starke, würzige Geruch erinnerte sie auf ganz eindrückliche Weise an ihren Vater. Er hatte meistens in diesem Zimmer geraucht, aber der schwache Zigarrenduft hatte ihn überallhin begleitet.

Sie legte die Zigarre zurück, trat ans Fenster und drückte ihre Stirn an die Scheibe, während ihr die Tränen in die Augen stiegen. In den vergangenen drei Tagen war ihr das Leben unwirklich vorgekommen, seit sie morgens um vier durch das Klingeln des Telefons aus dem Schlaf gerissen worden war. Auch mit hundert Jahren würde sie nie die Stimme ihrer Mutter vergessen, als diese ihr den tragischen Tod von Sam Corsi mitteilte. Innerhalb von Sekunden war die Entfremdung Kates zu ihrem Vater verschwunden, als sie die Erinnerung an ihre liebevolle Beziehung zu ihm mit Trauer erfüllte.

Am Vormittag hatte sie bereits in San Francisco im Flugzeug gesessen, um nach fast zehn Jahren zu ihrem ersten Besuch nach Maryland zu fliegen. Als sie landete, hatte man die Leiche ihres Vaters bereits aus den Trümmern geborgen und den Zeitpunkt der Beerdigung festgesetzt.

Seitdem war Kate mit ihrer Mutter ununterbrochen damit beschäftigt gewesen, Entscheidungen zu treffen und die Beerdigung zu organisieren. Sam Corsi war wie sein Unternehmen, die *Phoenix Demolition International,* einzigartig gewesen, und sein Tod durch eine vorzeitige Explosion war Titelthema auf der ersten Seite der *Baltimore Sun*. Jetzt lag er nach einem hastigen Beerdigungsgottesdienst, mit eisigem Wind, in der froststarren Erde. Es war der kälteste Januar seit langem.

Kate konnte immer noch nicht fassen, dass ein so dickköpfiger, unerträglicher und dabei großherziger und liebenswerter Mann plötzlich einfach weg sein konnte. Unbewusst war sie davon ausgegangen, dass ihr Vater ewig leben würde. Oder zumindest so lange, bis die Kluft zwischen ihnen wieder hätte überbrückt werden können. Sie hätte sich mehr darum bemühen sollen. Jetzt war es zu spät. Verdammt, zu spät.

Das Klappern hoher Absätze schreckte Kate auf, und rasch richtete sie sich auf und wischte sich die Tränen aus den Augen, als eine zweite Frau das Zimmer betrat. Das dunkle Fenster spiegelte ein Bild wider, das fast ihr eigenes hätte sein können. Ihre Mutter Julia hatte Kate die hoch gewachsene Figur und das blonde Haar vererbt. Nur Kates schokoladenbraune Augen stammten eindeutig von ihrem italienischen Vater.

Kate drehte sich um, um sich von Julia umarmen zu lassen und ihre Mutter ebenso zu halten. »Wie geht es dir, Mutter?«

»So leidlich.« Julia klammerte sich voller Anspannung an ihre Tochter, und Kate drückte sie an sich und spürte voller Mitleid ihren Schmerz.

Dann schwand die Spannung, und Julia trat zurück, aber scharfe Linien hatten sich in ihrem Gesicht eingegraben, ihre Haut wirkte grau und leblos vor Erschöpfung. »Ich bin dir gefolgt, um dir zu sagen, dass Charles über das Testament deines Vaters reden möchte.«

Ohne Zweifel war auch ihre Mutter froh über eine Entschuldigung gewesen, der Menge unten für einen Moment entkommen zu können. »Ich dachte, die Verlesung des letzten Willens vor versammelter Familie käme nur in Viktorianischen Romanen vor.«

»Das wird hier nicht ganz so sein.« Julia wandte den Blick ab. »Aber es wird Dinge geben ... die zu besprechen sind.«

Ehe Kate fragen konnte, was denn so wichtig war, dass es noch heute Abend besprochen werden musste, ließ ihre Mutter sich auf einen hölzernen Stuhl sinken und schlang die Arme um sich. »Hoffentlich gehen sie alle bald. Ich weiß nicht, wie lange ich das noch ertragen kann.«

Sanft legte Kate Julia die Hand auf die Schulter. »Mutter ...«

Julia bedeckte die Hand ihrer Tochter mit der eigenen. »Es tut gut zu hören, dass die Leute über Sam reden, und wie sie ihn in Erinnerung haben. Aber es ist auch sehr schmerzlich. Ich verbringe schon den ganzen Tag damit, gegen die Tränen anzukämpfen.«

»Keinen würde es stören, wenn du weinst.«

»Doch, mich, weil ich nicht wüsste, wie ich wieder aufhören soll.«

Kate umfasste die Schultern ihrer Mutter noch fester. Die blaublütige Julia Carroll war ganz anders als Sam Corsi, ein stolzer Junge aus Ost-Baltimore, aber das hatte ihrer glücklichen Ehe nicht im Wege gestanden. Sie hatte jedes Recht, auf ihre Weise zu trauern. Kate konnte ihre Mutter gut verstehen, denn auch sie hatte den Drang, der Welt gefasst gegenüberzustehen.

Julia schloss die Augen. »Ich bin so froh, dass du da bist, Kate. Dich in San Francisco zu besuchen ist nicht dasselbe, wie dich zu Hause zu haben.«

Der Grund, warum Kate Baltimore fast zehn Jahre lang nicht mehr besucht hatte, befand sich im Erdgeschoss, verlockend wie die Sünde und doppelt so gefährlich. Aber heute verblassten Kates Probleme angesichts des Verlusts, den ihre Mutter erlitten hatte. »Natürlich bin ich gekommen. Dad und ich hatten unsere Schwierigkeiten« – was eine Untertreibung war – »aber in den letzten paar Jahren ging es aufwärts. Nicht wie bei Dad und Tom.«

»Ich wünschte, Tom wäre hier.« Julia schlug die Augen auf und lächelte traurig. »Ich wette, du hast ihn gefragt, ob er kommen würde, und er hat geantwortet, da er zu Dads Lebzeiten nicht willkommen war, wüsste er nicht, warum er es jetzt sein sollte.«

»Ziemlich genau so war es«, gab Kate zu. »Können Mütter Gedanken lesen?«

»Das gehört zu unseren Aufgaben.« Müde stand Julia auf. »Ich kann Tom keinen Vorwurf daraus machen, dass er nicht zur Beerdigung gekommen ist, nicht nachdem Sam ihn so behandelt hat. Der Mann konnte so unmöglich sein ...«

Ihre Stimme erstarb, und Kate vermutete, dass Julia sich an den Zerfall ihrer Familie erinnerte, ein Ereignis, das auch nach zehn Jahren nichts an Schmerz eingebüßt hatte. Da Kate nicht darüber sprechen wollte, sagte sie: »Wenn du etwas zur Ruhe gekommen bist, musst du uns in San Francisco besuchen. Tom und ich nehmen dich gerne auf, solange du willst.«

»Er hat mich zu sich eingeladen, als er gestern angerufen hat. Vielleicht nehme ich ihn beim Wort.« Mit zitternden Fingern strich Julia sich das Haar zurück. »Es wäre schön ... wegzukommen.«

Kate überlegte, ob sie ihrer Mutter nicht vorschlagen sollte, nicht mehr zu den Gästen zu gehen, aber Julia würde niemals ihre Gastgeberpflichten versäumen. Dann hatte sie eine Idee. »Hast du nicht immer gesagt, dass eine Gastgeberin allen Gästen das Gefühl geben soll, dass sie willkommen sind, um sie dann loszuwerden, wenn sie genug von ihnen hat?« Kate deutete auf das zugefrorene Fenster. »Das hier ist Maryland – wir brauchen nur anzudeuten, dass es bald Schnee geben könnte, und die Leute werden schneller gehen, als du ›weißer Schrecken‹ sagen kannst.«

Die Miene ihrer Mutter hellte sich auf. »Lass uns das machen.«

Kate hob anerkennend den Daumen, und Julia erwiderte die Geste mit einem schwachen Lächeln.

Zusammen verließen sie das Arbeitszimmer, und Julia trug wieder die gefasste Miene zur Schau, die Kate täglich in ihrem eigenen Spiegel sah. Die Falten ihrer Mutter erinnerten Kate an deren Mutter, und für einen kurzen Moment sah Kate eine Generation von Müttern und Töchtern vor sich, die sich durch Strenge, Kraft, Loyalität und immer wiederkehrende Konflikte auszeichnete. Wenn sie Glück hatte, würde sie vielleicht eines Tages selber eine Tochter haben.

Aber das war ein weiteres Thema, das zu schmerzhaft war, um darüber nachzudenken. Kate riss sich zusammen und folgte ihrer Mutter entschlossen die Treppe hinunter.

2. Kapitel

Kate war ins Wohnzimmer zurückgekehrt – Donovan konnte ihre Gegenwart spüren. Den ganzen Tag über war er sich ihrer bewusst gewesen. Nur gut, dass ihn die Arbeit nach Sams Tod so in Atem gehalten hatte, dass er Kate erst zur Beerdigung gesehen hatte.

Donovan beendete das Gespräch mit einer tränenreichen Cousine Corsis, füllte sein Ginger Ale auf und sah unauffällig zu, wie Kate ihre Runde machte. Sie verfügte über dieselbe Anmut und den herzlichen Charme, der auch Julia auszeichnete. Verwandte und langjährige Freunde der Familie strahlten, wenn sie sie sahen.

Einen Moment lang spielte Donovan mit dem Gedanken, zu ihr zu gehen und etwas Belangloses zu sagen. Schließlich war alles schon zehn Jahre her. Beide hatten ein reiches, erfolgreiches Leben geführt. Kate arbeitete als Architektin in San Francisco, und er hatte emotionalen und beruflichen Halt als zweiter Mann in Sam Corsis Unternehmen gefunden.

Dann sah Kate in seine Richtung. Als ihre Blicke sich trafen, durchzuckte es Donovan heiß. Rasch wandte er den Kopf ab, als hätte man ihn beim Stehlen ertappt. Schlafende Hunde und Ex-Frauen sollte man nicht wecken. Sein Entschluss wurde noch bestärkt, als er jetzt Val Covington mit Kate sprechen sah. Von Kates alten Schulfreunden wohnte nur noch Val in Baltimore und hatte an der Beerdigung teilnehmen können. Das freute ihn für Kate, denn sie brauchte alle Unterstützung, die sie bekommen konnte, aber Val und Kate zusammen war eine Kombination, an die er auf keinen Fall denken wollte.

Die Gästeschar löste sich jetzt rasch auf, als Gerüchte von nahendem Schneefall aufkamen. Donovan überlegte ebenfalls, ob er nicht gehen sollte, als er sich umwandte und Kate mit einem entschlossenen Lass-es-uns-hinter-uns-bringen-Blick auf sich zukommen sah. Donovan versteifte sich, nicht sicher, ob er mit ihr reden wollte, aber es war zu spät.

Er fühlte sich seltsam hin und her gerissen. Auf der einen Seite war Kate ihm vollkommen vertraut und die Frau, die er mit aller Kraft eines jungen Mannes geliebt hatte. Zugleich war sie eine Fremde für ihn, geprägt von einer Dekade von Ereignissen und Menschen, die er nicht kannte.

Dennoch hätte er sie überall wieder erkannt, trotz der Jahre, die vergangen waren. Ihre blonden Locken wurden durch das ernste Schwarz ihres Hosenanzugs betont, und sie war jetzt noch schöner als mit achtzehn. Natürlich entging ihm das nicht – es war wie eine biologische Reaktion. Sie hatten aus überwältigender Lust aneinander geheiratet, und die war nicht verschwunden, nur weil ihre Ehe mit einem Knall geendet hatte, der zerstörerischer war als Dynamit.

Kate blieb einen halben Meter vor ihm stehen und sagte kühl: »Keine Sorge, ich bin nicht bewaffnet. Ich hielt es für an der Zeit, ganz schrecklich zivilisiert zu sein und dich zu begrüßen. Wie geht es dir, Donovan?«

»Wieder besser. Die letzten Tage –« Seine Stimme brach, als er daran dachte, wie das Jefferson Arms vor seinen Augen zusammengesunken war. »Es tut mir so verdammt Leid wegen Sam, Kate. Wenn man ein Elternteil verliert, ändert das ... alles.« Er sprach aus bitterer Erfahrung, denn seine Eltern waren gestorben, als er siebzehn war.

»Das merke ich gerade.« Kate senkte die Lider und verbarg jede Verletzlichkeit. »Aber du hast genauso das Recht zur Trauer wie ich. Du hast ihn jeden Tag gesehen. Sein Tod hinterlässt in deinem Leben die gleiche Lücke.«

Das stimmte, Sam war wahrscheinlich der wichtigste Mensch in Donovans Leben gewesen. Er betrachtete sein Glas. »Es ist schwer, sich *PDI* ohne Sam vorzustellen. Er war nicht nur der Gründer, sondern auch Herz und Seele des Unternehmens.«

Kate trank einen Schluck Weißwein. »Wie konnte es zu dem Unfall kommen? Ich dachte, Vorsicht wäre die Religion von Phoenix Demolotion?«

»Wenn ich das nur wüsste, Kate. Wir haben einen alten Wohnblock bei Washington gesprengt, reine Routine. Irgendetwas hat die Explosion ausgelöst, als Sam auf der letzten Runde war.«

»Gibt es einen Anhaltspunkt, was das gewesen sein könnte?«

Frustriert schüttelte Donovan den Kopf. »Ich weiß es nicht. Irgendeine Nebenspannung, nehme ich an. Die Gefahr besteht immer bei kaltem, trockenen Wind, aber dennoch hätte es nicht passieren dürfen. Die Feuerwehr ermittelt, aber bisher gibt es noch keine Ergebnisse.«

»Es tut mir Leid, Donovan. Sowohl Dads Tod, als auch, dass du dabei warst. Es muss ein Albtraum gewesen sein.«

Erneut sah er das Bild des Einsturzes vor sich, wie so oft in den letzten drei Tagen. »Ich frage mich immer wieder, ob es etwas gab, was ich hätte tun können.«

»Vielleicht ist es besser, das nicht zu wissen.« Kate sah auf ihr Weinglas hinunter, und helle Lichter schimmerten in ihren blonden Haaren. Nach ein paar Sekunden hob sie den Kopf. »Du siehst gut aus.« Ihre Augen glitten über seinen Anzug. Das war etwas ganz anderes als die Jeans, die sie zu sehen gewohnt war. »Dir ist der Wandel vom Arbeiter zum Büromenschen gut gelungen.«

»Lass dich von dem Anzug nicht täuschen. Ich bin nichts anderes als ein Bauarbeiter.« Er lächelte verlegen. »Besser gesagt, ein Abbauarbeiter.«

So höflich, dass er sich nicht sicher war, ob es ein Seitenhieb war, erwiderte Kate: »Ganz im Einklang mit deinen natürlichen Talenten.« Sie machte Anstalten, sich abzuwenden. »Es war schön, dich zu sehen. Wenn du mich jetzt entschuldigst, da sind noch ein paar Leute, mit denen ich sprechen muss.«

»Warte.« Er hob die Hand, plötzlich unfähig, sie gehen zu lassen, ohne die Kluft zwischen ihnen anzusprechen. »Vor zehn Jahren bist du so schnell gegangen, dass ich nie Gelegenheit hatte zu sagen, dass ... dass es mir Leid tut.«

Ihre braunen Augen wurden dunkel. »Keine Sorge, das weiß ich. Dir hat es *immer* Leid getan.«

Donovan zuckte zusammen, als wenn sie ihn geschlagen hätte. Einen langen Moment herrschte angespanntes Schweigen, dann senkte Kate den Kopf und presste ihre Finger an die Stirn. »Entschuldige, Patrick, das hätte ich nicht sagen sollen. Aber ich will *nicht* darüber sprechen, weder jetzt noch später.«

Damit drehte sie sich um und ging davon, die schmale Gestalt gerade und aufrecht. Donovan holte tief Luft. Kate nannte ihn nur Patrick, wenn es ihr ernst war, also war das Thema ihrer gescheiterten Ehe für sie ein für allemal abgeschlossen. Wahrscheinlich sollte er dankbar dafür sein.

Doch seine Gedanken hielten nicht so leicht inne wie ihr Gespräch. Wie oft hatte er davon geträumt, sie wiederzusehen? Selbst als sie ihn verlassen hatte, war er sich sicher gewesen, dass sie die Dinge wieder ins Lot bekämen, wenn sie miteinander redeten und er sich entschuldigte und alles erklärte. Mit wachsender Dringlichkeit hatte er nach ihr gesucht, selbst nachdem sie die Scheidung eingereicht hatte.

Kurz darauf hatte er erfahren, dass sie fast sofort nach San Francisco gegangen war. Er hatte nie die Chance gehabt, sie umzustimmen, nachdem sie einmal entschieden hatte, dass ihre Ehe vorbei war. Typisch Kate – erst eine lange Phase der Toleranz und des Großmuts, bis sie den Punkt erreicht hatte, an dem sie es nicht mehr ertragen konnte. Da hatte sie die Tür für immer hinter sich zugeschlagen.

Sobald ihm das klar geworden war, hatte es ihm das Herz zerrissen. Wenn Sam nicht gewesen wäre, der für ihn wie ein Vater war, hätte er das nicht überlebt. Wahrscheinlich wäre er mit hundert Stundenkilometern an einen Laternenpfosten gefahren wie sein Vater damals.

Jetzt war Kate ihm körperlich so nahe, dass er sie hätte berühren können, aber emotional entfernter denn je. Seine Augen folgten ihr, als sie von Gruppe zu Gruppe trat und den Leuten Gelegenheit gab, ihr zu sagen, was Sam ihnen bedeutet hatte.

Ihr schwarzer Hosenanzug war das Gegenteil von dem, was sie getragen hatte, als sie sich zum ersten Mal trafen. Er parkte damals Autos beim Maryland Cotillon Ball ein, auf dem junge Damen aus guter Familie in die Gesellschaft eingeführt wurden. Als ihm der Job angeboten wurde, hatte Donovan kaum glauben können, dass es solche Feste überhaupt noch gab. Er nahm den Job an, weil das Stipendium für sein Studium nur für den Unterricht reichte, und er so viel er konnte nebenbei arbeitete, um sich Geld für Bücher und seine Freizeit dazuzuverdienen. Außerdem war er neugierig zu sehen, wie die andere Hälfte der Welt lebte.

Der Ball fand in einem historischen Theater in Baltimore statt. Obwohl das Haus nicht besonders elegant war, wurde das durch die Gäste wettgemacht. Donovan genoss den Anblick stolzer Väter und besorgter Mütter, wie sie mit ihren Töchtern eintrafen. Da es trotz des Dezembers recht mild war, brauchten sich die Debütantinnen nicht wie Eskimos zu verpacken. Selbst die weniger attraktiven Mädchen glitzerten in ihren weißen Kleidern wie Diamanten. Donovan hatte gar nicht gewusst, dass es in Maryland so viele Blondinen gab.

Falls es echte Blondinen waren. Er wusste sehr gut, dass keines der Mädchen so unschuldig war, wie es tat. Die meisten waren das erste Jahr auf dem College, und wahrscheinlich war keine von ihnen mehr Jungfrau. Dennoch genoss er die Illusion eines einfacheren, reineren Zeitalters.

Die Corsis trafen in einer Limousine ein. Julia war ganz aristokratische Eleganz, während Sam das Selbstbewusstsein von Macht und Erfolg ausstrahlte. Kate haute ihn um, sobald sie aus dem Wagen stieg, das blonde Haar hochgesteckt und mit Perlen um den Hals, die echt sein mussten. Ihr Lächeln wärmte die Winternacht. Grace Kelly mit achtzehn in einem leichten, schneeweißen Kleid.

Sie war groß, sicher eins siebzig. Eine gute Größe für

ihn. Donovan war so benommen, dass er fast vergaß, die Wagentür wieder zu schließen. Dann sah Kate ihn an, nicht wie ein reiches Mädchen einen Handlanger ansieht, sondern sie sah *ihn* an.

»Danke.« Und dann zwinkerte sie ihm zu. Von dem Moment an hatte er das Gefühl, als gäbe es nur sie beide auf der Welt. Er wäre ihr in den Saal gefolgt wie eine Motte dem Licht, wenn ihre Mutter nicht gefragt hätte: »Hast du an deine Handschuhe gedacht, Kate?«

Kate blieb stehen und betrachtete erschrocken ihre bloßen Hände. »Tut mir Leid, Mutter, ich habe sie zu Hause liegen lassen. Ich bin einfach nicht für diese Viktorianische Förmlichkeit gemacht.«

Beeindruckend elegant, aber mit einem amüsierten Glitzern in den Augen, hatte ihre Mutter gemurmelt: »Warum überrascht mich das jetzt nicht?«, als sie ein Paar Handschuhe aus ihrer Abendtasche zog.

Kate lachte auf. »Aus demselben Grund, warum es mich nicht überrascht, dass du darauf vorbereitet warst.«

Fasziniert hatte Donovan zugesehen, wie sie die Handschuhe aus weißem Kalbsleder bis zu den Ellbogen hochgezogen hatte. Sie passten wie eine zweite Haut. Als ihre Mutter ein paar Knöpfe an Kates Handgelenk schloss, hatte diese ihm einen Blick zugeworfen, als wenn sie sagen wollte: Du und ich wissen, wie töricht das ist, aber ich will meinen Eltern den Gefallen tun. Dann war sie wie eine Prinzessin in den Ballsaal getreten, ihren Vater und ihre Mutter einen Schritt hinter sich.

Als das nächste Auto vorfuhr, hatte Donovan Kate noch einen letzten, sehnsüchtigen Blick zugeworfen, um sich ihr lachendes Gesicht für immer einzuprägen. Mädchen wie sie waren nichts für Männer wie ihn, die

Autos parkten und als Bauarbeiter arbeiteten, um sich ihr Geld fürs Studium zu verdienen.

Seine Fantasie hatte nicht ausgereicht, um sich auszumalen, wie diese Nacht enden würde.

Aber das war damals gewesen, und jetzt war heute. Donovan wandte sich ab und hoffte, dass niemand gesehen hatte, wie er seine Ex-Frau angestarrt hatte. Die Kate von damals war etwas Besonderes gewesen, jemand, der die Arme ausgebreitet und das Leben mit unschuldigem Vertrauen und einer Intelligenz willkommen geheißen hatte, die ihn entzückt hatten. Jetzt zeigte sie dieselbe unerschütterliche Ruhe wie Julia.

Nicht dass es schlecht war, wenn sie Julia ähnelte – er liebte seine frühere Schwiegermutter. Trotz aller Reserviertheit war sie eine warme, unterstützende Kraft in seinem Leben gewesen. Nicht gerade wie eine Mutter – eher wie eine lebenskluge Tante, die ihn so nahm, wie er war.

Wo Julia reserviert war, war Kate auf der Hut. Und das war zum größten Teil seine Schuld. Keine Frage, seit ihrer Scheidung hatte auch sie Höhen und Tiefen erlebt, aber er wusste ganz genau, dass er derjenige war, der ihre unschuldige Offenheit auf dem Gewissen hatte. Mit den Jahren hatte er alles versucht, um seine Fehler gutzumachen, aber die Vergangenheit konnte niemand mehr ändern. Kate war eine schöne, quälende Erinnerung an die schlimmste Zeit seines Lebens.

Zum Glück würde sie in ein paar Tagen nach San Francisco zurückgehen.

Das Gerücht von nahendem Schnee hatte einen allgemeinen Aufbruch ausgelöst. Als Letzte gingen Kates Cousin Nick Corsi und seine dunkeläugige Frau Angie.

Nick hatte jahrelang für *PDI* gearbeitet, bis er vor kurzem ein eigenes Sprengungsunternehmen aufgemacht hatte. Sein Gesicht war ernst, und Kate fragte sich, ob er genau wie Donovan darüber nachgrübelte, ob es etwas geändert hätte, wenn er zum Zeitpunkt des Unfalls dabei gewesen wäre. Tod und Schuldgefühle waren natürliche Partner.

Kate umarmte ihren Cousin zum Abschied und schloss dann die Tür gegen die eisige Kälte. Jetzt, wo Sam tot war und Nick aus der Firma ausgetreten, gehörte das Unternehmen Julia, und es war am wahrscheinlichsten, dass Donovan *PDI* weiterführen würde. Er würde seine Sache genauso gut machen wie Sam. Vielleicht sogar noch besser, weil er weniger flüchtig war. Zumindest meistens.

Mit einem Anflug von Bitterkeit sagte Kate sich, dass Donovan es nach ihrer gescheiterten Ehe besser getroffen hatte als sie. Er hatte eine neue Familie und eine aufregende Karriere gewonnen, während sie ein paar tausend Meilen weit weg in einem Beruf gestrandet war, der nicht ihre erste Wahl war. Erst ein Todesfall hatte sie nach Maryland zurückgebracht, und das nicht nur, weil sie immer Donovan aus dem Wege hatte gehen wollen. Der Hauptgrund war, dass sie nicht hatte sehen wollen, wie viel sie aufgegeben hatte. Und doch, wenn sie den Zusammenbruch ihrer Ehe noch einmal durchmachen müsste, würde sie sich wohl wieder so entscheiden, also bestand kein Grund für Selbstmitleid.

Kate ging ins Wohnzimmer zurück und hielt unter der Tür inne. Selbst mit den leeren Tellern und Gläsern, die überall herumstanden, besänftigte sie die Eleganz der polierten Antiquitäten und des farbenfrohen persischen Teppichs. Das Zimmer hatte Julia eingerichtet, aber Sam hatte es geliebt, weil es für ihn ein Symbol dafür war, wie weit er es seit Ost-Baltimore gebracht hatte.

Als Julia Kate erblickte, erhob sie sich aus einem Schaukelstuhl, in den sie sich für einen Moment zurückgezogen hatte. »Janet wird hier gleich aufräumen, deshalb hat Charles vorgeschlagen, dass wir uns in das Familienzimmer zurückziehen.«

Kate seufzte. Sie hatte vergessen, dass der Anwalt noch mit ihnen sprechen wollte. Als sie mit ihrer Mutter den Flur entlangging, fragte sie: »Das wird doch nicht lange dauern, oder? Das meiste geht doch sowieso an dich. Wenn ich daran denke, wie er Tom und mich abgelehnt hat, wird unser Erbe nicht gerade üppig ausfallen.«

»Mit solchen Vorhersagungen wäre ich an deiner Stelle lieber vorsichtig. Auch wenn es deinem Vater schwer gefallen ist, einige eurer Entscheidungen zu akzeptieren, hat er nie aufgehört, dich und deinen Bruder zu lieben.«

Kate hatte nicht wirklich an der Liebe ihres Vaters gezweifelt, auch wenn er ihr nie verzeihen konnte, dass sie sich von Donovan hatte scheiden lassen und Maryland verlassen hatte. Über die Jahre ihres selbst auferlegten Exils waren sie wieder miteinander ins Reine gekommen. Es hatte Besuche in San Francisco und regelmäßige Telefonate gegeben. Auch wenn ihre Gespräche nie sehr tief gingen, waren sie doch wieder Freunde geworden.

Aber mit Tom war es etwas anderes. Sam hatte fast zehn Jahre lang nicht mehr mit ihm gesprochen. Kate hoffte innbrünstig, dass ihr Vater Tom etwas hinterlassen hatte – irgendetwas – als Geste der Versöhnung.

Das Licht im Familienzimmer war gedämpft, und Oscar Wilde, der Familienhund, döste vor dem Kaminfeuer. Hier lag das echte Herz des Hauses, das viel besser als das formelle Wohnzimmer zeigte, wie Julia Gemütlichkeit schaffen konnte. Die soliden, bequemen Möbel, die sie gekauft hatte, als ihre Kinder noch klein waren, hatten Jahre des Hüpfens, Fernsehens und Zeitungslesens überstanden. Der Stapel bunter Kissen in einer Ecke hatte unzähligen Jugendlichen als bequeme Sitzgelegenheit gedient, denn die Freunde ihrer Kinder waren Julia immer willkommen gewesen.

An der Wand neben dem Kamin hingen die Familienfotos; Dutzende von Aufnahmen aus dem Familienleben. Kates Blick wanderte von den Schnappschüssen von Tom als Messdiener und beim Kricket zu sich selbst, wie sie mit ihrer Mutter in einem Garten voller Frühlingsblumen arbeitete. Julia hatte den grünsten Daumen in ganz Roland Park. Neben dem Gartenbild war ein hübsches Porträt von Sam und Julia von dem Abend, als sie zum Essen ins Weiße Haus eingeladen waren, und ein Foto von Sam, wie er seiner Mutter beim Einzug in das Haus half, das er ihr in Baltimore gekauft hatte, unterstützt von rund zwanzig weiteren Corsis inklusive Kate und Tom.

Kates Blick verweilte auf ihrem eigenen Hochzeitsfoto. Himmel, Donovan und sie sahen so jung und glücklich aus, dass es schmerzte. Es war typisch für Julia, dass sie dieses Bild oder die von Tom nicht abgehängt hatte. Die Geschichte der Corsis war an diese Wand geschrieben, egal, ob gute oder schlechte Zeiten.

Kate kamen fast die Tränen, als sie an die guten Zeiten dachte. Sie trugen alle einen Teil der Schuld daran, dass sie zerstört hatten, was einmal eine glückliche Familie gewesen war.

Als sie eintraten, schloss Charles Hamilton das Kamingitter. Seine kantigen Züge wurden von den Flammen beleuchtet. Er war Ende fünfzig und von der gleichen schlanken, aristokratischen Gestalt wie Julia. Tatsächlich sah er genauso aus, wie man sich einen Familienanwalt vorstellte. Doch dem Klischee wurde Charles nicht annähernd gerecht. Vor langer, langer Zeit waren er und Julia einmal verlobt gewesen. Es wäre eine ungemein vernünftige Verbindung zwischen zwei blaublütigen Familien Marylands geworden. Aber dann sprengte Julia ihre Grenzen und löste die Verlobung, als Sam Corsi in ihr Leben trat. Statt nun an Liebeskummer zu leiden, hatte Charles seine Verwandten bestürzt, indem er rasch Barbara Kantor geheiratet hatte, eine kluge und warmherzige jüdische Anwältin.

Konservative sagten vorher, dass beide Ehen scheitern würden. Stattdessen blühten sie und wurden mit je zwei Kindern gesegnet. Die beiden Familien hatten einander von jeher nahe gestanden. Tom und Kate waren mit den Töchtern der Hamiltons, Sandy und Rachel, fast von der Wiege auf befreundet gewesen.

Kate verspürte einen schmerzhaften Stich,als sie an Barbara dachte, deren unverblümte Offenheit sie zugänglicher gemacht hatte als ihre eigene Mutter, die manchmal einfach zu ... perfekt war. Barbara war vor zwei Jahren von einem alkoholisierten Fahrer getötet worden, was Charles gut darauf vorbereitet hatte, Julia beim Verlust des Gatten zu trösten.

Oscar erhob sich von seinem warmen Plätzchen am Feuer und trottete mit wedelndem Schwanz herbei, um die Neuankömmlinge zu begrüßen. Kate bückte sich und streichelte sein seidiges Fell. Auch nach so vielen Jahren schien der alte Oscar sich an sie zu erinnern.

Dann sah sie auf und erblickte eine vierte Person rastlos im Zimmer auf und ab gehen. Donovan.

Kate erstarrte, und ihr Puls raste. Wie gut, dass sie das dicke Eis zwischen ihnen vorhin gebrochen hatte. Ansonsten wäre ihr unerwartetes Treffen hier unerträglich geworden.

Er nickte ihr kurz zu, spielte aber mit einem leeren Glas herum, ein Zeichen dafür, dass er weniger entspannt war, als er vorgab. Sie neigte den Kopf, als wenn sie erwartet hätte, ihn hier zu sehen, und nahm so weit entfernt wie möglich von ihm Platz. Seine Anwesenheit hier war tatsächlich zu erwarten gewesen. Sam hatte seinem früheren Schwiegersohn wahrscheinlich ein paar Anteile am Unternehmen hinterlassen, zumal Donovan ein viel passenderes ›Kind‹ geworden war als Kate und Tom. Er war geblieben und hatte in dem Unternehmen gearbeitet und Sam all die Zuneigung und Partnerschaft entgegengebracht, die Sam sich gewünscht hatte.

Zum Tausendsten Mal dachte Kate, wie schade es war, dass keines seiner Kinder so geworden war, wie Sam es sich gewünscht hatte. Noch mehr aber bedauerte sie, dass er keinen von ihnen so hatte akzeptieren können, wie sie waren.

Nachdem Julia und Kate Platz genommen hatten, sagte Charles: »Es ist spät geworden, und wir sind alle müde, deshalb komme ich gleich zur Sache.« Er zog die Brauen zusammen, als er seine Gedanken ordnete. »Sams Testament ist ungewöhnlich. Julias finanzielle Sicherheit ist bereits festgeschrieben, und natürlich erbt sie das Haus. Eine größere Summe ist für wohltätige Zwecke vorgesehen, und es gibt ein paar Hinterlassenschaften für andere Verwandte. Der Rest von Sams Vermögen soll zu gleichen Teilen zwischen dir,

Kate, und Tom geteilt werden, wohingegen *Phoenix Demolition* an Donovan geht – unter gewissen Bedingungen.«

Kate versteifte sich, überrascht, dass ihr Vater Tom und sie zu seinen Erben gemacht hatte. Das würde Tom so viel bedeuten, und das nicht wegen des Geldes.

Kate warf ihrem früheren Mann einen Blick zu. Er sah verblüfft und erfreut aus, aber auch misstrauisch. Das gab Kate zu denken. Das Testament musste einen Pferdefuß haben, sonst hätte Charles sie nicht hierher bestellt. »Was für Bedingungen?«

Der Anwalt warf Kate einen Blick zu. »Dass Donovan und du für ein Jahr unter demselben Dach lebt.«

3. Kapitel

Jesus, Maria und Josef!« Die verblüffte Stille wurde durch das Klirren zerbrechenden Glases gebrochen, das Donovan aus der Hand glitt.

Kate sprang auf und verspürte ein so tiefes Erschrecken, dass ihr fast schwarz vor Augen wurde. »Nein!«, stieß sie erstickt hervor. »Das ist doch verrückt! Nicht in einer Million Jahren!«

Ihr Blick wanderte zu Donovan. Sein fassungsloses Gesicht spiegelte ihren eigenen Schock wider.

Sie sollten *zusammenleben*? Die Vorstellung ließ ihr das Blut in den Adern gefrieren.

»Das Testament ist vollkommen rechtskräftig«, sagte der Anwalt, »die Klausel miteingeschlossen, die alle enterbt, sobald einer dagegen angehen sollte.«

Kate schloss die Augen und spürte, wie das Blut in ihren Schläfen klopfte. Ihr Vater hatte nicht gewusst, warum sie sich von Donovan hatte scheiden lassen, und wessen Schuld war das? Sie hatte Schweigen einem öffentlichen Skandal vorgezogen. Und da hieß es, keine gute Tat bleibt ungesühnt! Kate begann zu zittern, als der Jähzorn, den ihr Vater das ›italienische Erbe‹ genannt hatte, sie ergriff. Sie schlug die Augen auf und sah Donovan wütend an. »Hast du Sam dazu angestiftet?«

»Denkst du, ich bin verrückt?« Seine Stimme hob sich ungläubig. »Lieber würde ich mit einer Wölfin die Höhle teilen.«

So sehr sich Kate wünschte, ihm das Gesicht zu zerkratzen, bemerkte sie doch auch, dass sein Schock genauso groß war wie ihr eigener. Kate fuhr zu ihrer Mutter herum. »Hast du davon gewusst?«

»Ja. Und wirklich, Kate, du solltest versuchen, dich ein bisschen zusammenzureißen. Mach nicht so ein Theater!«

»Und ob! Ich *will* eine Szene machen.« Kate ballte die Fäuste. »Wie konntest du es nur zulassen, dass Sam ein so ... so unglaubliches Testament aufsetzt?«

»Sam war ein gläubiger Katholik, der an die Unauflösbarkeit der Ehe glaubte«, erklärte ihre Mutter. »Du bist zwar nicht katholisch, aber Donovan ist es, und ihr habt kirchlich geheiratet. Da die Ehe nie annulliert wurde, hat sie in Sams Augen immer fortbestanden.«

»Sam konnte ziemlich mittelalterlich sein, aber selbst er wusste, dass eine Scheidung Teil des modernen Lebens ist«, wandte Donovan ein. »Er kann doch nicht wirklich geglaubt haben, dass sein verdammtes Testament eine Ehe wiederbeleben könnte, die seit zehn Jahren tot ist.«

Kate hätte nicht mehr zustimmen können. Sie hätte auf einer Annullierung bestehen sollen. Donovan hatte nie darum gebeten, und sie hatte nichts ins Rollen bringen wollen, was einen Kontakt zu ihm nötig gemacht hätte. Diese Nachlässigkeit hatte Sam die Entschuldigung dafür geliefert zu behaupten, ihre Ehe wäre noch gültig.

Nicht dass ihr Vater eine Entschuldigung gebraucht hätte. Trotz seines Glaubens hatte er selber nicht katholisch geheiratet, weil Julia in ihrer eigenen Kirche hatte heiraten wollen. Dennoch benutzte er die katholische Eheschließung seiner Tochter bereitwillig dazu, noch einmal seinen Kopf durchzusetzen.

Mit Bitterkeit in der Stimme fragte Kate: »Was, wenn Donovan oder ich längst jemand anderen geheiratet hätten? Hätte Sam dann erwartet, dass wir uns scheiden lassen?«

»Für den Fall hätte es eine andere Verfügung gegeben, darauf habe ich bestanden«, sagte Charles. »Doch das hat sich erübrigt, weil ihr beide ledig seid und damit in der Lage, zu wählen, ob ihr die Bedingung erfüllen wollt.«

»Die Bedingung erfüllen!« Kate sah Donovan wütend an. Es war schon schwer genug, vor anderen Leuten wieder mit ihm zu sprechen. Die Vorstellung, mit ihm zusammenzuleben war ... unvorstellbar. »Sam hatte keine Ahnung, was er da verlangt.«

Aber Donovan wusste es. Von seinem Plätzchen am Kamin aus sah er sie an, als wäre sie eine Zeitbombe. Widerstrebend musste Kate anerkennen, dass er genauso betrogen worden war wie sie. Statt das Unternehmen zu erben, das ihm durch seinen Einsatz und seine Loyalität zustand, war Donovan zum Opfer von Sams letzter, bizarrer Laune geworden.

Kate beherrschte sich und sagte mit zusammengebissenen Zähnen: »Nun, das Geld und Sams letzter Versuch, uns auch noch vom Grab aus zu manipulieren, sollen zum Teufel gehen.« Damit strebte sie zur Tür.

»Warte«, sagte Charles energisch. »Ich weiß, dass das ein Schock für dich ist, Kate. Aber vergiss nicht, wenn du die Bedingung ablehnst, ist es nicht nur dein eigenes Erbe, was damit verloren geht. Tom wird dann ebenfalls leer ausgehen, und Sam hat verfügt, dass *PDI* dann an *Marchetti Demolition* verkauft werden wird.«

Bei diesen Worten fluchte Donovan, und Kate blieb stehen. Bud Marchetti war ein langjähriger Freund ihres Vaters, der in regelmäßigen Abständen versucht hatte, *PDI* aufzukaufen und zu einer Unterabteilung seiner Abbruchfirma zu machen. Sam hatte immer über seine Angebote gelacht, aber offenbar hatte er es sich letztlich doch anders überlegt.

»Ich kann dir keinen Vorwurf daraus machen, dass du aufgebracht bist«, sagte Julia ruhig. »Wie du schon sagst, das Testament ist unglaublich, aber Sam hat nie aufgehört zu hoffen, dass ihr zwei eines Tages wieder zusammenkommt.«

Kates Augen wurden schmal. »Du warst doch sicher nicht dieser Meinung.«

»Nein, aber seine Idee hat etwas für sich.« Ernst sah sie zwischen Kate und Donovan hin und her. »Nicht weil eine Chance bestünde, dass ihr zwei euch wieder versöhnt. Ich weiß nicht, warum eure Ehe gescheitert ist, aber offenbar hat sie tiefe Narben hinterlassen, sonst wäret ihr beide nicht noch zehn Jahre danach unverheiratet. Wenn ihr ein Jahr zusammen verbringt, kommt ihr vielleicht mit dem, was geschehen ist, ins Reine und könnt eure Leben weiterführen.«

Kate unterdrückte einen Fluch. »Niemals!«, knirschte sie.

»Bedenke, die Bedingung lautet lediglich, dass ihr unter demselben Dach lebt, nicht dass ihr dasselbe Bett teilt. Genau genommen wäret ihr einfach nur Hausbewohner.« Charles sprach so ruhig, als ginge es um die Einkommenssteuer. »Sam hat etwas genauer aufgeführt, was für ihn akzeptabel wäre. Im Hotel könntet ihr zum Beispiel eine Suite statt eines Zimmers mieten.«

Kate biss die Zähne zusammen, als sie erkannte, wie gründlich Sam sich alles überlegt hatte. Er musste die letzten zehn Jahre damit verbracht haben, Strategien zu entwickeln, wie er seine Tochter und seinen Ex-Schwiegersohn wieder zusammenbekäme.

Charles fuhr fort: »Im Übrigen hat Sam auch angegeben, dass ihr in dem Haus leben sollt, das ihr euch in der Zeit eurer Ehe geteilt habt und in dem Donovan heute noch wohnt.«

Zum Wahnsinn kam jetzt das Absurde! Oscar spürte Kates Niedergeschlagenheit und kam zu ihr getappt, um sich an ihrem Bein zu reiben. Kate streichelte seinen Kopf und spürte die tröstliche Wärme seines weichen Fells an ihren kalten Fingern. Sie richtete sich auf. »Nicht nur ich muss hier zustimmen«, erklärte sie. »Donovan wird genauso wenig mit mir zusammenwohnen wollen wie ich mit ihm.«

Statt der Zustimmung, die sie erwartet hatte, bewölkte sich sein Gesicht. »Kate, wir müssen reden.«

»Eine ausgezeichnete Idee.« Julia erhob sich erschöpft. »Charles, lass uns etwas Alkohol suchen, ich kann einen Drink gebrauchen. Einen Großen!«

Ehe Charles ihr folgte, zog er einen Brief heraus und reichte ihn Kate. »Das hat dein Vater für dich hinterlassen.«

Kate starrte den Brief an und steckte ihn dann in die Tasche. Julia und der Anwalt gingen und ließen Kate und Donovan alleine zurück. Sie trat ans Fenster und sah hinaus, die Haltung steif und abwehrend.

Was zum Teufel war nur in Sam gefahren?, fragte sich Donovan. Soweit er daran seit Sams Tod überhaupt gedacht hatte, war er davon ausgegangen, dass Julia das Unternehmen erben und ihn als Verwalter einsetzen würde. Auch wenn Nick Corsi nicht gegangen wäre, um ein eigenes Unternehmen zu gründen, wäre Donovan die bessere Wahl gewesen. Er hatte bis zum Umfallen gearbeitet, um sich so viel technisches

Wissen anzueignen, dass er so gut war wie Sam, wenn nicht noch besser. Er hatte neue Methoden entwickelt, um Gebäude sprengen zu können, die auf den ersten Blick unzerstörbar aussahen, und er hatte viel freie Zeit darauf verwendet, seinen Universitätsabschluss zu machen.

Er hatte ganz bestimmt nicht wie ein Verrückter geschuftet, um dann als kleiner Angestellter bei Bud Marchetti zu enden. Aus einer Laune Sams heraus würde das Unternehmen verloren gehen, und dann hätte Kate umso mehr Grund, ihren Ex-Mann zu hassen.

Ohne sich vom Fenster abzuwenden, sagte Kate: »Es fängt an zu schneien, Zeit für dich, nach Hause zu fahren.«

»So leicht wirst du mich nicht los«, erwiderte Donovan leichthin, um die Stimmung aufzulockern, »ich habe Allradantrieb.«

Kate schlang die Arme um ihren Bauch und erschauerte. »Du kannst doch nicht wirklich bei dieser ... dieser Farce mitspielen wollen, Donovan. Es wäre die Hölle für uns.«

»Zuerst ja«, stimmte er zu, »aber dennoch ... vielleicht sollten wir doch in Betracht ziehen, mitzumachen.«

Entsetzt wirbelte Kate herum. »Das kann nicht dein Ernst sein!«

Donovan begann mit der Sache, derer er sich sicher war. »Ich will *Phoenix Demolition* haben, Kate.« Er ging langsam auf und ab, wobei er einen großen Abstand zu ihr hielt. »Ich habe ein Dutzend Jahre den Großteil meiner Energie in die Arbeit gesteckt. Wir sind die Besten der Welt, was Sprengungen angeht. Jetzt, wo Sam nicht mehr lebt, kann keiner das Unternehmen besser führen als ich.«

»Auch ich habe ein Geschäft, für das ich mich krumm gelegt habe, und das ist dreitausend Meilen weit entfernt«, schoss sie zurück. »Ich kann es nicht einfach im Stich lassen, und meine Partnerin Liz auch nicht.«

»Es ist höllisch schwer, Kate, für dich noch mehr als für mich.« Donovan sah in die Flammen. »Aber vergiss *PDI*, und vergiss einmal die Arroganz von Sam, der seinen Kopf durchsetzen will. Das wirkliche Problem ist das, was Julia gesagt hat – dass du und ich immer noch in der Vergangenheit gefangen sind.« Donovan sah Kate an und hoffte, dass sie verstand, was er nicht in Worte fassen konnte. »Für mich zumindest trifft das zu. Für dich wahrscheinlich auch, sonst hättest du schon vor Jahren eine neue Beziehung begonnen. Du ... du warst eine gute Ehefrau.«

»Mag sein, dass meine Mutter da Recht hat. Aber wenn ich je zu dem Schluss kommen sollte, dass ich Hilfe brauche, würde ich eine Therapie machen und nicht mit dir zusammenziehen. Wir haben einander schon einmal fast zerstört, Patrick. Wir wären verrückt, einander wieder so nahe zu kommen.«

»Nicht unbedingt. Die meiste Zeit unserer Ehe waren wir gute Freunde. Was uns auseinander gebracht hat, war, dass wir auch Ehepartner waren, Mann und Frau. Diesmal wäre es anders. Wenn wir wieder Freunde werden könnten, kämen wir vielleicht über das hinweg, was passiert ist. Es wäre einen Versuch wert.«

Himmel, dachte Kate. Es stimmte, sie waren Freunde gewesen, hatten zusammen gekocht und gelacht und sich ein Heim geschaffen. Aber glaubte er wirklich, sie könnten ein Jahr zusammenwohnen, ohne miteinander ins Bett zu gehen? War die rotglühende Leidenschaft, die sie Liebe genannt hatten, in ihm erloschen?

Als Kate das kantige Gesicht des Mannes betrachtete, den sie geliebt und gehasst hatte, angebetet und gefürchtet, gingen ihre Gedanken zu dem Abend zurück, an dem alles angefangen hatte.

4. Kapitel

Hast du den tollen Typen gesehen, der die Autos einparkt?« Laurel Clark, die als Einzige von Kates Schulfreundinnen beim Debütantinnenball dabei war, zwinkerte bedeutungsvoll mit den Augen, als sie in der Damentoilette frischen Lippenstift auftrug.

»Mr Groß, Hübsch und Dunkelhaarig?«, erwiderte Kate grinsend. »Ich habe meinen Eltern gesagt, dass ich ihn gewaschen und gebürstet in mein Zelt gebracht haben will. Dad fand das gar nicht komisch.«

Laurel kicherte. »Er nimmt diese Debüt-Geschichte viel ernster als du.«

»Es ist für ihn ein Symbol seines Erfolges. Nicht nur sein Geschäft blüht, sondern er hat auch noch eine Frau aus dem Baltimore-Adel geheiratet. Er findet es toll, dass er seine heiß geliebte Tochter der guten Gesellschaft präsentieren kann. Nicht schlecht für einen Mann aus Little Italy.« Sie wühlte in ihrem Abendtäschchen nach dem Puder. »Nicht dass ich erwarte, dass die Gesellschaft beeindruckt ist, aber jetzt, wo ich Dad zuliebe eine gute, kleine Debütantin bin, ist vielleicht der richtige Zeitpunkt, ihn um einen Ferienjob bei *Phoenix Demolition* zu bitten.«

»Und wenn er nein sagt?«

»Das wird er nicht. Seit ich ein kleines Mädchen war, war für mich klar, dass ich dort arbeiten will, wenn ich erwachsen bin.«

»Ich kann deinen Wunsch, Dinge in die Luft zu jagen, einfach nicht verstehen.«

Kate zögerte. »Die Gebäude werden so oder so abgerissen. Ist es nicht viel würdiger, mit einem einzigen großen Knall abzutreten, als langsam mit einer Abbruchbirne in Stücke geschlagen zu werden?«

»Wenn du es so ausdrückst, klingt es schon interessanter. Aber mehr für dich als für mich. Ich hasse laute Geräusche.« Laurel wandte sich um und spähte über die Schulter, um die Rückseite ihres Kleides zu prüfen. »In diesen adretten weißen Kleidern sehen wir wie Hochzeitstorten aus.«

»Du vielleicht.« Kate puderte sich die Nase und klappte dann die Dose zu. »Wenn ich heirate, wird meine Torte aus Schokolade sein.«

»Ich will zwei Stück, wenn es soweit ist. Und trotzdem hat Tradition etwas für sich. Dieses besondere Ritual, junge Leute der Gesellschaft vorzuführen, ist Jahrhunderte alt. Es hat sogar die revolutionären sechziger Jahre und die Siebziger überlebt, was doch recht beeindruckend ist.«

»Dann lass uns auf die Tradition anstoßen, selbst wenn die Junggesellen, denen wir heute vorgestellt werden, alt genug sind, um unsere Väter sein zu können!« Kate raffte den weiten Rock und knickste tief. »Und jetzt ist es Zeit, Dad dazu zu überreden, mir einen Sommerjob zu geben.«

Lachend verließen sie die Damentoilette und ließen sich der créme de la créme der Gesellschaft von Maryland vorstellen. Je weiter der Abend fortschritt, desto mehr musste Kate zugeben, dass der Brauch zwar archaisch sein mochte, ihr aber auch viel Spaß machte. Als ihr Vater kam, um sie auf die Tanzfläche zu führen, sprudelte sie über vor Zuversicht und guter Laune.

Während sie sich zur Musik drehten, fragte Kate: »Erfüllt der Ball deine Erwartungen, Dad?«

Er lächelte sie mit seinem strahlenden Lächeln an, gegen das nicht einmal eine Steinstatue immun wäre. »Ich weiß, dass du nur mir zuliebe hier bist, aber ja, es gefällt mir. Ich habe als Kind über diesen Ball in der Zeitung gelesen, und es war, als würde ich über ... Versailles lesen. Ich hätte mir nie träumen lassen, dass ich mal eine Tochter haben würde, die zu diesem Teil der Welt dazugehören würde.« Er drückte ihr einen Kuss auf die Stirn. »Du siehst großartig aus, Liebes, genau wie deine Mutter.«

»Und du bist der attraktivste Vater im ganzen Saal.« Das stimmte. Er hatte immer schon gut ausgesehen, und das Grau an seinen Schläfen erhöhte nur seine Anziehungskraft. Kate empfand plötzlich Stolz. In einem Raum voller Männer, die ihr Geld am Schreibtisch verdienten, *tat* Sam Corsi etwas. Er hatte ein Unternehmen aufgebaut, mit dem er Weltspitze war. Das konnte nicht einmal König Louis aus Versailles von sich behaupten.

Es war Zeit für ihr Anliegen. Kate flatterte mit den Wimpern, halb neckend, aber auch ganz ernst. »Dad, ich möchte diesen Sommer ein Praktikum bei *PDI* machen. Es ist an der Zeit, dass ich das Geschäft von der Pike auf lerne.«

Sams Lächeln erlosch. Als er sie herumwirbelte, um einem anderen Tanzpaar auszuweichen, sagte er: »Ich dachte, du hättest dir diesen Unsinn aus dem Kopf geschlagen. Du hast seit Jahren nicht mehr davon gesprochen.«

»Ich habe mir Zeit gelassen«, erwiderte Kate fröhlich. »Ich verstehe, dass du mich nicht als Praktikantin haben wolltest, als ich noch zur Schule ging – Sprengungen darf man nicht auf die leichte Schulter nehmen. Aber jetzt, wo ich auf dem College bin, kannst du nicht mehr sagen, dass ich zu jung dafür wäre. Du kannst nicht viel älter gewesen sein als ich jetzt, als du den Umgang mit Sprengstoff gelernt hast.«

»Das ist etwas anderes. Ich war beim Militär. Außerdem bin ich ein Mann, und Sprengungen sind Männersache. Deshalb wird die Firma auch einmal an Tom gehen.«

Kate hatte gewusst, dass er das sagen würde. »Tom will gar nicht den Rest seines Lebens damit verbringen, Gebäude kaputtzumachen. Er arbeitet diesen Sommer nur deshalb für dich, weil er den Computern im Büro nicht widerstehen kann. Und da er *PDI* gar nicht haben will, sollte das Unternehmen an mich gehen. Ich bin genauso dein Kind wie Tom.«

Sam ging nicht auf das ein, was sie über Tom gesagt hatte, und erwiderte: »Sprengungen sind gefährlich und schmutzig, und ich will nicht, dass meine Tochter so etwas macht.«

Kate spürte einen Anflug von Erschöpfung, sprach aber ruhig. »Die Zeiten haben sich geändert, Dad. Frauen machen so gut wie alles. Sie spielen sogar Fußball. Ich habe genug Zeit bei *PDI* verbracht, um zu wissen, dass es da keinen Job gibt, den ich nicht genauso gut machen könnte. Zum Teufel, ich bin besser qualifiziert als Nick, und den nimmst du diesen Sommer.«

Ihr Vater kniff die Lippen zusammen. »Dein Cousin ist ein Mann, das ist eine Qualifikation, die du nie haben wirst. Sei froh, dass ich dich Architektur studieren lasse. Offen gesagt ist mir das auch nicht recht, aber du brauchst schließlich eine Beschäftigung, bis du heiratest.«

Kate blieb stocksteif auf der Tanzfläche stehen.

Während andere Paare hastig versuchten, ihnen auszuweichen, fauchte sie: »Gute Güte, wie viktorianisch! Seit wann braucht man einen Penis, um Berechnungen anzustellen und Sprengungen vorzubereiten? Ich habe mich nicht für Architektur entschieden, um die Zeit bis zur Hochzeit rumzukriegen – ich tue es, weil es eine gute Vorbereitung für *PDI* ist.«

»Hüte deine Zunge, junge Dame!« Sams Gesichtsausdruck wechselte zu dem des zähen Geschäftsmannes. »Du wirst auf keinen Fall bei *PDI* arbeiten, und ich will nie wieder etwas davon hören. Ist das klar?«

Kate starrte ihren Vater fassungslos an. Das durfte nicht einfach das Ende ihrer Träume sein – sie wusste so genau, dass sie in die Firma gehörte, wie sie wusste, dass am nächsten Tag die Sonne wieder aufgehen würde. Es war die Zukunft, nach der sie sich ihr Leben lang gesehnt hatte.

»Für *PDI* zu arbeiten ist nicht irgendeine Laune von mir, Dad«, sagte Kate mit zitternder Stimme. »Ich mag wie Mutter aussehen, aber im Herzen bin ich wie du. Ich liebe die verrückte Mischung unterschiedlicher Projekte, die Herausforderung, alle Einzelheiten richtig zu machen, die Aufregung einer fehlerlosen Sprengung. Gib mir nur die Chance, dir zu beweisen –«

»Genug, Kate! Der einzige Weg, bei *PDI* zu arbeiten, ist über meine Leiche!«

Kates Schock wandelte sich in Wut. »Dann werde ich eben in einer anderen Firma Sprengungen machen! *PDI* mag im Moment am besten sein, aber ich kann lernen, wie man es noch besser macht. Und das werde ich auch!«

»Das wirst du nicht!«, herrschte ihr Vater sie an. »Verdammt, ich bin dein Vater, und du tust, was ich sage.«

Kate riss sich mit blitzenden Augen los. »Wir sind nicht mehr im 19. Jahrhundert, Sam, und mein Leben gehört mir, nicht dir. Zum Teufel mit dir und diesem verdammten, gekünstelten Ball!«

Sie fuhr herum und rannte heulend von der Tanzfläche, wobei sie mit Tanzenden zusammenprallte. Es war ein Witz in der Familie, dass sie ihren Vater zu allem überreden konnte, was sie wollte, und sie hatte nicht wirklich damit gerechnet, dass er ihr diesen Wunsch abschlagen würde. Oh, sie war darauf vorbereitet gewesen, dass er sich erst sträuben würde, aber sie war sicher gewesen, dass er insgeheim stolz darauf sein würde, dass sie in seine Fußstapfen treten wollte.

Aber jetzt hatte er eine öffentliche Erklärung abgelegt, und weil er Sam war, würde er seine Meinung nie ändern. Kate ärgerte sich, dass sie ihrem Zorn nachgegeben hatte. Vielleicht hätte er Ja gesagt, wenn sie einen besseren Moment gewählt oder anders gefragt hätte. Vielleicht hätte sie nicht erwähnen sollen, dass Tom gar nicht bei *PDI* arbeiten wollte. Ihr Bruder hatte das stillschweigend seit Jahren deutlich gemacht, aber ihr Vater hatte sich der Wahrheit widersetzt, als wenn sein Leugnen Toms Abneigung gegen Sprengungen verschwinden lassen würde.

Ach nein, ein anderer Zeitpunkt hätte auch nichts geändert. Rückblickend erkannte Kate, wie sehr sie die konservative Denkweise ihres Vaters unterschätzt hatte. Er war ein großartiger Vater, aber im Herzen war er ein Italiener der alten Art, der glaubte, das Maß für den Erfolg eines Mannes wäre es, Frauen zu haben, die nicht arbeiten mussten. Er hatte sie in der Vergangenheit bloß verwöhnt, weil es immer um Dinge gegangen war, die seiner Auffassung nicht widersprachen. Wenn sie zu Hause sitzen und ... Stickereien machen wollte, bis irgendein passender Mann sie heiratete, wäre er entzückt.

Niemals, dachte Kate. Sie wollte Action. Herausforderungen. Sie wollte alte Gebäude in einem herrlichen, erschreckenden Moment in die Luft sprengen, und das mit solcher Präzision, dass man nicht mal den Parkplatz nebenan zu räumen bräuchte.

Sie war die Tochter ihres Vaters, und das würde sie auch beweisen!

Ohne auf die gaffenden Leute zu achten, die den Streit mit ihrem Vater beobachtet hatten, riss Kate die Tür auf und marschierte die Steintreppen hinunter. Die kalte Luft ließ sie innehalten. Was nun? Sie hatte nicht einmal ihre Handtasche mitgenommen.

Auf keinen Fall würde sie jetzt zum Ball zurückgehen. Alles in ihr verlangte nach einer Provokation, und wenn sie dabei erfrieren würde. Wütend riss Kate sich die engen Handschuhe herunter, wobei die Knöpfe absprangen, und warf sie gegen die Wand. Dann lief sie die Straße hinunter. Bis sie zu Hause wäre, müsste sie sich abgekühlt haben. Oder nein, nicht nach Hause, sondern zu Rachel. Das war nur eine kleine Rebellion, aber die Beste, die ihr im Moment einfiel.

Sie war erst ein paar Schritte gegangen, als eine männliche Stimme im Dialekt Ost-Baltimores fragte: »Kann ich Ihnen helfen, Miss?«

Kate wandte sich um und sah den attraktiven Einparker, Mr Groß, Dunkelhaarig und Hübsch persönlich, der sie in seiner goldgesäumten Jacke mit gerunzelter Stirn betrachtete. Die Straßenlaterne beleuchtete lebhafte blaue Augen und gemeißelte Züge, die ihm eine Model-Karriere einbringen könnten, auch wenn er dann vielleicht seine Haare schneiden musste, die er in einem kleinen Pferdeschwanz zurückgebunden hatte. Mit offenen Haaren würde er etwas zu sehr nach *Hell's Angel* aussehen.

Unter anderen Umständen wäre Kate stehen geblieben, um den Anblick zu genießen. Aber jetzt sagte sie nur kurz: »Mir geht es gut, danke«, und marschierte weiter.

Er ging neben ihr her. Kate schätzte ihn auf ihr Alter, auch wenn er älter wirkte. Er sah zäh und erfahren aus, aber auch nach scharfer Intelligenz, und sie vermutete, dass er sich in einem Gespräch genauso gut behaupten konnte wie bei einer Schlägerei.

»Sie sollten in diesem Viertel nicht alleine spazieren gehen.« Er warf einen Blick auf ihre bloßen, von Gänsehaut überzogenen Arme. »Schon gar nicht ohne Mantel.« Seine Worte machten ihr bewusst, wie kalt es in den zwei Stunden geworden war. Sie versuchte, sich einzureden, dass es nicht wirklich kalt war, nicht viel unter zehn Grad. »Bis ich in Ruxton bin, wird mir schon wieder warm sein.«

»Ruxton! Den ganzen Weg bis Baltimore Country? Sie werden sich den Tod holen!«

»Dann trampe ich eben. Hören Sie, ich weiß Ihre Besorgnis zu schätzen, aber vergessen Sie es. Sie haben schon mehr getan, als die Pflicht verlangt. Gehen Sie und parken Sie ein Auto oder machen Sie sonstwas.«

Er fasste sie leicht, aber entschlossen am Handgelenk. »Im Ernst, das ist keine gute Idee. Eine besonders kluge Cousine von mir ist jeden Tag von der Schule nach Hause getrampt, bis sie vergewaltigt wurde. Gehen Sie wieder rein, dann rufe ich Ihnen ein Taxi.« Er warf einen Blick auf ihre leeren Hände. »Und ich leihe Ihnen das Fahrgeld.«

»Ich werde nicht zu diesem verfluchten Ball zurückgehen!« Unwillkürlich schüttelte Kate sich. »Dann riskiere ich lieber eine Vergewaltigung und die Lungenentzündung.«

Ungeduldig knöpfte er seine schöne Jacke auf und hängte sie ihr um. »Dann ziehen Sie zumindest die an.«

Die Jacke war warm von seinem Körper und duftete nach einem guten, würzigen Rasierwasser. Dankbar fuhr Kate in die Ärmel. Die Jacke reichte ihr bis fast über die Knie. »Danke. Damit hat sich die tödliche Erkrankung erledigt. Keine Sorge, jetzt kann ich gut bis Ruxton laufen.«

»Nicht in diesen Schuhen«, bemerkte er nach einem Blick auf ihre hochhackigen Satinpumps. »Sie sind hübsch, aber nicht zum Wandern geeignet.«

»Ich werde schon klar kommen.« Kate knöpfte die Messingknöpfe der Jacke zu. »Wo wohnen Sie? Dann schicke ich Ihnen die Jacke zurück.«

Statt ihr die Adresse zu sagen, blieb er stehen. »Ich kann das nicht zulassen.«

»Ich habe genug von Männern, die mir sagen, was ich tun soll! Ich lasse mir das nicht von meinem Vater gefallen, und ganz bestimmt nicht von einem Wildfremden!«

»Ich bin nicht wild.« Er lächelte sie an. »Mein Name ist Donovan, und jetzt bin ich kein Fremder mehr.«

Kate versuchte, dem Charme seines Lächelns zu widerstehen, und fragte: »Donovan und weiter? Oder Was Donovan?«

»Einfach nur Donovan.« Sein Lächeln schwand. »Es ist immer das Letzte, sich mit seinen Eltern zu streiten. Was hat Ihr alter Herr denn Schlimmes gemacht?«

Für einen Jungen, der bei einer Kneipenschlägerei besser am Platz wirkte als auf einem Ball hatte er bemerkenswert freundliche Augen. Kate hatte den Drang, jemandem ihre Sorgen zu erzählen. »Mein ganzes Leben lang habe ich mir gewünscht, einmal in das Familienunternehmen einzusteigen. Es ist das Einzige, was ich wirklich tun möchte. Heute Abend ... heute Abend ...«, sie schluckte, als sie den Schlag erneut empfand, »hat mein Vater gesagt, dass ich das nur über seine Leiche tun kann.«

Donovan spitzte den Mund zu einem lautlosen Pfiff. »Das ist hart.«

»Ich war noch nie im Leben so wütend.« Kate spürte ihre Aufregung als harten Kloß im Magen. Sie war nicht gerne außer sich – aber ihr ganzes Leben hatte sich gerade auf den Kopf gestellt.

»Wie verstehen Sie sich denn sonst mit Ihrem Vater?«

Kate fuhr sich mit der Hand über die Augen. »Sehr gut. Irgendwie macht es das alles noch schlimmer. Es ist eine Art von ... Verrat.«

»Ich verstehe.« Er schaukelte auf den Hacken und dachte nach. »Nun, da Sie nicht zurückgehen, werde ich Sie nach Hause bringen – falls es Ihnen nichts ausmacht, mit einem Motorrad zu fahren?«

Kate zögerte, dachte aber, dass sie sein Angebot lieber annehmen sollte, als die Kälte und den einsamen Heimweg zu riskieren. Er würde nicht teure Autos beim Maryland Ball parken, wenn er kein Verantwortungsgefühl hätte. Außerdem sagte ihr ihr Instinkt, dass sie bei ihm sicher war.

Zumindest so sicher, wie sie sein wollte. Mit zögerndem Lächeln streckte sie ihm die Hand hin. »Einverstanden, Donovan.«

Er umfasste mit warmen, starken Fingern ihre Hand, und Kate spürte überrascht ein Kribbeln wie von einem elektrischen Schock. Rasch sagte sie sich, dass ihre Fantasie mit ihr durchging, ließ ihn los und ging neben ihm her zurück zum Theater. »Übrigens, ich heiße Kate Corsi.«

»Sehr erfreut, Sie kennen zu lernen. Sie sind gar nicht so, wie ich mir eine Debütantin vorgestellt habe.«

»Vorhin habe ich nur gespielt.«

Vor dem Gebäude waren zwei weitere Helfer in eine Nische getreten, um sich vor dem kalten Wind zu schützen. Wie ihr Begleiter sahen auch sie aus wie Studenten. Donovan sprach sie an: »Tut mir Leid, dass ich euch allein lasse, aber ich muss Miss Corsi nach Hause bringen.«

»Mrs«, korrigierte sie.

»Mrs Corsi«, gab er ihr Recht. »Falls jemand nach ihr fragt, sagt ihm, dass sie in Ordnung ist.«

Der eine von beiden, ein schlanker Rothaariger, schnitt eine Grimasse. »Wenn wir nur zu zweit sind, wird es ein Chaos geben, wenn der Ball zu Ende ist, aber du hast Recht, wir können sie nicht alleine gehen lassen.« Er lächelte gewinnend. »Ich kann Sie nach Hause bringen, Mrs Corsi, ich habe ein Auto und kein Motorrad.«

Kate zog die Uniformjacke enger um sich. »Danke, aber ich bin noch nie Motorrad gefahren, und schon gar nicht in einem Ballkleid. Wie könnte ich so einem Angebot widerstehen?«

Donovan führte Kate um das Gebäude herum zu einem überfüllten Parkplatz. An der Seite parkte sein Motorrad, das nicht neu, aber gut gepflegt war. Als er die Schlüssel für die Maschine hervorzog, warf er einen zweifelnden Blick auf ihr Kleid. »Kann sein, dass Ihr Kleid dabei Schaden nimmt.«

Kate sah an der Wolke aus Satin und Spitze herab

und zuckte die Achseln. »Diese Art Kleid trägt man sowieso nur einmal, und nach dem heutigen Abend ist es Geschichte.«

Donovan trat den Ständer zurück. »Ich habe nur einen Helm dabei. Sie werden ihn aufsetzen.« Er versuchte, ihr den Helm in die Hand zu drücken.

Aber Kate weigerte sich, ihn zu nehmen. »Sie sind der Fahrer, Sie brauchen ihn nötiger.«

»Mag sein, aber ich nehme nicht gerne Passagiere ohne Helm mit.« Er überlegte einen Moment. »Ich habe eine Idee. Wir können bei meiner Tante und Onkel in Hampden vorbeifahren. Das sind nur ein paar Meilen, und es ist die gleiche Richtung. Dort leihe ich mir Onkel Frankies Auto und fahre Sie nach Ruxton raus. Das ist viel bequemer als das Motorrad, vor allem, falls es Schnee gibt.«

»Gut. Das wird ja ein richtiges Abenteuer.«

Donovan grinste sie an und löste das Gummiband von seinem Pferdeschwanz. Seidig fiel ihm das dunkle Haar bis auf die Schultern. Dann stieg er auf das Motorrad und startete den Motor. »Achten Sie auf Ihren Rock«, rief er über den Motorenlärm hinweg.

Lachend schwang sich Kate hinter ihm auf den Sitz und stopfte ihre voluminösen Röcke unter Schenkel und Knie. Dann schlang sie ihm die Arme um die schmale Taille. Sein weißes, gestärktes Hemd knisterte unter der Berührung und betonte seine breiten Schultern. Er strahlte eine solche Männlichkeit aus, dass er ein Kloster in Aufruhr versetzt hätte. Am liebsten hätte sie ihre Wange zwischen seine Schultern geschmiegt wie eine Katze.

»Sie werden sich ziemlich ausgeliefert fühlen. Aber vertrauen Sie auf die Fliehkraft und den Haltegriff hinter Ihnen.«

»Jawohl, Käpt'n«, gab Kate schwach zurück, viel mehr an der Stärke seines warmen Körpers interessiert. Das musste die erotischste Form des Transportes sein, seit mittelalterliche Damen hinter ihren Rittern auf Kissen gesessen hatten. Und das hinter so einem Mann!

Donovan klappte das Visier hinunter und fuhr los. Sie rollten relativ langsam die Allee hinunter. Dann bog er ab und gab Gas. Kate keuchte auf, umfasste Donovan fester und drückte die Knie an das Motorrad. Es war kein Witz gewesen, dass sie sich ausgeliefert fühlen würde. Sie hatte das Gefühl, das Motorrad würde gleich unter ihr davonschießen. Wahrscheinlich fuhr er das erlaubte Tempo, aber es kam ihr viel schneller vor.

Kate verkrampfte sich, als sie um die Ecke bogen und das Motorrad sich schief legte. Nach kurzer Panik dachte sie an das, was er gesagt hatte. Hier erlebte sie Physik hautnah. Da Donovan sein Fahrzeug offenbar vollkommen unter Kontrolle hatte, entspannte Kate sich allmählich und begann, die Geschwindigkeit und die Intimität ihrer Reise durch die Nacht zu genießen.

Als der Wind ihr in die Haare fuhr, rief Kate: »Was für eine herrliche Art der Fortbewegung!«

»Außer, wenn es regnet«, schrie er zurück. »Oder viele Zikaden gibt.«

Als der Wind Kates kunstvolle Frisur zerstörte, warf sie den Kopf in den Nacken und lachte vor Freude. Ihre Beine waren von den Knien abwärts eiskalt, aber was spielte es für eine Rolle? Sie tat etwas Herausragendes mit dem großartigsten Mann, den sie je kennen gelernt hatte.

Allmählich schwand ihr Unbehagen über den Streit mit ihrem Vater. Tief im Innern war sie sich sicher, dass sie eines Tages bei *PDI* arbeiten würde. Sie konnte sich dort *sehen.* Wenn sie durch die Vordertür nicht hereinkam, dann eben durch die Hintertür. Fürs Erste würde sie Ruhe geben und Architektur studieren. Nach dem Examen dann würde sie im Büro erscheinen und jede Arbeit machen, die anfiel. Sam mochte seine Ankündigung, sie dort nicht haben zu wollen, nie öffentlich zurückziehen, aber er würde sich daran gewöhnen, sie dort zu sehen. Allmählich würde sie Teil des Unternehmens werden.

Kate fühlte sich besser und gab sich ganz der sternenklaren Nacht, dem eisigen Wind und der warmen Umarmung hin.

5. Kapitel

Zu Kates Bedauern dauerte es nicht lange, bis sie wieder langsamer wurden und in ein Reihenhausviertel einbogen, in dem viele Autos herumstanden. Donovan bog rechts ab und dann links, ehe er am Bordstein zwischen zwei parkenden Autos anhielt. Dann stellte er den Motor ab und trat den Ständer herunter. Es war plötzlich still. »Das Schöne an einem Motorrad ist, dass man so gut wie immer einen Parkplatz findet.«

Kate betrachtete das Backsteinhaus. Seine Besitzer waren die Ersten in der Straße, die schon die Weihnachtsdekoration angebracht hatten, und fröhliche bunte Lichter umrahmten Dach, Fenster, Haustür und das Geländer aus Eisen, das zur Tür hochführte. Auch die Büsche waren nicht vergessen worden. Entzückt entdeckte Kate einen Schrein für die heilige Maria, die eine Krone aus funkelnden weißen Lichtern trug. »Soll ich mit reinkommen oder lieber hier draußen warten?«

»Es ist zu kalt, um draußen zu warten.« Donovan zögerte. »Aber ich sage Ihnen besser gleich, dass meine Verwandten ziemlich ... überwältigend sein können.«

»So leicht lasse ich mich nicht überwältigen«, versicherte Kate ihm.

Er musste lächeln und nahm den Helm ab. »Sagen Sie nicht, ich hätte Sie nicht gewarnt.« Er schüttelte sein Haar aus, und sie hätte es am liebsten berührt.

Als sie ihr Bein von der Maschine schwang, rutschte ihr Rock hoch und entblößte ihren Schenkel. Sein Blick heftete sich mit der Intensität eines Lasers darauf. Der Ausdruck seiner Augen war es wert, halb erfroren zu sein. Kate schüttelte den Rock zurecht und kämmte sich dann mit den Fingern die verwehten Haare, um wenigsten halbwegs ordentlich zu wirken. »Ich muss aussehen wie die böse Hexe im Märchen.«

»Nein, Sie sehen aus wie die gute Fee nach dem Sturm.«

Donovan klemmte sich den Helm unter den Arm, legte ihr die Hand auf den Rücken und führte sie die Stufen zur Haustür hinauf. Seine Berührung war nur leicht, ließ sie aber vor Erregung zittern. Sie hatte das Gefühl ... umsorgt zu sein. Obwohl Donovan nur ein, zwei Jahre älter als sie sein konnte, wirkte er viel reifer als alle Männer, mit denen sie bisher ausgegangen war. Er war ein Mann und kein Junge, trotz seines sexy-lässigen Aussehens. »Wo sind Sie zur Schule gegangen?«, fragte Kate.

»Poly.«

»Aha! Ein Ingenieur. Ich wette, Sie hatten Technik als Hauptfach.«

»Ja. Mein Onkel Frankie sagt, Baltimore sei die einzige Stadt, wo die Leute einander im Altersheim noch fragen, wo sie zur Schule gegangen sind.«

»Natürlich. Es ist eine tolle Methode, alles über die Wohngegend, Soziale Schicht und gemeinsame Bekannte zu erfahren.« Donovan war das beste Beispiel für diese Art von Analyse. Sein Dialekt und Aussehen sprachen von Arbeiterklasse. Sein Hauptfach an der technischen Schule verriet, dass er klug war und hart arbeitete. Auch ihr Vater war auf dieser Schule gewesen. »Als Nächstes muss ich überlegen, wen ich noch kenne, der auf der Poly war, und Sie dann nach ihm fragen. So haben wir innerhalb von Minuten eine Beziehung aufgebaut. So ist es in Baltimore.«

Donovan lachte leise und sah seinen Schlüsselbund durch. »Und wo sind Sie zur Schule gegangen, Mrs Corsi? Bryn Mawr? Garrison Forrest? Ich habe gehört, dass dort alle Mädchen blond sind.«

»Mag sein, aber nicht alle Blondinen gehen aufs Garrison. Ich war auf der Friends.«

Er fand den richtigen Schlüssel und schloss auf. »Von Quäkern erzogen. Ernst. Gesellschaftliche Verantwortung.«

Kate grinste. »Nahe dran. Was machen Sie jetzt?«

»Ich bin im zweiten Jahr Maschinenbau auf dem Loyola.« Er hielt ihr die Tür auf. »Und Sie?«

»Ich bin im ersten Jahr Architektur in Maryland.«

Sie traten ein und wurden von einem großen, kahlen Mann begrüßt. »Donovan, du bist früh zurück. Wer ist deine Freundin?«

»Das ist Kate Corsi«, stellte Donovan vor. »Sie braucht eine Mitfahrgelegenheit nach Baltimore County. Ich habe gehofft, dass du mir dein Auto leihst. Kate, das ist mein Onkel, Frank Russo.«

Kate lächelte den älteren Mann strahlend an. »Sehr erfreut, Mr Russo.«

»Nennen Sie mich Frank«, dröhnte er in einem vollen Bariton und winkte sie herein. Er sah Donovan entfernt ähnlich. Kate vermutete, dass seine Schwester Donovans Mutter gewesen war, was die dunkle Hautfarbe des ansonsten irischen Donovan erklären würde. Wahrscheinlich war er eine irisch-italienische Mischung; Baltimore war voll von Kindern aus gemischten Ehen. Russen heirateten Griechen, Littauer Mexikaner und manchmal sogar Iren Italiener.

Frank hob die Stimme. »Connie, komm und lerne Donovans Begleitung kennen.«

Eine fröhliche Stimme erklang aus der Küche: »Er hat ein Mädchen mit nach Hause gebracht?«

»Habe ich von einem Mädchen gesprochen?«, fragte Frank gespielt überrascht.

»Nun, bei einem Jungen hättest du mich nicht gerufen.« Eine attraktive, rundliche Frau mit grauen Haaren erschien in der Tür und musterte Kates verschmutzte Pumps, das weiße Ballkleid und die Uniformjacke. Ohne mit der Wimper zu zucken, sagte sie: »Die ist noch hübscher als der Schäferhund, der dir letztes Jahr nach Hause gefolgt ist, Donovan.«

»Na, ich weiß nicht, es war ein sehr schöner Hund.« Mit einem amüsierten Funkeln in den Augen stellte Donovan sie einander vor. »Concetta Russo, Kate Corsi.«

Kate nahm an, dass er gespannt war zu sehen, wie eine Debütantin auf einen Haushalt voller temperamentvoller Italiener reagieren würde. Wenn er wüsste! Mit beiden Händen ergriff sie Concettas Hand. »Hallo, Mrs Russo, ich bin nicht wirklich aus dem Zwinger entlaufen, sondern habe mich mit meinem Vater gestritten und wollte zu Fuß nach Hause gehen. Donovan hat mich davor bewahrt, zu einem Eiszapfen zu werden.«

Seine Tante nickte wohlwollend. »Er ist ein guter Junge. Frank, leih ihm das Auto. Kate ist nicht für ein Motorrad angezogen, auch wenn es nicht schneien würde. Aber erst müssen Sie etwas essen. Die Marinara ist gleich fertig.«

Donovan sah Kate an. »Haben Sie Hunger?«

»Heißhunger.« Nichts machte mehr Appetit als ein Zank in der Familie.

Die Küche der Russos war groß und blitzsauber, offenbar nachträglich angebaut. Ein Makler würde sagen, dass das Haus im Viertel übertrieben wirken würde, aber niemand konnte einem so schönen, warmen Raum widerstehen, der voller Eichenschränke und köstlicher Düfte war.

Connie schüttete eine große Portion Gnocchi in kochendes Wasser und rührte die Marinara-Sauce um. »Die ist gut gelungen. Wollen Sie mal kosten, Kate?«

»Gerne.« Kate blies auf den Löffel mit dicker roter Sauce, den Concetta ihr hinhielt, und schluckte dann. »Großartig. Da ist Rotwein drin, nicht wahr?«

Connie strahlte. »Nichts ist besser als ein bisschen Wein, um den Geschmack abzurunden.«

»Meine Mutter tut immer Chianti in die Marinara, obwohl meine Großmutter Corsi immer behauptet, kein echter Italiener würde Wein nehmen. Aber Nonna ist aus Sizilien, also wer weiß?« Sie sah zu Donovan hinüber, der sie amüsiert betrachtete.

»Kommt auf die Familie an. Meine Mutter hat Wein benutzt, meine Großmutter hat Wein benutzt, jede Frau in meiner Familie hat Wein benutzt, seit Cäsar in den Windeln lag, wenn sie Spagettisauce machte.« Connie deutete auf eine Flasche mit handgeschriebenem Etikett. »Ich habe etwas von Cousin Guiseppes bestem Chianti hineingetan, deshalb schmeckt es auch so gut.«

Sie unterhielten sich weiter, während Connie den Tisch deckte, die Gnocchi abgoss und dann die dampfende Sauce darüber goss. Mit Brot und Cousin Guiseppes Wein dazu ergab das ein Festmahl. Connie horchte Kate beim Essen hemmungslos aus – angefangen mit der Frage, wo sie denn zur Schule gegangen war.

Sie waren bei den Keksen angelangt, als ein Kleinkind in die Küche getappt kam, das einen zerlumpten Stoffhasen hinter sich herzog. Connie lächelte liebevoll. »Das ist meine Enkelin Lissie, das Party-Mädchen. Ihre Eltern haben sie übers Wochenende hergebracht, weil sie hoffen, mit etwas Ruhe und Frieden vielleicht ein Brüderchen für sie starten zu können.«

Die Erwachsenen lachten, und Lissie ging zu Kate, die sie aus großen Augen musterte. »Prinzessin?«

Kate brauchte einen Augenblick, um zu verstehen, dass ihr weißes Ballkleid die Frage ausgelöst hatte. »Tut mir Leid, Lissie – ich bin keine Prinzessin.«

Lissie sah so enttäuscht aus, dass Kate entschied, dass man nicht immer ehrlich sein musste. Sie kniete sich neben das kleine Mädchen und sagte: »Zumindest nicht immer. Aber zu besonderen Gelegenheiten kann jedes Mädchen eine Prinzessin sein.«

Lissie horchte auf, und Kate nahm ihre leicht zerdrückte Ansteckblume ab und reichte sie dem Kind. »Wann immer ein Mann einer Frau Blumen schenkt, um sie am Kleid zu tragen, ist sie in dieser Nacht eine Prinzessin.«

Lissie ergriff die Ansteckblume und vergrub ihre kleine Nase darin.

»So, jetzt, wo das geklärt ist, ist Bettzeit, junge Dame«, erklärte Connie.

Sie machte Anstalten, sich zu erheben, als Donovan aufstand. »Ich bringe sie in ihr Zimmer zurück, Tante Connie, ich muss sowieso hoch und einen Mantel holen.«

Er nahm das kleine Mädchen auf den Arm, das glücklich seinen Namen rief. Der liebevolle Ausdruck auf seinem Gesicht wärmte Kate das Herz. Sicher, er war Halbitaliener, denen lag die Liebe zu Kindern im Blut, aber trotzdem. Er wollte Lissie aus dem Zimmer tragen, als das Kind Kate ansah und protestierte: »Kuss!«

Kate nahm Donovan das Mädchen ab und sog den Duft nach Baby und weicher Haut ein. Wie konnte man Babies *nicht* lieben? Sie drückte einen Kuss auf das sanft geschwungene Bäckchen. »Mögest du oft eine Prinzessin sein, Lissie.«

Zufrieden und mit schweren Lidern ließ sich das Kind jetzt hochtragen. Kurz darauf kam Donovan in einem dunklen Parka voller Schneeflocken zurück. »Ich habe nur eben das Motorrad abgedeckt. Zeit, Sie nach Hause zu bringen, Kate.«

Sie stand auf und zog sich wieder Donovans Uniformjacke an. »Vielen Dank für das Abendessen, Mrs und Mr Russo. Es war sehr nett, Sie beide kennen gelernt zu haben.«

»Kommen Sie gerne mal wieder vorbei, Katie«, lud Frank sie ein. »Wann immer Sie wollen.«

Sie traten auf den Treppenabsatz hinaus. Kleine Schneeflocken fielen sanft herab und überzogen die Welt mit ihrem zarten Weiß. Connie drückte Kate an sich. »Das ist ein nettes Mädchen, Donovan, du solltest es behalten.«

»Ich fahre sie nur nach Hause, Tante Connie.«

Frank warf ihm einen Schlüssel zu. »Der Wagen steht um die Ecke.«

»Danke. Und keine Sorge, ich komme nicht zu spät zurück.« Nachdem sich die Tür hinter den Russos geschlossen hatte, sagte Donovan: »Geben Sie nicht mir die Schuld, wenn Tante und Onkel Sie adoptieren wollen.«

»Es würde mir nichts ausmachen, von Connie und Frank adoptiert zu werden. Sie sind wunderbar.« Kate warf ihm einen Seitenblick zu. »Wohnen Sie bei ihnen?«

»Manchmal. Im Moment.« Er schwieg sechs Stufen lang und sagte dann in einer Stimme, die sich jeden Kommentar verbat: »Meine Eltern sind tot, deshalb wandere ich zwischen den Verwandten herum. Ich gehe immer, ehe sie es müde werden, mich um sich zu haben.«

Kate war schockiert. Es musste schrecklich sein, kein Zuhause und keinen Ort zu haben, wo man immer willkommen war. Wortlos schob sie ihre Hand in seine. Er verwob seine Finger in einer intimen Liebkosung mit ihren. Schon zum zweiten Mal fühlte sie das Kribbeln.

Sie hinterließen dunkle Abdrücke im Schnee, als sie um die Ecke gingen, wo ein großer, zugefrorener Wagen stand. »Ganz zu Ihren Diensten.« Donovan schloss die Beifahrertür auf und hielt sie Kate offen. »Als Sie sagten, Ihr Name sei Corsi, dachte ich, das wäre etwas ganz Englisches wie C-O-U-R-S-E-Y. Offenbar nicht.«

»Zum Teufel, nein, *paisano*.« Kate stieg ein. »Ich bin halb Italiener, so wie Sie.«

»Corsi. Handelt es sich bei dem Familienunternehmen um *Phoenix Demolition*?«

Als sie nickte, sagte Donovan andächtig: »*PDI* macht fantastische Sachen. Himmel, Ihr Vater hat praktisch die meisten Sprengladungen selber erfunden. Was Red Adair für Ölquellenfeuer, ist Ihr Vater für Sprengungen. Jetzt verstehe ich, warum er nicht will, dass Sie für ihn arbeiten.«

»Wagen Sie es nicht, auch nur ein Wort darüber zu sagen! An Bevormundung durch Männer habe ich für diese Nacht mehr als genug!«

»Ich habe nichts gesagt«, wehrte Donovan mit einem Grinsen ab.

Er schloss ihre Tür und ging zur Fahrerseite. Nachdem er eingestiegen war, drehte er sich zu Kate um.

Die Fenster waren mit Schnee bedeckt, was das Licht der Straßenlaternen in einen sanften Perlmuttschimmer verwandelte.

Alle Leichtigkeit schwand und wurde durch eine Spannung ersetzt, die so alt war wie Adam und Eva. Der Ausdruck in seinen Augen nahm Kate den Atem und sie spürte, wie Hitze und Ängstlichkeit in ihr aufstiegen. Nicht Angst vor ihm, sondern vor einer Anziehung, die sie so stark noch nie empfunden hatte. Das ging alles viel zu schnell. Nervös fummelte sie an ihrem Sicherheitsgurt herum.

»Schnallen Sie sich noch nicht an.« Sanft fuhr er ihr mit dem Handrücken über die Wange. »Du bist so hübsch. Umwerfend, fast unwirklich.«

Seine Berührung und das Du ließen ihr Herz schneller schlagen. Wie konnte etwas so Einfaches sie nur so erregen?

Donovan rutschte zu ihr herüber, bis sie seinen harten Schenkel an ihrem spürte. »Offen sehen deine Haare noch viel besser aus.« Seine Finger liebkosten ihren Kopf mit einer Zartheit, die beruhigend und erotisch zugleich war.

Kate fühlte sich zerbrechlich, als wenn sie unter seiner Berührung dahinschmelzen würde. Sie sollte ihm sagen, dass er aufhören musste. Ein Wort von ihr würde genügen. Er würde den Wagen starten, sie zu Rachel fahren, und das wäre es gewesen.

Kate regte sich nicht. Sie atmete kaum mehr, als ihre Blicke ineinander versanken.

»Das wollte ich tun, seit du aus dieser Limousine gestiegen bist.« Donovan senkte den Kopf und küsste sie. Warm und weich lagen seine Lippen auf ihren, und die sanfte Berührung ließ ihren Puls vor Begehren hämmern.

Kate erwiderte seinen Kuss und vergrub ihre Finger in den seidigen, erotischen Haaren. Wer hätte gedacht, dass ein intelligenter Hell's Angel so unwiderstehlich sein könnte?

Zögernde Erkundung verwandelte sich in Feuer und Verlangen, als die Wirklichkeit zu einer Mischung aus Berührungen und Nähe verschwamm. Jede Empfindung erschien ihr um ein Vielfaches verstärkt. Sie wollte ihn verschlingen, aufnehmen, ihn so tief kennen lernen, dass sie eins wurden.

Ihre sinnliche Benommenheit wurde durch eine innere Stimme durchbrochen, die ihr klar sagte: *Diesen Mann wirst du heiraten.*

Die Worte schockierten sie. Sie beendete den Kuss und drehte den Kopf weg, um in Donovans Augen zu sehen. Ihn heiraten? Sie kannten einander doch kaum!

Die Stimme wiederholte sich. *Gerade hast du deinen künftigen Ehemann kennen gelernt.*

Kate hätte gelacht, wenn sie von ihrer vernünftigen Mutter nicht wüsste, dass sie angeblich die gleiche innere Eingebung gehabt hatte, als sie Sam Corsi getroffen hatte.

Aber Ehe? Sie kannte nicht einmal seinen vollen Namen! Und doch war sie sich so sicher. Unter der Motorradfassade war er freundlich und intelligent, hatte Verantwortungsbewusstsein und einen Humor, der ihrem ähnelte. Von seiner Kinderliebe und dem guten Aussehen ganz zu schweigen. Das war genau das, was sie sich bei einem Ehemann wünschte – wenn sie in zehn oder zwölf Jahren ernsthaft nach einem zu suchen begänne.

Aber vielleicht würde ihr Leben nicht nach ihren Plänen verlaufen. Stumm hob sie die Hand und liebkoste Donovans Wange. Die Wärme und das leichte

Kratzen von Bartstoppeln erfüllten sie mit einem inneren Zittern.

Er wandte den Kopf und drückte einen Kuss in ihre Handfläche. »Kate«, flüsterte er, *»carissima.«*

Liebste. Sie kannte die italienische Liebkosung gut. Verlangen und Zärtlichkeit ergriffen mit einer Macht von ihr Besitz, die sie verstörte, und gleichzeitig wurde ihr bewusst, dass er nicht immer ein einfacher Partner sein würde, dass es neben der Freundlichkeit in ihm auch eine dunkle Seite geben musste.

Kate kämpfte um Vernunft und murmelte: »Bilde ich mir das nur ein, oder ist dies etwas ... etwas Besonderes?«

»Du bildest es dir nicht ein.« Er küsste sie wieder und knöpfte dabei die viel zu große Jacke auf, bis er eine Hand hineinschieben und ihre seidenbedeckte Brust umfassen konnte. Jegliche Vernunft löste sich in einem Ansturm von Empfindungen auf – und in der Gewissheit, dass ihr Leben sich für immer geändert hatte.

6. Kapitel

»Du musst nicht schon heute Nacht eine Entscheidung treffen.«

Donovans leise Stimme – tiefer als vor zwölf Jahren, als sie sich kennen gelernt hatten, und ohne Dialekt – riss Kate zurück in das Familienzimmer und zu ihrem Ex-Mann. Zitternd holte sie Luft und versuchte, die Erregung abzuschütteln, die statt dieser Anspannung vor zwölf Jahren zwischen ihnen geherrscht hatte. »Ich bin nicht die Einzige, die sich entscheiden muss, Donovan. Würdest du bei diesem Unsinn denn mitspielen?«

Rau stieß er den Atem aus. »Ich ... weiß es nicht. Wenn du dich dafür entscheidest, werde ich lange überlegen müssen, ob ich es will. Ich will *PDI* haben. Ich wünsche es mir sehr, aber vielleicht nicht *so sehr*. Wenn ich es aufgeben muss, kann ich immer noch ein eigenes Sprengungsunternehmen aufmachen.«

Kate dachte an die langjährigen Angestellten von *PDI*. Einige von ihnen würden mit Donovan neu anfangen, aber andere würden bei Marchetti bleiben, und damit wäre die *PDI*-Familie zerstört. »Das wäre nicht dasselbe.«

»Nein, das wäre es nicht.« Er rieb sich den Nacken. »Das ist auch der Grund, warum ich überhaupt darüber nachdenke, Sams irrsinnige Bedingung zu erfüllen.«

Kate dachte an das Zuhause, das sie einmal geteilt hatten, und erschauerte. »Ich kann mir nicht vorstellen, wieder in unserem alten Haus zu wohnen. Es ist so klein. Wir würden ständig aufeinander hocken.«

Sobald sie die Worte ausgesprochen hatte, errötete sie. Den Großteil der drei Jahre, die sie in der Brandy Lane gewohnt hatten, *hatten* sie aufeinander verbracht. Mal war Donovan oben gewesen, mal sie, und das in allen Räumen des Hauses.

Zum Glück ignorierte Donovan die Zweideutigkeit und sagte: »Ich habe ein bisschen was verändert, sodass jetzt mehr Platz ist. Was hältst du davon, wenn ich dich morgen früh abhole und mit zur Brandy Lane nehme? Vielleicht hilft dir das zu entscheiden, ob du es ein Jahr dort aushalten könntest.«

Das Haus besuchen, das sie mit so viel Liebe und Lachen eingerichtet hatten? Ihrer Vergangenheit ins Auge sehen?

Kate wusste, dass sie keine Wahl hatte. »Zehn Uhr?«

Er nickte und verabschiedete sich dann.

Erleichtert, endlich alleine zu sein, ließ Kate sich auf das Sofa gegenüber dem Kamin sinken. Lange starrte sie in die flackernden Flammen, zu betäubt, um nachzudenken.

Sie musste mit jemandem aus ihrem normalen Leben sprechen. Auf einem Tischchen stand eines der vielen Telefone des Hauses, und sie tippte die Nummer ihres Bruders ein. Beim zweiten Klingeln hob er ab.

»Tom? Ich bin's.«

»Wie geht es dir, Kleines?«

Tränen stiegen Kate in die Augen, als sie seine Liebkosung aus Kindertagen hörte. Sie streifte die Schuhe ab und kuschelte sich tief in das Sofa. »Himmel, war das ein Tag.«

Nach kurzem Schweigen sagte er voller Schmerz: »Ich sollte da sein.«

Seine Schuldgefühle und Zweifel rüttelten Kate auf. Er hatte es schwer, und sie hatte nicht angerufen, um es ihm noch schwerer zu machen. »Vergiss, dass ich das gesagt habe. Mutter und mir geht es gut. Alle waren so nett, und die Kirche war voll. Jede Menge Würdenträger, darunter der Bürgermeister, der Gouverneur, zwei Kongressabgeordnete und ein Senator. Sam hätte es genossen.« Sie hatte immer mit dem Vornamen von ihrem Vater gesprochen, wenn sie sich über ihn geärgert hatte, und so war es seit zehn Jahren bei Sam geblieben.

Kate berichtete von den Ereignissen des Tages und gab die Grüße und guten Wünsche von den Leuten an Tom weiter, die nach ihm gefragt hatten. Aber mit dem sicheren Instinkt für das, was ungesagt blieb, fragte er: »Was ist mit Donovan? Ich nehme an, dass er da war?«

»Er war einer der Sargträger. Wir haben beim Empfang kurz miteinander gesprochen. Alles sehr zivilisiert.« Ihr Bruder verbrachte im Moment viel Zeit bei einem todkranken Freund im Krankenhaus, was Kate einen Grund gab, das Thema zu wechseln. »Wie geht es Randy?«

»Er ist heute Morgen ins Koma gefallen. Er wird in den nächsten beiden Tagen sterben«, seufzte Tom. »Er hatte Angst davor, alleine sterben zu müssen, der Arme. Zumindest das wird nicht passieren. Ein halbes Dutzend von uns wechselt sich damit ab, bei ihm zu sitzen.«

Kate hörte Trauer in seiner Stimme, aber auch, dass er akzeptierte, was geschah. Jahre als freiwilliger Helfer im Krankenhaus hatten ihn reifen und ihn erkennen lassen, dass der Tod ein Teil des Lebens war. Und doch spürte sie den egoistischen Wunsch, dass er hier wäre und sie sich in seine Arme flüchten könnte, wie sie es immer getan hatte, seit sie ein Kleinkind gewesen war.

Kate entschied, sich auf das Positive zu konzentrieren, das heute Abend passiert war, und sie sagte: »Charles Hamilton hat uns heute Sams seltsames Testament vorgelesen, und es gibt ein paar freudige Überraschungen. Du gehörst zu den Haupterben.«

»Gute Güte, Sam hat mich in seinem Testament bedacht?«

»Mutter sagt, er habe nie aufgehört, dich zu lieben.«

»Du weißt nicht, was das für mich bedeutet.« Die Stimme ihres Bruders brach. »Oder nein, das stimmt nicht, du bist die Einzige, die weiß, was es für mich bedeutet.«

»Solange er lebte, konnte Sam nicht zugeben, dass er im Unrecht war«, erklärte Kate ruhig. »Ich denke, das ist seine verspätete Entschuldigung dafür, dass er, was dich angeht, so uneinsichtig war.«

»Er war wie er war, Kate. Ich bin froh, dass er es am Ende doch geschafft hat, einen Schritt auf mich zuzugehen. Ich wünschte nur, er hätte es zu Lebzeiten getan.«

Kate ließ ihrem Bruder Zeit, über das Wunder von Sams posthumer Anerkennung hinwegzukommen, ehe sie sich dem schwierigen Aspekt des Erbes zuwandte. »Sam hat zwar endlich diesen Schritt gemacht, aber fang nicht an, das Geld schon gedanklich auszugeben. Du und ich erben das Geld, Donovan das Geschäft, aber nur, wenn eine sehr seltsame Bedingung erfüllt wird.«

»Was für eine Bedingung?«

»Er will, dass Donovan und ich ein Jahr lang zusammen in dem Haus in der Brandy Lane wohnen. Andernfalls gehen wir drei leer aus, und *PDI* wird an ein Abbruchunternehmen verkauft.«

»O mein Gott!« Drei Sekunden lang herrschte schockiertes Schweigen, dann sagte Tom: »Unmöglich. Du kannst nicht mit Donovan zusammenleben. Ich nehme an, das hast du gleich gesagt.«

»Noch nicht. Ich ... ich denke noch darüber nach.«

»Um Himmels willen, Kate. Es ist doch nur Geld. Du und ich kommen auch so gut über die Runden, und Donovan schuldest du gar nichts.«

Toms Meinung war tröstlich, aber als beschützendem großen Bruder fehlte ihm die Objektivität. Die Situation war zu kompliziert, um schnell entschieden zu werden. »Mutter glaubt, wenn wir ein Jahr lang ein Haus teilen, könnte das gut für uns sein.«

»Das sagt sie nur, weil sie nicht die ganze Geschichte kennt! *Denk* nicht einmal daran, so etwas zu tun, Kate. Bitte!«

Tom bedeutete Geld wenig, aber sie wusste, dass er Sams Erbe dringend brauchen könnte. Auch wenn er ein erstklassiger Computerfachmann war, nahm er nur so viele Aufträge an, dass er seine Rechnungen bezahlen konnte. Den Rest seiner Zeit arbeitete er im Hospiz oder kümmerte sich um Jugendliche in sozialen Schwierigkeiten. Als seine Schwester wünschte sich Kate mehr Sicherheit für ihn. Mit Sams Geld könnte er sich ein eigenes Haus kaufen. Es würde ihr riesigen Spaß machen, ein altes Stadthaus in San Francisco für ihren Bruder umzumodeln.

Sam – verflucht sei seine intrigante Seite – mochte geahnt haben, dass sie für Tom tun würde, was für sie selber nie in Frage käme. »Es gibt viel zu bedenken, Tom. Wenn ich Sams Bedingung erfülle, wären Donovan und ich lediglich Hausgenossen. Wir würden uns kaum sehen.«

»Das mag ja in der Theorie so sein, aber wer garantiert dir, dass es auch in der Praxis so sein wird?«

»Es gibt im Leben nun mal keine Garantien außer dem Tod und den Steuern.«

»Na gut, denk halt darüber nach. Wäge die Vor- und Nachteile ab und sage dann Nein.«

»Wir werden sehen.« Kate unterdrückte ein Gähnen. »Ich fange mit dem Überschlafen an.«

»Tu das. Liebe Grüße an Mutter, ich rufe sie morgen an.«

»Mache ich. Pass auf dich auf, Tom.« Müde bis in die Knochen legte Kate auf. Doch sie bezweifelte, dass sie schlafen konnte.

Das Gute an alten Freunden war, dass man nicht unbedingt viel sagen musste. Julia war dankbar für Charles' anspruchsloses Schweigen. Selbst Small Talk wäre ihr jetzt zu viel gewesen.

Kate kam mit dunklen Ringen unter den Augen ins Wohnzimmer, um gute Nacht zu wünschen. Als sie mit den Schuhen in der Hand das Zimmer verließ, dachte Julia bei sich, wie nett es doch wäre, ihre Tochter in derselben Stadt oder wenigstens in derselben Zeitzone zu haben.

Nachdem Kate gegangen war, bat Julia: »Noch mal dasselbe, Barkeeper!«

Charles erhob sich und füllte ihren Chardonnay nach. »Wenn du dich betrinken willst, musst du etwas Stärkeres wählen.«

»Dann trinke ich nur, bis mir schlecht wird. Sehr unwürdig.« Das Telefon begann zu klingeln. Sie ignorierte es, und das Klingeln hörte abrupt auf. »Der Anrufbeantworter ist angeschaltet. Ich bin an einem Punkt angekommen, an dem mich jede weitere freundliche, warmherzige Kondolenz zum Schreien bringen würde.«

»Nein, das würde sie nicht, du wärest sehr charmant.« Charles füllte auch sein Glas auf und setzte sich wieder. »Wie Barbara zu sagen pflegte: du bist ein Profi, wenn es darum geht, das Gesicht zu wahren.«

Traurig dachte Julia an Charles Frau, die eine ihrer besten Freundinnen gewesen war. »Barbara hat mich überschätzt. Sobald es ernst wird, ist es auch bei mir aus mit der Fassung.«

»Ein bisschen Trauer heißt nicht, dass man sich hängen lässt«, gab er ruhig zurück. »Willst du mit Kate über deinen Verdacht in Bezug auf Sams Tod reden?«

»Noch nicht. Sie hat genug um die Ohren.« Julia streichelte Oscar, der seinen Kopf in ihren Schoß gelegt hatte. »Vielleicht nie. Schließlich habe ich keine Beweise.«

»Wenn man ihre Reaktion auf Sams posthume Bedingungen bedenkt, staune ich, dass sie nicht schon auf dem Weg zum Flughafen ist«, überlegte Charles. Er schwenkte den Scotch mit Wasser in seinem Glas. »Glaubst du, dass Donovan und sie es versuchen wollen?«

»Ich weiß es nicht. Keiner von ihnen hat je den Grund für ihre Trennung erwähnt, aber ich vermute, dass Patrick eine Affäre hatte und Kate ihn deswegen verlassen hat.«

Überrascht sah Charles auf. »Ich dachte immer, er bete den Boden an, über den sie gegangen ist.«

»Das tat er, aber das heißt nicht gleichzeitig, dass er treu ist.« Julia versuchte vergeblich, die Schärfe aus ihrer Stimme herauszuhalten. »Das Doppelleben wird nie aus der Mode kommen, nicht, solange so viele Männer dafür anfällig sind.«

Charles konnte zwischen den Zeilen lesen. »Um Himmels willen, Julia, hat Sam etwa –« Er unterbrach sich.

Julia, die wusste, dass er auf so einem persönlichen

Thema nicht weiter herumreiten würde, antwortete: »Ein- oder zweimal zu Beginn unserer Ehe, als er auf Geschäftsreisen war. Obwohl ich damals mit Tom schwanger war, hätte ich ihn beinahe verlassen. Sam hatte gar nicht verstanden, wie sehr mich seine Untreue verletzt hat – schließlich waren seine Seitensprünge doch nur Sex gewesen, während ich diejenige war, die er liebte. Wie konnte ich das nur so ernst nehmen? Ich habe mein Packen unterbrochen und ihn gebeten, sich mich mit einem anderen Mann zusammen im Bett vorzustellen. Er sah mitgenommen aus und hat geschworen, mir nie wieder untreu zu sein. Soweit ich weiß, hat er sein Wort gehalten.«

Charles stieß einen Pfiff aus. »Was man so alles über die Ehe anderer Leute nicht weiß!«

»Das war nicht gerade etwas, das Sam oder ich verbreiten wollten.« Julia schloss die Augen und presste das kühle Weinglas an die Stirn. »Wir stammten aus verschiedenen Welten, und ein Großteil der Anziehung zwischen uns lag an der Unterschiedlichkeit. Da konnten die Probleme nicht ausbleiben. Heutzutage lassen die Leute sich schneller scheiden. Wenn Kate und Patrick nicht so jung gewesen wären, hätten sie die Sache vielleicht ins Reine bringen können und wären sogar stärker daraus hervorgegangen.«

»Das ist immer noch möglich.«

»Das bezweifele ich. Dafür ist zu viel Zeit vergangen.« Julia nahm einen Schluck Chardonnay. »Habe ich dir je erzählt, dass ich Sam kennen gelernt habe, als er als Vorarbeiter eines Bautruppps zu meinen Eltern kam, um den Keller umzubauen? Er war gerade vom Militär zurück und arbeitete auf dem Bau, bis er entschieden hatte, was er später tun wollte.« Es war auf beiden Seiten Lust auf den ersten Blick gewesen.

»Das wusste ich nicht. Du warst einfühlsam fröhlich, als du mir den Ring zurückgegeben und gesagt hast, du hofftest, dass wir immer Freunde bleiben würden.«

»O Gott, habe ich das wirklich gesagt? Klischeehafter kann man eine Beziehung nicht lösen.« Und trotz dieser Worte waren damals einige Jahre vergangen, in denen Charles und Julia keinen Kontakt gehabt hatten, auch wenn sie seine Hochzeitsanzeige gelesen und ihm innerlich Glück gewünscht hatte. Doch Baltimore war im Grunde eine kleine Stadt, und sie bewegten sich in den gleichen Kreisen. So trafen sie sich schließlich auf der Hochzeit eines gemeinsamen Freundes wieder. Barbara und Sam fanden mit ihrem südländischen Schwung Gefallen aneinander, was es Julia und Charles leicht machte, wieder an ihre lebenslange Freundschaft anzuknüpfen.

Schnell hatten sie jene besondere Beziehung zueinander aufgebaut, die entsteht, wenn sich bei zwei Paaren alle aufrichtig mögen. Ihr Band war nur noch stärker geworden, als die Kinder dazu kamen. Wann immer Sam einen Anwalt brauchte, hatte er auf Charles zurückgegriffen, dem so am Ende die meisten der Corsi-Geheimnisse bekannt waren, außer das von Sams früherer Untreue. Barbara, durch ihre Ehe mit einem Nichtjuden von ihrer orthodoxen Familie abgeschnitten, hatte Julia wie eine Schwester angenommen. Umgekehrt hatte Julia Barbaras Gesellschaft ebenso belebend empfunden wie Sams.

In Erinnerung an all die glücklichen Jahre sagte sie: »Ich war oft dankbar dafür, dass wir wieder Freunde geworden sind. Du, Barbara und die Mädchen haben unser Leben deutlich bereichert.«

»Dasselbe gilt für Sam, dich und eure Kinder.« Charles trank sein Glas aus und stellte es beiseite. »Ich hatte eine ziemlich genaue Vorstellung von dir und mir, wie wir zusammen alt werden, und ich war wie vor den Kopf geschlagen, als du mir den Laufpass gegeben hast. Aber auch ... erleichtert. Für einen verlobten Mann fand ich die sexy Brünette im Büro neben mir viel zu attraktiv.«

»Barbara, nehme ich an?«

»Ja. Die Tatsache, dass du mutig genug warst, das Bestehende zu lösen und jemanden zu heiraten, der ›keiner von uns‹ war, hat mir den Mut gegeben, dasselbe zu tun. Ich habe es nie bedauert.«

Julia ebenso wenig. Plötzlich erfasste sie überwältigende Trauer. »Charles, wie lange dauert es, bis man sich mit der Endgültigkeit des Todes abgefunden hat? Ich will es immer noch nicht wahrhaben. Ich denke immer noch, dass Sam gleich voller Energie und Baustaub hereinkommt.«

»Wenn ich das nur wüsste. Selbst nach zwei Jahren passiert es mir, dass ich in die Küche gehe und erwarte, Barbara dort zu sehen, wie sie eines ihrer improvisierten Festessen macht.« Charles sah sie voller Mitgefühl an. »Eines weiß ich, Julia, es wird schlimmer, ehe es besser wird. Aber mit der Zeit wird es besser.«

Sie vergrub ihr Gesicht in den Händen. »Verdammter Sam Corsi, oh, verdammter Sam Corsi.«

Die Scheibenwischer bewegten sich rhythmisch über die Windschutzscheibe, als Donovan die Charles Street Richtung Norden entlangfuhr. Die Gehsteige waren gefroren und ließen die meisten Fußgänger im Haus bleiben. Selbst mit Allradantrieb musste Donovan sich höllisch konzentrieren, aber nicht genug, um die Gedanken an Sams verrücktes Testament zu verbannen.

Die Vorstellung, mit Kate zusammenzuwohnen und sie jeden Tag zu sehen, war lähmend. Erschreckend.

Eine schreckliche Versuchung.

So wie an diesem Tag hatte es auch in der Nacht geschneit, als sie beschlossen hatten zu heiraten. Donovan hatte nicht geglaubt, dass eine Heirat möglich wäre, solange sie beide noch studierten, aber dann hatte Kate bei einer Pizza nach dem Kino ein Blatt mit Berechnungen hervorgezogen. Dort hatte sie sein Collegestipendium, ihr Einkommen aus einem kleinen Treuhandfond und möglichen Verdienst aus Sommerjobs addiert und die Summe den Ausgaben gegenübergestellt. So hatte sie bewiesen, dass sie heiraten konnten.

Donovan hatte die Vorstellung nicht gefallen, zum Teil von ihrem Geld zu leben, aber er war bereit gewesen, alles zu tun, um mit Kate zusammen zu sein. Insgeheim verspürte er den Drang, sie an sich zu binden, ehe sie aufwachte und erkannte, dass sie etwas viel Besseres als ihn finden könnte.

Auf dem Rückweg zum Haus der Corsis, als er begriffen hatte, dass sie sein war, war er mit dem Auto seines Onkels Schlangenlinien durch den Schnee gefahren und hatte vor Freude gejubelt. Kate war zwischen Angst und Lachen hin und her gerissen gewesen, voller Sorge, die Polizei könnte sie verhaften oder ein riesiger, unnachgiebiger Lastwagen sie platt walzen.

Doch er hatte sie sicher nach Hause gebracht. Vor der Tür hatten sie sich so lange geküsst, dass sie Schneeflocken in den Wimpern hatten, als sie schließlich hineingingen und ihre Verlobung verkündigten.

Auch wenn die Corsis Kates Freund mochten, waren sie verblüfft und nicht allzu erfreut gewesen, weil beide noch so jung waren. Doch Kate hatte ihre Berechnungen gezeigt und hinzugefügt, dass ihre Eltern genauso jung und genauso schnell geheiratet hätten und daher nicht in der Position wären, jetzt zu protestieren. Am Ende hatten die Corsis ihren Segen gegeben und eine so schöne Hochzeit arrangiert, als wenn sie nie Zweifel gehabt hätten.

Hatten Sam und Julia dasselbe verzweifelte Verlangen gespürt, zusammen zu sein? Wahrscheinlich. Donovan hatte danach gehungert, mit Kate zusammen zu sein, und nicht nur wegen des Sex, so fantastisch er auch war.

Der Sex ... sein ganzer Körper spannte sich an, als er an das erste Mal dachte. Er versuchte, den Gedanken zu verdrängen, schaffte es aber nicht. Erinnerungen, die er fast zehn Jahre lang verdrängt hatte, brachen aus ihm heraus wie eine Springflut.

Ganz in Gedanken bog er nach links auf die Bellona Avenue ab und rutschte dabei fast von der schmalen Straße. Donovan fluchte und hielt auf dem Randstreifen an. Er war nicht in der Lage zu fahren, solange er sich nicht wieder unter Kontrolle hatte. Doch es war nicht möglich, die Kontrolle wiederzuerlangen, solange er in das Schneegestöber hinaussah und an die Nacht dachte, in der Kate in sein Leben getreten war.

Die Begegnung mit seiner Tante und seinem Onkel sollte unterstreichen, wie unterschiedlich ihre Welten waren. Stattdessen hatte der Besuch alles noch schlimmer gemacht, weil sie in dem Reihenhaus in Hampton genauso zu Hause gewesen war wie auf dem Ball. Als er erfuhr, dass sie wie er zur Hälfte Italienerin war, machte sie das irgendwie erreichbarer.

Seine ursprünglichen Absichten waren ehrenhaft gewesen: Spärlich bekleidete Mädchen sollten in einer kalten Dezembernacht nicht durch die Stadt laufen oder trampen. Doch nachdem sie in Onkel Franks Auto saßen und sie ihn aus großen dunklen Augen angesehen hatte, hatte er sie einfach küssen müssen. Dem ersten Kuss folgten bald weitere. Statt sich von seinen immer drängenderen Liebkosungen zurückzuziehen, hatte sie ihm mit zunehmend erregten Seufzern geantwortet, und ihre Offenheit hatte ihn hingerissen.

Obwohl alles in ihm danach verlangte, sie zu lieben, hatte er die Willenskraft aufgebracht, sie loszulassen, bevor es kein Zurück mehr gab. Er erinnerte sich lebhaft an diesen Moment. Schneebedeckte Autoscheiben, die in verführerischer Privatheit beschlagen waren. Blasses Licht, das ihr blondes Haar erhellte und die elegante Biegung ihrer Wangen und des Halses erkennen ließ. Der Duft ihres Parfums, der sich mit dem Geruch der Leidenschaft und Cousin Guiseppes Wein mischte.

Er schaffte es, nach dem Zündschlüssel zu greifen. Dann flüsterte Kate: »Hör nicht auf«, und er war verloren. Ihre Worte waren wie Öl, das man in die Flammen goss. Er war verrückt nach ihr, und sie wollte ihn genauso, also warum nicht? Vielleicht waren die Reichen anders als die Mädchen, mit denen er bisher ausgegangen war. Oder er träumte das alles nur, und gleich würde der Wecker klingeln und er müsste für den acht-Uhr-Unterricht aufstehen.

Während Donovan noch mit sich kämpfte, glitt Kate näher zu ihm und küsste ihn auf die Kehle, ihr Atem warm und unerträglich erregend. »Wie heißt du mit Vornamen?«

Falls das ein Traum war, wollte er nie wieder aufwachen. »Patrick. Er hat mir nie gefallen, deshalb nenne ich mich immer Donovan.«

»Patrick. Schade, dass du das nicht magst. Mir gefällt er.«

»Wenn du es sagst, mag ich es.« Noch nie hatte sein Name so gut geklungen wie jetzt, wo das aufregendste Mädchen, das er je gekannt hatte, ihn in sein Ohr flüsterte.

Dann wanderte ihre Hand zögernd seinen Körper hinunter, und er hörte auf zu denken. Er explodierte in hungrige Küsse, hämmernden Herzschlag und ungeduldige Hände, die streichelten, erforschten und störende Kleidung beiseite schoben.

Solche Intensität konnte nicht von langer Dauer sein. Sie war unglaublich verlangend, und schon Sekunden nach seiner ersten intimen Berührung begann sie zu zittern und sich an ihn zu klammern, als wäre er ihre Rettung. Dann war er an der Reihe, und zum Glück hatte er ein Kondom in der Tasche und noch genug Vernunft, es auch zu benutzen.

Schlank und bereit lag sie unter ihm und war so schön und verführerisch, dass er kaum glauben konnte, dass sie Wirklichkeit war. Zu spät erst merkte er, dass sie noch Jungfrau war. Sie keuchte auf vor Schmerz, als er in sie eindrang, aber seine Lust war schon zu groß, um sich noch zurückzuziehen.

Nach wenigen Sekunden war es vorüber, und er blieb atemlos und erschüttert liegen, fest davon überzeugt, dass sie ihn zum Narren gehalten hatte. Rasch wandelte sich seine Traurigkeit in Wut. Er ließ sie los und wandte sich ab. »Wolltest du deinem Vater eins auswischen, indem du deine Unschuld einem Dienstboten geopfert hast? Du hättest mich warnen sollen. Dann wäre es einfacher für dich gewesen.«

Eine andere Frau wäre bei seinen rauen Worten in Tränen ausgebrochen, nicht aber Kate. »Das hatte nichts mit meinem Vater zu tun«, sagte sie heiser. Ihre Hände strichen über seine Brust und Schultern, als wenn sie nicht genug von ihm bekommen könnte. »Mir schien es heute nur ... der richtige Abend zu sein und du der richtige Mann. Habe ich mich geirrt?«

Donovan hatte gedacht, seine Kindheit hätte ihn zäh und unberührbar gemacht, aber ihre süße Unschuld riss die Mauer ein, die er um sich errichtet hatte, und er verliebte sich Hals über Kopf. *Hier ist mein Herz, carissima. Und mein Leben, mein Körper und meine Seele, wenn du sie haben willst.*

Seine Gefühle waren so mächtig und erschreckend, dass er nur ihre Hand einfangen und an seine Wange drücken konnte. »Ich glaube, dass du dich vielleicht geirrt hast, Kate.« Er wandte den Kopf und drückte einen Kuss in ihre Handfläche. »Du verdienst Champagner, Blütenblätter und Seidenlaken, nicht mich und einen alten Chrysler.«

Da lachte sie so fröhlich, dass es ihn an einen Ort versetzte, an dem er noch nie gewesen war. Zum ersten Mal seit Jahren – oder überhaupt – kam ihm in den Sinn, das es Glück tatsächlich geben könnte.

»Mir tut es nicht Leid«, murmelte sie, die Augen wie Sterne, »und ich hoffe, auch dir nicht.«

Ihm auch nicht. Damals nicht und nicht einmal heute, trotz des Schmerzes und der Schuld, die die Liebe ihnen beiden gebracht hatte.

7. Kapitel

Donovan kehrte in die Gegenwart zurück und umfasste das Steuerrad so fest, dass es zu brechen drohte. Kein Wunder, dass er diese Erinnerungen die ganze Zeit sicher weggeschlossen hatte. Sie freizulassen war fast so aufwühlend wie das Erlebnis selbst es gewesen war.

Die brutale Wahrheit war, dass er Kates Leben gestohlen hatte. Er war derjenige, der den aufregenden Job im Familienunternehmen bekommen hatte und die warme Anerkennung ihrer Eltern dazu. Nicht dass er absichtlich versucht hätte, Kate an den Rand zu drängen. Er war an dem Morgen, nachdem sie ihn verlassen hatte, bei *PDI* ausgeschieden, weil er sich sicher gewesen war, dass er unmöglich dort weiter arbeiten konnte.

Er hatte in der Küche gesessen und sich langsam mit irischem Whisky betrunken, als Sam ins Haus marschiert war. Erst schüttete er den Whisky in den Ausguss, und dann bat er seinen Schwiegersohn, zu *PDI* zurückzukommen. Sam hatte schrecklich ausgesehen – ein Mann, der von gewaltigen Kräften hin- und hergerissen wurde. Er war zu stolz, Donovan zu bitten, es sich noch einmal zu überlegen, aber es war deutlich, dass er zumindest eine Beziehung aus der Familienkatastrophe heraushalten wollten.

Obwohl Donovan versucht hatte, alles zu erklären, hatte Sam es nicht hören wollen. Offenbar war Sam davon ausgegangen, dass die Trennung von Kate und Donovan ein Nachbeben der allgemeinen Familienstreitigkeiten gewesen war. Kate hatte sich auf Toms Seite geschlagen, während Donovan, wie immer, zu Sam gehalten hatte.

Die Wahrheit war viel komplizierter, aber weil Donovan und Sam einander so sehr brauchten, war Donovan am nächsten Morgen wieder bei *PDI*, wo er sein Bestes tat, sein Unglück mit Sechzehn-Stunden-Tagen zu vergessen. Stoisch willigte er in die bedingungslose Scheidung ein, die Kate verlangte. Aber es war kein Versehen, dass er die Ehe nie von der Kirche hatte annullieren lassen. Er hatte es nicht gewollt, weil er sie in einem katholischen Winkel seines Herzens immer noch als seine Frau betrachtete. Solange das so war, würde er nie eine andere heiraten. Das war auch der wahre Grund, warum er sich immer nur locker mit Frauen verabredet hatte. In den letzten zehn Jahren hatte er zwar viel gearbeitet, aber wenn er es wirklich gewollt hätte, wäre durchaus auch Zeit gewesen, um eine andere Frau zu werben. Aber er hatte es nicht gewollt.

Kate war es, die er wollte. Immer nur Kate.

Ja, der Sex war atemberaubend gewesen, aber es war vor allem Kates Persönlichkeit, die ihn in ihren Bann geschlagen hatte. Auch wenn sie bis zur Perfektion die kühle, aristokratische Blondine spielen konnte, war sie die meiste Zeit so fröhlich und sonnig wie ihr Haar. Ihr bloß nahe zu sein, hatte ihn schon glücklich gemacht. Wenn sie sich in verschiedenen Räumen ihres Hauses aufgehalten hatten, war er immer zwischendurch zu ihr gegangen, um sie zu umarmen und sich zu vergewissern, dass sie echt war, nicht nur ein Trugbild aus einem Wunschtraum.

Sie war nicht nur ein Wunder gewesen, sie hatte ihm auch viele Türen geöffnet. Der Umgang mit den anderen Leuten war mühelos für sie, und sie hatte ihm immer geholfen, sich auch überall und bei jedem wohl zu fühlen. Bei ihr hatte er ein echtes Zuhause gefunden. Nicht dass seine Verwandten nicht nett zu ihm gewesen wären. Seine gesammelten Tanten und Onkel wären sehr verletzt, wenn sie wüssten, dass er nie das Gefühl gehabt hatte, wirklich zu ihnen zu gehören. Aber bis Kate kam, hatte er sich nirgendwo zu Hause gefühlt.

Es war seine eigene Schuld, dass ihre Ehe gescheitert war. Er wusste das, und Kate wusste das, auch wenn sie anderen gegenüber eisern Stillschweigen über den Grund ihrer Trennung gehalten hatten. Nachdem Sam sein Geständnis nicht hatte hören wollen, hatte er es auch niemandem sonst sagen können. Was Kate anging, war sie ohnehin immer sehr verschlossen bei Dingen gewesen, die sehr tief gingen. Ihre Freunde und Verwandten wussten es besser, als bei einem Thema nachzubohren, das für sie unerträglich war.

Weil Kate und er geschwiegen hatten, hatte Sam sich entschlossen, sie wieder zusammenzubringen. Donovan kam es wie ein Verrat an den gemeinsamen Jahren vor.

Oder doch nicht? Als Donovan in die tanzenden Schneeflocken hinaussah, ging ihm auf, dass Sam ihm schon einmal seine Tochter anvertraut hatte und es jetzt noch einmal versuchen wollte. Das Testament war kein Verrat, sondern ein Zeugnis tiefen Vertrauens. Eine Aufgabe, die ein Toter einem Lebenden hinterließ.

Obwohl Donovan Kate heute nur kurz gesehen hatte, hatte er bemerkt, wie sehr sie sich von dem Mädchen unterschied, das er vor zehn Jahren gekannt hatte. Ihre Offenheit war großteils verschwunden, und in seinem Herzen war er sich sicher, dass er die Schuld daran trug.

Und doch würde sie ihm immer viel bedeuten. Vielleicht nicht mehr so wie früher, als sie noch jung waren, aber er würde für sie durchs Feuer gehen. Er schuldete ihr mehr, als er je zurückzahlen könnte, und Sams Testament war eine Chance, etwas von dem wieder gutzumachen, was er angerichtet hatte.

Er musste sehr geduldig und sehr behutsam vorgehen, sonst wäre sie wie der Blitz zurück in San Francisco. Er musste ihr Vertrauen gewinnen. Wieder ihr Freund sein, wie sie einmal beste Freunde gewesen waren.

Noch mehr, als er sie wiederhaben wollte, wollte er das Beste für sie. Und das Beste war niemals er.

Nachdem er sich darüber klar geworden war, lenkte er den Jeep wieder auf die Straße und fuhr nach Hause. Sams Beerdigung und das Treffen mit Kate hatten ihn aufgewühlt, und die Situation würde sicher noch schlimmer werden. Aber jetzt hatte er wenigstens etwas, für das er sich anstrengen konnte.

Die Sühne seiner Sünden.

Kates Schlafzimmer hatte sich in den Jahren ihrer Abwesenheit nur wenig verändert, und sie zuckte jedes Mal zusammen, wenn sie eintrat. Nicht dass ihre Mutter den Raum als Schrein so gelassen hätte – dafür war Julia viel zu vernünftig. Der Raum enthielt noch so viel von Kate, weil sie sich ganz bewusst dafür entschieden hatte, nur wenig mitzunehmen, wenn sie mit Donovan zusammengezog. Sie hatten als Gleiche anfangen müssen. Da er außer Büchern und Kleidung nur wenig besessen hatte, hatte sie ihr Haus nicht mit Dingen aus ihrem Elternhaus füllen wollen.

So standen in ihrem alten Bücherschrank immer noch die geliebten Kinderbücher, die Kate einmal ihrem eigenen Kind hatte weitergeben wollen. Fröhliche skandinavische Flickenteppiche, die sie mit ihrer Mutter zusammen ausgesucht hatte, lagen auf dem Boden, und der Quilt auf dem Bett war von ihrer Mutter und ihr im Sommer ihres zwölften Lebensjahres gefertigt worden. Viele Gespräche und Familiengeschichten waren da hineingenäht. Es war der letzte Sommer ihrer Kindheit gewesen. Danach war sie ein Teenager mit anderen Interessen geworden. Julia hatte das zweifellos kommen sehen, deshalb hatte sie auch das Quiltprojekt vorgeschlagen.

In ihrem alten Zimmer zu schlafen, versetzte Kate in glücklichere Zeiten zurück, als sie noch an Happy Ends geglaubt hatte. Jetzt fühlte sie sich alt und zynisch, als sie die Heizdecke anknipste und sich in den Armstuhl kuschelte, um San Francisco anzurufen und sich eine weitere Dosis Realität zu holen.

Ihre Partnerin nahm sofort ab. »Chen und Corsi. Kann ich Ihnen helfen?«

»Du machst Überstunden.« Kate lehnte den Kopf zurück und schloss die Augen. »Sprich von etwas Mondänem, Liz. Erzähl mir, wie das Tanaka-Projekt läuft und was sein Schwager für neues Unheil angerichtet hat. Erzähl mir von den Trivialitäten des normalen Lebens.«

»Ist es so schlimm?«

»Nicht wirklich. Ich bin nur müde.«

Doch Liz konnte man nichts vormachen. »Klingt, als wenn du eine Freundin brauchst. Soll ich morgen nach

Maryland fliegen? Die Kunden können auch ein paar Tage warten.«

»Für das Angebot verdienst du einen goldenen Stern im Himmel, aber das ist nicht nötig. Es war nur heute so ... anstrengend.«

»Natürlich«, stimmte Liz ernst zu. »Als meine Mutter gestorben ist, habe ich –« Sie schwieg plötzlich. »Du brauchst Ablenkung, keine Erinnerungen. Schade, dass du heute nicht hier warst. Jenny Gordon hat heute Morgen angerufen. Sie ist gerade in ihrer Firma in Chikago gekündigt worden und hat sich entschlossen, nach Hause zu kommen. Wir waren zusammen essen, und ich habe den neuesten Klatsch erfahren.«

Jenny war eine gute Freundin von Kate und Liz aus der Studienzeit in Berkley. Dort hatten sie davon geträumt, eines Tages zusammen zu arbeiten, aber dann war Jenny ihrem Freund in den mittleren Westen gefolgt. Er hatte sich als genauso wenig beständig erwiesen wie ihr Job. »Schade, dass ich nicht dabei war, aber wenigstens sehen wir sie jetzt öfter. Wenn man bedenkt, wie sehr Jenny immer die Winter in Chicago gehasst hat, muss sie doch ganz aus dem Häuschen darüber sein, zurück nach Kalifornien zu kommen. Hat sie schon einen neuen Job?«

»Noch nicht. Du weißt doch, wie schwer es ist, als Architekt unterzukommen, und Jenny will nicht wieder in eine Riesenfirma. Irgendwann zwischen Nachos und Dessert hatte ich den genialen Einfall, sie zu fragen, ob sie ein paar Tage bei uns aushilft. Das nimmt mir den Druck, solange du weg bist, und Jenny kann bei ihren Eltern ausziehen. Sie empfindet es dort als Belastung.«

»Wenn Jenny will, kann sie meine Wohnung hüten, bis ich zurückkomme«, schlug Kate vor. »Dann braucht

Tom nicht jeden Tag dort vorbeizufahren, um Ginger Bear zu füttern.«

»Oh, sie wird begeistert sein, über Haus und Katze. Ich gebe ihr morgen den Schlüssel für deine Wohnung.« Man hörte Papier rascheln. »Kommst du Anfang der Woche zurück?«

Kate hatte nicht die Kraft, noch einmal die Geschichte von Sams Testament zu erzählen. »Es kann sein, dass ich länger bleibe als erwartet. Ich sage dir Bescheid, sobald ich es weiß.«

»Bleib, solange du möchtest. Ich vermisse dich, aber mit Jennys Hilfe halte ich ewig aus.« Wieder raschelte Papier. »Wo habe ich gleich meine Fragenliste hingelegt? Ah, hier. Die Fliesen für das Jackson Bad. Soll ich den Auftrag erteilen oder lieber abwarten, ob sie noch einmal ihre Meinung ändern?«

»Warte lieber. Die Jacksons entscheiden sich bei jeder Sache mindestens dreimal um, und bisher war es beim Bad erst zweimal.«

Liz kam zum nächsten Thema auf der Liste. Kate fand das Gespräch ungeheuer entspannend. Das war die Realität – ihr Geschäft, ihre Freunde, ihr Zuhause, ihre Katze.

»Falls du mich brauchst oder jemanden, der dir zuhört und tröstliche Geräusche macht, ich bin hier«, sagte Liz, als sie das Geschäftliche besprochen hatten. »Telefon, Fax, E-Mail. Zu jeder Tages- und Nachtzeit. Und denk daran, du darfst weinen.«

»Danke für ... für alles, Liz.« Kate verabschiedete sich und legte auf, wobei sie ein Prickeln im Nacken spürte. Das plötzliche Erscheinen einer alten und vertrauten Freundin, die zufällig gerade einen Job und eine Wohnung brauchte, kam so gelegen, dass es schon fast wie Schicksal wirkte.

Auch wenn die rationale Seite in ihr den Gedanken göttlicher Vorsehung verhöhnte, glaubte sie tief in ihrem Inneren doch daran, dass das Leben nach vorgegebenen Mustern ablief. Wenn sich eine Tür mit so dramatischem Timing öffnete, musste eine kluge Frau überlegen, ob sie nicht hindurchgehen sollte. Oder um eine kalifornische Redensart zu benutzen: »Heh, mach schon, schwimm mit dem Strom!« Sie hatte schon früher ein-, zweimal solche Hinweise aus dem Universum erhalten, und bei ihren Freundinnen hatte sie ähnliche Lebensmuster erkannt.

Himmel, hieß das etwa, dass sie Sams Testament erfüllen sollte? Oder ließ die Erschöpfung sie Dinge als Omen sehen, die einfach nur Zufall waren?

Später. Sie würde später darüber nachdenken.

Als Kate ihre Jacke auszog, erinnerte das Knistern von Papier sie daran, dass sie ja noch den Brief ihres Vaters in der Tasche hatte. Sie zog den Umschlag hervor und zuckte zusammen, als sie ihren Namen in Sams ungeduldiger Handschrift auf dem Umschlag sah. Heute Abend war sie zu müde, um eine Nachricht von ihm zu ertragen.

Aber ihre Neugier war größer als ihre Erschöpfung. Kate riss den *PDI*-Umschlag auf, setzte sich aufs Bett und las nervös die letzten Zeilen, die sie je von ihrem Vater erhalten würde.

Meine liebe Kate, begann der Brief.

Ich weiß nicht, wann du dies lesen wirst, aber ich kann wetten, dass du dann sehr böse auf mich bist. Nur gut, dass ich dann tot bin.

Sieh es als gegeben an, dass ich ein alter Narr bin,

der sich immer in alles einmischt, aber ich schwöre bei Nonna Corsis Grab, dass ich nur das Beste für dich will. Ich habe immer geglaubt, dass ich zum Teil dafür verantwortlich bin, dass Donovan und du euch getrennt habt. Ich wusste, wie sehr du dir immer gewünscht hast, für PDI *zu arbeiten, aber er war derjenige, den ich angestellt habe. Ich habe das nie bedauert – ein Mann könnte sich keinen besseren Angestellten, Freund oder Schwiegersohn wünschen. Aber ich hätte euch beide beschäftigen sollen, trotz meiner Vorbehalte, denn nur ihn zu nehmen, musste ja Probleme machen.*

Nun, ich kann dich jetzt nicht mehr daran hindern, zu PDI *zu gehen. Nicks Stelle ist frei, und Donovan und du wäret ein Spitzenteam – genau wie als Ehepaar.*

Aber ich hoffe auf mehr als eine berufliche Partnerschaft, und deshalb habe ich bestimmt, dass du das Haus mit ihm teilen sollst. Wenn man zusammenwohnt und sich bei jedem Frühstück sieht, ist das etwas anderes, als zusammen zu arbeiten. Wann immer deine Mutter und ich in der Brandy Lane zu Besuch waren, haben wir daran gedacht, wie glücklich ihr wart, als ihr es euch zusammen eingerichtet habt oder wenn ihr zusammen gekocht habt oder einfach nur Händchen haltend auf dem Sofa saßet. Vielleicht kannst du ja wieder so glücklich werden.

Wahrscheinlich sieht es für dich so aus, als wollte ich dein Leben noch vom Grab aus regeln, was nicht ganz falsch ist, aber selbst ich muss einsehen, dass ich keinen von euch in eine Beziehung zwingen kann, die ihr nicht wünscht. Ich kann nur versuchen, euch beiden eine zweite Chance zu geben. Ich weiß, was es bedeutet, jung und heißblütig zu sein und in einer Ecke mit dem Rücken an der Wand zu enden. Donovan und du habt vielleicht Dinge gesagt und getan, die unverzeihlich schei-

nen, aber das ist viele Jahre her. Vielleicht ist es an der Zeit, zu sehen was ihr hattet, und zu überlegen, ob ihr nicht noch einmal von vorne anfangen wollt.

Wenn du die Wut auf mich überwunden hast, carissima, verzeihst du mir vielleicht meine Einmischung. Immerhin bin ich Italiener und kann nichts dafür.

Ich hoffe, du erinnerst dich daran, wie sehr ich dich liebe.

Für immer,
dein Dad

Am Schluss war Kate so tränenblind, dass sie kaum seine Unterschrift lesen konnte. Sie schlang die Arme um ein Kissen und begann zu weinen. Wenn er nicht bei dem Unfall gestorben wäre, hätte sie diesen Brief wahrscheinlich nie zu sehen bekommen. Er hatte ihn offenbar kurz nach Nicks Ausscheiden aus der Firma geschrieben, als er sich verlassen fühlte und sich mehr Familienmitglieder in der Firma wünschte. Vielleicht hätte er sein Testament geändert, wenn Donovan oder sie irgendwann wieder geheiratet hätten, aber weil ihr Vater so bald nach seinem impulsiven Brief gestorben war, klangen seine Worte für Kate, als würde sie seine Stimme in ihrem Kopf hören.

Verdammt sollte der Mann sein. Warum hatte er sie daran erinnern müssen, wie nahe Donovan und sie einander einst gewesen waren? Wenn er hier wäre, würde sie ihm den Hals umdrehen.

Oh, wenn er doch nur hier wäre.

Sie umklammerte das Kissen und schlief schließlich vor Erschöpfung ein.

8. Kapitel

Kate drückte den Hund auf ihrem Schoß an sich, als Donovan in die Bellona Avenue einbog. Sie musste verrückt sein, das Haus besichtigen zu wollen, das sie einmal geteilt hatten. Dort hatte sie die glücklichsten und die schlimmsten Momente ihrer Ehe erlebt, und je mehr sie sich dem Haus näherten, desto angespannter wurde sie.

Kate betrachtete die waldigen Hügel von Ruxton vor dem Fenster. Obwohl das Viertel nahe der Stadtautobahn lag, hatte man bei den gewundenen Straßen und Alleen den Eindruck, auf dem Land zu sein. Heute Morgen war jeder Baum und jeder Busch weiß und glitzernd überfroren. Die perfekte Szenerie für eine tote Ehe.

Die Jahre in Kalifornien hatten bei Kate Angst vor vereisten Straßen geweckt, aber sie hatte Vertrauen in Donovan und seinen Jeep. Seine Kompetenz in fast allem war Teil seiner Anziehungskraft auf sie gewesen. Mit achtzehn hatte sie geglaubt, ihm rundum trauen zu können. Was der beste Beweis dafür war, dass Instinkt keinen Pfifferling wert war.

Oscar hob den Kopf und bellte freudig auf, als sie in die Brandy Lane einbogen, die Sackgasse, in welcher ihr Haus lag. Der Hund war oft bei Donovan geblieben, wenn Julia und Sam auf Reisen waren und kannte sich hier aus.

Kate wappnete sich für den ersten Blick auf ihr altes Heim, und sie war erleichtert zu sehen, dass sich der einfache Grundriss von damals dramatisch verändert hatte. Das Grundstück lag etwas von der Straße entfernt und war von Bäumen versteckt, die es schwer machten, das Ausmaß der Veränderung abzuschätzen, aber ganz eindeutig war ein Anbau mit einer Dreiergarage und einem Seiteneingang dazugekommen.

Donovan hielt vor dem Haus, schaltete den Motor aus und löste seinen Sicherheitsgurt. »Ich dachte mir, dass du den Haupteingang benutzen möchtest.«

»Geh voran, Macduff, und verdammt soll der sein, der als Erster ruft: Bleib stehen!«

»Ist das wirklich eine Shakespeartragödie für dich?«

»Tatsächlich ist es eher eine Farce«, gab Kate zu.

Donovan stieg aus, ging um das Auto herum und hielt ihr die Tür auf. Oscar sprang von ihrem Schoß und rannte zum Haus, ein Fellknäuel auf der Flucht vor der Kälte. Er drängte sich durch die Azaleen, die sie an der Haustür gepflanzt hatte. Sie hatte sie damals wegen ihres seltenen Rottons ausgesucht, und sie waren in zehn Jahren gewaltig gewachsen.

Froh, dass Donovan es besser wusste, als ihr beim Aussteigen zu helfen, kletterte Kate aus dem Wagen und hielt unwillkürlich die Luft an, als der eisige Wind sie traf. »Um Himmels willen, ist Baltimore näher zum Nordpol getrieben, seit ich zuletzt hier war?«

»Dieser Januar stellt einen Kälterekord auf.« Donovan machte die Autotür zu und begleitete sie zum Haus. Kate fühlte sich angespannt wie nie, als er die Haustür aufschloss.

Doch dann kam die Erleichterung. Das Haus war nicht wieder zu erkennen. Die kleine Küche und das Esszimmer waren zu einer großen Wohnküche zusammengelegt worden, die gemütlich war und zum Verweilen einlud. Der Raum war voller Eichenmöbel und Sonnenschein, aber es war nicht mehr ›ihre‹ Küche.

An einer Wand führte ein hoher Torbogen in ein großes Esszimmer. Es sah sauber aus und unbenutzt, was kein Wunder war. Wenn sie alleine wäre, würde sie auch immer in der freundlichen Küche essen. Sie knöpfte ihren Regenmantel auf und gab ihn Donovan.

Er hängte ihn zusammen mit seinem Parka in die Garderobe, die es früher auch nicht gegeben hatte. »Kaffee? Cappuccino?«

Kate ging in die Küche. »Cappuccino in Baltimore, der Stadt hinterm Mond?«

»Eindeutig ein Beweis, dass Cappuccino nichts Besonderes mehr ist. Möchtest du einen?«

»Normaler Kaffee wäre nett.«

Während Kate die handgearbeiteten Kacheln hinter der Spüle bewunderte, holte Donovan eine Tüte Kaffeebohnen aus dem Schrank. Er war immer ein guter Koch gewesen. Es hatte Spaß gemacht, mit ihm zusammen zu kochen, egal, ob sie sich um das Schneidebrett gestritten hatten oder sich – nicht immer erfolgreich – an Neues gewagt hatten ...

Kate biss sich auf die Lippe und verdrängte das Bild, das der Brief ihres Vaters geweckt hatte, aus ihrem Kopf. Nur weil man sich eine Küche teilte, musste eine Ehe noch nicht funktionieren.

Während Donovan die Bohnen für die Kaffeemühle abmaß, schlug er vor: »Sieh dich doch schon mal um. Nichts ist verboten.«

Kate war erleichtert, das Haus alleine erkunden zu können, und öffnete die Tür zum ehemals düsteren und engen Untergeschoss, aus dem sich auch mit Farbe und Pinsel nicht viel machen ließ. Das Stockwerk war vollkommen verändert worden und jetzt durch den Anbau mehr als doppelt so groß. Die Südwand bestand zum Großteil aus Glas mit Blick auf den Wald, und die Etage war in ein Wohnzimmer, ein großes Bad, eine Arbeitsecke und einen Fitnessraum geteilt worden. Der Fitnessraum war gut, falls sie herkäme. Ein großes ›Falls‹.

Kate ging wieder nach oben und betrachtete die kleine Wäschekammer zwischen Küche und Garagenzugang. Das musste sie als Architektin gutheißen; es war praktisch, beim Kochen ein Auge auf die Wäsche haben zu können.

Jetzt, wo ihr berufliches Interesse geweckt war, durchquerte sie den Flur und betrat das einstige Wohnzimmer. Es war jetzt Arbeitszimmer und Fernsehraum. Sie kannte keines der Möbelstücke, wofür sie dankbar war.

Kate betrachtete sich die Bücher im Regal: eine ausgesuchte Mischung aus Romanen und Sachbüchern, und dazu ein Exemplar des *»Handbuch des Sprengmeisters«*. Ach, und da war die schöne Ausgabe des *»Book of Kells«*, das sie Donovan einmal zu Weihnachten geschenkt hatte. Ihnen hatten beiden die keltischen Zeichen darin gefallen.

Kate wandte sich von den Büchern ab, um die erstklassige Stereoanlage zu bewundern. Es war Donovan zuzutrauen, dass er die Kabel so verlegt hatte, dass man in allen Räumen Musik hören konnte.

Eine neue Tür führte vom Arbeitszimmer ins Wohnzimmer. Oscar trottete in diese Richtung, und Kate folgte ihm die drei Stufen hinunter. Dann blieb sie verblüfft stehen. Wahnsinn, das war *ihr Haus!* Kein Wunder, dass ihr die Räume alle so perfekt vorgekommen waren.

Ihr Blick wanderte durch den herrlichen Raum, dessen Decke so hoch war wie die einer Kathedrale, und blieb auf dem Kamin aus Feldsteinen hängen, der mit Glasfenstern versehen war. Durch die Dachfenster schien die Sonne herein, und hohe Fenster eröffneten den Blick auf die Wälder rundum. Es war alles genau so, wie sie es sich vorgestellt hatte, als sie die Baupläne gezeichnet hatte.

Dann hörte Kate Schritte und fuhr herum. Donovan trat mit zwei Kaffeebechern in der Hand in das Zimmer. Mit erstickter Stimme sagte Kate: »Du hast die Pläne benutzt, die ich während des Studiums gezeichnet habe!«

»Es kam mir dumm vor, das Rad noch einmal zu erfinden, nachdem du so gute Ideen hattest«, erwiderte er und reichte ihr einen dampfenden Becher. »Ich habe ein paar kleine Änderungen vorgenommen, aber im Wesentlichen ist es das Haus, das du als erstes großes Objekt entworfen hast.«

Kates Hand zitterte so, dass ihr der heiße Kaffee die Finger verbrannte. Das ursprüngliche Haus war so klein und gewöhnlich gewesen, das sie es nicht bedauert hatte, große Änderungen vorzunehmen. Sie hatte ein Haus voller Sonne schaffen wollen und ein paar Souvenirs von *PDI*-Sprengungen wie den hölzernen Kaminsims oder die Glasfenster zu beiden Seiten des Kamins retten wollen.

Sie hatte ein paar Skizzen angefertigt und die Ideen ihrem Mann schmackhaft gemacht, als wenn er ein zahlender Kunde wäre. Zu sehen, dass ihre Träume in Glas und Stein umgesetzt worden waren, wühlte sie mehr auf, als das Originalhaus es getan hätte. So viel von ihr selbst und ihren Zukunftsträumen hatten in ihren Plänen gesteckt. Das Haus jetzt so zu sehen, war, als wenn sie von der Existenz eines Kindes erfahren hätte, von dem sie nichts gewusst hatte.

Kate nahm einen Schluck Kaffee. Nur mit Milch, genau, wie sie es mochte. Verdammter Donovan!

Kate umfasste den wärmenden Becher und ging langsam durch den Raum. Wie überall war das Zimmer sparsam, aber gemütlich eingerichtet. Die leeren Stellen schrien nach Bildern und Pflanzen, Teppichen und Kissen – Kate rief sich zur Ordnung. Dies war nicht ihr Haus. Nicht mehr. Aber es gab verwirrende Ähnlichkeiten zu ihrer Wohnung in San Francisco. Donovan und sie hatten beide Perserteppiche und ausladende Sessel gemocht, was eine gespenstische Vertrautheit zwischen ihren beiden Wohnungen weckte.

Kate beschloss, sich in berufliche Sachlichkeit zu flüchten, und sagte: »Sehr nett. Wann hast du das machen lassen?«

»Das meiste habe ich selber umgebaut. Das Wohnzimmer war das letzte große Projekt. Ich bin vor rund einem Jahr damit fertig geworden.«

Sein aufgewühlter Gesichtsausdruck ließ Kate überlegen, was er wohl empfunden hatte, als er nach ihren Plänen gearbeitet hatte. Hatte er dabei an sie gedacht? Oder es nach Kräften vermieden? »Du hast in deiner Freizeit gebaut, um ein Gegengewicht zu deiner Arbeit, dem Abreißen, zu haben?«

»Ungefähr so.«

Kate blieb an der Glastür stehen und sah über die Terrasse zu den Bäumen hinüber. Eine Seite der Terrasse grenzte an eine Wand, und eine Tür führte von dort in die Küche. Ein schöner Platz, um im Sommer draußen zu sitzen. Das war Donovans Idee – ihre Pläne hatten das nicht vorgesehen.

Kate verdrängte die Erinnerung an die Spaziergänge, die Donovan und sie im Wald gemacht hatten – und die vielen Male, die sie mit Gras im Haar zurückgekommen waren – und wandte sich vom Fenster ab. »Ich habe mich immer gefragt, woher du das Geld hattest, um mich auszubezahlen. Ich hätte nicht nach Berkley gehen können, wenn du das nicht gemacht hättest. Hat Sam dir ein Darlehen gegeben?«

»Nicht Sam – Julia. Dein Vater war so wütend über die Scheidung, dass er nichts getan hätte, was dir das Weggehen erleichterte. Julia war da praktischer. Sie sagte, sie wolle nicht, dass ihre Tochter das Studium abbrechen und eine Oben-ohne-Tänzerin oder Schlimmeres werden müsse.«

Kate musste unwillkürlich lächeln. Das klang ganz nach ihrer Mutter. »Ich hatte erwartet, dass du das Haus verkaufen würdest, wenn die Scheidung erst mal durch wäre.«

»Ich habe es überlegt. Aber das ist mein Zuhause. Ich wollte mir kein anderes suchen müssen.«

Das hätte sie wissen müssen. Er hatte sich hier genauso wohl gefühlt wie sie.

Der Gedanke weckte eine Flut von Erinnerungen. Ihre Freundin Rachel Hamilton hatte sie darauf aufmerksam gemacht, dass ein altes Haus in der Nachbarschaft ihrer Eltern bald zum Verkauf stünde. Kate und Rachel hatten es zusammen angesehen. Das kleine Haus gab nicht viel her, aber das große Grundstück war spektakulär. Wer bereit wäre, das Haus so zu nehmen, wie es war, würde beim Preis noch handeln können.

Ohne Donovan etwas davon zu sagen, hatte Kate sich das Haus von ihren Eltern als Hochzeitsgeschenk gewünscht. Der Kaufvertrag war bereits unterschrieben, als Kate Donovan eine Woche vor der Hochzeit zu dem Haus geführt hatte. Sie hatte vor Aufregung kaum stillhalten können und war sich sicher gewesen, dass er sich über ein eigenes Haus freuen würde.

Stattdessen hatte Donovan vor Wut geschäumt. Er war herumgewirbelt, hatte sie wütend bei den Schultern gepackt, geschüttelt und dabei gebrüllt, dass er nicht ihr Schoßhund sei und keine Hochzeit stattfinden würde. Sie hatte ihn nur sprachlos angestarrt. Er hatte schon vorher gelegentliche Anfälle von Jähzorn gezeigt, aber sie waren jedes Mal schnell wieder vorbei gewesen. Normalerweise war er reizend und romantisch und ein angenehmer Gefährte, ganz ihr Traummann.

Der Zwischenfall war gleich wieder vorbei und entsetzte Donovan weit mehr als Kate. Weiß im Gesicht hatte er sie losgelassen und eine Entschuldigung gemurmelt.

Kate war nicht getroffen, bloß schockiert und entsetzt über ihre eigene Dummheit. Sie wusste doch, dass Donovan sich durch den Reichtum ihrer Eltern unwohl fühlte, und es war idiotisch von ihr gewesen, eine so wichtige Entscheidung zu treffen, ohne ihn vorher zu fragen.

Zitternd hatte sie sich in seine Arme geschmiegt und versichert, dass sie ihm doch nur eine Freude hatte machen wollen und nie wieder eine Entscheidung ohne ihn treffen würde. Sie würden den Kaufvertrag lösen und da wohnen, wo Donovan wohnen wollte. Gleichzeitig beteuerte Donovan heftig, dass er das Haus liebe, dass es das schönste Geschenk sei, das er je erhalten habe, und dass er nur zu gerne für immer dort wohnen würde, wenn Kate ihm nur seinen schrecklichen Jähzorn vergeben könnte.

Beiderseitige Reue war in Leidenschaft gemündet,

und sie waren auf den bloßen Dielenbrettern hemmungslos übereinander hergefallen. Danach war er so zärtlich und liebevoll gewesen, dass Kate ihren ersten Streit wunderbar fand, weil er sie einander nur noch näher gebracht hatte.

Wenn sie da schon gewusst hätte, was sie später erfuhr, ob sie ihre Verlobung dann gelöst hätte? Vielleicht, aber sie war sich nicht sicher, nicht einmal heute. Es hatte Höhen und Tiefen in ihrer Ehe gegeben. Und sie war das, was drei Jahre Ehe aus ihr gemacht hatten.

Kate betrachtete einen überfrorenen Busch und fragte betont gleichgültig: »Triffst du dich regelmäßig mit jemandem?«

Nach kurzem Zögern sagte Donovan: »Ja.«

»Würdest du sie weiter sehen, wenn ich hier einziehe?«

»Hältst du mich für verrückt? Natürlich nicht. Das Leben wird so schon kompliziert genug sein. Und du? Gehst du in San Francisco mit jemandem aus?«

»Ja.« Sie dachte an ihre lockere Beziehung zu Alec. »Die Entfernung wird dem schnell ein Ende setzen.«

Als das Schweigen zwischen ihnen endlos wurde, sagte Donovan: »Das klingt ganz so, als wenn du in Erwägung zögest zu bleiben.«

Kate biss sich auf die Lippen. Anscheinend zog sie es tatsächlich in Betracht. Vor dem Frühstück hatte sie wieder und wieder den Brief ihres Vaters gelesen, und der Ernst darin war ihr sehr nahe gegangen.

Genauso wichtig war ihr aber die Beobachtung ihrer Mutter, dass sie beide sich immer noch von der Vergangenheit beherrschen ließen. Wenn sie an Alec und andere Männer dachte, die sie über die Jahre kennen gelernt hatte, konnte Kate das nicht ganz von sich weisen. Allesamt waren sie klug, unterhaltsam und attraktiv gewesen – aber vielleicht nicht zu Gefühlen fähig?

Solche Auswahl war kein Zufall. Zwar war Kate immer vage davon ausgegangen, eines Tages wieder zu heiraten, am liebsten, ehe ihre biologische Uhr abgelaufen war, aber sie hatte nie ernsthafte Schritte in diese Richtung unternommen.

Vielleicht war jetzt die Zeit gekommen, sich mit dem auseinander zu setzen, was ihr bislang so schmerzhaft erschien. Allein der Gedanke ließ Kate verstört zusammenschrecken.

Donovan erriet offenbar, was in ihr vorging. »Wenn du bleibst, verspreche ich, dass ich dich nicht anrühren werde.«

Er war ein Mann, der zu seinem Wort stand. Oder genauer gesagt, dessen Absichten immer die besten waren.

»Falls ... irgendetwas vorfällt, bin ich sofort weg hier.«

»So weit wird es nicht kommen, Kate. Das schwöre ich.«

Kate betrachtete Donovan und versuchte, ihn unvoreingenommen zu sehen. Er sah genauso aus wie der, der er war – ein starker, vernünftiger Mann, der vom Geschäft genauso viel verstand wie von Handwerk und harter Arbeit. Sein dunkles, seidiges Haar war immer noch recht lang, berührte jetzt aber nicht mehr seine Schultern. Er hatte es abgeschnitten, als er anfing, Kontakt zu Kunden zu haben, auch wenn Sam ihn nie darum gebeten hatte. Donovan hatte in allen Bereichen gezielt daran gearbeitet, das Kommando zu übernehmen.

Aber das war nur die Oberfläche. Jahre voller Erfolg

in einem harten Geschäft hatten ihn ruhiger werden lassen. Selbstbewusster. Die Kantigkeit seines Wesens, die sie zugleich fasziniert und erschreckt hatte, als sie einander kennen gelernt hatten, schien völlig verschwunden zu sein.

Sie waren beide erwachsen geworden. Vielleicht ... vielleicht konnten sie es schaffen.

»Wenn du mich nicht anrührst und aufhörst, dich mit anderen Frauen zu verabreden, wird dir das Jahr lang werden.«

»Es heißt, dass Männer ihren sexuellen Höchstleistungsgrad mit neunzehn erreichen und dass es danach nur noch bergab geht. Jemand in meinem fortgeschrittenen Alter sollte ein Jahr Enthaltsamkeit meistern können«, antwortete Donovan trocken.

Kate zog die Nase kraus. Keiner konnte sagen, dass Donovan nicht deutlich war. »Bist du dir da sicher?«

»Keiner von uns will das wiederhaben, was einmal war.«

Das war allerdings eine Untertreibung. Kate runzelte die Stirn und schlenderte durch den Raum. Er hatte Recht, ihr Problem war im Sex begründet gewesen. Also kein Sex, keine Schwierigkeiten? Nun, vielleicht. Und wenn es doch welche geben sollte, konnte sie ja jederzeit gehen.

Ihre Ehe war nicht mehr zu retten, aber mit dem Geschäft war es etwas anderes. »Ich habe gestern Abend den Brief meines Vaters gelesen. Er erklärt darin, warum er sich ein so bizarres Testament ausgedacht hat, und lenkt ein, mich nicht länger von der Arbeit bei *PDI* abhalten zu wollen. Er nimmt an, dass ich Nicks Job übernehmen werde.«

»Sam war ein Dickkopf, aber er war nicht dumm. Wir haben für Nick keinen Nachfolger gefunden. Du wärest großartig für den Posten. Als Architektin weißt du eine Menge über Statik und Technik, und ich möchte wetten, dass dir die Klienten aus der Hand fressen werden.«

Ja, das stimmte, aber Nicks Job war nicht das, wovon sie geträumt hatte. Sie wollte Häuser in die Luft jagen, nicht den Großteil ihrer Zeit am Telefon verbringen. Das hier war die Chance, die sie sich immer gewünscht hatte. Und wenn Donovan sich sträubte – nun, ihr gefiel die Vorstellung, dass auch er eine schwere Entscheidung treffen musste. »Wenn ich mein Leben für ein Jahr stilllegen soll, muss auch etwas dabei für mich herausspringen.«

»Das ist nur fair.« Sein Gesicht verriet Vorsicht.

Kate ballte unbewusst die Fäuste, als sie eine Tür sich öffnen sah, durch die sie gleich hindurchgehen würde. »Ich bleibe unter einer Bedingung.«

»Und die wäre?«

»Dass ich vor Ort für *PDI* arbeite und Sprengladungen anbringe, genau wie du.«

9. Kapitel

Zum Teufel, nein«, rief Donovan aus.

»Hältst du mich für unfähig, so eine Arbeit zu machen?«

Donovan erkannte, dass er Gefahr lief, in ein Fettnäpfchen zu treten, und versicherte rasch: »Das ist keine Frage des Könnens, Kate. Du bist klug genug, alles zu schaffen, was du dir in den Kopf setzt. Aber Sam hatte Recht – Sprengungen sind kein Job für eine Frau. Die Arbeit vor Ort ist dreckig, anstrengend und gefährlich.«

»Denkst du, ich habe vergessen, dass dieser Beruf gerade meinen Vater getötet hat? Aber nichts ist ohne Risiko – und ein Job als Lehrer kann aufreibender sein als der des Sprengmeisters. Du weißt, wie sehr ich mir immer gewünscht habe, für *PDI* zu arbeiten. Jetzt habe ich meine Chance. Ich werde sicher nicht hierherziehen und das Jahr damit verbringen, mit Kunden zum Essen zu gehen und Däumchen zu drehen.«

»Natürlich nicht. Aber um ehrlich zu sein, wärest du im Büro eine größere Hilfe als vor Ort. Ein Großteil der Arbeit als Vorarbeiter oder Projektmanager ist reine Routine. Man bohrt Löcher und schickt einen Trupp politisch unkorrekter Arbeiter von einem Ort zum anderen.«

Kate verschränkte zufrieden die Arme und lehnte sich an den Kaminsims. »Was glaubst du denn, was

Architekten tun, Donovan? Ich habe es mit Zweihundert-Pfund-Kerlen aufgenommen und manchen Starrkopf in die Knie gezwungen. Wer weiß wohl besser, wie man ein Gebäude abreißt, als der, der weiß, wie man sie baut?«

Donovan stellte sich vor, wie sie einen grobschlächtigen Arbeiter herumkommandierte, und er bezweifelte nicht, dass sie sich behaupten konnte. Aber da ging es um Aufbau, nicht um Abriss! »Nenn mich einen Neandertaler, aber die Vorstellung, dass du mit Sprengstoff hantierst, jagt mir einen Schauer über den Rücken.«

»Liegt das an mir, oder siehst du das bei jeder Frau so, die mit Dynamit umgeht?«

Fast hätte er hinausposaunt, dass Kate es war, die ihn zum Chauvinisten machte, dass er die Vorstellung nicht ertragen konnte, sie könnte verletzt werden, aber er schaffte es, sich zusammenzureißen. »Es wäre einfacher, einen Fremden für diese Arbeit anzuheuern, statt jemanden, den ich kenne. Erinnerst du dich an meine Cousine Lissie? Die Enkelin von Connie und Frank?«

»Natürlich. Wie geht es ihr? Ich habe sie seit der Erstkommunion nicht mehr gesehen. Was für ein Schatz sie war!«

»Sie ist jetzt zwei Köpfe größer als du, Klassenbeste und antwortet nur noch, wenn man sie Melissa nennt. Im Moment ist es ihr Ehrgeiz, dasselbe Studium an der Loyola zu durchlaufen wie ich, um dann zu *PDI* kommen und Dinge in die Luft blasen zu können.«

Kate lachte. »Du wirst also früher oder später sowieso deine Hasenherzigkeit überwinden müssen, dann kannst du genauso gut jetzt schon damit anfangen. Du hattest schon immer einen reaktionären Zug, dabei bist du eine Generation jünger als Sam. Du wirst doch wohl in der Lage dazu sein, Frauen als gleichberechtigt akzeptieren zu können.«

»In der Theorie leichter als in der Praxis.« Donovan dachte an ein Softball-Spiel in den Anfängen ihrer Ehe. Er war Fänger gewesen und Kate eine verdammt gute Mittelfeldspielerin. Sie hatte gerade den Ball gefangen, als einer der Läufer, ein großer Mann namens Denny, sich so von der Aufregung des Spiels hinreißen ließ, dass er hart gegen sie prallte und ihr den Ball aus der Hand schlug. Kate war einen halben Meter weit geflogen und hatte keuchend auf der Erde gelegen.

Als Donovan sie bewegungslos auf dem Boden liegen sah, drehte er durch. Er rannte los und rief: »Kate! Kate!«

Nach Luft schnappend kam Kate hoch und versicherte allen, dass ihr nichts Ernstliches geschehen war. Nachdem seine Panik überwunden war, hatte Donovan sich umgedreht und Denny so heftig geschlagen, dass er dem Mann fast den Kiefer gebrochen hatte. »Du Bastard! Du weißt genau, dass das gegen die Regel war!« Er holte noch einmal aus, als Kate und ein zweiter Spieler ihn von dem am Boden kauernden Denny wegzogen.

Donovan hatte sich schnell beruhigt, vor allem, als er den Schreck in Kates Gesicht sah, aber die Intensität seiner Reaktion hatte ihn erschüttert. An diesem Tag hatte er erkannt, wie mächtig sein Verlangen war, die Gefährtin zu beschützen. Der Drang, jemanden zu beschützen, den man liebte, war so stark wie Nitroglyzerin – und jetzt wollte Kate Gebäude in die Luft sprengen. Er nahm an, dass das kosmische Gerechtigkeit war, die ihn strafte.

Kate unterbrach seine Gedanken. »Es ist deine Entscheidung, Donovan. Wenn du und ich Tag und Nacht unter einem Dach sind und zusammen auf Geschäftsreisen gehen müssen, kann ich mich genauso gut nützlich machen. Stimme zu, und die Firma gehört dir. Lehne ab, und du kannst wählen, ob du eine eigene Firma eröffnest oder unter Bud Marchetti arbeitest.«

Hin- und hergerissen zwischen Erschöpfung und widerstrebender Bewunderung sagte Donovan: »Du bist wirklich Sams Tochter. Starrköpfig und fest entschlossen, immer deinen Willen durchzusetzen.«

»Was bedeutet, dass ich eine verdammt gute Sprengmeisterin abgeben müsste.«

Da hatte Kate leider Recht. Wenn man die richtigen Vorkehrungen traf, war der Umgang mit Sprengstoffen nicht über die Maßen gefährlich. Ein komischer Gedanke, wo Sam doch gerade bei einem Arbeitsunfall ums Leben gekommen war. »Abgemacht, Kate. Vergiss aber nur nicht, dass ich der Boss bin, und ich erwarte, dass du meinen Anordnungen gehorchst wie jeder andere in der Firma auch. Dieses Geschäft ist zu gefährlich, um damit sentimentale Kinderträume zu befriedigen.«

»Ich werde ein Bilderbuch-Beschäftigter sein.«

»Das bezweifele ich.« Obwohl seine Worte trocken klangen, hätte er am liebsten innerlich Purzelbäume geschlagen. Sie würde bleiben! Dank Sam Corsi bekam er die Chance, seine Sünden zu büßen – und Blut und Wasser zu schwitzen, während Kate die Feinheiten der Sprengkunst lernte.

Auf dem Rückweg zum Haus der Corsis besprachen Kate und Donovan die praktischen Details. Sie schätzte, dass sie ungefähr zwei Wochen brauchen würde, um ihre Dinge in Kalifornien zu regeln. Danach würde sie nach Maryland in sein Haus, nein, *ihr* Haus, zurückkehren.

Bis dahin konnte er an seiner Selbstbeherrschung arbeiten. Sich darauf einstellen, jeden Morgen eine sexy Kate mit verschlafenen Augen beim Kaffeekochen zu sehen, jeden Tag die warme, verführerische Stimme bei der Arbeit zu hören.

Nachdem er Oscar und sie abgesetzt hatte, überschlugen sich Donovans Gedanken. Er erinnerte sich nur noch zu gut an ihren Gesichtsausdruck, als sie gehört hatte, dass Sam seinem Schwiegersohn den Sommerjob bei *PDI* angeboten hatte, nachdem Kate sich gesehnt hatte. Sie hatte reagiert, als wenn sie einen Schlag ins Gesicht bekommen hätte. Der verletzte Ausdruck in ihren Augen war unerträglich, und so hatte Donovan schnell erklärt, dass er Sams Angebot ablehnen würde.

Kate hatte geschluckt und dann gesagt, das sei nicht nötig. Die Weigerung ihres Vaters, sie anzustellen, habe mit Donovan nichts zu tun. Er wollte genauso gerne wie sie für *PDI* arbeiten, und den Lohn konnten sie gebrauchen. Sie wollten heiraten, da mussten sie praktisch denken.

Er war erfreut und insgeheim auch erleichtert gewesen, dass sie ihm erlaubte, den Job anzutreten, den er sich so wünschte. Nicht nur, dass ihn das Thema Sprengung faszinierte, er sehnte sich auch danach, Sam als Ersatzvater zu adoptieren. Kate, die nie lange schmollte, hatte ihre Enttäuschung runtergeschluckt und sich einen Sommerjob in einem Architekturbüro gesucht. Seine Arbeit für *PDI* war nie wieder ein Thema gewesen. Aber er war sich immer auf unbehagliche Weise bewusst gewesen, wie sehr er von Sams Chauvinismus profitiert hatte.

Donovan versuchte, alle Erinnerungen an Unfälle und Beinahekatastrophen zu verdrängen, die er bei *PDI* erlebt hatte und die nun auf Kate zukamen, und fuhr in Richtung der John Hopkins Universität. Es war Sonnabend, und mit etwas Glück konnte er sofort erledigen, was zu erledigen war. Es würde durch Warten nicht einfacher werden.

Ein paar Minuten später hielt Donovan vor einem schmucken Reihenhaus in einer ruhigen Seitenstraße. Das Auto der Besitzerin parkte davor.

Donovan schloss mit seinem Schlüssel auf. Es duftete köstlich nach Essen. Als zwei Katzen erschienen und ihm um die Knöchel strichen, rief eine helle Frauenstimme aus der Küche: »Bist du das, Donovan?«

»Nein, es ist der freundliche Axtmörder aus der Nachbarschaft.«

Leise lachend erschien Val Covington in der Tür, mit ungebändigten roten Locken und in einem Pullover, der ihr bis zu den Knien reichte, um die Kälte abzuhalten. »Gutes Timing, die Bohnen waren den ganzen Morgen auf dem Herd, und das Honigbrot kommt gleich aus dem Ofen.« Sie stellte sich auf die Zehenspitzen und umarmte ihn. »Es kommt mir wie eine Ewigkeit vor, seit wir uns zuletzt gesehen haben. Die Beerdigung ausgenommen. Wie geht es dir? Sam zu verlieren muss so sein, als wäre dein eigener Vater gestorben.«

»Schlimmer. Viel, viel schlimmer.« Auch er umarmte sie und dachte, wie unkompliziert es war, mit Val zusammen zu sein. Sie erinnerte ihn immer an einen hochintelligenten Gnom.

»Wie geht es Kate und Mrs C.?«, fragte sie weiter. »Gestern sahen sie ganz betäubt aus.«

»Sie halten sich einigermaßen, mehr kann man wohl auch nicht verlangen.«

Val runzelte die Stirn. »Ich muss Kate anrufen, ehe sie wieder zurückfährt. Vielleicht können wir uns noch sehen.« Mit tanzenden Locken führte sie ihn in die Küche.

»Ich fürchte, es gibt ein paar ... unerwartete Entwicklungen.« Früher wäre er sofort zum Topf gegangen, um zu probieren. Heute blieb er in der Tür stehen. »Ich bin gekommen, um meinen Schlüssel zurückzugeben.«

Val wurde unter ihren Sommersprossen bleich. »Was?«

Donovan kam sich schrecklich vor. »Es tut mir Leid, ich hätte taktvoller sein sollen.«

»Es gibt keine taktvolle Art, mit jemandem Schluss zu machen. Warum?«

Donovan konzentrierte sich darauf, Vals Schlüssel von seinem Ring zu ziehen. »Sams Testament besagt, dass Kate und Tom sein Vermögen erben und ich *PDI*, aber nur, wenn Kate und ich für ein Jahr in meinem Haus zusammenleben. Sie hat entschieden, es zu versuchen.«

»Ich verstehe.« Val sank auf einen Stuhl. »Nun, es ist ja nicht so, als wenn wir einander Versprechungen gemacht hätten. Es war eher für beide Seiten bequem. Ein gesunder Beischlaf ohne Verpflichtungen.«

Das schmerzte. »Mach das, was zwischen uns war, nicht schlechter als es war, Val. Wir sind immer gute Freunde gewesen, und ich hoffe, dass wir das auch bleiben werden.«

»Wenn wir nicht miteinander geschlafen hätten, hätten wir uns nie gesehen. Das ist für mich keine Freundschaft.«

Wahrscheinlich hatte sie Recht. Er hatte Val als eine von Kates Brautjungfern kennen gelernt. Sie hatten sich immer gemocht, aber da sie eine von Kates besten Freundinnen war, hatten sie sich nach der Scheidung aus den Augen verloren. Eines Tages waren sie sich zufällig im örtlichen Buchladen begegnet, und nach einem gemeinsamen Kaffee waren sie in die Beziehung geschlittert. »Es ist keine Frage, dass Sex immer das Interesse erhöht, aber wir hätten nicht miteinander geschlafen, wenn da nicht noch mehr als Sex gewesen wäre.«

»Wahrscheinlich nicht.« Val spielte an ihrem Ohrring. »Aber es ist richtig, dass wir uns nicht mehr sehen können, wenn du wieder mit Kate zusammenlebst. Das erinnert zu sehr an Ehebruch.«

»Die Beziehung zwischen Kate und mir wird rein platonisch sein.«

»Wenn du meinst.« Ihre haselnussbraunen Augen sahen ihn beunruhigt an. »Weiß Kate, dass du und ich etwas ... miteinander hatten?«

»Ich habe ihr nur gesagt, dass es jemanden gab, aber nicht, wen.«

»Gut. Kate und ich sind schon lange Zeit Freundinnen. Ich glaube nicht, dass sie begeistert davon wäre, dass ich mit ihrem Ex-Mann geschlafen habe. Das verstößt gegen den Beste-Freundinnen-Code.«

»Gibt es dafür nicht irgendwelche mildernden Umstände? Schließlich haben Kate und ich einander fast zehn Jahre lang nicht gesehen.«

»Das war in Ordnung, solange sie in Kalifornien war. Aber nicht, wenn wir in derselben Stadt wohnen.«

Donovan streckte die Hand aus und strich ihr über das Haar. Es war rot und federnd und knisterte vor Lebendigkeit, genau wie Val. Es hatte keine Höhen und Tiefen der Leidenschaft zwischen ihnen gegeben. Schon gar nicht im Bett. »Warte noch, ehe du dich mit

Kate triffst, sie will erst für ein paar Wochen nach Kalifornien zurück.«

Val wich seiner liebkosenden Hand aus. »Jetzt sag bloß nicht eine dieser Männersachen wie ›Lass uns noch ein letztes Mal Sex haben!‹ Auf keinen Fall! Für solche Trennungen bin ich nicht!«

Donovan zuckte zusammen. »Sah es so aus, als wenn ich das wollte? Das tut mir Leid.«

Er hatte nie versucht herauszufinden, was Val wichtig war, und er hatte ihr auch nie seine dunkelsten Geheimnisse anvertrauen wollen. Wäre eine tiefere Beziehung zwischen ihnen möglich gewesen? Vielleicht ja, vielleicht nein.

Er würde es nie herausfinden. Es war einfacher gewesen, an der Oberfläche zu bleiben. Sicherer. »Du wirst mir fehlen, Val, mehr, als mir klar war.«

»Ja, ich werde dich auch vermissen.«

»Wahrscheinlich findest du jemand Besseren, lange bevor ich wieder für Verabredungen frei bin.«

»Du sagst das wie einen Scherz, aber es ist keiner.« Val klang ernst. »Du bist ein guter Fang, Donovan. Klug, witzig, unterhaltsam, recht wohlhabend und nett. Und doch tust du so, als könnte man dich nicht mögen. Habt Kate und du euch deshalb getrennt?«

Schlagartig fiel Donovan wieder ein, warum er lieber an der Oberfläche blieb. »Wenn du die ganze Geschichte wissen willst, dann frag Kate. Vielleicht erzählt sie es dir.«

»Macht sie nicht. Kate hat nie ein Wort darüber verloren, warum sie dich verlassen hat. Sie ist der Inbegriff damenhafter Zurückhaltung. Die meisten Frauen hätten die ganze Geschichte erzählt, sodass ich tröstende Worte von mir hätte geben können, aber nicht Kate.«

Der Küchenwecker klingelte. Val erhob sich und ging zum Ofen. »Der Sex-Shop ist geschlossen, aber die Einladung zum Essen steht noch.«

»Wunderbar. Ich werde auch dein Essen vermissen.«

»Ich maile dir ein paar Rezepte«, gab sie kühl zurück.

Während sie ans Regal trat und zwei Suppenteller herausholte, fragte sich Donovan, was Kate in seinem Leben wohl noch alles durcheinander bringen würde.

10. Kapitel

Eine Woche war vergangen, seit Kate nach San Francisco zurückgekehrt war, um ihre Angelegenheiten zu ordnen, und Donovan hatte sie die ganze Zeit über vermisst. Während er Salat fürs Essen zupfte, überlegte er, wie lange es wohl noch dauern würde, bis sie nach Maryland zurückkam. Sie hatte eine weitere Woche geschätzt, aber wenn er an ihre Kommentare zum Wetter dachte, würde es wohl März werden, ehe sie zurückkam.

Dann ging die Tür zur Garage auf, und Kate kam in die Küche. Sie trug in der einen Hand ihre Handtasche, in der anderen einen Reisekoffer und war in einen eleganten Mantel gekleidet, der für die fünfzehn Grad zu kühl war. Offenbar hatte sie den Garagenöffner benutzt, den er ihr vor ihrer Abreise gegeben hatte, aber warum nur hatte sie nicht angerufen, um ihm zu sagen, dass sie früher kam als erwartet?

Um ihn aus dem Gleichgewicht zu bringen, erkannte er. Um in dem Konflikt zu punkten, der unterschwellig zwischen ihnen weiter schwelte. Bis zum Vertrauen war es noch ein langer Weg.

Nun, er konnte ihr aus ihrer Unsicherheit keinen Vorwurf machen, seine Nerven waren selber angespannt wie Drahtseile. Und er war froh – sehr froh, sie zu sehen, auch wenn ihr Haar straff zurückgekämmt war und sie so kühl aussah wie ein Glasengel. »Dann hat die Wohngemeinschaft also offiziell begonnen. Ich habe dich erst in frühestens einer Woche erwartet.«

»Es ging alles recht schnell.« Kate setzte ihre Taschen ab und schlang die Arme um den Körper, damit sie aufhörte zu zittern. »Unerwartet, aber je eher wir anfangen, desto eher haben wir es auch hinter uns.«

Dazu würde er nichts sagen. »Wie war dein Flug?«

»Lang und anstrengend. Es war dumm von mir, Kalifornien im Winter zu verlassen.« Während sie ihren Mantel aufhängte, fragte sich Donovan, ob er ihr etwas leihen sollte, bis sie zum Einkaufen kam, oder ob sie das als zudringlich empfinden würde. Wenigsten sahen ihre dunkelblaue Hose und der Pullover warm aus.

Donovan wischte sich die Hände trocken. »Ich hole den Rest deines Gepäcks.«

»Das kann ich selber«, erwiderte sie brüsk.

Donovan verschränkte die Arme vor der Brust und lehnte sich an den Küchentisch. »Ich weiß, dass du das kannst, Superfrau. Aber willst du es auch wirklich?«

»Vergiss den Gentleman-Kram. Wir sind kein Paar. Wir sind keine Freunde. Wir teilen nur dasselbe Haus.«

Donovan erkannte die Ursache ihrer schlechten Laune und schlug taktvoll vor: »Du musst hungrig sein. Setz dich doch, und ich mach dir etwas zu essen.«

Kate öffnete den Mund, um zu protestieren, hielt aber inne, als sie die Wahrheit in seinen Worten erkannte. »Du hast Recht. Ein Jammer, dass man heutzutage im Flugzeug nichts mehr zu essen bekommt.«

Während Kate sich hinsetzte, goss Donovan Olivenöl auf einen Teller. Nachdem er Parmesan und Pfeffer darauf gestreut hatte, wickelte er ein Stück frisches Brot aus und schnitt es in Stücke. Brot und Olivenöl, wie seine italienische Großmutter es ihm immer gegeben hatte, wenn er hungrig war. Er schob ihr das Brot hin. »Wein?«

»Bitte.« Sie zog sich das Band aus den Haaren. Blonde Wellen fielen ihr um das Gesicht, sodass sie weicher und zugänglicher aussah.

Donovan hatte ein paar Flaschen von dem Chardonnay im Kühlschrank, den sie immer gerne gemocht hatte. Er goss ihr ein Glas ein und fuhr dann fort, den Salat zuzubereiten, den er an Menge verdoppelte. Kate hatte immer schon Salat gegessen, als wäre sie ein Kaninchen.

Kate riss sich ein Stück Brot ab und tauchte es in die Öl-Käse-Mischung. Nach dem ersten Bissen seufzte sie leise auf, und die Spannung in ihrem Gesicht löste sich. »Danke, Donovan. Du wirst eines Tages jemandem eine gute Ehefrau sein.«

Froh, zu sehen, dass ihre Stimmung sich besserte, nahm Donovan eine Flasche Ginger Ale aus dem Kühlschrank und goss sich ein Glas voll. »Nimm doch noch Brot. Ich denke, noch zwei Stück, und du bist wieder zahm.«

»Zähmung braucht ein Jahr, nicht Brot und Olivenöl«, gab Kate gutmütig zurück. »Wir sollten nicht zusammen essen, Donovan. Es ist zu ... intim.«

Donovan stellte sich auf die andere Seite des Tresens und tunkte ein Stück Brot ein. »Kate, es wird nicht einfach werden, zusammenzuleben, aber ich glaube nicht, dass es die richtige Methode wäre, einander künstlich zu ignorieren. Im Ofen ist eine Lasagne. Wäre es nicht einfacher, zwei Teller zu holen und zusammen zu essen?«

»Sicher ist es auf den ersten Blick einfacher, aber hinter uns liegen drei Jahre Verhaltensmuster, die dann reaktiviert würden. Wie lange dauert es von der

Lasagne an, bis man sich wieder als Paar fühlt? Und wenn das passiert, was dann?«

»Wir sind keine Kinder mehr, Kate. Wir müssen uns nicht von der Vergangenheit beherrschen lassen. Das war doch der Sinn dieser Übung, oder?«

Kate zerkrümelte ein Stück Brot. »Ich kann ... nicht sehr gut damit umgehen. In der Theorie klang es ganz vernünftig, Sams Testament zu erfüllen. Ich habe meinen Job, mein Haus, meine Katze und vielleicht auch meine Wurzeln aufgegeben.«

»Du hättest die Katze mitbringen können.«

»Ginger Bear ist alt und fühlt sich in ihrer vertrauten Umgebung viel wohler. Meine Freundin Jenny wird gut für sie sorgen. Genau wie sie sich um mein Haus und mein Geschäft kümmern wird.« Kate schloss die Augen, und er sah die dunklen Ringe darunter.

Donovan dachte, dass sie Zeit brauchte, sich zu fassen, und ging in die Garage, um das Gepäck zu holen. Er brachte die Taschen in den Schlaftrakt, ging wieder in die Küche und fragte: »Du fährst Sams Cadillac?«

»Mein eigener Wagen wird von ein paar Studenten gebracht, die am John Hopkins anfangen. Julia hat mir gesagt, dass ich Sams Wagen nehmen kann, bis meiner kommt. Das verwünschte Ding ist so groß wie ein Tankwagen, aber viel schöner. Sam muss ihn geliebt haben.«

»Das hat er. Ausländische Luxuswagen waren nichts für ihn.« Donovan fing an, den Tisch zu decken. »Eigentlich gehört der Wagen *PDI*, nicht deiner Mutter. Das muss gelegentlich geklärt werden.«

»Es ist ein Firmenwagen? Da du schon den Jeep, eine rote Corvette und ein Motorrad hast, wenn ich das Jungensspielzeug richtig gezählt habe, brauchst du doch nicht auch noch den Cadillac? Vielleicht solltest du ihn einem anderen Angestellten geben, Luther zum Beispiel. Er ist länger als alle anderen bei *PDI*.«

»Ich werde ihn fragen, ob er ihn haben will, aber ich habe den Verdacht, dass er den Charme des Wagens ähnlich beurteilt wie du. Jetzt, wo seine Kinder erwachsen sind, hat er einen kleinen Sportflitzer, sodass er mit seiner Frau wie ein Teenager herumsausen kann.« Donovan holte eine große Form dampfender Lasagne aus dem Ofen und stellte sie auf den Tisch, daneben den Salat. »Wenn er den Wagen nicht haben will, verkaufe ich ihn. *PDI* kann das Geld gut gebrauchen.« Kate brachte die Getränke und das Brot zum Tisch.

»Wirklich? Ich dachte immer, die Firma fährt Gewinn?«

»Das hat sie auch, aber Sams Tod hat da einiges verändert. Es gibt nach wie vor nur sechs Firmen auf der Welt, die Abrisssprengungen durchführen, und *PDI* stand in dem Ruf, die Einzige zu sein, bei der es nie einen Unfall gab. Außer Nicks Firma, die aber noch zu neu ist, um zu zählen. Jetzt haben wir unseren Ruf der Unfehlbarkeit verloren. Das hat nicht nur die Versicherungsraten erhöht, auch Kunden, die ich wegen möglicher Aufträge angerufen habe, wollten jetzt nicht mehr anbeißen.«

Kate teilte die Lasagne aus. »Es ist ärgerlich, dass die Aufträge ausbleiben, aber das ist doch sicher nur vorübergehend.«

»Dein verdammter Cousin hat sein Möglichstes getan, viele Kunden in seine neue Firma *Implosions Inc.* zu holen.«

»Nun, das war zu erwarten. Aber wenn er in technischen Dingen nicht sehr dazugelernt hat, ist er kein Konkurrent für dich.«

»Er ist kein Scharfschütze, aber seine Arbeit vor Ort ist nicht schlecht, und ein paar gute Leute sind mit ihm gegangen. Sein großer Vorteil ist, dass er so viel mit der Akquisition zu tun hatte, dass er die Klienten besser kennt. Kaum war Sam unter der Erde, hing Nick am Telefon, um so viele Kunden anzurufen wie er konnte. Er unterbietet uns nicht nur, sondern wirbt angeblich auch damit, dass Sam nur umgekommen ist, weil Nick nicht mehr da war, um alles zu überwachen. Nett, was?«

Kate runzelte die Stirn. »Ist *PDI* in echten Schwierigkeiten?«

»Nicht wirklich, aber die Dinge standen schon besser. Sam hatte keinen Nachfolger für Nick oder den Vorarbeiter gefunden, der mit ihm gegangen ist, und durch Sams Tod liegt die Arbeitsmoral am Boden. Wir haben zu wenig Leute, und alle sind nervös. Ich werde verrückt dabei, allen losen Enden nachzuspüren. Sam hat die Dinge in letzter Zeit ein bisschen schleifen lassen.« Donovan spürte das Gewicht der Verantwortung auf seinen Schultern. Er hatte zwar auch in den letzten Jahren schon viel Verantwortung gehabt, aber da war Sam immer als Halt im Hintergrund gewesen. »Dann ist da noch Concorde Place.«

»Das ist das öffentliche Projekt in der Stadt, nicht wahr?«

»Ja, und damit ist bald vorbei. Fünf Hochhäuser, eines von diesen Stadtplanungsprojekten, die vor vierzig Jahren eine gute Idee waren, sich aber nicht bewährt haben. Wir haben schon ein paar ähnliche Sachen eingerissen. Die Stadt will jetzt dort Eigentumswohnungen bauen. Das ist sicherer und besser für die Gegend.« Donovan nahm sich noch ein Stück Lasagne. Auch bei Stress war ihm nie der Appetit vergangen. »*PDI* hat die Ausschreibung gewonnen.«

»Da schwingt doch ein aber mit.«

Donovan stach heftig in seinen Salat. »Nick hatte die Sache begutachtet und das Angebot gemacht. Kurz bevor der Auftrag erteilt wurde, hat er *PDI* verlassen. Dann starb Sam. Also ging Nick zum Stadtrat und versuchte, ihn zu überzeugen, dass der Vertrag an ihn übergehen solle, weil er die Arbeit gemacht habe und Sam nicht mehr da sei. Ohne Sam sei *PDI* nicht mehr das, was es einmal war.«

»Nick war immer schon ein kämpferischer Konkurrent. Ist ihm das Manöver geglückt?«

»Charles Hamilton ist nicht umsonst der *PDI*-Anwalt. Nachdem er beim Stadtrat war, hatte Nick keine Chance mehr.« Donovan wickelte sich Mozzarella um die Gabel. »Es wäre schlechte Werbung, so einen Auftrag zu verlieren. Aber um ehrlich zu sein, wenn wir das Geld nicht bräuchten, wäre ich arg versucht, Nick den Auftrag zu lassen.«

»Warum das?«

»Weil es sich als politisches Spiel herausgestellt hat. Trotz der Drogenprobleme wohnen auch viele anständige Mieter in den Häusern, und die wollen ihr Heim nicht verlieren. Außerdem nutzt ein Kandidat den Abriss dazu, das Interesse auf die falsche Wohnungsbaupolitik der Stadt zu lenken, kurzum, ein Medienzirkus, und *PDI* steckt mitten drin. Wenn es wärmer wird, wird es zu Demonstrationen kommen.«

»Jetzt verstehe ich, warum du den Auftrag mit gemischten Gefühlen siehst.«

Er betrachtete sie nachdenklich. »Dich bei *PDI* zu haben, könnte sehr zum Vorteil werden.«

»Ich fange gerade erst als Hilfsarbeiter an.«

»Du bist mehr. Als Sams Tochter bist du auch der Hüter der Flamme, ob du willst oder nicht.«

»Wenn du meinst. Ich sehe mich eher als die verlorene Tochter.«

»Das auch«, stimmte Donovan zu. »Ich denke, es ist an der Zeit für die schlechten Nachrichten. Morgen muss ich für ein paar Tage nach Las Vegas, dann nach San Francisco. Ich habe vorher nichts davon gesagt, weil ich dachte, ich wäre wieder hier, wenn du kommst. Wenn du so viel Energie hast, wäre es schön, wenn du mitkämest.«

»Schon wieder fliegen? Ist das ein Scherz?«

»Leider nein. Wenn du noch einen Platz bekommst, starten wir um sieben.« Er deckte den Tisch ab und holte Kaffee und Kekse. »*PDI* reißt ein Hotel ein, und der Kunde hat es eilig, weil er ein paar hunderttausend Dollar pro Woche verliert, bis das neue Haus öffnet. Ich kann verstehen, wenn du nicht mitwillst, aber das ist ein Auftrag, bei dem Sams Tochter ein großer Pluspunkt wäre.«

Das schien Kate zu gefallen. »Dann komme ich mit, aber ich warne dich, ich werde sehr unter Jetlag leiden.« Sie tunkte einen Schokoladenkeks in ihren Kaffee. »Allerdings finde ich es ziemlich komisch, nach all den herzzerreißenden Abschiedsszenen wieder in San Francisco aufzutauchen.«

»Du kannst dich ja inkognito in die Stadt schleichen. Wir sind nur kurz da, um das Haus wegen des Kostenvoranschlags anzusehen. Und zumindest ist es dort wärmer.«

Kate lächelte das erste Mal, seit sie durch die Tür gekommen war. »Wie kann ich so einem Angebot widerstehen?«

11. Kapitel

Bei Kaffee und Nachtisch führte Donovan Kate in die jetzige Firmenstruktur und anstehende Projekte ein. Als der Kaffee ausgetrunken war, hatte Kate ihre erste Unterrichtsstunde über *PDI* gehabt. Sie unterdrückte ein Gähnen und erhob sich, um den Tisch abzudecken. So war es immer zwischen ihnen gewesen – wenn der eine gekocht hatte, räumte der andere anschließend auf.

»Ich mach das schon«, sagte Donovan. »Du willst sicher auspacken und deine Sachen einräumen.«

»Danke, das Angebot nehme ich an.« Ehe Kate die Küche verließ, inspizierte sie erst noch Schränke und Schubladen, um zu wissen, wo sich was befand. »Welches Zimmer ist meines?«

»Das Gästezimmer ist da, wo früher unser Schlafzimmer war.«

Das hätte sie sich auch denken können – die anderen Schlafzimmer waren klein und hatten kein eigenes Bad. Also würde es ihr altes Schlafzimmer sein. »Nach dem Auspacken werde ich gleich ins Bett gehen. Wir sehen uns morgen früh.« Kate ging und wappnete sich für den Anblick ihres alten Schlafzimmers. Dennoch war sie nicht auf den Moment vorbereitet, indem sie eintrat. Das Zimmer war anders gestaltet worden, und Kate glaubte an den Farben von Gardinen und Bettüberwurf den Geschmack ihrer Mutter wieder zu erkennen. Doch die Möbel waren ihr schmerzlich vertraut. Donovan und sie hatten jedes Stück gemeinsam ausgesucht.

Sacht fuhr sie mit der Hand über das warme Walnussholz der rustikalen Frisierkommode und dachte daran, dass sie einst knallrot gestrichen gewesen war. Obwohl sie damals nur fünfzehn Dollar dafür bezahlt hatte, hatte Donovan sie für verrückt erklärt, als er das Möbelstück hereingetragen hatte. Aber nachdem das Holz abgebeizt und geölt war, hatte sich die Kommode als Schmuckstück erwiesen.

Und das Bett ... rasch wandte Kate sich ab. Es erinnerte sie nicht nur daran, wie sie es angeschafft und restauriert hatten, sondern in ihm waren an die tausend Nächte Leidenschaft und Nähe gespeichert. Nun, zumindest sieben- oder achthundert. Am Ende hatte Anspannung die Nähe ersetzt. In den letzten Wochen war sie auf Zehenspitzen um Donovan herumgeschlichen, wie eine Maus, die die Katze nicht wecken will.

Kates Blick fiel auf ein gerahmtes Foto auf dem Tisch. Teufel, das war ein Foto von ihr, mit ganz wirren Haaren und zufriedenem Lächeln, das Donovan auf ihrer Hochzeitsreise gemacht hatte. Es tat weh, wenn sie daran dachte, wie glücklich sie damals gewesen waren, wie sicher, dass ihre Liebe ewig halten würde. Himmel, was waren sie jung gewesen. Kein Wunder, dass ihre Ehe gescheitert war. Wenn sie eine Tochter hätte, die so jung aussah, würde sie sie in ihr Zimmer einschließen und ihr nicht erlauben, sich mit Männern zu treffen.

Kate staunte, dass Donovan das Foto nicht zerrissen oder zumindest weggepackt hatte. Aber wahrscheinlich war er nur selten in diesem Zimmer. Da Kate ihr naives junges Selbst nicht mehr sehen wollte, steckte sie das Bild in die Nachttischschublade.

Zumindest das Badezimmer weckte keine Erinnerungen. Ursprünglich war hier nur eine Duschkabine gewesen, aber Donovan hatte es geschafft, eine kurze, aber tiefe Badewanne einzubauen, sodass sie nicht in sein Bad gehen musste, wenn sie mal Lust auf ein Vollbad hatte.

Kate betrachtete die dekorative Bordürenkante. Donovan hatte einen sehr guten Geschmack. Auf mütterlicher Seite stammte er von einer langen Reihe italienischer Handwerker ab, zum Großteil Steinmetze und Tischler. Durch seine Genauigkeit und Sorgfalt war er für den Umgang mit Sprengstoff optimal geeignet, denn dort hatte Sorglosigkeit nichts zu suchen.

Aber wie sollte sie es schaffen, in diesem Haus zu schlafen? In diesem Bett? Würde sie je die Geister der Vergangenheit vertreiben können?

Seufzend schickte Kate sich an, ihre Sachen auszupacken. Vieles würde sie geliefert bekommen, aber sie hatte genug eingepackt, um erst einmal zurechtzukommen. Auf die Frisierkommode stellte sie ein Bild ihres Lieblingsmannes, nur dass Ginger Bear ein Kater war und kein Mann. Ihr gefiel die Vorstellung, dass er sie vermisste, aber sie wusste, dass der pelzige Opportunist bereits heute in Jennys Bett schlief.

Kate brauchte eine Stunde, um auszupacken und sich auf die Reise am nächsten Tag vorzubereiten. Danach zog sie sich aus, schlüpfte in einen warmen Bademantel und rollte sich auf dem alten Schaukelstuhl zusammen, den sie mit Hilfe aus einem Bibliotheksbuch aufgepolstert hatte. Damals war sie recht häuslich gewesen und hatte jede freie Minute genutzt, um das Haus mit ihrem kleinen kreativen Talent für sich und ihren Mann schön einzurichten. Damals hatte sie sich vorgestellt, dass eines Tages ihre Kinder durch das

Haus rennen und im angrenzenden Wald spielen würden ...

Kate rief in Charles Hamiltons Büro an. Sie hinterließ eine kurze Nachricht auf seinem Anrufbeantworter, dass sie in die Brandy Lane eingezogen sei und er die Stoppuhr für die Zeit ihrer erzwungenen Wohngemeinschaft anstellen könne.

Jetzt blieb nur noch eines zu tun – Alec Gregory darüber zu informieren, dass ihre jahrelange Affäre zu Ende war. Sie hatten das letzte Mal miteinander gesprochen, als sie ihm gesagt hatte, dass ihr Vater umgekommen sei und sie nach Osten flöge. Er war gerade im Begriff gewesen, eine Geschäftsreise nach Asien anzutreten, und sie hatten seitdem nicht mehr miteinander telefoniert, auch wenn er ihr aus der ganzen Welt besorgte E-Mails hatte zukommen lassen. Kate hatte ihre Antworten neutral gehalten und ihren Umzug nach Maryland nicht erwähnt. Sie war sich ziemlich sicher, dass Knigge es nicht gut gefunden hätte, wenn sie eine Beziehung zu einem Mann per E-Mail gelöst hätte.

Kate rechnete nach. Alec war noch auf Reisen, aber wenn sie mit Donovan nach San Francisco kam, müsste er gerade zurück sein. Was bedeutete, dass sie ihm von Angesicht zu Angesicht gegenübertreten sollte. Man konnte sich telefonisch von einem Mann trennen, wenn ein ganzes Land zwischen einem lag, aber nicht, wenn man in derselben Stadt war, sei es auch nur kurz. Kate freute sich nicht gerade darauf. Gut, es war keine große Liebe zwischen ihnen gewesen, aber sie hatten immer Spaß zusammen gehabt. Gute Kameradschaft, guten Sex, keine Konflikte. Das war fast so gut wie Liebe, vielleicht sogar besser.

Kates Blick wanderte zum Bett, und plötzlich überlegte sie, ob ihre Beziehung zu Alec nicht das Richtige war, und das, was Donovan und sie verbunden hatte, nur Besessenheit. Ihre Gedanken wanderten zurück zu jener schwarzen Nacht, in der ihre Ehe zu scheitern begann.

Gähnend lenkte Kate ihren Mustang neben Donovans alten Chevy in den Carport, froh, dass der Studienabend mit ihren Kommilitonen vom Loyola nicht noch länger gedauert hatte. Das Wintersemester war fast vorüber, und die lange Arbeit an Projekten wie die Examensvorbereitungen hatten ebenso dafür gesorgt, dass sie und ihr Mann sich nur noch selten gesehen hatten. Kate hoffte, dass Donovan noch wach war, sodass sie ein bisschen Zeit miteinander verbringen konnten. Kate trat ins Wohnzimmer und schaltete das Licht an.

Ihr Mann saß mit einer Dose Bier in der Hand und Kälte in den Augen auf dem Sofa. »Wo, zum Teufel, bist du gewesen?«

Kate legte Handtasche und Aktenmappe weg. »Na, im College Park natürlich. Mein Kurs für Stadtplanung hat sich entschlossen, heute spät zu arbeiten. Keiner von uns war mit dem zufrieden, was wir bisher hatten.«

»Es ist nach Mitternacht. Du glaubst doch selber nicht, dass du und drei Männer die Nacht damit verbracht habt, euch über einen Slum zu unterhalten?«

»Doch, Donovan«, erwiderte sie geduldig. »Wir haben mit Block und Stift dagesessen, bis uns eine Idee kam, wie wir ein heruntergekommenes Viertel in einen hübscheren, wohnlicheren Ort verwandeln könnten. Nach einem Drink, um zu feiern, dass wir eine Lösung gefunden haben, bin ich nach Hause gefahren, was selbst um diese Zeit fast eine Stunde dauert.«

»Du warst also mit den Männern einen trinken. Wie viele von ihnen hast du gevögelt?«

Kate blieb der Mund offen stehen. »Himmel, wie kommst du denn auf so was? Vielleicht solltest du aufhören, alleine zu trinken. Du musst betrunken sein, um etwas so ... so Abstoßendes zu sagen.« Sie ging in Richtung Schlafzimmer. Nach zwei Jahren Ehe wusste sie, dass ihr Ehemann einen besitzergreifenden Zug und zuweilen ein jähzorniges Temperament hatte, aber das hier ging zu weit.

Er war so schnell, dass sie gar nicht merkte, dass er aufgestanden war, bis er sie am Arm ergriff und herumriss. »Wage es nicht, das Thema zu wechseln. Wenn du so unschuldig bist, warum leugnest du dann nicht, dass du mit anderen geschlafen hättest?«

»Warum sollte ich etwas so Absurdes überhaupt kommentieren?« Kate riss sich los. »Entweder vertraust du mir, oder du tust es nicht. Und wenn du es nicht tust, bist du verrückt.«

Mit einem Wutschrei schlug Donovan ihr ins Gesicht, mit solcher Wucht, dass Kate rückwärts in einen Sessel taumelte. Die Armlehne drückte schmerzhaft in ihre Seite, als sie zu Boden fiel, und sie betäubt liegen blieb.

Das konnte nicht sein. In ihrem ganzen Leben war sie noch nicht geschlagen worden. Und doch spürte sie den Abdruck seiner Hand auf ihrer Wange, wo jede Fingerlänge schmerzvoll pochte.

Auf den Schock folgte Wut. Wie konnte er es wagen! Kate schaute ihren Mann an und erkannte, dass sich sein Gesichtsausdruck von Wut zu Entsetzen gewandelt hatte. Einen Moment lang sahen sie einander einfach nur an, beide wie gebannt durch die hässliche Tat.

»Himmel, Kate, bist du in Ordnung?« Bleich sank Donovan neben ihr auf die Knie.

»Ich ... ich denke schon.« Kate hob eine zitternde Hand an ihre Wange. Sie hatte Donovan auch vorher schon jähzornig erlebt, aber noch nie ihr gegenüber. »Wie konntest du so etwas nur tun?«

»Ich weiß es nicht. Ich war höllisch wütend, aber ich wollte dich nicht schlagen. Es ist einfach passiert.« Er zog sie in die Arme und atmete schnell. »Es klingt so dumm, wenn ich das sage, aber ich hasse es, wenn du mehr Zeit mit deinen Kommilitonen verbringst als mit mir.«

Kummervolle Tränen rollten ihr über die Wangen. »Du hast verdammt Recht, es ist dumm. Du hast die meisten meiner Kommilitonen kennen gelernt, sie sind wie Brüder für mich.«

»Du magst sie als Brüder sehen, aber glaub mir, sie bemerken sehr wohl, wie schön und sexy du bist. Es ... es macht mir höllische Angst zu denken, einer von ihnen könnte dir besser gefallen als ich.«

Kates Wut schwand, als sie merkte, dass sein seltsamer Zorn auf sie in Angst begründet lag. Auch wenn Donovan nie von seiner Kindheit sprach, wusste sie genug von seiner Tante Connie, um zu ahnen, dass sie schwierig gewesen war und er kaum glauben konnte, dass seine Frau ihn wirklich liebte. Sie hätte ihm ihre Liebe versichern sollen, statt die Beherrschung zu verlieren und ihm contra zu geben. Ihre Mutter hatte Recht – Wut schaffte immer nur neue Probleme, statt welche zu lösen.

Kate verspürte den Wunsch, seine Niedergeschlagenheit zu mildern, rückte von ihm ab und sagte ernst: »Ich liebe dich, Patrick. Ich war noch nie mit einem anderen Mann zusammen und kann mir auch nicht vorstellen, das je zu wollen. Ich bin deine Frau, erinnerst du dich? Wir haben versprochen, einander die Treue zu halten, bis dass der Tod uns scheidet.« Sie schüttelte den Kopf und zuckte zusammen, als Schmerz durch ihren Kiefer schoss. »Und ich weiß verdammt genau, dass bei der Hochzeit nichts davon gesagt wurde, dass du mich schlagen darfst.«

»Ich verdiene es, erschossen zu werden.« Donovan schlug mit der Faust auf den Boden. Kate hielt seine Hand fest, ehe er erneut zuschlagen konnte und sich verletzte. »Nicht, Patrick. Das war schon genug Irrsinn für eine Nacht.«

Kate spürte, wie seine Muskeln sich unter ihrer Hand anspannten, ehe er sich entspannte und den Arm sinken ließ. Mit Schuld und Trauer in den Augen sah er sie an. »Genug für ein ganzes Leben. Das wird nie wieder geschehen, das schwöre ich dir.«

»Das rate ich dir auch!« Als Kate sein verstörtes Gesicht sah, setzte sie ruhiger hinzu: »Du musst lernen, mir zu vertrauen, Patrick. Es gibt keinen anderen und wird nie einen anderen geben.«

»Du bist noch viel unglaublicher, als ich gedacht habe.« Donovan legte die Arme um sie und hob sie vom Boden auf.

Als er sie ins Schlafzimmer trug, erkannte Kate, dass sie seine Kraft immer geliebt hatte. Sie war nie auf die Idee gekommen, diese Kraft als Bedrohung zu empfinden.

Als Donovan sie aufs Bett legte, fragte er: »Soll ich dich lieber in die Ambulanz bringen?«

»Das Letzte, was ich jetzt brauche, ist stundenlang in einem Krankenhaus herumzusitzen, bis ein Doktor kommt und mir sagt, dass alles in Ordnung ist.« Sie berührte ihre Wange, die zu pochen begann. »Außerdem müsste ich erklären, was geschehen ist, was ich lieber nicht tun möchte.«

»Um Gottes willen, nein.« Er verschwand kurz und kam mit einem Beutel Eiswürfel zurück. Kate presste ihn für ein paar Sekunden an die Wange, bis der Schmerz nachließ. Dann wollte sie aufstehen, um sich auszuziehen.

»Leg dich hin und entspanne dich. Du warst schon müde, als du nach Hause gekommen bist, und jetzt ist es sicher noch schlimmer. Ich werde mich um dich kümmern.«

Kate gehorchte, schloss die Augen und ließ sich in die Kissen sinken. Die Matratze gab nach, als er sich neben sie legte und begann, ihr die Bluse aufzuknöpfen. Er zog sie ihr aus und wandte sich dann den Jeans zu. Seine Berührungen waren so sanft. Das war der wahre Donovan, der Mann, den sie liebte. Schon erschien ihr der Moment seiner verrückten Gewalt wie ein Traum. Das war eine grässliche Verirrung gewesen, die sich nicht wiederholen würde.

Die Berührungen seiner Hände auf ihrer bloßen Haut beruhigten sie. Als er sie ausgezogen hatte, schlief Kate schon fast.

Seine Lippen streiften sanft ihre verletzte Wange. »Du bist so großherzig, Kate.«

Dann küsste er die empfindliche Haut ihrer Kehle genau so, wie sie es am liebsten hatte. Kate atmete entzückt aus. Wundervoll. Noch schöner wurde es, als seine Lippen weiter von ihrem Schlüsselbein zu ihren Brüsten glitten. Als er sacht an ihrer Brustwarze zu saugen begann, wurde Kate von Hitze erfasst. Sie hob die Arme und zog ihn an sich.

Donovan hielt ihre Hände fest und drückte sie wieder auf die Matratze. »Du tust nichts, *cara mia.* Entspann dich einfach, während ich wieder gutmache, was ich dir angetan habe.«

Normalerweise waren sie beide aktive Partner, wenn sie sich liebten, aber Kate genoss es auf träumerische Weise, diesmal passiv zu sein. Sein Mund glitt tiefer und streichelte zärtlich ihren Bauch. Dann spürte sie seinen Atem warm in den weichen Löckchen zwischen ihren Schenkeln. »Ich wüsste nicht, was ich ohne dich tun sollte, Kate«, wisperte er.

Kate erschauerte, als seine Zunge in sie glitt. Milde Erregung wandelte sich in Leidenschaft und verdrängte Erschöpfung und Schmerz mit einer Nähe, die sie sich bei keinem anderen Mann denken könnte. Sein Schmerz war ihrer, seine Reue förmlich greifbar.

Donovan ließ sich Zeit und nutzte sein Wissen um ihren Körper, um ihre Erregung bis aufs Höchste zu steigern. Dann war es soweit, und Kate schrie auf, als sie in tausend Stücke zersprang, bis sie es vor Lust nicht mehr auszuhalten vermeinte. Schlaff und keuchend blieb sie liegen.

Donovan zog sich aus und legte sich neben sie. »Vergib mir, Kate. Ich verdiene es nicht, aber ... bitte, verzeih mir trotzdem.«

»Natürlich verzeihe ich dir«, flüsterte sie. »Ich weiß, dass du mir nicht wehtun wolltest.«

Er wollte sie schlafen lassen, aber Kate berührte ihn in wortloser Bitte um noch mehr Lust. Zögernd drang er in sie ein, als erwartete er, zurückgewiesen zu werden.

Kate spürte seine Zweifel und sein Bedürfnis, das, was geschehen war, ungeschehen zu machen, so als wären es ihre eigenen Gefühle. Tränen stiegen ihr in die Augen. Sie hatte gedacht, zwischen ihnen gäbe es so viel Liebe und Vertrauen, dass nichts sie je trennen könnte. Doch heute Nacht war ein dunkler Schatten über ihre Ehe gefallen, wenn auch nur für einen Moment. Doch dass das geschehen konnte, machte ihr Angst.

»Ich liebe dich, Kate, mehr als ich dachte, dass man lieben kann.« Donovan vergrub sich in ihr und hielt dann inne, sein Körper angespannt, seine Wange an ihre Schläfe gepresst. In der Dunkelheit spürte sie seine Tränen.

Wenn Kate sich überhaupt je vorgestellt hatte, von einem Mann geschlagen zu werden, hatte sie es immer als eine unverzeihliche Tat gesehen. Doch jetzt, wo es passiert war, erkannte sie, dass die Wirklichkeit viel komplizierter war als jede Theorie. Eine Ehe brachte die Menschen einander so nahe, dass auch die schlimmsten Seiten sichtbar wurde, nicht nur die Guten. Ihr Mann war also nicht perfekt. Genauso wenig wie sie.

Ihre Mutter hatte schon oft gesagt, dass Verzeihen für die Liebe wichtig war, und Kate liebte ihren Mann. »Es ist gut, Patrick«, flüsterte Kate und begann, ihre Hüften rhythmisch an seinen zu reiben. »Es ist alles wieder gut.«

»Oh, Kate.« Donovan riss sie an sich und sagte immer wieder heiser: »Ich liebe dich, liebe dich, liebe dich ...«

Erschöpft schliefen sie in den Armen des anderen ein.

Aber es wurde nicht wieder gut. Viel später erst hatte Kate erkannt, wie sehr diese Nacht ihre Beziehung verändert hatte. Die Liebe war immer noch stark und verzehrend, aber sie war mit einem Gefühl des Aufder-Hut-Seins unterlegt. Kate war vorsichtiger in Gegenwart ihres Mannes geworden und vermied alles, was ihn reizen könnte. Ein Stück Spontaneität war verloren gegangen. Ein bisschen Vertrauen auch.

Sie hatten den Weg in den Untergang eingeschlagen und es nicht gemerkt.

12. Kapitel

In dieser Nacht lag Donovan schlaflos im Bett und starrte an die Decke, während der eisige Wind Äste gegen das Dach schlug. Er hatte gedacht, darauf vorbereitet zu sein, seine frühere Frau wieder unter seinem Dach zu haben. Ganz schön dumm von ihm, dass er nicht erkannte, was das in Wirklichkeit bedeutete. Von dem Moment an, als sie in die Küche gekommen war, hatte er nur den überwältigenden Drang gehabt, sie auf seinen Schoß zu ziehen und zu halten, bis sie wieder warm und entspannt war.

Natürlich wäre sie sofort gegangen, wenn er sie auch nur berührt hätte, und wahrscheinlich hätte sie ihm vorher noch eine Pfanne über den Kopf gezogen. Aber zumindest hatte sie sich ein bisschen verwöhnen lassen. Ein eindeutiger Beweis dafür, wie erschöpft sie war.

Ob sie traurig war, weil sie ihren Freund in San Francisco zurücklassen musste? Er ertappte sich bei dem Gedanken daran, wie der Mistkerl wohl war, und riss sich zusammen. Es ging ihn nichts an, mit wem sie geschlafen hatte.

Und wieder schlafen würde. Donovan zwang sich, dieser Tatsache ins Gesicht zu sehen. Sie hatte gesagt, dass die Entfernung die Beziehung beenden würde, aber mit dem Flugzeug war man in weniger als sechs Stunden da. Der andere Mann könnte nach Maryland kommen, oder sie konnten sich irgendwo auf halbem Wege treffen. Die Leute bei *PDI* waren viel auf Reisen.

Seine anfängliche Erleichterung darüber, dass Kate in Sams Bedingungen eingewilligt hatte, machte der Sorge Platz. Sie hatte ihn schon einmal verlassen, und sie würde es sofort wieder tun, wenn er ihr einen Grund gab.

Also lieber keine Eifersucht. Früher hatte er geglaubt, seine Eifersucht sei ein Beweis, wie sehr er sie liebte. Stattdessen war er durch sie nur so verrückt geworden, dass er sie geschlagen hatte. Unverzeihlich.

Wie hatte er Kate nur so verletzen können? Wie konnte er nur?

Er unterbrach seine Gedanken, die sich im Kreis drehten. Er sollte lieber an etwas Nützliches denken, zum Beispiel daran, wie er die Firma führen sollte, die zumindest dieses Jahr ihm gehörte. Sam war ein hervorragender Manager gewesen, und vor Donovan lag die gewaltige Aufgabe, erst einmal alles zu durchschauen.

Oder er könnte an Sams Tod bei diesem unmöglichen Unfall denken.

An alles, nur nicht an Kate und daran, wie sehr er sie immer noch begehrte.

Kate erwachte vom Klingeln eines ungewohnten Weckers. Sie brauchte einen Moment, um sich zu erinnern, wo sie war. Ach ja, Maryland. Es war kurz vor sechs Uhr morgens, aber ihr müder Körper wähnte sich noch nachts in Kalifornien. Da sollte einmal jemand etwas gegen die Planwagentrecks sagen. Zumindest hatten die Pioniere sich keine Gedanken um den Jetlag machen müssen.

Da sie am Abend schon gepackt hatte, konnte sie sich noch ein paar Minuten im Bett gönnen. Sie döste ein wenig und vermisste Ginger Bears Fell neben sich. Ein Jahr ohne Katze war in mancher Hinsicht schlimmer als ein Jahr ohne Mann.

Ein schlechter Gedanke – er weckte sofort Erinnerungen an die Nächte mit Donovan. Sie hatte nicht nur den wundervollen Sex vermisst, nachdem sie sich getrennt hatten, sondern auch die Nähe. Sie hatten immer ineinander verschlungen geschlafen, einander stets berührt, selbst wenn sie im Schlaf die Position gewechselt hatten. Wenn sie zu Bett gegangen waren, hatten sie es sich immer zuerst bequem gemacht – ihr Schenkel zwischen seinen, sein Kopf auf ihrer Schulter. So hatten sie zufrieden dagelegen, während die Anspannung des Tages wich. Sie hatte seinen warmen, festen Körper geliebt, seinen Duft und die Art, wie er sie an sich gedrückt hatte. Er war ein ausgezeichnetes Kuscheltier gewesen.

Selbst am Ende noch. Ihre Großmutter Corsi war einen Monat vor dem Ende ihrer Ehe gestorben. Damals hatten sie Seite an Seite wie zwei Granitstatuen im Bett gelegen, ohne einander zu berühren, beide alleine mit ihrer Sehnsucht.

Kate war um drei Uhr früh vom Klingeln des Telefons geweckt worden, was nie etwas Gutes bedeutete. Benommen hatte sie den Hörer abgehoben.

Julias Stimme hatte ohne Einleitung gesagt: »Schlechte Nachrichten, Kate. Nonna Corsi hatte einen Schlaganfall und ist gestorben. Es ... es ging ganz schnell.«

Kate setzte sich auf, während ihre Mutter ihr den Namen der Leichenhalle nannte, Zeit und Ort der ersten Familienzusammenkunft. Ja, dein Vater nimmt es schwer, natürlich. Aber sie hatte ein langes, erfülltes Leben, und es ging schnell. Dafür konnten sie dankbar sein. Julias Stimme brach. Ihre Schwiegermutter hatte ihr näher gestanden als die eigene Mutter.

Kate legte auf, und ihr war eiskalt. Sie begann zu zittern. Früh verwitwet hatte ihre Großmutter andrer Leute Häuser geputzt, um ihre vier Kinder großzuziehen und ihnen das Studium zu ermöglichen, das sie selber nie gehabt hatte. In dem Haus, das Sam ihr später gekauft hatte, hatte sie verwaiste Kinder aufgenommen, ihre Familie herumkommandiert und die besten Nudeln der Welt gemacht.

Donovan legte eine warme Hand auf ihren Rücken. »Was ist passiert, Kate?«

»Nonna ist tot.«

Er seufzte leise. »Das tut mir so Leid. Sie war etwas Besonderes, wie meine Großmutter Russo.« Sanft zog er Kate unter die Decke und nahm sie in die Arme. Dann wand er sich um sie, um sie mit seinem Körper zu wärmen. »Du bist ja eiskalt, Kate. Willst du einen Kaffee oder Brandy?«

»Nein, aber bleib ... nur da.« Dann hatte sie geweint. Donovan konnte manchmal widerlich sein, aber sie würde nie vergessen, wie er ihre wachsende Entfremdung überbrückt hatte, um sie zu trösten.

Ein hartes Klopfen an der Tür riss sie zurück in die Gegenwart. »Zeit zum Aufstehen«, rief Donovan. »Wenn du etwas anhast, bringe ich dir eine Tasse Kaffee.«

Kate rollte vom Bett und griff nach ihrem Bademantel. Dann öffnete sie die Tür.

Davor stand Donovan, hellwach und fertig angezogen, mit zwei Bechern in der Hand. Sie nahm ihm einen ab und murmelte: »Frühaufsteher, was?«

»Zum Glück war auf meinem Flug noch ein Platz frei, aber wir müssen in zwanzig Minuten los. Vergiss nicht, dass du keine Wolle anziehen darfst, wenn wir Sprengstoff laden. Die statische Spannung könnte die ganze Ladung hochjagen.« Sein Blick wich ihrem aus.

Kate errötete, als ihr bewusst wurde, dass sie noch nicht angezogen war. »Gut, ich bin in zwanzig Minuten fertig.«

Donovan hatte sie immer damit geneckt, dass sie zu viel Gepäck mitnahm. Aber diesmal nicht, diesmal hatte sie leichtes Gepäck, ganz der perfekte Angestellte. Kate duschte blitzschnell und trank ihren Kaffee beim Anziehen.

Drei Minuten zu früh trat Kate mit ihrem Koffer auf Rädern, der ihr wie ein gut erzogener Hund folgte, aus der Tür. In ihr brodelte es vor Aufregung. Endlich war die Zeit ihrer Feuertaufe bei *Phoenix Demolition* gekommen.

»Jetzt will ich doch mal wissen, was du wirklich über Sprengungen weißt«, sagte Donovan, als der Jet startete.

»Frag nur«, gab Kate hellwach zurück.

»Ich fange mit etwas Einfachem an. Mit welchen Konstruktionen befassen wir uns hauptsächlich?«

»Gegossener Beton und Stahlgerüste«, kam es wie aus der Pistole geschossen.

»Wie verhinderst du, dass ein Gebäude in alle Richtungen fliegt?«

»Ach, das hat Sam mir mal erklärt. Indem man so viele der inneren Stützen wie möglich entfernt, zum Beispiel Fahrstuhlschächte und Treppenhäuser. So kann das Haus einfach in sich zusammensinken.«

Sein linker Fuß berührte ihren rechten. Donovan zog sein Bein zurück. Selbst der Umstand, dass er seine Bonusmeilen für häufiges Fliegen für die erste Klasse genutzt hatte, gab ihnen nicht genügend Raum für einen Sicherheitsabstand zwischen ihnen. Er ermahnte sich, an sein Quiz zu denken, und fragte: »Wie plant man den exakten Fall?«

»Durch das Terminieren der Sprengladungen.« Kate fing an, sehr italienisch zu gestikulieren. »Pausen in den Sprengungen können das Gebäude in jede Richtung lenken, die wir wollen. Aufeinander folgende Explosionen vermindern außerdem den Aufschlag und verhindern, dass angrenzende Gebäude beschädigt werden.« Eine Hand streifte seinen Arm, und seine Haut begann zu prickeln.

Donovan stellte schwerere Fragen, um sich auf die Sache zu konzentrieren und nicht auf sie. Über West Virginia war es klar, dass Kate im Prinzip bestens Bescheid wusste. Natürlich kannte sie die Feinheiten des Ingenieurwesens nicht, aber als Architektin hatte sie schon ein gutes Grundwissen über Gebäude. Sie war der ideale Anwärter auf den Posten eines Projektmanagers.

Donovan versicherte sich selbst, dass die Sprengstoffe, die sie benutzten, als äußerst sicher galten. Ein anderer Teil von ihm widersprach sofort, dass Unfälle immer wieder geschahen. Ein Gebäude konnte unberechenbar sein.

Donovan griff unter den Sitz seines Vordermannes und zog seinen Koffer voller Papiere hervor. »Es ist an der Zeit, vom Allgemeinen zum Speziellen zu kommen. Dies hier ist ein provisorischer Sprengplan für ein Projekt. Es stimmt im Großen und Ganzen schon alles, aber vor einer Sprengung wird immer alles haarklein vorgeplant.«

Kate studierte den Plan, eine Bauskizze mit Statik und den Orten, an denen Ladungen angebracht werden sollten. »Wir sollen also das Nevada Palace sprengen?«

»Warst du da schon mal?«

»Nicht drin, aber ich bin daran vorbeigefahren.« Sie strich mit der Hand den Plan auf ihrem Schoß glatt.

Sie hatte sehr schöne Hände, fein geschnitten und gut gepflegt. Donovan dachte daran, wie er diese schlanken Hände Stahlwolle über einen Tisch hatte reiben sehen, den sie restauriert hatte. Wie sie rote Paprika für Salat geschnitten hatten, wie sie über seinen nackten Körper geglitten waren ...

Hitze ergriff ihn. Rasch sah Donovan weg, froh, dass sie sich ganz auf den Plan konzentrierte.

»Ich habe ein paarmal mit Bill Berrigan, dem Architekten, zusammengearbeitet, aber das wird mein erster Besuch vor Ort, weil es Sams Projekt war. Das Hotel hat ein paranoider Millionär gebaut, und Sam sagte, es stecke voller Überraschungen. Ich wollte schon früher mal hin, aber ich hatte zu viel zu tun.«

Kate betrachtete noch immer stirnrunzelnd den Plan. »Dann ist es also keine Einbildung, dass das ein sehr seltsamer Bau ist?«

»Ich habe dasselbe gedacht. Der endgültige Plan müsste mehr Sprengladungen vorsehen als üblich.« Er zog in Betracht, ihr zu sagen, was noch alles nötig werden könnte, entschloss sich dann aber zu warten, bis er sich sicher war. Stattdessen begann er, ihr den Hintergrund und den allgemeinen Zugriff auf ein Gebäude zu erklären. Kate begriff so schnell, dass vor dem Essen noch Zeit für ein Schläfchen blieb.

Doch Donovan konnte nicht schlafen. Nicht, wenn seine Exfrau nur wenige Zentimeter entfernt saß – und unberührbar war.

Zweimal kurz hintereinander quer über den Kontinent zu fliegen, war eine gute Methode, die Orientierung zu verlieren. Als Kate in Las Vegas landete, hoffte sie, eine Woche lang kein Flugzeug mehr betreten zu müssen.

Ihr Gefühl der Unwirklichkeit stieg, als sie die hohe Halle mit den Gepäckbändern betraten. Dass sich dort Hunderte von Leuten drängten, war bei einem großen Flughafen an sich nichts Ungewöhnliches. Doch Kate war verblüfft, als sie den großartigen Chor aus Beethovens neunter Symphonie hörte. Der Effekt war außerordentlich. Und dann das Neon. Überall war Neon, obwohl es heller Tag war. »Viva Las Vegas.«

»Ich habe die Stadt immer als Disneyland für Erwachsene gesehen.«

Kates Blick wanderte zu einem riesigen Aluminiumbaum. Einem von vielen. »Es besteht keine Gefahr, dass in Las Vegas einmal der gute Geschmack siegen wird.«

»Jetzt warst du so lange in Kalifornien, und im Herzen bist du immer noch ein Ostküstensnob.«

Kate grinste giftig. »Hast du je eines dieser Elvisgemälde auf Samt bekommen, die du dir so gewünscht hast?«

»Sei vorsichtig, sonst kaufe ich wirklich eines und hänge es in die Essecke.«

Kate lächelte zurück, ehe sie die Gefahr erkannte. Humor war eine der verführerischsten Seiten eines Mannes. Es war schwer, auf einen Mann böse zu sein, der einen zum Lachen brachte.

Donovan hatte versprochen, sie nicht anzurühren, aber sie fürchtete, dass er nichts dagegen hätte, wenn sie ihn berührte. Teufel, das könnte sogar passieren. Vierundzwanzig Stunden zusammen, und schon plänkelten sie miteinander. Es war schwer, die Vergangenheit zu bedenken, wenn man die Gegenwart genoss.

Sie zog ihren Koffer vom Band. »Ich kann nicht glauben, dass wir tatsächlich zusammenarbeiten. Mein Vater hatte ein Gespür wie eine Dampfwalze.«

Donovan holte seine Tasche und ging ihr zum Ausgang voraus. »Dampfwalze hin oder her, wenn er es mit deiner Mutter zu tun hatte, wer hat da wohl gewonnen?«

»Immer Mutter, wenn auch auf die damenhafteste Weise.«

»Und du bist nicht umsonst ihre Tochter. Weder Mann noch Biest noch Dampfwalze werden dich zu etwas zwingen, was du nicht willst. Das habe ich recht schnell begriffen.«

»Wäre es dir lieber, ich wäre eine Matte, auf der du herumtrampeln kannst?«

»Nein. Natürlich nicht.« Er zögerte und fuhr dann fort: »Aber manchmal habe ich mich gefragt, ob es nicht einen Mittelweg zwischen totaler Unterwerfung und völliger Lossagung gibt. Vielleicht, wenn wir daran gearbeitet hätten. Wenn wir Hilfe in Anspruch genommen hätten –«

»Nein!« Kate gefiel die Richtung, die das Gespräch nahm, nicht. »Das stand nicht zur Debatte.«

Das musste sie glauben, denn die Vorstellung, dass sie ihre Ehe vielleicht hätten retten können, war zu schmerzhaft, um darüber nachzudenken.

13. Kapitel

Als Donovan den Mietwagen auf den großen Parkplatz des Nevada Palace lenkte, hielt sich Kate schützend die Hand gegen die blasse Wintersonne vor die Augen und betrachtete ihr künftiges Ziel. Das achteckige Gebäude glitzerte vor Glas und stand direkt am Las Vegas Boulevard, besser bekannt als *Strip*. In den fünfziger Jahren hatte das Gebäude als Inbegriff höchster Eleganz gegolten.

Rund um das Haus waren Liftschächte, Erker und andere Vorsprünge angebracht, darunter ein riesiger Schacht für den Müll. Donovan wandte sich ab und strebte auf eine Ecke zu, in der ein mobiler Arbeitsplatz in einem Container eingerichtet war. Hinter der Glastür saß eine attraktive Frau mittleren Alters mit schwarzen Haaren und undurchdringlicher Miene an einem Schreibtisch und arbeitete, während eine männliche Stimme im Hintergrund ununterbrochen Anweisungen bellte. Als die Tür aufging, sah die Frau auf. »Schön, Sie wiederzusehen, Donovan. Bull ist in seinem Büro.«

»Ich höre ihn«, erwiderte Donovan. »Kate, das ist Carmen Velasquez, die wahre Macht hinter dem Thron von *Berrigan Enterprises*.«

»Das habe ich gehört, Sie treuloser Ire«, grollte die tiefe Stimme. Kurz darauf erschien ihr Besitzer mit einer Zigarre in der Hand hinter der Abtrennung. Es war leicht zu sehen, warum Bill Berrigan den Spitznamen ›der Bulle‹ trug. Es war ein untersetzter Mann Mitte fünfzig, der genauso aussah, wie man es von jemanden erwartet, der sich vom Arbeiter zum Multimillionär hochgearbeitet hatte. »Haben Sie Ihre Freundin mitgebracht, damit Sie in Vegas auch etwas Spaß haben?«

»Kaum«, gab Donovan zurück. »Darf ich Ihnen meine Assistentin vorstellen? – Kate Corsi.«

Bull hob seine buschigen Brauen. »Sams Tochter? Sehr erfreut, Sie kennen zu lernen, Süße. Tut mir wirklich Leid, was mit Ihrem Dad passiert ist. Er war ein feiner Kerl.«

»Das war er. Wir werden ihn alle vermissen.«

Die Miene des Geschäftsmannes hellte sich auf. »Hat Sam nicht erzählt, dass Sie Architektin sind?«

»Schon möglich«, gab Kate zu und freute sich, dass ihr Vater von ihr gesprochen hatte.

»Dann wollen Sie sicher wissen, was anstelle des Palace entsteht. Kommen Sie, ich habe das Modell hier drin.«

Kate und Donovan folgten ihm um die Stellwand herum. In einer Ecke des Büros stand ein detailgenaues Modell, auf das Berrigan jetzt stolz zeigte. »Ich werde ein Hotel zu einem Thema bauen, und zwar das ›Harem‹. Hübsch, nicht wahr?«

Kate betrachtete das Modell, das eine Reihe Palmengärten, Bogengänge und Kuppeltürme zierte. Es ließ sie an eine überzogene Alhambra denken und brachte jeden architektonischen Puristen zum Schaudern, aber zum Teufel, manchmal war guter Geschmack auch zu langweilig. »Das wird ein wundervoller Märchenpalast werden.«

»Genau. Und ein Familienhotel. Sehen Sie den Hof

da hinten? Dort wird man auf Kamelen reiten können.« Bull betrachtete das Modell noch kurz gerührt und wandte sich dann ab. »Aber zuerst müssen wir den hässlichen Glaskasten hier loswerden.« Er sank in seinen Drehstuhl und winkte ihnen, sich zu setzen. »Zwei Leute scheinen mir für den Job etwas zu wenig. Ich dachte, Sie tanzen hier bei meinem ersten Ruf mit Ihrem ganzen Zeug an.«

»Ich habe mir schon gedacht, dass Sie rufen, bevor die Vorbereitungen abgeschlossen sind«, gab Donovan zurück. »Habe ich Recht?«

Bull lachte leise. »Nein. Ein paar Tage Arbeit im Untergeschoss liegen noch vor uns, aber oben können Sie schon anfangen.«

»Wenn ich das Gebäude komplett gesehen habe und den Zeitplan bestätigen kann, hole ich meine Leute aus Maryland.«

Bull zog an seiner Zigarre. »Ich habe ein paar gute Nachrichten. Hank Hawkins hat sich entschlossen, das Haus jetzt in seinem neuesten Film zu benutzen, was eine gute Werbung für das ›Harem‹ sein wird und uns dazu noch etwas Geld einbringt. Das stört Sie doch nicht bei der Arbeit, oder?«

Kate hob bei der Erwähnung eines der bekanntesten Produzenten Hollywoods eine Braue, aber Donovan zuckte nicht mit der Wimper. »Kaum. Ich habe vor ein paar Wochen mit Hawkins darüber gesprochen. Er will vor allem eine nächtliche Explosion mit ordentlich Feuer haben. Das dürften ihm ein paar Gallonen Flugbenzin ermöglichen. Vielleicht noch ein bisschen Feuerwerk dazu, für ein bisschen Ramba-Zamba.«

Kate wurde plötzlich aufgeregt. Es war nicht unüblich, dass *PDI*-Sprengungen in Filmaufnahmen eingebaut wurden – tatsächlich waren Dreharbeiten ein beträchtliches Zusatzeinkommen für die Firma – aber sie hatte Glück, dass das gleich bei ihrem ersten Projekt anstand. Toll!

Kate bemühte sich um einen geschäftlichen Ton und sagte: »Das klingt ja alles gut und schön, aber werden die Drehteams die Sprengungen nicht verzögern? Donovan sagte, dieses Projekt sei besonders eilig.«

»Sie drehen ohnehin in Las Vegas, sodass ihnen alles gut in den Plan passt. Hawkins schwört hoch und heilig, dass sein Filmteam morgen oder übermorgen hier ist.« Bull grinste. »Carmen wird schon halb ohnmächtig bei der Aussicht, Kenzie Scott persönlich zu sehen, aber ich freue mich eher auf Rainey Marlowe. Was für eine Frau!«

»Ich werde *nicht* ohnmächtig«, rief Carmen von vorne. »Nicht einmal für den erotischsten Mann der Welt, wenn man dem *People* Magazin glauben kann.«

»Rainey kommt her?«, fragte Kate.

»Ja«, gab Donovan zu. »Ich wollte es dir nicht sagen, solange es noch nicht feststand.«

»Ich freue mich, sie wiederzusehen.«

»Sie kennen Raine Marlowe?«, rief Bull aus.

»Wir sind zusammen zur Schule gegangen. Ich habe sie in den letzten Jahren nicht oft gesehen, aber wir versuchen, in Kontakt zu bleiben.«

»Ich will verhext sein«, sagte Bull, »Sie sind eine Freundin von Rainey Marlowe!«

Carmens dunkler Kopf erschien hinter der Abtrennung, die Augen weit aufgerissen vor Interesse. »Sind Raines Haare wirklich so rot-blond, oder hat sie sie gefärbt?«

»Das ist ihre natürliche Haarfarbe«, versicherte Kate. »Als ich sie das erste Mal gesehen habe, habe ich gedacht, dass sie die schönsten Haare der Welt hat.«

»Sie und Kenzie geben ein schönes Paar ab«, sagte Carmen träumerisch. »Es war so romantisch, als sie sich bei den Dreharbeiten zu *»Die rote Ackerwinde«* kennen gelernt haben. Es heißt, dass das der größte Magnetismus war, seit Bogart Bacall kennen gelernt hat.«

Nicht zum ersten Mal dankte Kate dafür, dass ihr eigenes Leben kein öffentliches Gemeingut war. Sie fragte sich oft, wie Rainey, der ihr Privatleben äußerst wichtig war, damit fertig wurde. Der Preis des Erfolges.

Bull betrachtete Carmen angewidert. »Ein Kino-Freak! Und ich habe gedacht, Sie wären eine vernünftige Frau.«

Carmen sah ihn hochmütig an. »Viel heiße Luft hier drin. Wenn Sie nicht aufpassen, macht die Bauaufsicht den Wagen dicht.« Sie trat ans Fenster und zog an einer Kette, die mit einem Deckenventilator verbunden war, ehe sie mit provozierendem Hüftschwung ging.

»Manchmal frage ich mich, warum ich es mit der Frau noch aushalte«, murmelte Bull vor sich hin.

»Wegen des großartigen Sex«, rief Carmen laut zurück.

Als Bull rot wurde, grinste Donovan Kate an. »Ich habe vergessen zu erwähnen, dass die beiden verheiratet sind.«

»Ich dachte, es wäre billiger, sie zu heiraten als eine Sekretärin zu bezahlen.«

»Junge, hat er sich da geirrt«, gab Carmen zurück.

»Ich bringe Sie zum Palace rüber.« Bull griff sich Weste und Helm von einem Haken an der Wand. »Wenn Carmen mich in Trab hält, können Sie es genauso gut tun.« Trotz seiner Klagen gab er seiner Frau auf dem Weg nach draußen einen langen Kuss.

Draußen ging Donovan zum Wagen und öffnete den Kofferraum. Er wühlte herum und zog schließlich zwei Helme hervor, von denen er einen Kate zuwarf. »Hier.«

»Danke«. Der schneeweiße Helm trug vorne das *PDI-Logo*. Kate setzte ihn auf und nahm das Funkgerät entgegen, zu dem Donovan das Gegenstück am Gürtel trug. Donovan mochte sich insgeheim wünschen, dass sie zu Hause sitzen und Handarbeiten machen würde, aber nach außen behandelte er sie wie eine echte Kollegin.

Sie stiegen in Bulls Jeep, und er fuhr sie das kurze Stück über den Parkplatz zum Palace. Der Wind war zwar kalt, aber die Temperatur war deutlich höher als in Baltimore.

Mit seinen glänzenden Glasscheiben sah das Gebäude wie gemacht für einen Kinofilm aus. Dann fuhr Bull zur Rückseite, wo die Scheiben kaputt oder ganz herausgenommen waren.

Sie gingen in den fünften Stock, wo die Sprengladungen angebracht werden sollten. Im Innern des Gebäudes verschwand die Illusion der Normalität. Das Hotel war nur noch eine Hülle, und die Wände hallten wider von den Baugeräuschen der Arbeiter, die die Sprengung vorbereiteten. Die Möbel waren verschwunden, ebenso die Teppiche, und alles, was noch da war, waren der Zementboden und stützende Säulen.

Kate atmete den Geruch des feuchten Betons ein und dachte daran, was sich innerhalb dieses Hauses alles abgespielt haben mochte – Flitterwochen und Ferien, Geschäftsreisen und heimliche Stelldicheins. In ein paar Tagen würde es diese Wände nicht mehr geben, und sie würden ihre Erinnerungen mit sich nehmen.

Sie warf Donovan einen Blick zu. Vor dem Licht, das durch die Fenster drang, sah er schlank und kräftig aus. Er schien sich hier ganz zu Hause zu fühlen, wie ein Löwe in der Steppe. Für einen Moment wurde ihr wieder die irrsinnige Situation bewusst, in der sie sich befand – nach Jahren der Trennung am Arbeitsplatz und zu Hause mit ihrem Ex-Mann vereint. Es war seltsamer als alles, was sie sich je vorgestellt hatte.

Sich ihrer Gedanken nicht bewusst, wandte Donovan sich an Berrigan. »Sam meinte, das Haus hier sei ziemlich exzentrisch, hat mir aber keine Einzelheiten erzählt. Was haben Sie so entdeckt?«

»Als Erstes keine Blaupausen. Ray Farmer, der Kerl, der sich das Haus als sein persönliches Spielzeug gebaut hat, war völlig verrückt – nachdem alle Stockwerke fertig waren, hat er den Architekten gezwungen, die Baupläne zu verbrennen.«

»Bizarr«, bemerkte Kate.

»Das wird noch schlimmer.« Bull zeigte auf eine rechteckige Öffnung im Boden. Sie setzte sich durch alle Stockwerke bis zum Erdgeschoss fort. »Ich dachte, das wäre ein Handwerkerschacht für die Leitungen. Aber es stellte sich als geheimes Treppenhaus von Farmers Penthaus zu einem geheimen Ausgang auf die Straße heraus. Wer weiß, wer da alles ein und aus gegangen ist.«

»Starlets, wenn man Farmers Ruf glauben kann.« Donovan spähte in die Tiefe. »So, dann wollen wir mal sehen, ob Ihre Jungs auch alles richtig gemacht haben.«

Berrigan stöhnte. »Jetzt arbeite ich schon so lange mit *PDI* zusammen, und nie trauen Sie mir zu, dass ich meine Arbeit richtig mache. Werden Sie mich jetzt durch jede Etage schleppen?«

»Ganz und gar nicht. Kate und ich machen das. Das nie zu vernachlässigende Gesetz der Sprengmeister – sei dir nie sicher.«

Das war eines von Sams Prinzipien gewesen, erinnerte sich Kate. Für diese Arbeit musste man vorsichtig sein.

»Viel Spaß«, wünschte Berrigan. »Ich gehe zurück ins Büro.« Er tippte sich grüßend an den Helm und marschierte davon.

Nachdem der Ingenieur weg war, sagte Donovan: »So, dann wollen wir das Gebäude mal kennen lernen, samt Stärken und Schwächen und Geheimnissen. Danach hauen wir es um.« Er ging langsam im Kreis, die Augen auf die Ecken gerichtet. »Normalerweise hat der Projektmanager Wochen und Monate damit zu tun, ein Gebäude zu untersuchen. Diesmal müssen uns drei oder vier Tage reichen.«

»Dann lass uns anfangen«, schlug Kate vor. »Was soll ich machen?«

Donovan führte sie herum und erklärte ihr, wonach sie suchen sollte. Nach Gegenständen, die noch als Stütze dienten und vergessen worden waren. Nach allem, was die Implosion behindern könnte. Seine Erklärungen halfen Kate, ein genaues Bild von der Aufgabe zu bekommen.

Auf der nächsten Etage schlug Donovan vor: »Diesmal führst du.«

Kate war langsamer als Donovan, aber als sie mit der Inspektion fertig war, wusste sie, worauf es ankam. Die Arbeit zu tun, die der Lebensinhalt ihres Vaters gewesen war, ließ sie sich ihm sehr nahe fühlen. Sie verdrängte den Gedanken, dass Sam derjenige hätte sein sollen, der sie anleitete, nicht Donovan.

Als sie fertig waren, sagte Donovan: »Mach du unten

weiter, solange ich im Büro bin. Es kann ein bisschen dauern – der Papierkram ist im Moment ein bisschen chaotisch.«

»Das kann ich mir vorstellen, du machst ja deine Arbeit und die von Sam dazu.«

»Und ich habe viel Zeit mit der Klärung der Unfallursache vertan.«

»Die Feuerwehr hat ermittelt?«

»Und die Polizei und das Gesundheitsamt und die Gewerbeaufsicht, weil es einen Todesfall gegeben hat. Jeder, der dabei war, ist mindestens dreimal befragt worden.«

Kate vermutete, dass das Donovan sehr nahe gegangen war. »Unfälle kommen vor.«

»Ja, aber sie müssen herausfinden, warum, damit sie sich nicht wiederholen. Die Feuerwehrleute durchsuchen den Schutt nach Hinweisen. Ich hoffe, dass sie bald wissen, was passiert ist.« Er runzelte die Stirn. »Bis später dann. Wenn du etwas nicht verstehst, schreib es auf und frag mich später danach. Setze nichts voraus. Neunzig Prozent dessen, was bei einer Implosion passiert, sind vorhersehbar, aber es gibt immer Überraschungen. Unser Job ist es, dafür zu sorgen, dass es so wenige wie möglich gibt.«

Er ging in dem Wissen, dass er Kates Arbeit später kontrollieren musste, aber er wollte ihr die Chance auf selbstständige Arbeit geben. Je eher sie alleine arbeiten konnte, desto besser war es für die Firma.

Er hatte länger im Büro zu tun als erwartet. Nicht nur, dass Janie, die Managerin, mit ihm sprechen musste, sondern auch die Hälfte seiner Angestellten. Janie entließ ihn mit der ominösen Ankündigung, dass sie ihm einige Papiere ins Hotel faxen würde.

Zum Palace zurückzukommen, war eine Erleichterung. Kate hatte zwei Etagen inspiziert. »Irgendwas Besonderes?«, fragte Donovan.

Ihr Blick wanderte durch den Flur. »Ich glaube nicht, dass es hier irgendwo Kreuzstreben gibt. In deinem Plan waren sie eingezeichnet, aber hier sieht man nur Säulen, die an der Decke hängen, und den Fahrstuhlschacht.«

Donovan stieß einen leisen Pfiff aus. »Verdammt, ich glaube, du hast Recht. Das erklärt, warum ich mich hier so unwohl fühle. Noch mehr Exzentrisches. Der Sprengplan muss gehörig umgestellt werden.«

»Gut, ich sehe dich schon rechnen.«

»Je eher du das lernst, desto eher machst *du* die Arbeit«, warnte er sie.

»In Ordnung «, lächelte sie zurück.

Wenigstens im Moment waren sie Partner.

14. Kapitel

Es dämmerte bereist, als Donovan und Kate die Inspektion des Hotels abschlossen. Nachdem sie in den Mietwagen gestiegen waren, fragte Kate: »Und wie sieht der Zeitplan nun aus, nachdem wir das Gebäude gesehen haben?«

»Der sanfte Abriss sollte bis Ende der Woche fertig sein. Da das Filmteam kommt, gibt uns das noch ein paar Extratage – genug Zeit, um einen neuen Sprengplan aufzustellen, ehe Bill in sein Horn bläst.« Donovan fuhr los. »Ich habe Luther und Jim angerufen, sie kommen morgen dazu.«

Die Straße war endlich frei, und er bog in den Verkehr ein. Kate sah, dass er müde wirkte. Natürlich, er kam von der Ostküste, wo es jetzt schon später Abend war. Hier gingen die Lichter gerade erst an und verwandelten die Nacht in hellen Tag. »Reichen vier Leute denn?«

»Luther hat die meiste Erfahrung von allen, und Jim ist sowohl Ingenieur als auch Projektmanager.« Er bremste an einer roten Ampel. »Wir können alles so vorbereiten, dass das Haus schnell verschwindet, sobald der Explosionsplan fertig ist. Du musst dir dein Geld halt hart verdienen.«

Verdienen? Über das Gehalt hatte sie noch gar nicht nachgedacht. Bei Gelegenheit musste sie mit ihm über ihren Anteil der Haushaltskosten verhandeln, aber im

Moment fehlte ihr die Energie, Donovan darauf anzusprechen. »Ich erinnere mich noch gut an den ersten Auftrag, den du alleine ausgeführt hast, das Bürogebäude in St. Louis. Alle Ladungen gingen los, aber es stürzte nicht ein.«

»Erinnere mich nicht daran! Ich hatte eine Todesangst, als ich hineinging, um zu sehen, was schief gegangen war. Jede Säule war weg, aber das Haus stand trotzdem noch. Ich habe erwartet, dass es mir jeden Moment auf den Kopf fallen würde – fast habe ich es mir gewünscht, so beschämt war ich durch das alles.«

Kate hatte einen Schreck bekommen, als Donovan sie damals angerufen und ihr die Geschichte erzählt hatte. Er hatte es wie einen Witz klingen lassen, aber damals hatte sie erkannt, wie gefährlich der Umgang mit Sprengstoffen wirklich war. Als Kind hatte sie das Ganze für eine Art Zauberei gehalten und ihren Vater für unfehlbar. Aber das war er nicht. Selbst jemand, der so klug war wie Donovan, konnte sich verrechnen. »Wenn ich mich recht erinnere, wurde das ganze Gebäude von einem einzigen Träger gehalten, den du unterschätzt hattest. Das ist dir nie wieder passiert.«

»Ich habe mich manchmal gefragt, ob Sam mich den Fehler hat machen lassen, damit ich daraus lerne. Wenn ja, hat es gewirkt. Jedes Projekt seitdem ist zusammengesunken.«

»Kein Haus wird mehr stehen bleiben.« Kate lächelte, wurde aber ernst, als sie merkte, dass sie einander wieder viel zu nahe waren. Eine gemeinsame Vergangenheit war ein gefährliches Band. »Wo übernachten wir?«

»Wir haben eine Suite im Grand Maya.«

Ihr Ziel kam in Sicht. Das Casino und Hotel war in Form einer großen Pyramide gebaut, von Dschungelgärten umgeben und in buntes Licht getaucht. »Ich dachte, *PDI* geht auf dem Zahnfleisch!«

»Das Grand Maya gehört zum Teil Berrigan, und er stellt uns die Suite zur Verfügung.«

Sie schwiegen beide, von Müdigkeit überwältigt. Es war ein langer Tag gewesen, und er war noch nicht vorbei. Kate seufzte. Sprengungen waren einfach, die Vorarbeit war hart.

Um zur Rezeption zu kommen, mussten sie erst eine Halle voller Spielautomaten durchqueren. Angriff elektrischer Räuber. Sie trugen sich ein und fuhren dann mit einem gläsernen Fahrstuhl nach oben.

Kate stöhnte auf, als sie die Suite betraten. Sie war im Stil eines modernen Liebesnests eingerichtet, voller Spiegel, weißer Plüschteppiche und üppiger Vorhänge. Eine unverhohlene Einladung zur Sünde im Stil von Las Vegas. »Das sieht ja aus wie ein Bordell.«

»Aber wie ein gutes. Such dir eines der Schlafzimmer aus.«

Kate nahm das Nächste und staunte nicht mehr, dass das Bett auf einem Aufsatz stand und an der Decke ein Spiegel hing. Der Blick auf die Lichter der Stadt war schon mehr nach ihrem Geschmack. »Geh ruhig essen, wenn du willst. Ich rufe den Zimmerservice und werde duschen.«

»Das habe ich auch vor«, sagte Donovan. »Falls unser Essen gleichzeitig eintrifft, hast du etwas dagegen, wenn wir es dann zur selben Zeit am selben Tisch einnehmen?«

»Ich denke, es wäre albern, in meinem Zimmer zu essen, nur um dir zu entkommen.« Es war keine sehr freundliche Zustimmung, aber Donovan lächelte.

Erschöpft schloss Kate die Tür, suchte ihre Sachen zusammen und ging zur Dusche. Sam musste gewusst haben, dass sie unmöglich ein Jahr lang förmlich mit Donovan umgehen könnte. Sie hatte es nicht mal einen Tag lang geschafft.

Oberflächlich gesehen war es einfach, Donovan um sich zu haben. Er war amüsant und aufmerksam. Und umwerfend attraktiv. Kein Wunder, dass ihr teuflischer Vater sich überlegt hatte, dass sie das Ende ihrer Ehe noch einmal überdenken würde, wenn sie Donovan die ganze Zeit um sich hatte.

Kate drehte die Dusche auf und wartete, dass sich die Temperatur regelte. Es war ihr eigener Wunsch gewesen, die Scheidung einzureichen, ohne den Grund dafür zu nennen. Aus einer seltsamen Mischung aus Mitleid und Schuld hatte sie sich entschlossen, als der Schurke bei der Trennung zu erscheinen. Wenn sie Sam die Gründe erklärt hätte, wäre er mit der Peitsche auf Donovan losgegangen. Dann hätte ihr Mann seinen Job bei *PDI* verloren und noch eine Menge darüber hinaus. Das hatte Kate nicht gewollt.

War es ein Fehler gewesen, die Wahrheit zu verschleiern? Vielleicht. Manche waren der Meinung, dass auch eine hässliche Wahrheit immer noch besser war als ein Pack Lügen. Kate war sich da nicht so sicher. Sie hatte sich für einen Weg entschieden, der Donovan und ihrer Familie am wenigsten Kummer zu bereiten schien. Obwohl es keine wirkliche Entscheidung gewesen war – ihre Beschämung und Erniedrigung über die ganze Situation hatten sie unfähig gemacht, damals oder später über die Sache zu sprechen.

Zu spät merkte Kate, dass sich das Badezimmer mit Wasserdampf gefüllt hatte, und rasch trat sie unter den heißen Strahl. Wie Katzen und Eiscreme gehörte das Duschen zu den einfachen, unkomplizierten Freuden des Lebens.

Donovan hörte das Faxgerät der Suite klingeln, als er sich gerade abtrocknete. Wahrscheinlich hielt Janie ihr Versprechen und schickte ihm noch ein paar Papiere. Na gut, er konnte genauso gut daran arbeiten wie an dem Explosionsplan.

Dass Kate dabei in der Nähe sein würde, war schön. Wie viele Nächte hatte er in den letzten zehn Jahren alleine in Hotelzimmern verbracht? Viel zu viele.

Obwohl Kate körperlich wie emotional auf Distanz zu ihm blieb, fühlte sich Donovan in ihrer Gegenwart doch erschreckend wohl. Eine Versöhnung nach so vielen Jahren war nicht sehr wahrscheinlich. Und doch kam es ihm so vor, als würde er sie schon zwölf Leben lang kennen, obwohl er nach seiner jesuitischen Erziehung nicht an die Wiedergeburt glaubte.

Eines der Dinge, die ihn an den Corsis von jeher fasziniert hatte, war, wie in ihrer Familie verschiedene Religionen Seite an Seite bestehen konnten. Zu Beginn ihrer Beziehung hatte Kate ihm erklärt, dass Sam Julia so sehr gewollt hatte, dass er eingewilligt hatte, sie kirchlich zu heiraten. Danach hatten ihre Eltern eine Jahrhunderte alte Art des Umgangs mit verschiedenen Religionen übernommen – Söhne wurden im Glauben des Vaters, Töchter in dem der Mutter erzogen. Zum Glück hatten Sam und Julia von jeder Sorte ein Kind, sodass Tom zu einem gläubigen Katholiken und Kate zu einem Mitglied der episkopalischen Kirche erzogen wurden. Zusätzlich hatte Julia ihre Kinder ermutigt, sich über andere Religionen zu informieren und darüber zu sprechen. Das war ganz anders als die unantastbar katholische Nachbarschaft, in der Donovan groß geworden war.

Er zog sich an und trat ins Wohnzimmer. Kate stand am Faxgerät und betrachtete einen Stapel Papiere. Ihr

Haar war nass, und sie trug einen langen blauen Bademantel, der sie bis zu den Knöcheln bedeckte und trotzdem aufreizend weiblich aussah.

»Liest du meine Geschäftspost?«

Kate sah auf, die Augen wie erstarrt. »Ich habe den Briefkopf der Feuerwehr gesehen, deshalb habe ich mir das angesehen. Ich dachte, es könnte der Bericht über Sams Tod sein, aber es scheint nur eine Art Zwischenbericht vom Kopf der Untersuchung, Chief Stanski, zu sein.«

»Phil Stanski und ich sind die Pläne des Jefferson Arms durchgegangen, die der Verkabelung, die der Sprengladungen – alles, was irgendeinen Hinweis geben könnte. Ist er soweit, dass er den Schlussbericht schreiben kann?«

»Noch nicht. Lies das.«

Donovan setzte sich hin und überflog den Brief. Die letzte Seite las er zweimal. »Himmel! Dann glaubt Stanski also, dass irgendein Explosionsfreak sich in das Gebäude geschlichen und mit einem Zünder herumgespielt hat, ohne an die Folgen zu denken. Sam könnte die Explosion vielleicht bei der Kontrolle ausgelöst haben. Weil hier eine nichtelektronische Zündung benutzt wurde, hat die Explosion als Kettenreaktion stattgefunden.«

»Was ist ein Explosionsfreak?«

»*PDI* fasziniert die Leute.« Donovan legte das Fax beiseite. »Es gibt sogar einen Fanklub. Die Freaks reisen durch die ganze Welt, um bei einem Abriss zuzusehen. Das sind die Harmlosen, aber dann gibt es auch welche, die die Gebäude durchschnüffeln, und die Irren, die Dynamit für eigene Zwecke klauen. Deshalb stellen wir auch rund um die Uhr Wachen auf, sobald die Sprengladungen angebracht sind.«

»Könnte so einer in das Jefferson Arms gelangt sein?«

»Es war eiskalt an dem Tag. Es würde mich nicht wundern, wenn eine Wache sich verkrochen hätte, um nicht in die Kälte hinauszumüssen. Totale Sicherheit gibt es nicht.«

»Dann könnte mein Vater also deshalb gestorben sein, weil irgendein Jugendlicher an Sachen herumgespielt hat, von denen er nichts versteht«, überlegte Kate bitter.

Donovan dachte darüber nach, ob Vandalismus zu Sams Tod geführt haben könnte. *Mist.* »Ich fürchte, ja.«

»Da er auf dem letzten Rundgang war, nehme ich an, dass du am Empfänger gesessen hast. Hat er erwähnt, dass er etwas Ungewöhnliches gesehen hat, ehe er ... ehe die Explosion losging?«

»Das hat er tatsächlich. Als er das überprüfte, ging die Ladung los, also hat Stanski wahrscheinlich Recht.«

»Und was passiert jetzt?«

»Weil es einen Todesfall gab, wird die Akte solange offen bleiben, bis man zu einem Schluss gekommen ist.« Donovan fragte sich, wie lange das wohl dauern würde. Erst dann würde er den Schmerz über Sams Verlust verarbeiten können.

»Zumindest kannst du aufhören, dich schuldig zu fühlen. Sein Tod lag nicht an einem Fehlverhalten deinerseits.«

»Vielleicht nicht. Aber wenn einer an der Sprengladung herumgespielt hat und dabei eine Spur hinterlassen hat, die Sam gesehen hat, hätte ich sie vorher bemerken sollen.«

»Jetzt übertreibst du es aber mit den Schuldgefühlen, Donovan. Du warst schließlich nicht der Einzige vor Ort. Es hat ja auch kein anderer gemerkt, dass etwas nicht stimmte.«

Donovan überlegte, ob er ihr sagen sollte, dass er sich immer schuldig fühlte, aber vielleicht wusste sie das ja ohnehin.

Bei Meeresfrüchte-Ravioli lernte Kate alles über das Erstellen eines Explosionsplans. Sie hatten schon lange zu Ende gegessen, als Donovan endlich die Papiere beiseite schob. »Du lernst schneller als jeder andere, den ich als Lehrling hatte.«

»Vielleicht kommen ja Dinge aus meinem Unterbewusstsein zutage, weil ich als Kind immer schon viel mitgekriegt habe.« Kate rollte den Kopf, um die Nackenmuskeln zu lockern. »Dieser ganze Berg an Wissen – Explosionskontrolle, Sprengstoffarten und so – gibt es darüber irgendwo ein Buch?«

Donovan lehnte sich zurück. Das Licht spielte auf seinen Zügen und betonte seine Kanten. »Nein – viele der Techniken haben wir bei *PDI* erfunden, und es sind vertrauliche Informationen. Allerdings arbeite ich seit ein paar Jahren daran, eine Datenbank über die Sprengungen zu erstellen. Das wird nie die persönliche Erfahrung ersetzen, aber es hat mir eine Ausrede geliefert, unsere erfahrensten Sprengmeister nach ihren bedeutendsten Erlebnissen auszufragen.«

»Dann wird ein wenig von Sams Wissen also weiterleben.« Kate war froh darüber. »Und natürlich hast du all die tollen Videos von explodierenden Gebäuden.«

»Den Film über die Sprengung einer Brücke habe ich als Bildschirmschoner auf meinen Computer gespielt.«

Kate lachte. Typisch Donovan.

Ein behagliches Schweigen entstand. Dann kam die Spannung. Sexuelle Spannung, kein Zweifel.

Nach kurzer, verlegener Stille kündigte Donovan an: »Ich bin müde, ich werde zu Bett gehen.«

Bett. Ein schlichtes Wort, aber doch zugleich ein Synonym für Sex. Kate erinnerte sich noch sehr gut an die Nächte, an denen sie spät zu Bett gekommen war, und sein wundervoller Körper im Schlaf ausgestreckt unter der Decke gelegen hatte. Sie war dann neben ihn geglitten und hatte ihm einen Arm um die Taille geschlungen. Selbst im Schlaf hatte er sie dann an sich gezogen.

Manchmal war er auch aufgewacht, hatte sie auf die Schläfe geküsst und seine Hand zu ihren Brüsten wandern lassen. Oder sie hatte ihn langsam gestreichelt, um zu sehen, was sie vorfand. Damals hatten sie ihre Körper als gemeinsames Eigentum betrachtet. Selbst wenn Kate todmüde war, hatte sie gestaunt, wie schnell das Begehren kommen und alle Müdigkeit vertreiben konnte. Sex um Mitternacht war sanft und zärtlich und langsam, ein Bote schöner Träume.

Sie hatten so viel verloren. Fast panisch sprang Kate auf und strebte ihrem Zimmer zu. »Da wir ein paar Tage hier sein werden, werde ich mir selber ein Auto mieten. Es gibt keinen Grund, warum du mich durch die Gegend kutschieren solltest.«

»Du kannst zwar wegrennen, Kate«, bemerkte Donovan leise, »aber du kannst dich nicht verstecken.«

»Wollen wir wetten?« Kate schlug die Tür hinter sich zu. Sie schloss ab und lehnte sich dann zitternd dagegen.

Das Dumme war, dass er Recht hatte. Sosehr sie die Anziehung zwischen ihnen leugnen oder sie kontrollieren wollte, sie schaffte es nicht.

Du kannst wegrennen, Kate, aber du kannst dich nicht verstecken.

15. Kapitel

Es war fast zu kalt für die Hunde. Sie erledigten ihr Geschäft schnell und ohne zu prüfen, ob andere Hunde ihr Gebiet markiert hatten. Charles Hamilton ging eilig, genauso begierig der Kälte wieder zu entfliehen, wie Tort, der Golden Retriever, und Retort, ein Mischling.

Statt die Auffahrt hochzugehen, nahm er die Abkürzung über den mondhellen Rasen, wo das gefrorene Gras unter seinen Schuhen knirschte. So kalt der Winter auch war, er hatte wenig Schnee gebracht.

Als Charles zur Hintertür strebte, sah er einen Wagen in seine Einfahrt biegen und rasch auf das Haus zufahren. Wer konnte das zu dieser Stunde sein?

Das Mondlicht war hell genug, um Julia Corsis Mercedes zu erkennen. Sie hatte Licht und Motor ausgeschaltet, saß aber noch im Wagen wie ein dunkler Schatten.

Charles klopfte ans Fenster. »Julia?«

Sie stieg aus, das Gesicht blass. Ein langer Wollrock wippte anmutig um ihre Beine. Die Hunde begrüßten sie. »Ich wusste nicht, ob ich klingeln sollte oder nicht. Es ist schon spät.«

Er warf einen Blick auf ihre Jacke. Sie war viel zu dünn für das Wetter. »Nicht zu spät. Komm rein, ehe du noch erfrierst.« Er ergriff ihren Arm und führte sie zur Haustür.

Die Wärme des Hauses war wie ein Schock, wenngleich ein willkommener. Die eindrucksvolle Halle mit der geschwungenen Treppe vor einem Glasfenster war bei Bräuten beliebt, die einen großen Auftritt haben wollten. Charles' ältere Tochter Sandy hatte dort wundervoll ausgesehen. Er hoffte, dass eines Tages Rachel ebenfalls dort posieren würde, aber bisher sah es nicht danach aus. Ärzte hatten offenbar zu viel zu tun.

»Wie wäre es mit einem heißen Kakao? Das passt zu dem Wetter.«

Langsam zog Julia die Jacke aus und setzte den Hut ab. Hervor kam ein wunderschöner Pullover in Pfauenfarben. »Das klingt ... verlockend.«

Charles ging in die Küche und holte die Milch aus dem Kühlschrank. Julia setzte sich auf die antike Walnussbank und rieb sich die kalten Arme. »Du hast angefangen zu kochen!«

»Ohne Haushälterin würde ich verhungern, aber ein paar wichtige Grundregeln habe ich gelernt. Ich denke, ein Mann mit Jurastudium sollte es schaffen, Milch heiß zu machen, ohne sie anbrennen zu lassen.«

Das grelle Küchenlicht zeigte ihm die Falten in ihrem Gesicht und das Silber in den blonden Haaren, aber sie war noch immer eine schöne Frau. Oder wäre es, wenn sie nicht so erschöpft aussähe. Charles rechnete stumm, während er die Becher aus dem Schrank holte. »Gute Güte, Julia, weißt du eigentlich, dass wir uns seit über fünfzig Jahren kennen?«

»Ich weiß noch, wie wir uns kennen gelernt haben. Du hast mich an den Rattenschwänzen gezogen.«

»Irgendwie musste ich ja deine Aufmerksamkeit gewinnen.« Charles behielt die Milch im Auge. »Du warst mehr an den Puppen meiner Schwester interessiert als an mir.«

»Je älter ich werde, desto klarer wird mir, dass das Leben eine Anhäufung von Mustern und Kleinigkeiten ist. Wie sehr wir den Trost des Vertrauten brauchen. An dem Tag, als wir uns kennen lernten, hätte ich nie gedacht, dass wir ein Leben lang Freunde sein würden.«

»Die Vorstellung hätte dir damals vielleicht gar nicht gefallen. War das nicht der Grund, warum du später die Verlobung gelöst hast? Ich war dir *zu* vertraut.«

»Das war einer der Gründe.« Julia drehte ihren goldenen Ehering am Finger.

Hatte er sie je nervös gesehen? Charles konnte sich nicht erinnern. »Julia, du bist so angespannt. Hast du mal darüber nachgedacht, ob du nicht für eine Weile wegfahren solltest?«

Tort stupste Julias Knie an, und sie streichelte seinen Kopf. »Tom drängt mich, ihn zu besuchen, aber im Moment habe ich nicht die Energie dafür.«

Charles gefiel gar nicht, das zu hören, aber die Milch war jetzt heiß. Er nahm sie vom Herd und verrührte sie mit dem Kakaopulver. Dann goss er den Kakao in Tassen, würzte das Ganze mit Likör, Sahne und Haselnüssen, und reichte ihr einen Becher. »Hier, das vertreibt garantiert die Kälte.«

Julia nippte und leckte sich dann die Sahne von der Lippe wie eine Katze. »Ich bin beeindruckt.«

»Ich überlege, ob ich mich aus der Kanzlei zurückziehen und als Barkeeper anfangen sollte. Es ist Zeit für einen Wechsel.«

»Du machst Witze, oder?«

»Was den Barkeeper betrifft, ja, aber ich bin bereit für ein paar Veränderungen. Möglicherweise bekomme ich einen Posten im Verwaltungsgericht. Das könnte interessant sein. Weniger Geld, aber viel sinnvoller.«

»Gratuliere! Du wärest ein wunderbarer Richter.«

»Ich hoffe es. Je älter ich werde, desto mehr verstehe ich, wie wichtig das Gesetz für eine gesunde Gesellschaft ist.« Er führte sie in den großen, gemütlichen Wohnraum neben der Küche und dimmte das Licht. Dann machte er das Gasfeuer an. »Dieses Feuer knackt zwar nicht wie Holz, aber sein Vorteil ist, dass man es leicht anbekommt.«

Julia sank in das breite Sofa vor dem Kamin. In dem eleganten Rock und Pullover sah sie aus wie ein Model für das Leben im Landhausstil. Charles setzte sich neben sie und streckte die Beine aus, während der Februarwind eisig an den Fenstern rüttelte. Es war eine gute Nacht, um am Feuer zu sitzen. Die Hunde trotteten in die Küche und legten sich vor den Herd. Wie er waren auch sie nicht mehr ganz jung und genossen ein bisschen Bequemlichkeit.

Sie tranken schweigend, dann sagte Charles: »Dieses Frühjahr werde ich das Haus zum Verkauf anbieten.«

Julia sah ihn erschrocken an. »Charles, nein! Es ist doch so schön. So sehr du. Ich kann mir nicht vorstellen, dass du irgendwo anders wohnen könntest.«

»So sehr Barbara und ich, meinst du. Ich habe mir Zeit gelassen und nach ihrem Tod nichts überstürzt, aber es ist jetzt zwei Jahre her. Das Haus ist viel zu groß für einen alleine. Wenn ich nach Hause komme, ist La Donna schon weg. Ich sehe sie so selten, dass es mir vorkommt, als ob Elfen den Haushalt machen.«

Er trank aus und stellte den Becher ab. »Wenn die Mädchen noch hier wären, wäre es anders, aber Sandy lebt mit ihrer Familie in Chicago, und Rachel sehe ich kaum, obwohl sie nur eine Stunde entfernt wohnt. Die Hunde und ich laufen hier herum wie Falschgeld.«

»Du hast wahrscheinlich Recht.« Julia seufzte. »So

viele Veränderungen, Charles. Innerlich fühle ich mich nicht viel anders als mit zwanzig. Aber jetzt ist mein Leben zu Ende, auch wenn ich noch dreißig Jahre vor mir haben sollte.«

»Du trauerst jetzt, aber dein Leben ist nicht vorüber. Du warst immer eine aktive Frau mit endlosen Interessen und einem großen Freundeskreis.«

»Das nützt nichts!« Plötzlich schleuderte Julia ihren leeren Becher gegen den Kamin. Er zerschellte und fiel zu Boden. »Das sind alles Paare, wie bei Noahs Arche, während ich alleine bin. So *alleine*.«

Schockiert von ihrer Heftigkeit und Trauer legte Charles den Arm um sie. »Es wird besser werden, Julia, ich schwöre es.«

Ihre Finger gruben sich in seine Arme wie die einer Ertrinkenden. »Das sagt mir mein Verstand auch, aber nicht mein Herz.«

Charles strich ihr durch das Haar, als wäre sie eine seiner Töchter, als sie noch klein waren. Sie roch nach Haselnüssen. »Gib dir Zeit, Julia, und hab nie Hemmungen, deine Freunde um Hilfe zu bitten. Glaub mir, wir tun alle, was wir können.«

Als ihn damals ein Polizist über Barbaras Tod informiert hatte, war Charles so betäubt gewesen, dass der Mann ihn nicht hatte alleine lassen wollen und um die Telefonnummer eines Freundes gebeten hatte. Fünfzehn Minuten später hatte Julia neben ihm gesessen, eine Hand benutzt, um seine zu halten, und die andere, um die Familie zu informieren. Und jetzt musste sie mit ihrer eigenen Trauer fertig werden, und er konnte längst nicht so gut trösten wie sie.

Sacht drückte er seine Lippen auf ihre Schläfe, ein stummes Versprechen, dass er immer für sie da sein würde. Julia hob den Kopf und sah ihn an.

Charles wusste nicht, wer den ersten Schritt tat, aber ihre Lippen trafen sich. Ihr Mund war weich und entgegenkommend, nicht der einer alten Freundin. Für einen Moment schien die Zeit still zu stehen, und es funkte zwischen ihnen wie zwischen Mann und Frau. Dann zog er seinen Kopf zurück. »Tut mir Leid ... ich weiß nicht ... wie das passieren konnte.«

»Es ist passiert ... weil ich wollte, dass es passiert.« Mit zitternden Fingern berührte Julia seine Wange. »Schlaf mit mir, Charles, bitte.«

Er fragte sich, ob er sich verhört hatte. »Ich denke, das wäre dann doch etwas übereilt.«

»Das ist mir egal. Ich bin taub bis in die Knochen!« Julia lachte und bekam Schluckauf. »Es ist nicht nur so, dass ich Sam vermisse, obwohl ich das ganz schrecklich tue. Ein Teil ist sicher Angst, dass ich ... ich nie wieder echte Intimität erfahren werde, weil ich zu alt und vertrocknet und unattraktiv bin. Verbraucht und wertlos. Schockiert dich das? Weißt du, warum ich Sam geheiratet habe? Weil er mir das Gefühl gegeben hat, die aufregendste, begehrenswerteste Frau der Welt zu sein. Unsere Verlobung hingegen war eine leidenschaftslose Angelegenheit, etwas, wozu wir uns entschlossen hatten, weil wir einander mochten, nicht weil wir verrückt nacheinander waren.«

Charles Verstand bekam Risse. »Aber nur, weil du dich nicht zu mir hingezogen fühltest, Julia, nicht weil ich dich nicht begehrt hätte. Ich habe mich in dich verliebt, als ich sieben Jahre alt war. Ich habe nie aufgehört zu hoffen, dass du dasselbe für mich empfinden könntest, aber als wir uns dann schließlich verlobten, warst du eine Eisprinzessin und viel zu damenhaft für Leidenschaft.«

»Damals wusste ich nicht, was Leidenschaft ist.« Zögernd legte Julia ihm die Hand auf den Arm. »Ich habe ... seitdem viel dazugelernt.«

Ihre Bitte zu erfüllen, wäre ein Fehler, das wusste er. Aber zum Teufel mit der Vernunft. Charles vergrub die Finger in ihren blonden Haaren und senkte seinen Mund auf ihren, nicht um sie sanft wie ein Freund zu küssen, sondern fragend, erkundend. Sie schmeckte nach Haselnüssen, Kakao und Tränen. Ihre kühlen Hände schlangen sich um seinen Hals, aber ihr Mund war heiß vor Verlangen.

Auch er hatte viel gelernt, seit sie sich das letzte Mal geküsst hatten. Wie man Leidenschaft erweckt, wie man sie ausdrückt. Dennoch überraschte ihn ihr Entgegenkommen. Sie war verzweifelt entschlossen, sich zu verlieren, in Emotionen zu ertrinken, und wenn es nur für ein paar Sekunden war. Das war Julia, die die Patschhändchen seiner Töchter gehalten hatte, so wie er ihren Kindern das Segeln beigebracht hatte. Sie war die Freundin, die ihm in der stürmischen Frühzeit seiner Ehe mit manchem guten Rat weitergeholfen hatte, die in den Wochen nach Barbaras Tod für ihn da gewesen war.

Und sie war eine Frau, die er immer begehrt hatte. Barbara war das Licht seines Lebens gewesen, hatte verborgene Stellen in seiner Seele geweckt, von deren Existenz er gar nichts gewusst hatte, aber Julia hatte ihm trotzdem immer etwas bedeutet. Jetzt erwachte die Glut seines Begehrens zu hellen Flammen, so verwirrend, als wäre er zwanzig und nicht sechzig. Mit dem letzten Rest von Verstand sagte er heiser: »Das ist ein Fehler.«

»Das ist mir egal.« Ihre Hand strich seinen Körper entlang.

Sie kamen mit einer wilden Dringlichkeit zueinander. Die Leidenschaft bekam die Oberhand, und sie fühlten sich herrlich lebendig und vollkommen befriedigt, als sie alles vergaßen, was sie schmerzte.

Als sie einander hinterher keuchend in den Armen lagen, spürte Charles mehr Frieden denn je, seit er Barbara verloren hatte. Er zog eine Decke über sie beide. Julia wandte sich ab und presste ihren bloßen Rücken an seine Brust.

Sanft glättete er ihre verwirrten Haare, als er merkte, dass sie weinte. »Julia, was ist denn?«

Ohne ihn anzusehen, flüsterte sie: »Du hattest Recht, es war ein Fehler.«

»Nur, wenn du es so siehst. Wir sind beide schon lange erwachsen und gehören nicht zur Risikogruppe für schreckliche ansteckende Krankheiten. Und vor allem betrügen wir niemanden. Wir haben jedes Recht dazu, zusammen zu sein, wenn es das ist, was wir wollen.«

»Sam ist noch nicht einmal einen Monat tot!«

»Er hat dich geliebt, Julia. Er hätte dir den Trost nicht versagt, den ein Freund dir geben konnte.« Charles zögerte. »Als ich ihn das letzte Mal gesehen habe, hat er mir gesagt ... dass ich mich um dich kümmern soll.«

»So hat er das aber sicher nicht gemeint.« Julia erhob sich und ordnete ihre Kleider. »Es tut mir Leid, Charles, dass ich dich in meine Trauer hineingezogen habe. Das war nicht fair von mir.«

»Um Himmels willen, Julia, entschuldige dich doch nicht!«

Sie stieg über die Hunde und ging in die Küche, wobei sie das Tempo einer erstklassigen Tennisspielerin vorlegte.

»Und lauf nicht davon!« Charles lief ihr nach und

stolperte prompt über Retort. Bis er sich wieder gefangen hatte, fuhr ihr Mercedes bereits in Richtung Ruxton Road, wo er hinter den mondhellen Büschen verschwand.

Fluchend stand Charles in der Tür und sah ihr nach. Das Motorengeräusch ihres Wagens verklang in der Ferne. Seine Hände legten sich auf die Köpfe der Hunde, die ihm nachgegangen waren.

Julia hatte Recht, es war ein Fehler gewesen, miteinander zu schlafen. Davor war einer von ihnen traurig gewesen.

Jetzt waren sie es beide.

16. Kapitel

In Las Vegas, der Stadt, die nie schlief, konnte Kate sich um Mitternacht einen Mietwagen ordern, der nach dem Frühstück im Café um die Ecke für sie bereitstand. Sie hatte sich früh aus der Suite geschlichen, um Donovan aus dem Weg zu gehen.

Obwohl Kate vor acht am Ort des Geschehens war, war Donovan schon da. Als sie parkte, trat er aus dem Palace, in der einen Hand einen abgesägten Besenstiel, in der anderen eine Stange Dynamit. »Zeit für deine erste Stunde über Blitze, Kate. Wir werden eine Testsprengung durchführen.«

Kate setzte den Helm auf. »Ich bin bereit, wenn du es auch bist.«

Zusammen stiegen sie in das Untergeschoss und traten zu einer Säule. Daneben lagen ein großer Bohrer und Schutzkleidung inklusive Augenschutzbrille und Hörschutz.

»Hast du schon mal mit einem solchen Bohrer gearbeitet?«, fragte Donovan. »Die Dinger wiegen achtzig Pfund, deshalb lassen wir die Löcher immer von zwei Leuten bohren. Einer lenkt, der andere hält den Bohrer und drückt. Du musst das nicht oft machen, aber du musst wissen, wie es geht, wenn du der Boss bist.«

Löcher in Beton zu bohren, gehörte nicht zu Kates Kindheitsträumen über Sprengungen, aber das würde sie Donovan natürlich nicht sagen. Wenn sie den Job wirklich haben wollte, musste sie die Arbeit des kleinsten Arbeiters genauso beherrschen wie die des Sprengmeisters. »Diese Art Bohrer kenne ich noch nicht, aber ich habe schon mit kleineren Modellen gearbeitet. Ich werde schon klarkommen.«

Donovan vermittelte ihr in Kürze die Grundlagen der Technik, ehe sie beide Schutzkleidung anlegten. Dann hob er den Bohrer auf, als wäre er federleicht und bohrte ein erstes Loch unter lautem Gerattere in den Boden vor der Säule.

Als er fertig war, sagte er: »Ich halte hinten fest, du bohrst die Bohrungen. Es kann sein, dass du auf einen Stahlträger triffst, du wirst das merken, aber bohr weiter. Der Bohrer ist aus Karbid und schafft auch Stahl.«

Kate ergriff den Bohrer und ließ das verdammte Ding fast fallen. Achtzig Pfund war schwer! Falls ihre Unbeholfenheit Donovan amüsierte, zeigte er es dankbarerweise nicht.

Donovan half ihr, den Bohrer in Position zu bringen. Dann presste sie vorsichtig den Startknopf. Der Bohrer keilte aus wie ein Maulesel und veranstaltete genug Lärm, um Tote zu wecken, aber zu ihrer Freude konnte sie ihn halten.

Es brauchte Konzentration und Kraft, in die Säule zu bohren. Die Vibrationen zitterten durch ihre Hände, während Staub und Betonsplitter aus dem Loch stoben. Nach neun Zentimetern traf sie auf Stahl. Donovan hatte Recht, dass sie es merken würde, denn der Bohrer bockte und spuckte. Dennoch hielt sie ihn fest und machte weiter.

Stück für Stück bohrte sie sich in das Zentrum der Säule. Es schien ein dicker Stahlträger zu sein. Sie konnte nicht behaupten, dass sie diese eine Arbeit gerne tat, aber es vermittelte ihr eine grimmige Genugtuung, sich tiefer und tiefer in den Stein zu fressen.

Als sie schätzte, dass sie halb durch die Säule war, hörte sie auf und genoss die Stille.

Donovan half ihr, den Bohrer abzusetzen, ergriff seinen Besenstiel und schob ihn in das Loch. »Die Tiefe stimmt. Dann ist es soweit, dass du deine erste Sprengladung anbringst.« Er reichte ihr die Stange Dynamit.

Endlich durfte sie mit Sprengstoff spielen! Kate ergriff die Stange.

Donovan zog Lunte und Zünder aus der Tasche. »Mach ein Loch rein und setze den Zünder auf. Nimm immer Bronze dafür, nie Stahl, sonst gibt es Funken.«

Der Zünder bestand aus einem Zylinder mit zwei Drähten, einer grün, der andere rot. Kate wickelte die Drähte ab, setzte den Zünder auf und ließ die Drähte frei hängen.

Donovan zeigte ihr, wie man die Drähte um die Stange wand, ehe sie das Dynamit in das Bohrloch schob. So weit, so gut. »Legt man nicht üblicherweise einen Sandsack dazu, damit die Explosionswelle sich auf die Säule beschränkt und nicht das Loch heraussprengt?«

»Du hast ein gutes Gedächtnis.« Donovan zog ein Sandsäckchen hervor und warf es ihr zu. Sie legte es an die Stange Dynamit.

»Und jetzt?«

»Ehe wir zünden, umwickeln wir die Säule mit Draht und Stoff, damit der Schutt nicht in alle Richtungen fliegt.« Donovan fuhr mit der Hand über die Säule. »Der Draht hält die großen Stücke, der Stoff den Staub.«

Die Materialien lehnten schon an der Wand. Donovan hatte diese Stunde sehr gut vorbereitet. Zusammen wickelten sie die Säule ein. Donovans gewaltiger

Körper war nur Zentimeter von ihr entfernt, und sie konnte seine Wärme in der kühlen Morgenluft spüren. In seiner Arbeitskleidung sah er beunruhigend attraktiv aus. Kate trat beiseite, sobald sie konnte.

»Verbinde jetzt den Draht von der Stange mit dem Sprenggerät und führe es nach draußen«, ordnete Donovan an. »Wir treffen uns dort.«

Wie oft hatte ihr Vater das gemacht? Oder Donovan? Jetzt war sie dran.

Als sie den Draht nach draußen geführt hatte, wartete Donovan bei der Handzündung. »Das ist nur ein erster Test, aber das Prinzip ist dasselbe, als wenn man das ganze Haus zum Einsturz brächte.«

Kate kniete sich vor die Zündung, um die Drähte zu verbinden, aber Donovan hielt sie mit einer Handbewegung auf. »Das ist der letzte – der allerletzte – Schritt. Erst müssen wir uns vergewissern, dass das Gebiet menschenleer ist.«

Er löste sein Funkgerät vom Gürtel und drückte den Sendeknopf. »Bull, Donovan hier. Wir sind bereit für den Test. Bei euch alles klar?«

»Ich denke, ja«, antwortete Berrigans tiefe Stimme. »Aber gib mir ein paar Minuten, um mich zu vergewissern.«

Nachdem Berrigan kurz darauf bestätigte, dass alles in Ordnung war, sagte Donovan: »Gut, Scharfschütze. Verbinde die Drähte und schieß los, wenn du fertig bist.«

Kates Herz tat einen Satz. Es war vielleicht keine große Sprengung, aber es war ihre erste. Sorgsam schloss sie die Drähte an und zögerte dann, als sie die Knöpfe auf dem Gerät betrachtete.

»Wärme die Maschine an, indem du den grünen Knopf drückst«, erklärte Donovan. »Wenn das rote

Licht am ›Feuer‹-Knopf angeht, ist alles bereit. Dann beginnt der Countdown von zehn bis fünf. Da drückst du den zweiten Knopf. Beide müssen gedrückt sein, um die Explosion zu starten. Verstanden?«

Kate drückte den ersten Knopf. »Soll ich zählen?«

»Ja. Das muss sein, auch wenn es nur eine kleine Sprengung ist.«

Nachdem das rote Licht anging, begann Kate zu zählen. »Zehn, neun, acht ...«

Feuer! Aufgeregt drückte Kate den zweiten Knopf und stellte die elektrische Verbindung her. Über ihnen hallte ein Dröhnen durch das leere Gebäude, brachte Scheiben zum Klirren und trieb Staub in den klaren Wüstenhimmel. Kate stieß einen Triumphschrei aus. Sie hatte es geschafft. *Sie hatte es geschafft!*

»Großartig, Kate.«

Sie lachte, verlegen über ihre Aufregung. »Das ist ein sehr kindischer Trieb, nicht wahr? Wie bei einem Kleinkind, das seinen Bauklotzturm umschmeißt.«

Donovan grinste. »Keine Frage. So viel wir auch über Technik und Abriss philosophieren, tief in unserem Inneren machen wir es doch aus Vergnügen am Umstoßen.«

»Das ist der wahre Grund, warum die Arbeit für Frauen als ungeeignet angesehen wird, nicht wahr? Explosionen sind Männersache.«

»Ja, aber du bist jetzt im Klub zugelassen.«

Da war wieder die gefährliche Nähe zwischen ihnen. Kate wandte den Blick ab. »Zeit, sich das Ergebnis anzusehen.«

»Hier.« Er reichte ihr eine Staubmaske. Kate staunte nicht länger darüber, was er alles hervorzauberte.

Sie setzte die Maske auf und betrat das Gebäude, um ihre erste Explosion zu begutachten. Der Staub setzte sich bereits, als sie das Testgebiet erreichten, und Kate sah enttäuscht, dass die Säule noch stand. Der Zement fehlte, aber der Stahlträger war intakt. »Habe ich etwas falsch gemacht?«

Donovan studierte die Säule mit zusammengekniffenen Augen. »Nein, hier ist nur höllisch viel Stahl verwendet worden – viel mehr als üblich. Das wussten wir nicht, weil keine Baupläne existieren. Dafür sind die Tests da –, um herauszufinden, was passiert. Ich muss noch ein paar Löcher bohren lassen, um zu sehen, ob diese Bauart hier Standard ist. Dann nehmen wir einen zweiten Test vor. Ich denke, wir brauchen eineinhalb Stangen pro Säule.«

Wir. Was immer Donovan für persönliche Vorbehalte gegen ihre Arbeit bei *PDI* haben mochte, sie waren jetzt ein Team.

17. Kapitel

Die Aufregung über Kates erste Sprengung wurde von Büroarbeit abgelöst, als Donovan sie ans Telefon setzte. Doch Kate nahm es gelassen. Schon als Kind hatte sie gewusst, dass jeder große Knall Wochen und Monate der Vorbereitung brauchte.

Sie hatte gerade mit dem örtlichen Sprengmittelhandel gesprochen, als Hollywood an die Tür klopfte. Kate und Carmen waren alleine im Büro, und Carmen meldete aufgeregt: »Draußen fährt eine riesige Limousine vor. Glauben Sie, dass das Kenzie und Rainey sind?«

Kate sah von ihrer Liste auf. »Ich kann mir nicht vorstellen, dass Kinostars sich den Drehort ansehen, aber möglich wäre es schon. Wollen wir mal nachsehen?«

Carmen strebte zur Tür. »Wenn sie es sind, will ich vorgestellt werden.«

Sie traten rechtzeitig aus der Tür, um zu sehen, wie Rainey Marlowe, eine der schönsten Frauen Hollywoods wie ein Otter aus der Limousine glitt. Sie trug eine verspiegelte Sonnenbrille und einen taubenblauen Jogginganzug, der jeden Zentimeter ihrer perfekten Figur betonte, dazu ein Tuch von Isadora Duncan und Stiefel mit Pfennigabsätzen.

Kate dachte daran, wie sie sich das erste Mal gesehen hatten, als Rainey ein ängstliches Kind mit gehetztem Blick gewesen war. Die uneheliche Tochter einer berühmten Rocksängerin und deren unbekanntem Liebhaber war mit sechs zur Waise geworden, als ihre Mutter eine Überdosis genommen hatte. Clementine – nur Clementine, ohne Nachnamen – war in einem T-Shirt mit der Aufschrift *Lebe schnell, stirb jung und sei eine schöne Leiche* gefunden worden. Clementine hatte all dem Genüge getan und genoss ihre Zeit im Walhalla der toten Rockstars wahrscheinlich in dem Bewusstsein, dass sie zu einer Legende geworden war.

Aber wenn ein früher Tod auch die ideale Straße zum Ruhm war, war es etwas Schreckliches für ein kleines Mädchen. Kate erinnerte sich noch lebhaft an den Tag, als Rainey – damals noch unter dem Namen Rainbow, mit dem ihre Mutter sie bedacht hatte – in ihrer Schule erschienen war. Sie hatte benommen gewirkt, einmal, weil sie ihre Mutter verloren hatte, zum anderen, weil sie aus dem städtischen Los Angeles in das verschlafene Maryland zu ihren Großeltern gekommen war. Die älteren Marlowes hatten Clementines Leben nie gutgeheißen, aber sie waren bereit, ihre Pflicht an deren Tochter zu erfüllen.

Kate, sicher geborgen in einer intakten Familie, hatte voller Mitleid beschlossen, das Mädchen zu ihrer Freundin zu machen. Sie war es gewesen, die begonnen hatte, sie Rainey zu nennen, und der Name war hängen geblieben.

Von den fünf Mädchen, die sich ›Freundeszirkel‹ getauft hatten, war Rainey die Auffallendste gewesen. Sie wuchs zu einem grazilen Mädchen mit aprikosenfarbenem Haar und einem wilden Temperament heran. Mitten während ihres ersten Semesters am Goucher College war sie nach Kalifornien gegangen, ohne auch nur einen Blick zurück zu werfen. Wie Kate kam auch sie nach ihrer Flucht nie mehr wieder. Ihre Großeltern waren empört und wollten nichts mehr mit ihr zu tun haben, gerade so wie vorher mit Clementine.

Rainey hatte sich in die Welt des Films gestürzt, immer wieder vorgesprochen und sogar Kurse besucht. Von Anfang an hatte sie kleine Erfolge erzielt und damit den Grundstein für den ›Erfolg über Nacht‹ gelegt, als sie Ende zwanzig war.

All die Jahre hatte Rainey die Verbindung zu ihren alten Freundinnen aufrechterhalten. Da Kate an der Westküste gewohnt hatte, hatte sie Rainey am meisten gesehen. Beinahe jedes Jahr verbrachten sie ein langes Wochenende gemeinsam an irgendeinem interessanten Ort. Das letzte Mal waren sie vor über drei Jahren in Carmel gewesen, kurz bevor Rainey Kenzie Scott kennen gelernt hatte. Seitdem hatte Rainey keine Zeit mehr für ein Wochenende mit den Freundinnen gehabt.

Obwohl sie gelegentlich miteinander telefoniert hatten, waren die Gespräche nie sehr tief gegangen. Raineys Leben war beruflich wie privat großartig, und wie ging es Kate? Nach den Anrufen war Kate jedes Mal verstört gewesen. Sicher, obwohl das Leben beim Film sicher schillernd war, war es auch anstrengend, und unter ihrer zähen Oberfläche war Rainey sehr verletzlich. Doch sie hatten die Privatsphäre des anderen immer respektiert, sodass Kate ihre Freundin nicht drängen mochte, mehr preiszugeben, als sie bereit war.

Als Rainey aus der Limousine stieg, traf sich ihr Blick mit Kates. »Da bist du ja!« Sie kam auf Kate zu, um sie zu umarmen.

Kate erwiderte die Umarmung. Jahrelang hatte sie sich gefragt, ob einmal der Tag kommen würde, an dem Rainey an sie als eine entfernte und nicht besonders interessante Bekanntschaft aus ihrer Jugend denken würde, doch bisher war das nicht passiert. »Verdammt, Rainey, du siehst genauso aus, wie man sich einen Filmstar vorstellt. Wie hast du mich gefunden?«

»Wir waren am Drehort, und ich habe dort vom Tod deines Vaters erfahren. Es tut mir so Leid, Kate, er war der Größte. Aber wenigstens ist er mit Stil gegangen.«

»Das stimmt. Ich hätte nur gewünscht, dass er das erst in dreißig Jahren gemacht hätte.«

»Der Zeitpunkt, ein Elternteil zu verlieren, ist immer zu früh.« Rainey setzte ihre Sonnenbrille ab und enthüllte blau-graue Augen, die viel älter wirkten als ihr makellos zurechtgemachtes Gesicht verriet. »Wie auch immer, als ich in deinem Büro anrief, um dir zu kondolieren, habe ich erfahren, dass du für ein Jahr im Familienunternehmen mitarbeitest. Da ich wusste, dass *PDI* hier sprengt, wo wir drehen, bin ich auf Verdacht mal vorbeigefahren. Ich freue mich, dass du endlich doch noch ins Geschäft einsteigen konntest.«

»Und ob ich konnte. Soll ich dir meinen Helm zeigen?«

Ihre Freundin lachte. »Ich habe ein Foto von dir, wie du in der zweiten Klasse einen trägst. Sogar da stand er dir schon.« Zwei Männer stiegen jetzt nach ihr aus der Limousine und betrachteten die Szene. Rainey winkte den Größeren zu sich. »Du hast meinen Mann nie kennen gelernt, oder? Kate, Kenzie Scott. Kenzie, das ist Kate Corsi, meine älteste Freundin.«

Es heißt, dass Schauspieler in der Realität nie so gut aussehen wie auf der Leinwand, aber nicht Kenzie Scott. Er war riesig – groß und breitschultrig und wundervoll athletisch, und seine Ausstrahlung und die grünen Augen waren umwerfend. Kate blieb fast der Mund offen stehen.

»Mir scheint sie nicht alt zu sein«, bemerkte Kenzie

mit tiefer Stimme. »Ganz im Gegenteil.« Obwohl er für seine Rollen perfekt amerikanisch sprechen konnte, war sein tatsächlicher Dialekt britisch.

Kate reichte ihm die Hand und errötete heftig, als er sie zu einem Kuss an die Lippen zog. Sie hatte Kenzie Scott auf der Leinwand gesehen, wo er die Heldenausstrahlung von Harrison Ford mit dem weltmännischen Charme Cary Grants verband. Und jetzt stand er vor ihr und küsste ihr die Hand. »Ich habe leichte Denkhemmungen. Ich dachte immer, Sie wären drei Meter groß.«

Die sonnengebräunte Haut um seine Augen legte sich in Fältchen, als er lächelte. »Das ist ein weit verbreiteter Irrtum. Aber hier stehe ich in meiner demütigen echten Größe vor Ihnen.«

Kate entdeckte Carmen, die durch die Tür spähte. »Ich möchte euch gerne Carmen Velasquez vorstellen, die die Macht hinter dem Thron der Gesellschaft ist, die für das alte Palace ein neues Hotel baut. Carmen, das sind Rainey Marlowe und Kenzie Scott.«

Carmen trat mit weit aufgerissenen Augen vor. Als Kenzie und Rainey sie begrüßten, rief der zweite Mann, in dem Kate Hank Hawkins, den Direktor der Filmgesellschaft erkannte: »Heh, Kenzie komm mal her.«

Kenzie entschuldigte sich und trat zu dem Direktor, und Carmen wandte sich schüchtern an Rainey: »Ich liebe Ihre Filme, Miss Marlowe, jeden Einzelnen von ihnen.«

Reiney lachte. »Sogar den Ersten, *Biker Babes from Hell*?«

»Besonders den Ersten. Er hat mir nicht nur den Mut gegeben, meinen Taugenichts von erstem Ehemann fallen zu lassen, sondern ich bin außerdem losgegangen und habe mir ein Motorrad gekauft. Was dazu geführt hat, dass ich meinen jetzigen Mann kennen gelernt habe. Sie glauben nicht, wie mein Motorrad ihn angemacht hat.«

»Ich glaube es«, erklärte Kate und dachte an das Motorrad, das Donovan zu Anfang ihrer Beziehung gehabt hatte. »Motorräder sind sexy.«

»Ich bin froh, dass der Film etwas Gutes bewirkt hat«, bemerkte Rainey. »Denn schon, als ich ihn machte, wusste ich, dass ich mich einmal dafür schämen würde.«

»Wenn Steve McQueen sich für *The Blob* nicht zu schade war, haben Sie keinen Grund, sich für *Biker Babes from Hell* zu schämen«, erklärte Carmen. »Aber entschuldigen Sie die Unterbrechung, ich weiß, dass Sie sich unterhalten wollen. Es war ein Vergnügen, Sie kennen zu lernen, Miss Marlowe.«

»Nennen Sie mich doch Rainey. Wir werden uns in den nächsten Tagen sicher noch öfter sehen, Mrs Velasquez.« Nach einem warmen Lächeln und einem Händedruck wandte Rainey sich wieder an Kate. »Lass uns einen Blick auf das Haus werfen, das du in die Luft jagen wirst.«

»Technisch gesehen jagen wir nichts in die Luft. Wir werden es in sich zusammenfallen lassen.« Gemeinsam schlenderten sie auf das Palace zu, dessen viele Fenster in der Mittagssonne wie ein Gewächshaus glitzerten. Kate ging auf, wie wenig Rainey immer von ihrem Mann gesprochen hatte, und sie fragte: »Wie ist es, wenn man mit einer Art Ikone verheiratet ist?«

»Der Ikonen-Ruf geht ziemlich schnell flöten, wenn seine Hoheit immer die Zahnpastatube offen lässt.«

Vom Tag der überstürzten Eheschließung an hatten die Illustrierten ein baldiges Scheitern der Ehe von

Rainey und Kenzie vorausgesagt. Kate hatte diese Voraussagen immer für die üblichen Gerüchte gehalten, aber vielleicht war doch etwas Wahres daran. »Das muss so sein.«

Als Rainey Kates Gesicht sah, ergänzte sie: »Das Überraschende an Kenzie ist, dass er unter dem umwerfenden Äußeren ein wirklich netter Kerl ist. Und ein verdammt guter Schauspieler.«

»Dann passt ihr ja bestens zusammen, denn du bist eine verdammt gute Schauspielerin«, versicherte Kate. »Wie du das sterbende Mädchen in *Home Free* gespielt hast, hat Eimer voller Tränen im Kino ausgelöst.«

»Eine gute Rolle. Es macht immer Spaß, eine Sterbeszene zu spielen.«

»Das dachte man sicher auch, als du für den Oscar nominiert wurdest. Du hättest ihn kriegen sollen.«

»Ja«, grinste Rainey. »Aber wenigstens hat mich die Nominierung auf die A-Liste von Hollywood gebracht, also war es gut.« Dann wechselte sie das Thema und fragte: »Gibt es was Neues aus unserer alten Gang?«

»Nun, Laurel ist zur Art-Direktorin befördert worden«, begann Kate. »Und Val schwört, dass sie von Jura die Nase voll hat und Hamburger grillen will, wenn sie nur so zu einem Berufswechsel käme.«

»Das sagt Val immer.«

Sie blieben vor dem Casino stehen. Rainey schirmte die Augen gegen die Sonne ab und betrachtete das Gebäude. »Wenn man von den Geräten und den Bauarbeitern absieht, sieht das Haus eigentlich aus wie immer. Ich dachte, *PDI* muss das Innere und die Fenster demontieren, ehe sie das Haus einreißen können.«

»Nur da, wo gesprengt wird. Die Crew hatte den Befehl, die Fenster heil zu lassen, falls wirklich hier gedreht wird. Apropos, was ist es denn für ein Film?«

»*Lethal Force* ist der typische männliche Thriller. Kenzie nimmt es mit einer Gruppe Terroristen auf, die er natürlich im Triumph besiegt. Der Höhepunkt ist, wie er in einem Panzer das Hotel verlässt, ehe es in die Luft fliegt.«

»Ein Panzer.« Kate blinzelte. »In einem Hotel?«

»Die Terroristen haben eine Versammlung und zeigen den Panzer bei einer Ausstellung. Denk nur nicht zu viel darüber nach – du bekommst davon nur Kopfschmerzen. Da das Hotel voller böser Buben ist, spielt die Anzahl der Opfer keine Rolle. Ich bin *das Mädchen* und eine Art Trophäe für Kenzies übermenschlichen Heroismus.«

»Klingt nicht so, als wenn dir das viel Spaß machte.«

»Tatsächlich ist das Drehbuch gar nicht soo schlecht.« Rainey setzte ihre Sonnenbrille wieder auf. »Kenzie und ich wollten mal wieder einen Film zusammen drehen, und der hier schien nicht schlecht zu sein. Ich habe Hank dazu überredet, meiner Rolle ein bisschen Intellekt zu verleihen und mir mehr zu tun zu geben. Ein- oder zweimal rette ich Kenzie. Der Streifen wird nie unter Qualität abgelegt werden, aber er wird ein paar Leuten viel Spaß machen.«

»Unterhaltung ist nichts Verächtliches. Aber wie schaffst du es, so ein Leben zu führen? Du scheinst mir ein wenig erschöpft zu sein.« Mehr als ein wenig, um bei der Wahrheit zu bleiben.

»Es gibt immer wieder neue Herausforderungen, Kate. Es ist ein seltsames Leben für jemanden, der so introvertiert ist wie ich.«

»Du klingst nicht besonders glücklich«, stellte Kate ruhig fest.

»Glück? Wer erwartet schon Glück?« Rainey warf ihrem Mann einen Blick zu, der aufmerksam dem gestenreich redenden Hank Hawkins zuhörte. »Zumindest ist mein Leben interessant.«

Sie schwiegen beide, ehe es aus Rainey herausbrach: »Manchmal, Kate, möchte ich einfach vom Karussell abspringen. Wegrennen auf eine einsame Insel, wo ich mit Kenzie Tiere und Babys großziehen kann.«

»Das könntest du, wenn du wolltest. Zusammen müsstet ihr genug Geld für mehrere Leben im Müßiggang haben.«

»Ich könnte den Film nie aufgeben. Dadurch existiere ich.« Rainey betrachtete ihren Mann ausdruckslos. »Außerdem würde Kenzie nie mitgehen. Aber ich würde gerne essen, wozu ich Lust habe, und nie wieder dieses verdammte Make-up tragen müssen.«

»Es gibt noch andere Jobs in Hollywood außer der Schauspielerei.«

»Interessant, dass du das sagst. Mein geheimer Wunsch ist es, Regie zu führen. Fett und gemein zu werden und mir einen Kick daraus zu holen, arglose Schauspieler zu terrorisieren.«

»Du wirst nie fett werden, und ich bezweifele sehr, dass es dir Spaß machen würde, Schwächere zu terrorisieren. Du hattest es immer eher auf die Reichen und Mächtigen abgesehen.«

»Da hast du Recht«, gab Rainey zu. »Aber trotzdem möchte ich Regie führen. Nur da kann man die Geschichte erzählen, die man wirklich erzählen will. Etwas ausdrücken, statt nur das Werkzeug zu sein, mit dem sich jemand anderer ausdrückt.«

»Heutzutage kann doch auch eine Frau in Hollywood Regie führen.«

»Ja, aber es ist noch immer verdammt schwierig.«

Als sie sich dem Palace näherten, sah Donovan, der gerade etwas mit seinen Männern besprach, sie herankommen. Er entschuldigte sich und kam pantergleich auf sie zu. Rainey stieß einen leisen Pfiff aus. »Wer ist denn der gut aussehende Mann mit Helm?«

»Mein Ex-Mann und gegenwärtiger Boss, der unbeschreibliche Donovan.«

»Gute Güte, er ist ja genauso umwerfend wie Kenzie.« Rainey sah Kate an. »Die einzige Gelegenheit, zu der ich beinahe meinen Schwur gebrochen hätte, nie mehr nach Maryland zurückzugehen, war deine Hochzeit. Wenn ich nicht mitten in den Dreharbeiten für meinen ersten Film gewesen wäre, wäre ich gekommen.«

»Macht nichts. Die erste Ehe hat nicht geklappt, vielleicht wirst du irgendwann eine Einladung zur zweiten Hochzeit bekommen.«

»Ich werde da sein, das verspreche ich«, beteuerte Rainey. »Wie ist es für dich, für deinen Ex-Mann zu arbeiten? Du hast nie viel darüber gesagt, warum du ihn verlassen hast. Ist das so lange her, dass es dir nichts mehr ausmacht?«

»Es ist schlimmer, als nur für ihn zu arbeiten – wir wohnen auch zusammen.« Kate schilderte der ungläubigen Rainey die Einzelheiten von Sams Testament.

»Aber das ist teuflisch! Wie schaffst du das?«

Kate fragte sich, was sie darauf antworten sollte. »Bisher ganz gut. Aber ich arbeite erst seit ein paar Tagen für ihn.«

»Dann erzähl mir mal, wie ihr das Haus einreißen wollt. Als Kind warst du immer typisch amerikanisch. Wer hätte gedacht, dass du im Herzen eine Terroristin bist?«

»Keine Terroristin.« Kate zögerte. »Zerstörung ist ein wichtiger Bestandteil des Lebenskreislaufes. Shiva, die Zerstörerin, Göttin der Erholung. Der Phönix, der in den Flammen umkommt, um sich aus der Asche neu zu erheben. Das Todgeweihte, das weggefegt wird, um Platz für das Leben zu machen.«

Rainey nickte, und dann hatte Donovan sie erreicht. »Hast du einen Termin für die Lieferung des Sprengstoffs festgesetzt, Kate?«, fragte er.

»Übermorgen. Ab acht werden die Wachen aufgestellt. Mr Kimmel war gerade auf dem Weg zu einer Lieferung, und er will die Übungsmunition innerhalb der nächsten Stunde hier abliefern.«

»Gut.« Zufrieden wandte Donovan sich jetzt an Rainey. »Ich freue mich, dass Ihre Rolle Kate und Ihnen die Gelegenheit zu einem Wiedersehen gibt, Mrs Marlowe.«

»Ich mich auch.« Rainey sah ihn an. »Sie wissen also, wer ich bin. Und Sie sind sicher der Hurensohn, der Kate das Herz gebrochen hat.«

»Rainey!«, rief Kate. »Benimm dich!«

Ohne auf sie zu achten, sagte Donovan. »Möglich, dass ich das getan habe. Aber es war bestimmt das Letzte auf der Welt, was ich wollte.«

»Das bedeutet gar nichts«, erwiderte Rainey, und ihre Stimme versprühte förmlich Eissplitter. »Der Weg zur Hölle ist mit guten Vorsätzen gepflastert.«

»Glauben Sie mir, das weiß ich sehr gut. Hat Kate Ihnen je erzählt, warum sie mich verlassen hat?«

»Nein, sie ist zu vornehm und zu loyal, um andere mit Dreck zu bewerfen, egal, wie sehr sie es verdient hätten.«

Jetzt mischte Kate sich ein. »Würdet ihr zwei bitte aufhören, euch über mich zu unterhalten, als wäre ich nicht da?«

Die Atmosphäre entspannte sich, und Donovan sagte

ernst: »Keine Frage, ich bin der Schurke im Stück. Auspeitschung um neun, Drehbeginn um elf.«

»Bringen Sie mich nicht zum Lachen«, erwiderte Rainey. »Es ist schwer, dann ein wütendes Gesicht zu behalten.«

»Ich kenne eine Reihe guter Glühbirnenwitze, würde das helfen?«

Rainey musste lachen und warf Kate einen Blick zu. »Ich hätte wissen müssen, dass du einen guten Grund hattest, ihn zu heiraten.«

»Wenn ihr zwei jetzt fertig seid«, erwiderte Kate kühl, »können wir dann bitte jetzt über etwas anderes reden? Zum Beispiel über das Wetter?«

Hinter ihr erklang eine tiefe Stimme. »Das Wetter ist immer ein passendes Thema, Miss Corsi. Viel netter als alte Gefühle. Darf ich Sie zur Ehrenengländerin ernennen, da Sie so viel Sinn für vornehme Zurückhaltung haben?«

Erleichtert drehte Kate sich zu Kenzie Scott um. »Amerikaner sind auch gut auf dem Gebiet, Mr Scott. In bedeutungslosem Smalltalk habe ich überall Einsen gehabt.«

»Eine Frau ganz nach meinem Herzen.«

Sein Blick wanderte zu Donovan, ehe er Rainey mit einer eindeutig besitzergreifenden Geste die Hand um die Taille legte. Kate vermutete, dass ein Mann, der mit einer der schönsten und begehrtesten Frauen der Welt verheiratet war, in solchen Gesten viel Übung hatte.

Als die beiden Männer einander die Hand gaben, maßen sie sich mit Blicken. Das Urteil musste gut ausgefallen sein, denn Kenzie lächelte Donovan plötzlich an. »Mich hat die Arbeit Ihrer Firma fasziniert, seit ich einmal einen Film gesehen habe, wo das große Hotel in

Miami Beach eingerissen wurde. Quasi Wagnerianisch. Ich habe mir immer wieder vorgestellt, wie das Gebäude in Zeitlupe zusammensinkt, während dazu die Walküren jammern.«

»Wenn Sie Interesse daran haben, kann ich Ihnen verschiedene Videos zeigen. Nicht nur Häuser, sondern auch Brücken oder alte Ölplattformen werden da eingerissen. Ich schicke Ihnen gerne eine Kopie zu.«

»Danke, das wäre sehr nett.«

»Ich habe gehört, dass Hawkins einen Panzer aus dem Hotel rasen lassen will?«

»Ja, dafür brauchte er ein Haus mit Glasfassade. Stellen Sie sich nur die wundervollen Scherben vor. Sehr befriedigend auf dem internationalen Markt, weil man Bumm, Klirr, Peng nicht übersetzen muss. Die Leute von den Spezialeffekten können schon viel machen, aber Hank will, dass der Panzer eine Glaswand durchbricht. Wir filmen so, dass man sonst nichts davon sieht.« Kenzie sah Rainey an. »Ich glaube, ich habe Hank überreden können, mir einen Kindheitstraum zu erfüllen, indem ich den Panzer selber fahre.«

»Kann ich mitkommen? Es ist nicht sehr wahrscheinlich, dass hochversicherte Superstars in einem Panzer zu Schaden kommen.«

Kate war erleichtert. So ein Gespräch war viel sicherer als eines über sie und ihre Ehe und interessanter als eins über das Wetter. Als das Gespräch sich dem Film zuwandte, hielt Kate sich zurück und hörte lieber zu.

Kenzie war ein spannendes Puzzle. Trotz seines Charmes umgab er sich mit einer emotionalen Rüstung, die es einem schwer machte, den wahren Mann unter der eleganten Fassade zu erkennen. Vielleicht war das unverzichtbar für jemanden, der in jedem

Land der Erde erkannt wurde. Kein Wunder, dass Stars oft untereinander heirateten – beide verstanden den Druck.

Kate hoffte um Raineys willen sehr, dass Kenzie bei seiner Frau die Rüstung ablegen könnte. Was wäre das sonst für eine Ehe? In den Anfängen ihrer Ehe, als alles zwischen ihnen noch in Ordnung war, hatten Kate und Donovan alles geteilt. Erst am Ende hatte sie eine Mauer gegen ihren Mann errichtet.

Und als sie einmal angefangen hatte, sich zurückzuziehen, hatte sie nicht mehr gewusst, wie sie damit aufhören sollte.

18. Kapitel

Der Besuch von Rainey und ihrem Mann war nur von kurzer Dauer, quasi ein kurzer Zwischenstopp auf dem Weg in ihr Hotel in Las Vegas. Mit einem Winken und der festen Absicht, sich bald wieder zu treffen, fuhren sie davon.

Donovan drehte sich um und warf einen bedeutungsvollen Blick über den Platz. Verlegen wandten die Arbeiter, die innegehalten hatten, um einen Blick auf die Stars zu werfen, sich ab und machten weiter. »Nachdem deine Freunde wieder weg sind, können wir jetzt die zweite Übungssprengung in Angriff nehmen«, erklärte er Kate.

Kate holte ihren Helm und das Dynamit, das gerade abgegeben worden war – wie typisch, dass Donovan die Ankunft der Lieferung bemerkt hatte, auch wenn er gerade im Gespräch mit zwei Kinostars gewesen war – und sie machten sich auf den Weg in die oberste Etage. Der Empfänger knisterte, als Berrigans Vormann sich meldete. »Donovan, können Sie gerade in die erste Etage kommen? Hier gibt es eine Frage.«

»Ich komme gleich«, erwiderte Donovan über Funk. »Fang du schon an, die Sprengladung anzubringen. Bulls Männer sollten ein Loch in die Säule am Fahrstuhlschacht bohren. In ein paar Minuten bin ich da.«

Kate, die das Dynamit und die Zünder trug, salutierte scherzhaft. »Aye, aye, Sir.«

Pfeifend stieg sie in die elfte Etage hoch. Sie hatte ihre erste Sprengung gemacht, eine alte Freundin wiedergetroffen, war dem erotischsten Mann der Welt begegnet und hatte das Vertrauen nun erlangt, einen zweiten Test zu machen. Heute eine Säule, morgen einen Wolkenkratzer!

Insgeheim hoffte Kate nur, dass sie nie jemandem erklären müsste, warum die Arbeit von *PDI* ihr solche Freude machte. Ihre Freude am Zerstören war sicher ein Zeichen für einen schlechten Charakter.

Auf der Etage war es ruhig. Die Sonne fiel durch die Scheiben und brachte den Boden zum Glänzen. Staubflocken tanzten im Licht. Schon bald hatte Kate die richtige Säule gefunden, gleich neben einem leeren Schacht, in dem früher der Fahrstuhl gewesen war. Eine dünne gelbe Sicherheitsleine kennzeichnete den Schacht. Kate warf einen Blick über den Rand in zehn Stockwerke Tiefe. Das harte Brummen eines Generators drang von unten herauf.

Kate trat vom Schacht zurück und bereitete sorgfältig ihre Sprengung vor. Loch in das Dynamit bohren, Zünder aufsetzen, Draht glätten und um das Dynamit herumführen, dann in das Bohrloch stecken.

Dann war auch schon Schluss mit der Routine. Statt zum Stillstand zu kommen, verschwanden die Drähte in dem Bohrloch. Erst im letzten Moment erkannte Kate, dass etwas nicht stimmte. Fluchend erwischte sie die Drähte gerade noch, ehe sie verschwanden. Anscheinend war das Loch ganz durch die Säule durchgebohrt worden.

Sei dir nie sicher. Sie hatte vorausgesetzt, dass das Loch die richtige Tiefe hätte, und sie hatte sich geirrt. Donovan wäre das nicht passiert.

Kate zog an den Drähten, aber nichts rührte sich.

Das Dynamit musste auf der Rückseite hängen, direkt über dem Fahrstuhlschacht. Wenn sie zu fest zog, konnten die Drähte brechen und das Dynamit in den Schacht fallen.

Wieder fluchte Kate und begriff langsam, warum Sprengarbeiter für ihre derbe Ausdrucksweise bekannt waren. Wahrscheinlich war das Dynamit stabil genug, um den Sturz ohne Zündung zu überstehen, aber sie konnte niemandens Leben dafür verwetten.

Aber selbst, wenn keine Gefahr bestünde, würde sie sich zum Narren machen. Jeder hier wüsste sofort, dass Kate Corsi eine Stange Dynamit in einen Fahrstuhlschacht hätte fallen lassen. Sie musste das Dynamit zurückholen und die Sache erledigen, ehe jemand kam.

Als Erstes musste sie die Drähte sichern, damit sie sie loslassen konnte. Sie drehte sie um die Bronzekappe und sicherte sie so mit einer Art kleinem Anker.

Dann beugte sie sich vorsichtig über den Fahrstuhlschacht. Das Dynamit baumelte unter dem Bohrloch, nur von den dünnen Drähten gehalten. Von der Rückseite der Säule aus könnte sie es problemlos entfernen.

Während Kate versuchte, für ihre linke Hand einen festen Halt an der Säule zu finden, war sie sich des gähnenden Abgrunds zu ihren Füßen sehr bewusst, auch wenn sie nicht an Höhenangst litt. Sie wünschte, der Schacht wäre rechteckig statt zylindrisch. Sie trat an den Rand und griff mit dem rechten Arm um die Säule herum. Das ging leicht.

Nur, dass der solide aussehende Rand unter ihren Füßen zu bröckeln begann, sodass ihr linkes Bein langsam einsackte. »Was ...?«

Als sie aufschrie, fiel ihr Körper nach vorne, durchriss die dünne Sicherheitsleine, und für einen schrecklichen Moment fiel sie unkontrolliert nach unten. Kate ruderte wild und erwischte die Stelle, an der die Säule in den Boden überging.

Ehe sie noch schreien konnte, wurde sie herumgeschwungen, schlug mit dem Kopf gegen den Beton und hatte plötzlich das Gefühl, ihr linker Arm und das Bein würden aus den Gelenken gerissen. Benommen erkannte sie, dass der bröselnde Zement ein Loch hatte entstehen lassen. Zum Glück hatte das Loch sie aber auch gerettet, weil ihr Bein sich darin verfangen hatte.

Knietief in dem Loch steckend trug Kates Bein den Großteil ihres Gewichts. Zum Glück hatte ihr Helm sie vor größeren Schäden bewahrt. Und wenn auch ihre jetzige Lage mit dem Kopf nach unten nicht berauschend war, war es aber immer noch besser, als zerschmettert zehn Etagen tiefer zu landen.

Kate holte tief Luft und dachte nach. Sollte sie um Hilfe rufen? Aber bei dem Lärm des Generators würde sie ohnehin niemand hören. Vielleicht spähte jemand zufällig im Schacht nach oben, doch auch das war nicht sehr wahrscheinlich. Auf Donovan konnte sie ebenfalls nicht zählen, der war vielleicht für Stunden unten beschäftigt.

Ob ihr Bein so fest saß, dass sie auch dann nicht abstürzte, wenn ihre Hand wegrutschte und sie wie eine Fledermaus mit dem Kopf nach unten über dem Schacht hinge? Nein, die Beanspruchung des Knies war zu stark. Schon bald würde das Bein zu taub sein, um die Spannung zu halten, die sie hielt. Wenn das geschah, würde ihr Gewicht sie nach unten reißen, denn auch die Hand alleine gab ihr nicht genug Halt.

Kate hoffte, dass sie stark und geschickt genug war,

um sich wieder auf den Boden hochzuziehen, denn das war ihre einzige Chance. Vielleicht fand sie an der Säule ja einen Halt für ihre freie Hand. Kate fuhr mit der Hand über die raue Oberfläche. Ah, da war ein Vorsprung über ihrer linken Schulter.

Kate stützte die Hand darauf und verlagerte vorsichtig etwas von ihrem Gewicht. Es schien sicher zu sein, also begann sie, sich daran hochzuziehen, während sie gleichzeitig mit der anderen Hand nach einem neuen Halt suchte. Verdammt, sie hätte den Gymnastikkurs machen sollen und nicht Softball – hierfür brauchte man einiges an Bauchmuskeln.

Langsam hob Kate den Oberkörper so weit, bis ihr rechter Arm gerade war, aber sie fand keinen Halt für ihre linke Hand. Ihr ganzer Körper zitterte vor Anstrengung. Mit wachsender Panik wurde Kate klar, dass sie in Lebensgefahr war.

»Kate!« Donovans Stimme hallte von den Glaswänden wider.

Im nächsten Moment kniete er über ihr. Er umschlang mit dem linken Arm die Säule, mit dem rechten ihre Taille, und dann zog er sie hoch. Kate flog durch die Luft und landete auf ihm, als ihr Bein freikam und der Helm davonflog. Sie rollten sich vom Schacht weg, und Donovan lag nun über ihr.

Nahe der Hysterie wurde Kates Erleichterung von einer Panikattacke abgelöst. Er berührte sie. Hielt sie fest.

»Himmel, Kate! Wie konntest du nur etwas so Dummes machen?«

Kates Angst verband sich mit einer alten, tief sitzenden Furcht. Sie schob Donovan von sich und griff sich ein gezacktes Stück Beton. »Bleib mir vom Leibe!«

Donovan setzte sich auf, während Kate ihre improvisierte Waffe hob, bereit, jeden Moment zuzuschlagen. Donovan starrte sie an. »Willst du mir den Schädel einschlagen, Kate?«

Kate ließ den Beton fallen und schlang die Arme um den Leib. Ihr wurde beinahe übel. »Oh, Himmel, es tut mir Leid, Patrick. Du rettest mir das Leben, und ich reagiere, als wärest du ein Vergewaltiger. Es ... es tut mir so Leid.«

Sie wiegte sich hin und her. *Das* war der Grund, weswegen sie einen ganzen Kontinent zwischen sich und ihrem Ex-Mann hatte haben wollen, wegen dieser Angst, dieses Schmerzes – dieser Wut – die nie verschwunden war, sondern nur verdrängt durch ihren heftigen Wunsch, alles zu vergessen. Und doch hatte es nur eine Sekunde gebraucht, um die alte Narbe wieder aufzureißen.

Die schlimmste Verletzung, die er ihr je zugefügt hatte, war durch einen Unfall passiert. Er war aus einem Grund, an den sie sich nicht mehr erinnerte, wütend geworden. Irgendetwas mit Eifersucht. Sie hatte gerade einen Pfirsichkuchen gebacken, als er in die Küche gerast kam. Sie erinnerte sich, wie er sie am Handgelenk gepackt und mit wildem Gesicht zu sich herumgerissen hatte. Sie hatte aufgeschrien.

Donovan hatte um Beherrschung gerungen und sich umgedreht, um seine Faust gegen den Kühlschrank zu schlagen. Durch seinen Stoß hatte sie den Halt verloren, und sich im Fallen den Kopf am Küchentisch angeschlagen. Kurze Zeit war sie bewusstlos gewesen, und als sie zu sich gekommen war, war ihr das Blut aus einer Kopfwunde geschossen, und Donovan hatte verzweifelt versucht, die Blutung zu stillen.

Schockiert, dass der Arzt sie für eine misshandelte Frau hielt, schwor Kate, dass sie gestolpert war und sich selber verletzt habe. Es war ja auch fast wahr. Donovan war wütend gewesen, aber er hatte sie sicher nicht so verletzen wollen.

Der Arzt hatte die Lippen zusammengepresst, aber nichts weiter gesagt.

Später erst hatte Kate erkannt, wie sehr die Tatsache, dass Donovan sie auch unbeabsichtigt verletzen konnte, ihre Angst vor ihm noch verstärkte. Damals jedoch hatte sie nur im Sinn gehabt, zu tun, als ob das Ganze nicht passiert wäre, und sie war erstklassig im Verdrängen geworden.

Der Arzt hatte sie über Nacht zur Beobachtung dabehalten wollen, aber Kate hatte verzweifelt zur Normalität zurückkehren wollen. Donovan hatte sie nach Hause gefahren und sofort ins Bett gebracht. Benommen von den Schmerzmitteln und mit dem Willen, ihm zu zeigen, dass sie ihm an dem Vorfall nicht die Schuld gab, hatte sie ihn verführt. Es war einfach gewesen, denn er hatte die Versöhnung genauso gewollt wie sie. Zärtlich hatte er sie geliebt und dann festgehalten, bis sie eingeschlafen war.

Kate kehrte in die Gegenwart zurück und merkte, dass sie sich mit den Fingern über die gezackte Narbe unter ihrem Haar strich. Sie ließ die Hand sinken und versuchte, sich zusammenzureißen. »Entschuldige, das sind die Folgen von dem Schreck.«

»Nimm das nicht zu leicht, Kate. Der Schreck nach einem Unfall ist normal, aber es ist nicht normal, dass du dich aufführst wie ein in die Enge getriebenes Tier.«

»Ich möchte nicht darüber sprechen.« Kate setzte ihren Helm wieder auf. »Zeit, wieder an die Arbeit zu gehen.«

»Nein, verdammt.« Donovan nahm ihr den Helm wieder ab, um ihre Augen sehen zu können. »Du weigerst dich schon viel zu lange zu sprechen. Hast du eine Therapie gemacht, nachdem du Baltimore verlassen hast?«

»Was soll das schon bringen? Die Erkenntnis, dass ich eine misshandelte Frau bin, die sich viel zu oft zurückgezogen hat? Das weiß ich schon.«

Donovan gab nicht nach. »Eine gute Therapie könnte dir helfen, mit dem, was passiert ist, zurechtzukommen, damit es nicht mehr so schmerzt.«

»Damit du rehabilitiert bist? Ich habe zwar keine Therapie gemacht, aber ich habe viel gelesen. In den Büchern wurde immer wieder betont, dass gewalttätige Männer nicht halb so außer Kontrolle sind, wie sie immer behaupten. Sie wissen genau, wen sie schlagen können, ohne dass er sich wehrt. Nicht ihren Chef und nicht ihre Freunde, das würde Ärger machen. Aber Frau und Kinder, das geht. Sie sind das Eigentum. Völlig in Ordnung, ihnen eine reinzuhauen.«

»Es war nie in Ordnung, und das habe ich selbst zu schlimmsten Zeiten nie geglaubt«, gab er ruhig zurück. »Ich würde alles dafür geben, die Vergangenheit zu ändern, aber ich kann es nicht. Das Einzige, was ich kann, ist zu versuchen, Zugeständnisse zu machen. Deshalb war Julia auch einverstanden, dass uns unsere Gesellschaft aufgezwungen wird – damit wir an die emotionalen Wurzeln kommen können.«

Kate drehte ihren Helm ruhelos in den Händen. Er hatte einen Kratzer an der Stelle, wo sie gegen den Beton geprallt war. »Ich mag meine emotionalen Wurzeln.«

»Ach ja? Ich glaube eher, dass du dir selber nicht verzeihen kannst, dass du in so eine Situation geraten oder so lange darin geblieben bist«, widersprach Donovan. »Dir ist immer alles in den Schoß gefallen. Du warst attraktiv, intelligent, charmant, und alle haben dich gemocht. Und dennoch warst du nicht verwöhnt. Es hat mir immer gefallen, wie nett du zu allen bist, ob Verrückter oder Premierminister.«

»Was ist dann schief gegangen?«, fragte Kate.

»Du musstest dich nie der Härte des Lebens stellen. Ehe du mich kennen gelernt hast, gab es nichts Hartes in deinem Leben. Deshalb bist du bei den ersten Anzeichen von Schwierigkeiten in unserer Ehe in Verdrängungshaltung verfallen. Dann, beim letzten Vorfall –« Seine Stimme kam ins Stocken. »Da bist du plötzlich so schnell du konntest weggelaufen. Es war richtig, dass du gegangen bist. Es wurde alles immer schlimmer. Ich hasse es, das zuzugeben, aber solange du dich mit mir abgefunden hattest, hatte ich keinen Grund, mich zu ändern.«

»Hast du dich jetzt geändert?«

»Ich hoffe es.« Donovans Augen wurden dunkel. »Ich habe mein Bestes versucht.«

»Hast du je eine andere Frau misshandelt?«

»Nein.«

Kates Stimme wurde scharf. »Wie bin ich dann zu der Ehre gekommen? War ich schlimmer als deine Freundinnen?«

»Natürlich nicht.« Er wandte den Blick ab. »Ich ... ich war bei dir gewalttätig, Kate, weil du mir mehr bedeutet hast. Du brauchst mir nicht zu sagen, dass das eine kranke Reaktion ist.«

»Der Mann aus Ostbaltimore, den ich geheiratet habe, hätte nie so geredet. Hast du etwa eine Therapie gemacht?«

»Nachdem du mich verlassen hattest, konnte ich nicht länger leugnen, was für ein Mistkerl ich war. Entweder ich musste mich verändern oder umbringen. Also habe ich mich einer Selbsthilfegruppe gewalttätiger Männer angeschlossen. Am Schwersten war es, vor mir selbst zuzugeben, dass ich so viel mit diesen Männern gemeinsam hatte.« Er sah weg. »Schließlich habe ich dich geliebt, ich wollte dir nie wehtun. Aber das sagten die anderen Männer auch. Offenbar war Liebe nicht genug.«

Das hatte auch Kate gelernt, und es war die traurigste Lehre ihres Lebens gewesen.

»Ich habe auch ganz praktische Dinge gelernt«, fuhr Donovan fort. »Zum Beispiel, dass ich meine Impulse nicht beherrschen kann. Dass die Male, wo ich gegen die Wand geschlagen habe, um dich nicht zu verletzen, nicht weniger brutal waren. Dass Eifersucht nichts Romantisches ist. Ich habe solange an den Sitzungen teilgenommen, bis ich meine Gefühle besser im Griff hatte.«

»Dann bist du jetzt geheilt.«

»Ich weiß es nicht. Offen gesagt habe ich die Art Beziehung vermieden, die mich auf den Prüfstand gebracht hätte.«

»Du scheinst ja alles gut durchdacht zu haben. Dann sag mir doch, wo ich gescheitert bin.«

»Ich nehme an, dass du nach deinem Fortgehen alles unter den Teppich gekehrt hast«, erklärte Donovan. »Nicht überraschend nach der Hölle, die du durchgemacht hast, aber auf Dauer auch nicht die richtige Lösung. Jetzt ist der Teppich umgeklappt worden, und du erkennst, dass der Schmerz und die Wut noch da sind.«

In dem, was er sagte, steckte ein Körnchen Wahrheit. Kate war immer stolz darauf gewesen, ihre Gefühle kontrollieren zu können. Es erschreckte sie, zu sehen, wie unerwartet sie plötzlich zum Leben erweckt werden konnten. Das war explosionsartig am Ende ihrer Ehe geschehen, und eben war es wieder so gewesen.

Kate fuhr mit dem Finger über den Kratzer an ihrem Helm. »Irgendwelche Vorschläge, Mr Alleswisser?«

»Verzeih dir selber, weil du noch so jung warst, Kate. Wärest du älter gewesen, hättest du dich früher gewehrt. Aber du warst kaum neunzehn, als wir geheiratet haben, und meine fatale Schwäche war durch unsere Liebe gut getarnt. Die war immer da, und ich habe nie etwas anderes geglaubt.«

Kate fühlte Tränen in ihre Augen steigen. Ja, die Liebe war echt gewesen, aber wie Patrick selbst sagte, hatte sie nicht gereicht.

»Du konntest deine Gefühle immer gut ausdrücken«, fuhr Donovan fort. »Es ist an der Zeit, dass du diese Gewohnheit wieder aufnimmst. Wenn du wütend auf mich bist, dann schrei mich an, statt so verdammt höflich zu sein. Du bist doch zur Hälfte Italienerin – da musst du das doch können!«

Manchmal brachen bei Kate ihre ›italienischen Wurzeln‹ durch, und dann konnte sie noch viel mehr als nur schreien. Deshalb versuchte sie ja immer, sich zu beherrschen. »Was für eine seltsame Unterhaltung, wenn man in einem leeren Haus auf dem Fußboden sitzt.«

»Es wäre überall eine seltsame Unterhaltung.«

»Aber sie war überfällig.« Kate erhob sich und taumelte, als der Schmerz durch ihr Knie schoss. Muskeln waren nicht dazu gemacht, fast herausgerissen zu werden.

»Dein Bein blutet.«

»Sicher angekratzt. Als ich die Sprengladung anbringen wollte, ist sie auf der anderen Seite wieder rausgekommen. Ich wollte sie zurückholen, als ich in ein unsichtbares Loch getreten bin und die Balance verloren habe.«

»Carmen hat einen Erste-Hilfe-Koffer im Büro, sie kann dir ein Pflaster geben. Falls deine Tetanusimpfung abgelaufen ist, lass dir bald eine Neue geben. Das ist ein Befehl.« Donovan trat an den Fahrstuhlschacht. Er war vorsichtig und mied den bröckeligen Bereich, in dem Kate abgestürzt war. Dann beugte er sich vor und riss die Ladung mit einer heftigen Bewegung, die Kates Anker sprengte, aus dem Loch. Seine Größe verschaffte ihm dabei einen unfairen Vorteil.

Mit dem Dynamit in der Hand kam er zu ihr zurück. »Die wäre nicht losgegangen, selbst wenn sie in den Schacht gestürzt wäre.«

»Ich dachte mir das schon, wollte es aber nicht herausfinden.«

»Ich kann dir keinen Vorwurf machen, dass du vorsichtig warst.« Donovan steckte das Dynamit ein. »Wir müssen ein neues Loch bohren lassen. Da dieses hier ganz durchgeht, ändert es die Kräfte. Das geht nicht bei einer Probesprengung.«

»Ich weiß es zu schätzen, dass du mir keine Lektion über die Gefahren der Sprengung erteilst.«

Amüsiert sah er sie an. »Es ist mir wirklich schwer gefallen, nicht zu sagen: Ich habe es ja gleich gewusst. Jetzt verstehst du sicher besser, warum Sam dich nicht hier arbeiten lassen wollte?«

Kate überlegte, wie es wäre, ihr eigenes Kind in Gefahr zu sehen, einen Schacht hinunterzustürzen. »Ich gebe es zu – die Arbeit ist gefährlich. Ich habe sicher eine Lektion in Sachen Sicherheit gelernt, die ich nicht so schnell wieder vergessen werde. Aber wenn du darauf hoffst, dass ich mich für eine andere Karriere entscheide, muss ich dich enttäuschen.«

»Das überrascht mich gar nicht.« Er kannte sie gut – überraschend gut für die lange Zeit, die vergangen war.

Sie aber kannte ihn nicht so gut, wie sie gedacht hatte.

19. Kapitel

An dem Tag nach Kates Unfall wurde es im Nevada Palace lebendig. Dekorateure der Filmgesellschaft erschienen, um den Räumen die Illusion von vergangener Pracht zurückzugeben, während draußen das Gebiet abgesperrt wurde, um Zuschauer fernzuhalten.

Donovan hatte den Explosionsplan fertig gestellt, und es war an der Zeit, die Säulen für die Sprengladungen vorzubereiten. Er gab Kate das Kommando über die Crew, die die Säulen mit Draht und Plastik umwickeln sollte.

Die örtlichen Arbeiter – sechs Mann – sahen Kate überrascht an, als sie herantrat und sich vorstellte und ihnen dann erklärte, was sie tun würden. Als sie jeden nach seinem Namen fragte, betrachtete ein arroganter junger Mann namens Louis fasziniert ihr Haar. Es war lang genug für einen Zopf, der blond und frivol unter ihrem Helm hervorlugte. Mit unschuldigem Gesicht sagte er auf Spanisch: »Ich glaube, ich frage Blondie, ob sie mit mir zum Tanzen geht, und zeige ihr dann, wo ein Mann seine Stange Dynamit hat.«

Froh über ihre Erfahrung mit Bauarbeitern in Kalifornien gab Kate auf Spanisch zurück: »Eine Stange Dynamit, Junge? Wohl eher ein feuchter Feuerwerkskörper.«

Louis wurde hochrot, und die anderen brüllten vor Lachen. Ein älterer Mann schlug Louis auf den Rücken. »Treib nie deine Scherze mit dem Lady-Boss, Junge.«

Danach akzeptierten die Männer Kate mit gutmütigem Respekt. Es war harte Arbeit, das Material nach oben zu bringen und die Säulen einzuwickeln. Nach neun Stunden Arbeit mit nur einer kurzen Lunchpause war Kate bereit, den Tag zu beenden. Sie hatte sich für fit gehalten, aber jetzt spürte sie ganz neue Muskeln schmerzen.

Im Grand Maya duschte Kate und trat gerade mit feuchten Haaren ins Wohnzimmer, als das Telefon klingelte. Es waren Luther Hairston und Jim Frazer von *PDI*, die gerade aus Maryland eingetroffen waren und das Hotel bezogen.

Sie verbrachten den Abend zu viert mit Arbeit in der Büroecke von Kate und Donovans Suite. Neben den Plänen besprachen die Männer mögliche Probleme, die aus der besonderen Bauweise des Palace entstehen könnten. Kate hörte schweigend zu und freute sich auf den Tag, an dem sie als gleichberechtigt mitreden konnte.

Als das Treffen vorbei war, diskutierten Donovan und Jim noch einige Ingenieurspeinlichkeiten. Kate ergriff die Gelegenheit, mit Luther zu reden, der Sams erster Angestellter gewesen war. Die beiden Männer hatten sich in der Armee kennen gelernt und dort zusammen mit Sprengstoff gearbeitet. Als Sam *PDI* gegründet hatte, hatte er Luther angestellt. Das war zu einer Zeit gewesen, als es noch längst nicht üblich war, dass Schwarze und Weisse Seite an Seite arbeiteten.

Luther war einer der Sargträger bei Sams Beerdigung gewesen, und Kate hatte seitdem noch nicht wieder mit ihm gesprochen. Sein Haar war jetzt weiß, was seine Haut noch dunkler wirken ließ, aber sein Lächeln war dasselbe, das Kate immer schon an ihm geliebt hatte. »Ich freue mich, dass du hier dabei bist, Luther. Du kannst aufpassen, dass ich keinen Ärger mache.«

»Das kann dein Mann machen, Katylein.«

»Ex-Mann, bitte. Sam verdient ein paar Jahre Fegefeuer für sein Testament.«

»Dein Daddy war selbstherrlich, keine Frage, aber er war kein Dummkopf«, gab Luther zurück. »Du solltest dir die Zeit nehmen, noch einmal gründlich über diese Ehe nachzudenken.«

»Zu einer Ehe gehören immer zwei. Und keiner von uns will dahin zurück, wo wir herkommen.«

»Vielleicht nicht zurück, aber das heißt nicht, dass ihr nicht vorwärts gehen könntet. Ich kann mich gut erinnern, wie Donovan und du gemeinsam wart. Vielleicht könnte es wieder dahin kommen. Ich arbeite jetzt seit zwölf Jahren mit ihm zusammen. Er hat ein wildes Temperament, Kate, aber er ist ein guter Mann. Klug, fair, verantwortungsbewusst. Du könntest es schlimmer treffen.« Luther grinste sie an. »Schließlich wirst du auch nicht jünger. Es wird Zeit, dass du wieder heiratest. Bei Donovan kennst du wenigstens schon die Laster.«

Nur zu wahr. »Die Welt ist voll von geschiedenen Leuten. Warum hat jeder eine Meinung zu Donovan und mir?«

»Weil ihr uns etwas bedeutet, Liebes. Aber ich will still sein, wenn du dich so dagegen sträubst. Du bist ganz dein Vater.« Luther gähnte. »Zeit fürs Bett. Bei uns wäre es jetzt Mitternacht.«

Kate war froh, dass er ging. Das Letzte, was sie jetzt brauchte, waren gute Ratschläge.

Luthers Abgang veranlasste auch Jim zum Aufbruch, sodass Kate und Donovan alleine zurückblieben. Donovan sah auf und bemerkte, dass Kate Teller auf den Servierwagen lud, den der Kellner hatte stehen lassen. »Du brauchst das nicht zu machen, dafür gibt es Zimmermädchen. Das ist einer der großen Vorteile, wenn man in einem Hotel wohnt.«

»Ich stelle mir gerade vor, wie hier die Küchenschaben durchmarschieren, wenn wir die Teller über Nacht stehen lassen.« Kate legte das Silberbesteck auf die Teller. »Da schiebe ich lieber alles in den Flur und hoffe, dass die Schaben dahin gehen.«

»Wenn du es so siehst ...« Wenn Kate nicht aufgeräumt hätte, hätte er es wahrscheinlich getan. Sie waren beide ordentlich. In diesem Bereich waren sie wie in vielen anderen immer gut miteinander ausgekommen.

Glas klirrte, als sie die leeren Karaffen einsammelte und den Wagen nach draußen rollte. Als Kate zurückkam, sagte sie: »Mir ist aufgefallen, dass du gar keinen Alkohol getrunken hast. Bist du ein trockener Alkoholiker?«

Himmel! Er legte seine Papiere in den Aktenkoffer und schloss den Deckel. »Nein, aber ich hätte einer werden können. Deshalb habe ich vorher aufgehört.«

Kate ließ sich in einen Sessel fallen. »Eine interessante Aussage. Möchtest du dem noch etwas hinzufügen?«

Zögernd gab Donovan zu: »Nachdem du mich verlassen hast, habe ich erkannt, dass ich immer, wenn ich etwas Schreckliches getan habe, vorher getrunken hatte. Meist nur ein Bier oder ein Glas Wein, aber da war immer etwas.«

»Ich kann mich nicht erinnern, dich je betrunken erlebt zu haben. Du hast genauso Maß gehalten wie die meisten. Vielleicht warst du auf einer Party mal etwas beschwipst, aber du hast nie zuviel getrunken.«

»Der Umstand, dass ich weder gestolpert bin noch gelallt habe, bedeutet nicht, dass ich den Alkohol nicht gemerkt hätte.« Donovan rückte seinen Koffer auf dem Tisch gerade. »In der Therapiegruppe habe ich gelernt, dass für einige Leute schon wenig Alkohol Entschuldigung genug ist, um sich zu schlagen, wenn sie sich über etwas geärgert haben. Genauso war es bei mir. Meistens war meine Reaktion auf Alkohol normal, aber wenn ich wütend oder eifersüchtig war, haben ein paar Bier schon gereicht, mich jede Hemmung verlieren zu lassen.«

»Mag sein, dass Alkohol eine Rolle gespielt hat, aber ist man dann gleich ein Alkoholiker?«

»Vielleicht nicht jeder.«

Kates Augen wurden schmal. »Und was ist bei dir anders?«

»Verdammt, Kate.« Donovan sprang auf und lief im Zimmer auf und ab. »Ich will darüber nicht reden.«

Kate zuckte zusammen. »Ist das derselbe Mann, der mir gestern gesagt hat, dass ich einem Gespräch viel zu lange aus dem Weg gegangen bin?«

»Mit meinen eigenen Waffen geschlagen.« Donovan trat ans Fenster und blickte in die nächtliche Wüste hinaus. »Wusstest du, dass sich der Spruch auf einen Grenadier bezieht, der durch seine eigene Bombe hochgegangen ist?«

»Ja, klar, Sprengungen haben mich schon immer interessiert. Versuch nicht, das Thema zu wechseln, Patrick. Was verschweigst du?«

Donovan ballte die Fäuste. »Ich muss mein Trinken ernst nehmen, weil mein Vater... mein Vater ein aggressiver Trinker war. Und so was ist erblich.«

Lange herrschte Schweigen, dann sagte Kate angespannt: »Dein Vater war ein aggressiver Trinker? Wie seltsam, dass du nie ein Wort darüber verloren hast.«

»Ich konnte es nicht, Kate. Ich ... konnte es einfach nicht.«

»Du hast mir erzählt, deine Eltern seien bei einem Autounfall ums Leben gekommen. Hatte dein Vater da getrunken?«

»Er hatte doppelt so viel Promille wie erlaubt – meine Mutter und er waren auf der Stelle tot.« Donovan umklammerte das Fensterbrett, bis seine Knöchel weiß wurden. »Meine kleine Schwester hat noch fast eine Woche gelebt. Mary-Beth war noch so jung, erst elf. Das war die längste Woche meines Lebens.«

»Das tut mir so Leid, das wusste ich nicht. Ich dachte, sie wäre wie deine Eltern gleich bei dem Unfall gestorben.«

»Woher solltest du das auch wissen?« Seine Stimme klang rau. »Ich konnte es nie ertragen, über den Unfall zu sprechen, und ich habe meine Verwandten gebeten, dich mit der Geschichte nicht zu deprimieren.«

»Ich habe Tante Connie ein paarmal nach deiner Familie gefragt, aber sie schüttelte immer nur den Kopf, seufzte und sagte, wie traurig das alles war«, erklärte Kate. »Ich dachte, sie meinte den Unfall selbst, nicht das, was noch war.«

»Ich weiß nicht, ob sie vom Alkoholismus meines Vaters etwas wusste«, gab Donovan zu. »Das war das Familiengeheimnis der Donovans.« Bitter fügte er hinzu: »Das ist auch etwas, was ich in der Therapie gelernt habe, Familien halten oft zusammen, damit vom Alkoholismus eines Mitglieds nichts nach draußen dringt. Selbst jetzt noch fällt es mir schwer zuzugeben, dass mein Vater getrunken hat.«

»Mir geht es doch genauso. Ich kann auch nicht darüber reden, dass ich eine misshandelte Frau bin.«

Donovan verspürte große Erleichterung, dass sie ihn verstand. »Und ich habe wie du den tiefen, irrationalen Glauben, dass es mich zerstört, wenn ich Familiengeheimnisse ausplaudere.«

»War dein Vater brutal, wenn er betrunken war?«

Donovan wusste, dass es an der Zeit war, die ganze Wahrheit zu sagen, und sah sie an. »Nüchtern hatte mein Vater jede Menge irischen Charme, aber wenn er trank, war er ein bösartiger Bastard. Einmal hat er mir das Schlüsselbein gebrochen, ein andermal ein paar Rippen.« Er krempelte den Ärmel hoch und zeigte Kate eine dünne Narbe auf der Innenseite des Armes. »Ich habe dir, glaube ich, erzählt, das stammte daher, dass ich mal mit einem Glas in der Hand hingefallen wäre?«

Kate nickte.

»Ich habe gelogen. Das passierte, als mein Vater mich in ein Fenster gestoßen hat. Eine Arterie wurde verletzt. Der Blutverlust war erstaunlich. Nur gut, dass ich als Pfadfinder wusste, wie man sich vor dem Verbluten rettet.«

»Wie alt warst du da?«

»Zwölf. Das Teuflische war, dass mein Vater, wenn er nüchtern war, großartig sein konnte. Er war Trainer bei uns, hat mit Mary-Beth und mir Krebse gefangen und andere schöne Dinge gemacht. Aber als ich älter wurde, war er immer seltener nüchtern. Am Schluss ...«

»Ja?« Kates Stimme ermutigte ihn sanft.

»Meine Mutter buk einen Kuchen für meinen sechzehnten Geburtstag. Mein Vater erschien nicht zum Essen, und wir wussten alle, dass das bedeutete, dass er zum Trinken unterwegs war. Schließlich haben wir alleine angefangen zu essen und so getan, als würden wir nicht voller Angst auf die Axt waren, die noch fallen würde.

Er kam betrunken nach Hause und explodierte, als er sah, dass wir ohne ihn gegessen hatten. Er griff nach meiner Mutter, um sie zu schlagen, und da drehte ich durch. Damals war ich so groß wie er, und ich rammte ihn an die Wand und drohte ihm, dass ich ihn umbringen würde, wenn er auch nur einen Finger an Mom, Mary-Beth oder mich legen würde.«

Das war damals sein voller Ernst gewesen. Nie würde er den stinkenden Whiskyatem und den Ausdruck der blauen Augen seines Vaters vergessen, die seinen so ähnelten. Schock, Wut – und dann Angst. Mit sechzehn hatte er Triumph angesichts der Angst seines Vaters empfunden. Heute verfolgte ihn der Blick in seinen Träumen.

»Hat es dir geholfen, dich gegen ihn zu stellen?«

»Eine Weile.« Damals war er stolz gewesen und hatte sich für einen Helden gehalten. Aber ohne es zu erkennen, hatte ihn das genauso gewalttätig gemacht wie seinen Vater. Er hatte Gewalt benutzt, um seine Ziele zu erreichen.

»Der Unfall geschah nur ein paar Monate später.« Er würde sich immer fragen müssen, ob die neuen Machtverhältnisse in der Familie, die sein Angriff verursacht hatte, die letzte Fahrt seines Vaters beeinflusst hatte.

»Warum hat deine Mutter ihn nicht verlassen und euch Kinder mitgenommen?«

»Da, wo ich groß geworden bin, blieb man ein Leben lang zusammen. Man erwartete von einer Frau, dass sie sich mit den kleinen Schwächen ihres Mannes abfand, solange er sie gut versorgte. Mein Vater war Stahlarbeiter und verdiente viel, sodass er als guter

Ehemann galt. Und zugegebenerweiser liebte sie ihn, zumindest den Mann, der er zuweilen war.«

Angespannt trommelten seine Finger auf das Fensterbrett. Er versuchte, nicht allzu oft an seine Familie zu denken, vor allem nicht an Mary-Beth. Die Gefühle seiner Mutter gegenüber waren komplexer. Er hatte sie geliebt, und sie hatte alles für die Kinder getan, was sie konnte – außer sie zu beschützen. »Es ... es hat mich halb umgebracht, als du mich verlassen hast, Kate, aber ich war froh, dass du den Mut hattest zu gehen, ehe – ich dich wirklich verletzt hätte.«

»Ich war nicht mutig, sondern feige.«

»Nein, du hattest die Kraft, einen Kreislauf zu durchbrechen, der uns beide nach unten gerissen hätte.«

»Warum erzählst du mir das jetzt alles?«

»Sprechen fällt schwer, aber Schweigen ist Gift. Außerdem kann ich dich kaum drängen, dich mit der Vergangenheit außeinander zu setzen, wenn ich selber alles verschweige.« Er betrachtete sie. »Hätte es einen Unterschied gemacht, wenn du gewusst hättest, aus welch schwierigen Verhältnissen ich komme?«

Kate zögerte. »Ich weiß es nicht ... vielleicht.«

Zum Teufel! Wenn er also mutig genug gewesen wäre, ihr die Wahrheit zu sagen, wäre ihre Ehe vielleicht nicht gescheitert. Kate hatte endloses Mitleid für verletzte Seelen und genug Verstand, sie beide zu einem Eheberater zu schleppen, wenn sie nur gewusst hätte, was in ihm vorging. Aber er hatte keine verletzte Seele sein wollen, sondern ihr Held.

Im Herzen war er davon überzeugt gewesen, dass sie, wenn sie die Wahrheit kannte, ihn niemals lieben würde.

Obwohl Kate erschöpft war, hatte sie Mühe einzuschlafen. Früher hatte sie einmal geglaubt, dass ihr Mann und sie alles geteilt hatten. Stattdessen hatte es diese schmerzhafte Seite in ihm gegeben, von der sie nichts gewusst hatte. Seine Wurzeln. Zu wissen, dass sein Vater Alkoholiker gewesen war, erklärte so vieles. Dadurch, dass er sich und seine Familie verteidigt hatte, und dadurch selbst zur Gewalt getrieben, hatte Patrick eine Lektion gelernt, die er nicht so schnell wieder vergessen konnte. Wut und Angst steckten in ihm und hatten sie von ihrem ersten Treffen an verfolgt.

Kate hatte immer gedacht, zu einer Ehe gehörten ein Mann, eine Frau und, wenn es sein durfte, Kinder. Stattdessen hatte sie einen Mann und die Dämonen seiner Vergangenheit bekommen.

Und sie hatte es nicht einmal gewusst.

20. Kapitel

In den nächsten Tagen herrschte rege Betriebsamkeit, als das Palace auf sein Ende vorbereitet wurde. Luther und Jim waren Männer, auf die man sich vollkommen verlassen konnte, und Kate war die geborene Anführerin. Donovan war amüsiert, als er hörte, wie sie sich bei ihrer Truppe Respekt verschafft hatte.

Die Arbeit war erschöpfend, denn alles musste perfekt gemacht werden. Nur gut, dass Donovan mit wenig Schlaf auskam, denn er kam kaum ins Bett.

Nachdem er achtundvierzig Stunden durchgearbeitet hatte, schlief Donovan am Schreibtisch in seinem Schlafzimmer ein, während er Pläne überprüfte. Die Genehmigungen vom Bauamt und der Sprengabteilung der Feuerwehr lagen vor. Von der Stadt hatten sie die Erlaubnis, die Straße für die Zeit der Sprengung zu sperren, und das Umweltamt hatte ihnen Auflagen geschickt, damit sie die Luft nicht verpesteten. Vierzehn verschiedene Ämter hatten sich mit der Sprengung befasst.

Donovan lehnte sich zurück, ehe er die Sondererlaubnis der Stadt für Ruhestörung durch Lärm in die Hand nahm. Das Nächste, was er wusste, als er die Augen aufschlug, war, dass es sechs Uhr morgens war und sein Rücken von der ungewohnten Haltung wehtat.

Donovan entschied, dass er jetzt eine Dusche brauchte, obwohl er schon spät dran war. Als er gerade sein Hemd aufknöpfte, klingelte es an der Suite-Tür. Er trat aus der Tür und sah, wie Kate gerade die Service-Karte für zwei Frühstücktabletts unterschrieb. Himmel, er hatte ganz vergessen, dass sie ja eine Unterkunft teilten.

Ehe Donovan sich zurückziehen konnte, schloss Kate die Tür und drehte sich um. Sie hob die Brauen, als ihr Blick auf Donovans bloße Brust fiel. Es war ja nicht das erste Mal, aber dennoch fühlte er sich plötzlich ... nackt unter ihrem Blick.

Kate goss einen Becher mit Kaffee voll, fügte etwas Milch hinzu und reichte ihm das Getränk. »Ich schlage vor, dass du dich vor dem Frühstück anziehst. Ich weiß nicht, ob ich so früh morgens schon so viel Aufregung aushalte.«

Donovan errötete das erste Mal, seit er erwachsen war, und zog sich hastig zurück. Solche Ausfälle konnte er sich wirklich nicht erlauben, solange er mit Kate unter einem Dach lebte.

Nachdem er hastig den Kaffee getrunken hatte, duschte Donovan. Es verbesserte seinen Zustand soweit, dass er sich nur noch halbtot fühlte. Er zog sich an und betrat das Wohnzimmer, wo Eier und Schinken unter einer silbernen Glocke auf ihn warteten.

Amüsiert und schweigend betrachtete ihn Kate, während er aß. Die Eier nur hellbraun, genauso, wie er sie mochte.

Als er fertig war, fragte Kate: »Hast du beschlossen, dir einen Bart wachsen zu lassen?«

Oh, er hatte ganz vergessen, sich zu rasieren. Donovan rieb sich über das Kinn, das sich anfühlte wie ein Stachelschwein. »Ich versuche eigentlich, mal den Terroristenlook hinzukriegen. Ich habe mich immer gefragt, wie sie diesen perfekten Drei-Tage-Bart hinkriegen.«

»Es gibt spezielle Rasierklingen dafür, wie beim Rasenmäher. Aber ich dachte eigentlich, das wäre zu affektiert für dich und du hättest nur vergessen, dich zu rasieren.«

Er hatte vergessen, wie schnell sie ihn immer durchschaut hatte. »Zeit ist knapp, und Rasieren ist Luxus.«

Aber Kate ließ sich nicht täuschen. »Bist du nach all den Jahren immer noch bei jedem Projekt so angespannt? Oder gibt es bei diesem etwas, was du mir nicht erzählt hast?«

Donovan wollte erst ausweichen, entschied sich dann aber anders. »Das hier ist ein Riesenauftrag, und er muss perfekt ausgeführt werden. Häuser mitten in der Stadt hochzusprengen, ist ganz schön Furcht einflößend. Wir brauchen das Vertrauen der Leute. *PDI* war immer das beste und sicherste Unternehmen auf dem Sektor, noch dazu mit einer tollen Crew. Sam hat in Interviews immer gerne die Verwandtschaften betont. Sein Neffe, sein Schwiegersohn.«

»Ex-Schwiegersohn.«

»Das hat Sam nicht so genau genommen. Der alte Fuchs wusste genau, dass das Bild von der großen, glücklichen Familie Vertrauen schaffte. Das und unsere fleckenlose Geschichte.«

»Aber jetzt ist die Geschichte befleckt. Sam ist tot, sein Neffe aus dem Geschäft ausgeschieden, und nun bleibst nur du, um der Welt zu beweisen, dass *PDI* so gut ist wie immer.«

»So ungefähr.« Donovan strich Marmelade auf ein Brötchen. »Es ist nicht nur so, dass das Palace sowieso ein schwieriges Projekt wäre. Der liebe Cousin Nick erzählt auch noch überall, dass er der wahre Corsi ist, der sich die Tradition von *PDI* auf seine Fahnen geschrieben hat. Wenn hier etwas schief geht, weiß das sofort jeder im Geschäft. Das wäre sehr schlecht für uns.«

»Aber Nick ist doch nur Sams Neffe. Ich dagegen bin Sams einzige Tochter.«

Wenn Donovan nicht noch so verschlafen gewesen wäre, wäre er selber darauf gekommen. »Du hast Recht! Das Fernsehen und die Zeitungen werden sich um Interviews reißen. Du bist ein wunderbarer Werbebonus. Klug, aus der Familie und höchst fotogen.«

»Und blond. Vergiss nicht das blond.«

»Wie gesagt, fotogen. Du wirst dich auf dem Cover von *Demolition Age* wunderbar machen. Sie werden dich mit Helm fotografieren, wie du suggestiv am Ende einer Dynamitstange lutschst.«

»Wenn du es sagst. Und bis es soweit ist, konzentrieren wir uns auf unseren Job, okay?«

»Bei dir klingt das so einfach.«

»Perfekt ist nie einfach, aber wir müssen perfekt sein.« Damit ging Kate, um abzuwaschen.

Kate war sehr nützlich als Frau an seiner Seite.

Am späten Nachmittag war das Gebiet rund um das Palace eine Art kontrolliertes Chaos, als die Arbeiter von *PDI* und vom Film ihren Aufgaben nachgingen. Donovan entspannte sich allmählich. Seine Leute würden lange arbeiten und morgen Überstunden machen müssen, aber sie würden am nächsten Tag um zwei Uhr früh wie verabredet alles fertig haben.

Dann kam Hank Hawkins, der Direktor der Filmgesellschaft, eilte auf Donovan und Bull Berrigan zu, die sich gerade unterhielten, und befahl: »Weg mit euch!

Wir drehen gerade die Panzerszene, und Sie sind im Weg!«

»Ich dachte, Sie wollten erst heute Abend drehen, damit die Lichtverhältnisse mit denen bei der Explosion übereinstimmen«, wandte Bull überrascht ein.

»Stimmt!« Hawkins schnippte mit den Fingern. »Stimmt, das habe ich ja beinahe vergessen. Donovan, die Sprengung muss auf morgen Abend verschoben werden.«

»Wie bitte?« Donovan sah ihn ungläubig an.

Der Direktor hob begeistert die Arme. »Haben Sie je so einen Himmel gesehen? Wenn ich die Panzerszene jetzt drehe, um den Himmel draufzubekommen, muss die Explosionsszene dazu passen. Ein paar kleine Abweichungen kriegt man im Labor hin, aber Tag und Nacht passen natürlich nicht zusammen.«

Donovan sah, dass der Sonnenuntergang die Fenster des Palace golden aufleuchten ließ, was sich in der Tat beeindruckend von den dunklen Wolken im Hintergrund abhob.

Aber um Gottes willen, sie konnten die Implosion doch nicht einfach vorziehen! Sie würden auch so schon jede freie Sekunde bis zum Termin arbeiten müssen. »Morgen Abend schaffen wir nicht. Aber übermorgen geht.«

»Unmöglich, da muss ich schon wieder in Los Angeles sein. Ich kann hier nicht so viel Zeit vergeuden.«

Vor Erschöpfung verlor Donovan die Geduld. Er öffnete den Mund, um vorzuschlagen, dass Hawkins, der immer alles kontrollieren wollte, ja einen Assistenten die Arbeit machen lassen könnte, ansonsten würde er ihm eine Stange Dynamit dahin stecken, wo keine Sonne schien, als Kate neben ihm auftauchte.

»Sie haben ganz Recht, Mr Hawkins, so einen Himmel darf man nicht ungefilmt lassen. Aber wir können unseren Termin nicht ändern, weil die Genehmigungen dann alle neu eingeholt werden müssten.«

Hawkins machte eine wegwerfende Handbewegung. »Kein Problem, darum kann sich einer meiner Leute kümmern. Wir sind hier in Vegas, da hört man auf Hollywood. Aber wir müssen die Panzerszene jetzt drehen – dieses Licht hält nur ein paar Minuten an.« Damit verschwand er, um dem Kameramann Instruktionen zu geben und Leute aus dem Gebiet zu verjagen.

»Ich hole Carmen«, kündigte Berrigan an. »Wenn sie das hier nicht sieht, bringt sie mich um.«

»Komm, Donovan«, wandte Kate sich an ihn, »von da drüben können wir am besten sehen.«

»Verdammt, wir schaffen es nicht, bis morgen früh alles zu verdrahten!«

»Natürlich schaffen wir das. Falls es nicht anders geht, rufen wir im Büro an und ordern Verstärkung, notfalls mit einem Privatflieger, aber ich denke, wir schaffen es auch so. Was immer es ist, Hawkins muss kriegen, was er haben will. Erinnerst du dich? Wir sind dabei, wieder Vertrauen für *PDI* zu schaffen. Perfektion muss einfach aussehen.«

Donovans Wut ebbte ab. Sie hatte Recht. *PDI* würde tun, was nötig war, und es war nicht gut fürs Geschäft, wenn er die Fassung verlor. »Es wäre besser, niemanden mehr aus Maryland zu holen. Der Mann, der uns den Sprengstoff liefert, ist selber Sprengmeister. Vielleicht hilft er aus, wenn wir ihm genug Geld bieten. Einer unserer Vormänner, Randy Bates, arbeitet gerade in Phönix. Er ist dem Zeitplan etwas voraus, sodass ich ihn abziehen und hier einsetzen kann.«

»Gute Idee.« Kate drehte sich zum Palace um. »Ich kann es kaum abwarten zuzusehen. Es ist so absurd! Diese große, Angst einflößende Maschine, die sich ihren Weg aus dem Casino bahnt. Muss ich erwähnen, dass das ein Sommerfilm wird?«

»Das überrascht mich gar nicht.«

Sobald der Drehort geräumt war, fuhr ein Helfer eine schimmernde weiße Limousine auf den Platz und verschwand dann aus dem Bild. Es wurde still. Das gläserne Hotel, jetzt mit dem Schriftzug ›Arroyo‹ versehen, leuchtete golden vor dem dunklen Himmel. Die Wirkung war beeindruckend.

Rechts hob jetzt Hawkins, der auf den richtigen Augenblick gewartet hatte, die Hand und senkte sie dann wieder. »Action!«

Motoren dröhnten auf und wurden immer lauter. Dann kam ein schwarzer Panzer aus dem Gebäude gerast, Kanonenrohr und Ketten wirkten gespenstisch in diesem Licht. Glasscheiben zerbrachen und regneten als funkelnder Splitterschauer auf den Panzer herab, während er den Cadillac platt rollte.

Donovan hielt den Atem an, als das mächtige Gefährt auf die Kamera zuhielt. Hawkins blieb ungerührt stehen, trotz der Tatsache, dass er als Verkehrsopfer enden könnte. Im letzten Moment aber kam der Panzer vor der Kamera zum Halten.

Einen Moment war es ganz still, dann öffnete sich die Luke, und Kenzie Scott erschien, das Gesicht voller künstlicher Schrammen. In der Soldatenuniform sah der Schauspieler mächtig und bedrohlich aus.

Eine schlanke Hand reckte sich von unten hoch und ergriff seine. Mit einer mühelosen Bewegung zog Kenzie Rainey Marlowe nach oben, der die aprikosenfarbenen Haare über die Schultern fielen. Sie trug ein kunstvoll zerrissenes Show-Girl-Kostüm. Donovan grinste. Noch ein Riss mehr, und der Film gehörte zu einem anderen Genre.

Das Paar küsste sich, und ihre Körper hoben sich als Schatten vor dem künstlich erleuchteten Hotel ab. »Dieser romantische Kuss wird als Poster die Hälfte aller Teenagerzimmer von Amerika zieren«, murmelte Kate. »Kenzie Scott ist zweifellos der Traum aller Jungfrauen.«

Donovan vermutete, dass sie seine Eifersucht testen wollte. »Mir sieht es mehr nach einem Action-Film aus«, gab er zurück. »Nichts Tiefgehendes, aber jede Menge Unterhaltung.«

»Das hat Rainey auch gesagt, und sie muss es schließlich wissen.« Kate wandte sich zum Hotel um, wo das Rot sich langsam in Indigo verwandelte. »Kannst du dir diese Szene auf der großen Kinoleinwand vorstellen, vielleicht sogar in leichter Zeitlupe?«

»Du hast mehr Fantasie als ich. Ich bin nur ein Ingenieur.«

»Nicht ›nur‹. Der beste Sprengmeister der Welt. Wenn du das Vertrauen in *PDI* zurückerobern willst, darfst du dein Licht nicht unter den Scheffel stellen.«

Ihr Helm war schmutzig und ihre Kleidung voller Staub, aber ihr Lächeln war das des Mädchens, das ihm von der ersten Begegnung an das Herz gestohlen hatte. Eine Welle von Gefühlen ergriff Donovan. Am Tag von Sams Beerdigung hatte Donovan sich geschworen, Kate dabei zu helfen, die Vergangenheit zu verwinden. Er wollte das Beste für sie, und das war nicht er. Alles sehr ehrenhaft und edelmütig.

Jetzt verschwand aller Altruismus, als ihm klar wurde, dass er Kate genauso liebte, wie er sie immer geliebt hatte. Er wollte sie als seine Frau, und das für alle

Ewigkeit. Er hatte das immer gewollt, auch wenn er es geleugnet hatte, als sie gegangen war.

War eine gemeinsame Zukunft für sie noch möglich?

Kate setzte ihren Helm ab und sah zu, wie die Filmleute auf den Panzer zugingen. Das erste Verlieben war so leicht gewesen, so natürlich. Damals hatte sie ihn mit offenen Armen akzeptiert. Doch ihre Unschuld und ihr Vertrauen waren lange verloren. Er hatte bereits selber erlebt, dass unter ihrer gefassten, geschäftsmäßigen Fassade Wut und echte Angst lauerten. Sie hasste seine Brutalität – genauso wie er.

Doch die gemeinsame Vergangenheit verband sie auch, und Sams kühnes Testament gab ihnen die Chance auf einen Neubeginn ihrer Beziehung. Donovan hatte sich verändert, seit er neunzehn war, und er würde sich auch noch mehr verändern können. Kate war die beste Motivation für ihn, sich mit der dunklen Seite seines Wesens auseinander zu setzen. Jetzt kannte sie die Wahrheit über seine Familie, die er vorher nur bei der Therapie enthüllt hatte.

Konnte er sich genügend ändern, um ihr Vertrauen zurückzubekommen?

Wenn man Herzen gewinnen wollte, durfte man sein Licht nicht unter den Scheffel stellen.

21. Kapitel

Kate sah auf die Uhr. Noch eine halbe Stunde bis zur Sprengung. Die Luft knisterte vor Spannung, als Tausende von Leuten hinter der Abgrenzung warteten. In der Ferne hörte Kate einen Lautsprecher bellen, als Polizisten ein paar der Zuschauer hinter die Abgrenzung zurückbeorderten. Über hundert Polizisten waren eingesetzt. Las Vegas liebte gute Shows, und endlich war Kate ein Teil davon.

Unter Donovans Anleitung hatten sie endlose Stunden gearbeitet, um diesen Punkt zu erreichen, hatten Säule um Säule mit Dynamit bestückt. Eineinhalb Stangen pro Säule, insgesamt über dreihundert Pfund. Die Zünder waren mit einer Zündschnur verbunden worden, die unglaublich schnell brannte. Wenn man sie von Küste zu Küste spannen würde, würde sie für die Strecke Los Angeles – New York nur eine Viertelstunde brauchen.

Verzögerungspunkte waren eingebaut und mehrfach kontrolliert worden, denn es war wichtig, das Gebäude maßvoll zum Einsturz zu bringen. Vorhin hatte Donovan eine Stunde alleine im Haus verbracht, alles noch einmal überprüft und in einer Art Meditation versucht, die Struktur des Gebäudes ganz zu erfassen.

Kate konnte seine Ruhe nur bewundern. Mit dem, was ihm im Kopf herumging, musste er vollkommen angespannt sein, aber er zeigte es nicht. Er hatte das Kommando, und ihm entging nichts.

Kates Funkgerät meldete sich. »Es wird Zeit«, hörte sie Donovan sagen. »Sieh in den Gärten nach, Kate, das ist der einzige Ort, wo irgendein Idiot, der die Absperrungen umgangen haben könnte, sich vielleicht noch aufhält.«

»In Ordnung, Chef.« Kate machte sich auf den Weg. Wochenlanges Hantieren mit schwerem Gerät hatte dem Garten nicht gut getan, aber es gab noch immer Büsche, die groß genug waren, um sich dahinter verstecken zu können. Obwohl alles schon einmal überprüft worden war, gehörte die doppelte Kontrolle zur Philosophie des Unternehmens, sich auf nichts zu verlassen.

Der Himmel wirkte nicht ganz so dramatisch wie am Vortag, aber der Sonnenuntergang konnte sich durchaus sehen lassen. Das Geräusch eines Hubschraubers zeigte Kate, wo ein Filmteam das Geschehen von oben verfolgte, um die Implosion live zu übertragen. Auch die Video-Crew von *PDI* würde die Sprengung aufnehmen.

Kate ging durch den Garten und überprüfte alles. In den Büschen war nichts, im Brunnen nur Kies, und die Bäume waren zu klein, um darauf zu klettern.

Im letzten Baum aber entdeckte Kate einen jungen Mann in den Blättern, in jeder Hand einen Ast, mit denen er sich zu tarnen versuchte.

»Runter!«, befahl Kate, »auf der Stelle!«

»Ach bitte, Lady, ich möchte so gerne aus der Nähe zusehen.«

»Sie sind nur zwanzig Meter vom Gebäude entfernt, das ist zu nahe dran. Wollen Sie wie gehackte Leber aussehen? Das kann ich mir nicht vorstellen. Und jetzt bewegen Sie sich.«

Seufzend kletterte er herab. Der Junge war höchstens sechzehn. »Ich dachte, ihr könntet ein Haus runterholen, ohne das Nachbarhaus zu beschädigen, wenn es gleich daneben steht.«

»Das können wir auch, aber hier ist die Sprengung anders angelegt. Ihr Tod würde unsere Versicherungsbeiträge erhöhen, und das wollen wir nicht.«

Möglichst cool verschwand der Junge in Richtung der Barrikaden. Kate wartete, bis er auf der anderen Seite war, dann ging sie kopfschüttelnd zurück. Obwohl sie zugeben musste, dass sie kein Recht hatte, den Jungen zu kritisieren, sie war ja auch nicht anders.

Nachdem sie mit dem Garten fertig war, meldete sie: »Ich habe einen Irren gefunden, der unbedingt als Hamburger enden wollte, aber jetzt ist der Garten leer.«

»Die Natur des Menschen steckt doch immer wieder voller Überraschungen«, erwiderte Donovan. »Komm zurück zur Kommandozentrale, Kate.«

Als sie Berrigans Büro betrat, konnte man die Spannung förmlich spüren. Das Fenster zum Palace war einen Spalt geöffnet und ließ Drähte, Geräusche und die kalte Abendbrise herein. Davor drängten sich Donovan, Bull, Carmen und Jim Frazer, der Ingenieur von *PDI*. Jim schloss gerade die Drähte an die Zündung an, die auf einem Tisch vor dem Fenster stand.

Angespannt wollte Berrigan wissen: »Sagen Sie mir noch mal genau, wie es runterkommt, Donovan.«

»Es sollte sich um circa fünfzehn Grad nach links drehen, um die Verbindungen des Treppenhauses loszureißen, und dann gerade in sich zusammenfallen.« Es klang, als hätte Donovan diese Frage schon öfter beantwortet. Er sah auf die Uhr. »Carmen, es ist gleich soweit. Wollen Sie uns die Ehre geben?«

»Auf keinen Fall! Das hier ist zwar besser als jeder Film, aber wenn ich den Knopf drücken soll, wird mir schlecht. Kate soll es machen?«

»Gut, dann macht es Kate.« Donovan sah sie an. »Du weißt, wie es geht.«

Kate wischte sich die schweißnassen Hände an der Jeans trocken und trat neben ihren ehemaligen Mann. Als Kind hatte sie sich unbefangen danach gesehnt, den Knopf zu drücken, ohne zu wissen, was davon abhing. Jetzt waren ihr die Konsequenzen sehr wohl bewusst.

Als Kate den ersten Knopf drückte, um die Maschine aufzuwärmen, sprach Donovan in sein Funkgerät: »Okay, Leute, lasst es uns alles schön ruhig und sauber machen. Luther, wie ist der Widerstand?«

»Wie er sein soll, neun komma fünf. Wir sind fertig zum Abheben!«

Donovan stellte den Lautsprecher an und begann den Count Down. Laut hallte seine Stimme über den Platz. »Zehn ... neun ... acht ...«

Die Menge stand still, als jeder wartete, dann zählten sie wie ein großer Chor mit. Als die Sekunden vergingen, legte Kate den Finger auf den Startknopf. Das rote Licht ging an.

Drei ... zwei ... eins.

Feuer! Sie drückte den zweiten Knopf. So schnell, als geschähe es auf der Stelle, erschienen kleine Lichter hinter der Glasfassade, gefolgt von krachenden Geräuschen wie Feuerwerkskörper, als die Explosion in Gang gesetzt wurde.

Dann ... nichts. Sekunden wurden zur Ewigkeit. Ein kollektives Stöhnen der Enttäuschung ging durch die Menge. Kate warf Donovan einen gequälten Blick zu.

Die Augen auf das Haus gerichtet, murmelte Donovan: »Komm schon, altes Mädchen. Zeig der Welt, wie man mit Stil abtritt.«

Eine zweite Folge von Detonationen ging durch das Gebäude und endete mit einem Knall, der laut in den Ohren klang. Die Scheiben des Palace schimmerten in der Sonne wie eine monströse Schnecke. Endlich wandte sich das Gebäude graziös nach links, während Schutt in alle Richtungen spritzte.

Dann faltete sich das Hotel wie ein Akkordeon zusammen. Erst langsam, dann immer schneller, fielen fünfundzwanzigtausend Tonnen Stahl und Beton in sich zusammen. Flammen vom Filmteam loderten dramatisch dazu, während gewaltige Staubwolken heranrollten und es vorzeitig Nacht werden ließen.

Die Menge jubelte, begleitet von Autoalarmanlagen, die durch die Druckwelle ausgelöst worden waren. Berrigan legte den Arm um Carmen, die vor Aufregung auf und ab sprang, und küsste sie jubelnd. »Harem, wir kommen!«

Kate spürte die Erleichterung in ihren Adern, als die Spannung der letzten Tage sich löste. Sie drehte sich zu Donovan um, der sie in die Arme nahm und »Ja!«, jubelte.

Einen verrückten Moment lang genoss sie die Stärke seiner Arme und das vertraute Gefühl seines Körpers an ihrem. Dann schwand die Euphorie, und es blieben nur er und das Blut, das in ihren Adern hämmerte. *Oh, Patrick, Patrick, Patrick ...*

Sie spürte, wie auch bei ihm Kameradschaft durch Erotik abgelöst wurde. Für einen Moment wollte sie einfach nur für immer in seinen Armen liegen, so richtig kam es ihr dort vor.

Dann kam die Furcht. Nicht die Panik wie am Fahrstuhlschacht, eher eine tiefe Unruhe, die sie sich nicht sicher fühlen ließ. Der Drang, woanders zu sein, ehe sie den Verstand ausschaltete.

Entschlossen, sich dieses Mal im Griff zu haben, löste Kate sich aus seiner Umarmung, als wäre nichts geschehen. »Du hast es geschafft, Donovan, eine perfekte Ladung. Es ist genauso eingestürzt, wie du gesagt hast. Du hast bewiesen, dass *PDI* so gut ist wie immer.«

In seinen Augen sah sie die gleiche Verwirrung, die auch sie gespürt hatte. Aber da steckte eine junge Frau den Kopf ins Büro. »Mr Donovan, kommen Sie mit für ein Interview?«

»Sicher.« Er drehte sich um. »Komm, Kate, du solltest auch dabei sein.«

Ehe sie protestieren konnte, stand sie mit Donovan vor den Trümmern im Licht der Kameras. Ein Reporter schrie: »Wie fühlt es sich an, ein Stück der Geschichte von Las Vegas zu zerstören?«

»Es macht demütig«, erwiderte Donovan.

Eine Reporterin fragte: »Wieviel Dynamit haben Sie benötigt?«

Diesmal antwortete Kate: »Dreihunderteinunddreißig Pfund.«

»So wenig, um so viel zu zerstören«, kommentierte der Radiomann.

»Ein Gebäude besteht zu fünfundachtzig Prozent aus Luft«, erklärte Donovan. »Unser Job ist es, die restlichen fünfzehn Prozent dazu zu überreden, nicht mehr stehen zu wollen. Etwa so, als wenn man einem Fußballer die Beine wegtritt.«

Er warf Kate einen Blick zu. Sie verstand. »Schwerkraft«, ergänzte sie ernst. »Das Gesetz der Schwerkraft.«

Die Reporter kicherten. Dann sagte einer: »*PDI* galt als beste Sprengungsfirma der Welt, aber jetzt wurde der Firmengründer bei einer Explosion getötet. Was heißt das für Ihr Geschäft?«

Kate hatte das Gefühl, einen Schlag in den Magen bekommen zu haben. »Wenn es in den großen Zirkussen zu tragischen Unfällen gekommen ist, haben sie weitergemacht. Mein Vater hätte das auch gewollt.«

Die Presse hatte noch nicht gewusst, dass sie Sams Tochter war. Es gab eine kurze Stille, dann fragte eine Frau: »Mrs Corsi, wie ergeht es einer Frau in der rauen Welt der Sprengungen?«

»Nicht viel anders, als wenn man als Architektin Häuser baut. Nur dass ich bei den Sprengungen dafür bezahlt werde, Häuser mit Pauken und Trompeten kaputtzumachen.«

Alle lachten, und die Pressekonferenz löste sich auf. Kate holte Luft. »Ist das nach jeder Sprengung so?«

Donovan nickte. »Oft. Darum ist es mir manchmal lieber, Ölplattformen zu sprengen, die alleine auf See treiben.«

»Mag sein, aber du kannst recht gut mit der Presse.«

»Kommt auf das Thema an. Aber du warst auch nicht schlecht. Wollen wir uns die Ruine mal näher ansehen?«

Kate nickte, und sie gingen los. Immer noch hing Staub in der Luft, und es herrschte rege Betriebsamkeit, als Souvenirjäger sich Schuttstücke holten und die Filmcrew zusammenräumte. »Klasse gemacht!«, rief der Produzent. »Das wird sich groooooßartig machen!«

Das Haus war zu einem riesigen Haufen aus Glas, Beton und Stahl zusammengefallen, doch das Dach war im Wesentlichen noch ganz. Die Treppe lag wie ein Geigenbogen daneben. »Du bist gut, Donovan«, lobte Kate.

»Verdammt gut«, stimmte er zu. »Das sind wir alle.«

Sie schritten den Platz ab und kehrten dann ins Büro zurück, wo gerade eine Party begann. Donovan wurde sofort von Bull abgefangen, während Kate buchstäblich in Jock Van Meeren rannte, einen Seismologen, den Kate noch aus Kindertagen kannte. »Hallo, Jock, was macht der Seismograf? Gibt es schon Klagen über geborstene Aquarien?«

»Ich hoffe es halb. Ich würde so gerne mal beweisen, wie wenig Schaden *PDI* anrichtet, ich kann es mit Messungen beweisen.«

Wenig später ging Kate an Carmens Schreibtisch, der zu einer improvisierten Bar umgewandelt worden war. Sie goss sich ein Glas Wein ein, als Berrigan rief: »Kommen Sie mal her, Kate, ich will Ihnen etwas zeigen.«

Donovan bestückte gerade ein Videogerät, sodass sie die Implosion noch einmal sehen konnten. In Zeitlupe und aus verschiedenen Blickwinkeln wiederholte sich das Geschehen, während Donovan und Berrigan das Ganze analysierten.

»Großartig gemacht, Donovan«, lobte Berrigan. »Sie können meine Häuser hochjagen, wann immer Sie wollen.« Er blinzelte Kate zu. »Und bringen Sie Mrs Corsi mit. Eine Dynamit-Puppe ist fast noch aufregender als eine Motorradbraut.«

Carmen warf ein: »Solange du das ›fast‹ nicht weglässt.«

Ihr Mann legte ihr den Arm um die Taille. »Nichts ist so sexy wie eine Motorradbraut.«

Carmen sah Kate an und zwinkerte ihr zu.

22. Kapitel

Charles Hamilton hatte sich selber immer als außergewöhnlich willensstarken Mann betrachtet. Er war Anwalt, ein Beruf, der für seine berechnende Vernunft und kluge Besonnenheit bekannt war, und er hatte es geschafft, Julia tagelang fern zu bleiben. Er hatte sie nicht einmal angerufen.

Aber an dem Abend, als er durch Roland Park fuhr, brach seine Willenskraft in sich zusammen. Seit spätem Nachmittag schneite es, sodass er lange im Büro geblieben war, um die Staus zu vermeiden. Jetzt war es besser, aber weil die Umgehungsstraße vereist war, fuhr er auf Nebenstraßen nach Hause. Das führte ihn durch die Gegend, in der die Corsis lebten.

Ohne bewussten Plan bog Charles in die Einfahrt. Unten brannte Licht. Julia war zu Hause.

Charles blieb mit den Händen am Lenkrad sitzen. Er wusste, dass er wieder fahren sollte. Sie war verstört gewesen, als sie aus seinem Haus gerannt war, und er konnte sie verstehen. Aber eine Freundschaft, die seit einem halben Jahrhundert bestand, endete doch sicher nicht wegen weniger Minuten Verrücktheit? Vielleicht war Julia zu verlegen, um das Eis zu brechen, also war der erste Schritt an ihm.

Charles stieg aus und stieg die glatten Stufen hoch, um zu klingeln. Dann wartete er mit angehaltenem Atem, als wäre er wieder sechzehn.

Die Tür schwang auf. Julia stand in blauer Hose, hellblauem Pullover und mit verschlossenem Gesicht vor ihm. »Charles! Wie ... unerwartet.«

Da sie ihm nicht die Tür vor der Nase zuschlug, trat er ein. »Ich habe mir Sorgen um dich gemacht und wollte sehen, wie es dir geht.«

»Mir geht es gut.«

Oscar kam herbeigetrottet und rieb sich an Charles Schenkel. Er streichelte ihn. »Und wie geht es dir, du Wachhund?«

»Er ist eindeutig ein Hund, der Einbrechern den Weg zum Familiensilber zeigt«, erklärte Julia und ging ihm voraus ins Wohnzimmer. »Möchtest du etwas trinken?«

»Ja, bitte.« Charles zögerte. Er wusste nicht, wie er sein Anliegen vorbringen sollte, ohne wie ein kompletter Idiot dazustehen.

Aber er hatte sich schon früher zum Deppen gemacht und es überstanden. »Julia, du warst verständlicherweise verstört über das, was passiert ist, aber vielleicht solltest du mehr darüber nachdenken, wo du jetzt stehst. Darüber ... was dir jetzt hilft.«

Sie wandte sich ab. »Ich weiß nicht, wovon du redest.«

»Du bist verletzt und in Trauer, da brauchst du menschliche Wärme. Wo findet man die besser als bei einem alten Freund?«

Überrascht fragte Julia: »Willst du damit sagen, dass ich aus psychologischen Gründen mit dir schlafen soll?«

Verdammt, das lief alles falsch. »Ich habe über Freundschaft gesprochen, nicht über Sex. Allerdings wäre ich ein Lügner, wenn ich behaupten wollte, dass ich nicht über das nachgedacht hätte, was zwischen uns vorgefallen ist.«

»Ich habe mir auch Gedanken gemacht.« Julia setzte die Flasche ab. »Und ich habe die Bücher über Verlust und Witwenschaft gelesen, die Freunde mir geschenkt haben. Offenbar ist es nichts Ungewöhnliches für jemanden, der gerade den Gatten verloren hat, sich ... sich woanders Trost zu suchen und dann zu schweigen, aus Angst, was die Leute sagen könnten. Seit ich das weiß, fühle ich mich etwas weniger wie ein Monster.«

»Das warst du nie, Julia.«

»Hast du nach Barbaras Tod eine andere Frau gefunden, die dir durch die dürre Phase geholfen hat?«

»Nein, aber vielleicht nur, weil es keine Frau gab, die allein stehend war und mir etwas bedeutete. Manchmal war ich regelrecht ausgehungert nach der Berührung einer menschlichen Hand.« Er ergriff ihre Hand. »Lass uns wieder Freunde sein, Julia. Ich bitte nicht um Liebe oder Ergebenheit oder Disloyalität gegenüber Sam. Ich bitte dich nur um Kameradschaft. Darum, Furcht und Zweifel mit mir zu teilen. Schutz vor dem Sturm zu geben und zu nehmen.«

»Wie Recht du mit dem Hunger nach Berührung hast.« Julia lehnte sich an ihn und stützte die Stirn an seine Brust. »Am meisten vermisse ich, dass mich jemand in die Arme nimmt.«

»Nach Barbaras Tod habe ich beide Hunde ins Bett geholt, damit ich die Nächte überstehe.« Er legte tröstend den Arm um sie. Nur Freundschaft, ermahnte er sich, denn wenn er ihr seine wahren Gefühle gestehen würde, würde sie das zu sehr erschrecken. Das Leben hatte ihm viel von seinem Stolz genommen. Er würde sich mit dem begnügen, was er bekommen konnte. »Sieh mich als größere Version von Oscar, immer für eine Umarmung bereit.«

Julia musste lachen. »Aber ich glaube, du würdest

dann Dinge wollen, die der arme Oscar schon seit Jahren nicht mehr tun kann.«

»Das will ich nicht leugnen. Aber ich möchte nichts, was du nicht zu geben bereit bist.«

»Was mich stört, ist, dass ... ich das will, was du willst.«

»Wir werden die Dinge ins Reine bringen, Julia. Es muss ja nicht heißen, Sex oder gar keine Beziehung.« Er streichelte ihren Rücken, und sie entspannte sich allmählich. Es schwang unterschwellig Begehren mit, aber das war jetzt nicht wichtig. Jetzt zählte nur, dass sie sich wieder gut verstanden. »Schließ mich nur nicht aus.«

Julia legte den Kopf in den Nacken, und Tränen standen in ihren Augen. »Vergiss Jura, Charles, du solltest Gebrauchtwagen verkaufen.«

Charles lächelte. »Vielleicht. Dann hätte ich einen besseren Ruf als als Anwalt.«

Julia lachte. Sie waren wieder Freunde.

Vielleicht durften sie eines Tages auch mehr sein.

Kate genoss die Feier nach der Sprengung, aber nach einer Stunde Buffett und Small-Talk war sie erschöpft. Sie fuhr zurück ins Hotel und gönnte sich ein langes, entspannendes Bad. Anschließend zog sie ihren Bademantel an, holte sich eine teure Flasche Weißwein aus der Minibar und streckte sich auf dem Sofa aus. Die Träume, die sie ihr Leben lang gehabt hatte, waren endlich Realität geworden, und das Ergebnis übertraf alle ihre Erwartungen.

Gerade überlegte sie, ob sie zu Bett gehen und zehn Stunden schlafen sollte, als Donovan zurückkam. »Du hast ja nicht lange durchgehalten«, bemerkte er.

»Als ich anfing zu gähnen und mich unter Carmens Schreibtisch zusammenrollen wollte, habe ich erkannt, dass es Zeit war, ins Bett zu gehen.« Kate gähnte. »Ich kann es kaum erwarten, für ein paar ruhige Tage nach Maryland zurückzukommen.«

»Das muss aber bis übermorgen warten. Vergiss nicht, dass wir uns in San Francisco noch ein altes Bankhaus ansehen müssen.«

»Das hatte ich vergessen.« Besser gesagt, sie hatte nicht daran denken wollen. Ihr Gewissen zwang sie dazu, diesen schweren Weg zu wählen, um Alec zu sagen, dass sie sich trennen müssten, aber das hieß nicht, dass ihr das Spaß machte.

Donovan setzte sich rittlings auf einen Stuhl und verschränkte die Arme auf der Rückenlehne. »Wenn er Zeit hat – können wir dann mit Tom Essen gehen?«

Kate war sofort hellwach. »Wozu? Damit du ihn von Mann zu Mann einen Schwulen nennen kannst?«

»Nein, damit ich mich dafür entschuldigen kann, dass ich so ein Idiot war.«

Donovan war nicht der einzige Idiot gewesen – Sam war noch ein viel größerer gewesen. Selbst für Kate, die ergebene kleine Schwester, war Toms Enthüllung ein Schock gewesen.

Es war an einem Sonnabend im Frühling gewesen – der letzte Frühling ihrer Ehe – und Kate hatte Blumen an der Einfahrt gepflanzt, als ihr Bruder vorbeigekommen war.

Groß, dunkelhaarig und hübsch war er herangeschlendert gekommen, die Augen ängstlicher als seine entspannte Pose. »Hast du noch eine Schaufel, oder ist das eine Ein-Mann-Gartenparty?«

»Himmel, nein, wenn Donovan zu Hause wäre, würde ich ihn Petunien pflanzen lassen.«

Tom holte sich eine Schaufel und kniete sich dann auf die andere Seite des Weges, um zu graben. Kate fand es beruhigend, ihn da zu haben, zumal die Lage zwischen Donovan und ihr in letzter Zeit sehr angespannt war.

Ob es helfen würde, mit Tom darüber zu sprechen? Er war der beste Zuhörer, den sie kannte. Aber wenn sie ihm verriet, dass Donovan zuweilen ein bisschen ... ein bisschen zu wütend wurde, war ihr Bruder dann noch objektiv? Außerdem kam es ihr wie Verrat an ihrem Ehemann vor, wenn sie ihre Ehe mit einem Außenseiter diskutieren wollte.

»Kate, da ist etwas, was ich dir sagen möchte.« Tom sah auf und musterte sie aus blauen Augen, die der ihrer Mutter so ähnlich waren.

Kate setzte sich zurück und wischte sich den Schweiß ab. »Wollen Rachel und du heiraten? Ihr seid ja schon ewig zusammen. Und jetzt, wo du die Schule hinter dir hast und als Programmierer Tonnen von Geld verdienst –«

»Nein! Nein ... nichts Derartiges.«

»Was dann?«

»Ich werde niemanden heiraten. Niemals.« Tom setzte eine Geranie ein und klopfte die Erde fest. Dann holte er tief Luft und sah seine Schwester an. »Ich bin schwul, Kate.«

Kate sah ihn an, ohne zu verstehen. Dann begriff sie, was er gesagt hatte, und wurde blass.

»Sag etwas, Kate, bitte«, verlangte Tom angespannt.

Kate streckte die Hand aus und ergriff seine. Auch wenn die Nachricht sie schockierte, war das weiterhin Tom, ihr Bruder. Seine Finger schlossen sich um ihre.

»Verzeih, ich muss das erstmal verinnerlichen.« Wie konnte Tom homosexuell sein? Er mochte Frauen und genoss ihre Gesellschaft. Aber rückblickend musste sie zugeben, dass er sich ihren Freundinnen gegenüber immer wie ein Bruder verhalten hatte.

Himmel, wie musste es für Tom gewesen sein, etwas so Wichtiges zu verheimlichen? »Ich ... ich habe mich immer darauf gefreut, Tante zu werden, wenn du Kinder hast. Das wird mir fehlen, aber ich denke, ich werde mich daran gewöhnen.«

»Vielleicht sogar schneller als ich.«

»Seit ... seit wann weißt du es?«

»Mein ganzes Leben lang, denke ich. Zu meinen frühesten Erinnerungen gehört die Erkenntnis, dass ich anders bin und nicht darüber reden darf. Ich habe jahrelang versucht zu leugnen, wie ich bin, aber ich kann nicht länger mit der Lüge leben.«

Kate dachte an Rachel Hamilton, die seit der Schule mit Tom ausging. »Weiß Rachel Bescheid?«

»Sie ist vor einer Weile selbst darauf gekommen.«

»Und wie hat sie reagiert?«

»Rachel wird eines Tages eine gute Ärztin sein – sie war vollkommen ruhig. Tatsächlich war sie es, die das Thema vor ein paar Wochen zur Sprache gebracht hat. Sie meinte, es sei an der Zeit, dass ich mit mir ins Reine komme. Fast wäre ich vor Schreck bewusstlos geworden, aber dann war es eine unglaubliche Erleichterung, offen über meine Veranlagung reden zu können. Sie hat mich ermutigt, es euch zu sagen. Ich dachte mir, dass ich bei dir anfange, weil du am ehesten ... bereit bist, mich zu akzeptieren.« Seine Stimme zitterte.

»Oh, Tom, wie könnte ich nicht?« Kate rutschte zu ihm hinüber und umarmte ihn. »Du bist der beste Bruder der Welt, und ich liebe dich. Das werde ich immer tun.«

Er drückte sie so fest, dass ihre Rippen schmerzten. Lange hielten sie einander so, und Kate stiegen die Tränen in die Augen. Er war der freundlichste und mitfühlendste Mensch, den sie kannte, aber viele würden ihn wegen seiner Veranlagung verurteilen, ohne den Menschen dahinter zu sehen. »Es muss so schwer für dich gewesen sein, alleine damit fertig zu werden.«

»Es ... es war nicht leicht.« Er ließ sie los und setzte sich zurück. »Zumindest hast du mir nicht gesagt, dass du mich nie mehr sehen willst. Das ist schon mal ein Anfang. Aber ich mache mir Sorgen, wie Mum und Dad reagieren werden.«

»Sie lieben dich, Tom. Du bist heute kein anderer als gestern. Sie werden dich nicht vor die Tür setzen, weil du bist, wer du bist.«

»Ich denke, Mum wird so reagieren wie du – schockiert, aber in der Lage, damit umzugehen. Aber Dad ...« Er nahm eine Hand voll Erde auf und zerkrümelte sie. »Das wird ihm das Herz brechen. Es war schon schlimm, als ich nicht bei *PDI* arbeiten wollte, aber das hier ist viel schlimmer. Sein einziger Sohn ein Schwuler. Das wird ihn zerstören, und es wird sich als Wut äußern.«

Tom hatte wahrscheinlich Recht. Ihr Vater war ein Dickkopf und ein nicht zu bekehrender Konservativer. Ein Mann, der seiner Tochter nicht erlaubte, in das Familienunternehmen einzusteigen, würde entsetzt sein, wenn er erfuhr, dass sein einziger Sohn homosexuell war. »Er wird sich aufregen, aber er wird darüber hinwegkommen. Das tut er immer.«

»Das hier ist etwas anderes, Kate. Ganz anders.«

Tom drehte seine Schaufel rastlos in den Händen. »Donovan wird auch Schwierigkeiten damit haben.«

»Er wird verstört sein, aber er hat dich immer gemocht – und du stehst ihm nicht so nahe. Es ist einfacher, einen schwulen Schwager als einen schwulen Sohn zu akzeptieren.«

»Möglich. Aber kannst du damit warten, es ihm zu erzählen, bis ich mit Mam und Dad gesprochen habe? Diese Enthüllungen sind wirklich erschöpfend.«

»Übereile nichts«, stimmte Kate zu. »Und jetzt an die Arbeit, sonst gibt es kein Mittagessen.«

Ihr Bruder lachte, und dann pflanzten sie weiter. Kate wünschte später oft, dass ihr Bruder ein einfacheres Los gehabt hätte, aber seine Veranlagung war nie ein Thema zwischen ihnen gewesen. Seine Freunde und er waren ihre Rettung gewesen, als sie sich nach San Francisco geflüchtet hatte, verletzt an Leib und Seele. Ihre Unterstützung hatte ihr in den schwierigsten Zeiten ihres Lebens geholfen. Sie wollte ihren Bruder gar nicht anders haben, weil sie ihn genauso liebte, wie er war.

Andere aber waren nicht so tolerant gewesen.

Kate wurde bewusst, dass sie ihr Weinglas wie eine Waffe hielt. Auch Donovan hatte es bemerkt. »Du siehst aus wie eine Katze, die ihre Jungen verteidigt«, bemerkte er.

»Verzeihung. Tom braucht mich nicht, um ihn zu verteidigen.«

»Ich habe mich gefragt ... weil Tom schon so lange in San Francisco lebt ... ist er ...?«

»HIV-positiv? Nein, Tom geht es gut. Aber Mick, sein Lebenspartner, ist vor drei Jahren gestorben.« Sie hatte sich mit um Toms Freund gekümmert, als es zu Ende ging, und bei seiner Beerdigung geweint. Nach der ersten Trauer hatte Tom sich in die Seelsorge gestürzt und seine Kraft und sein Mitleid anderen angeboten, die im Sterben lagen. »Mick war ein großartiger Kerl.«

»Das tut mir Leid«, sagte Donovan. »Meine Reaktion auf Tom hat mir später übrigens geholfen, als ein Freund von mir sich geoutet hat. Da konnte ich sagen: Ist ja ein Ding, und nun lass uns zum Fußball gehen. Das wusste er sehr zu schätzen.«

»Ein Jammer, dass du bei Tom noch nicht so erleuchtet warst.«

»Ich habe mich wie ein Idiot benommen. Außerdem gab es damals ... noch andere Schwierigkeiten.«

Das stimmte. »Nachdem du nun gereift bist, was empfindest du in Bezug auf Tom?«

»Dass er ein wundervoller Kerl ist, der Männer Frauen vorzieht.« Donovan schwieg. »Ich möchte mich gerne bei ihm für die Vergangenheit entschuldigen. Tränen, Sack und Asche, was immer.«

»Ein bisschen Reue würde wahrscheinlich reichen. Tom ist nicht der Typ, der ewig nachträgt. Ich rufe ihn an und frage, ob er Zeit hat. Meine Partnerin werde ich auch anrufen. Liz fehlt mir wirklich.«

Kate ging in ihr Zimmer und dachte, dass Donovan sich in den letzten zehn Jahren verändert hatte. Zum Besseren.

23. Kapitel

Willkommen in San Francisco, der Stadt der Blumenkinder«, rief Kate und gab Gas, als ihr Mietwagen die Küstenstraße erreichte. Zu ihrer Überraschung hatte Donovan ihr die Wagenschlüssel zugeworfen und gesagt, jetzt sei sie an der Reihe, ihn durch die Gegend zu fahren. Früher hatte immer er sich automatisch ans Lenkrad gesetzt, wenn sie gemeinsam unterwegs gewesen waren, und es hatte ihr Spaß gemacht, sich chauffieren zu lassen.

Ihre Freude darüber, zu Hause zu sein, überraschte sie, weil sie ja gar nicht lange fort gewesen war. Als sie in die Stadt fuhr, dachte sie sich, dass es daran lag, dass dies hier ihr Territorium war. Hier lebte sie nicht in Donovans Haus, war nicht sein Lehrling. In San Francisco war sie stark und selbstständig.

»Warum grinst du?«, wollte Donovan wissen.

»Ich erkenne gerade, dass Menschen genauso ein Revier haben wie Wölfe, und das hier ist mein Revier.«

»Soll das bedeuten, dass dir bei Vollmond ein Fell wächst?«

»Vielleicht.« Kate erkannte, dass sie fast flirteten, und konzentrierte sich auf die Straße. Es war ein perfekter Wintertag mit klarer Luft und weiter Sicht. Ein Tag, an dem man wie ein Tourist am Strand entlangwandern und Krabbensuppe essen wollte.

Stattdessen waren sie auf dem Weg in das *PDI*-Büro,

um mit einem möglichen Kunden über einen Auftrag zu sprechen. Aber danach waren sie frei – und Kate würde eine Nacht in ihrem eigenen Haus verbringen. Jenny war bei ihren Eltern. Wenn sie von dem kurzen Besuch bei Alec am Abend absah, würde es ein schöner Tag werden.

Donovan, der aus dem Fenster sah, sagte: »Es wäre kinderleicht, die Brücke runterzuholen. Höchstens zweihundert Pfund Dynamit.«

Verwundert fragte Kate: »Denkst du bei jedem Bauwerk daran, wie du es zum Einsturz bringen kannst?«

»Immer.«

Nicht mehr lange, und sie wäre auch so.

Als Kate vom Parkplatz der El Dorado-Bank fuhr, löste Donovan seine Krawatte. Der Besuch in der Bank war erfolgreich gewesen, und das, obwohl der Präsident der Bank unvorhergesehen zu dem Gespräch gestoßen war. »Ich frage mich, warum der Präsident bei so einer Routinesache dabei war.«

»Er wurde vom Glanz *PDI*s angelockt«, erwiderte Kate. »Du hast ihn beeindruckt. Er wird dir den Auftrag geben, das alte Bürohaus einzureißen.«

»Hoffentlich. Das kann man bei solchen Barracudas nie wissen.«

Kate blieb an einer Ampel stehen. An der Ecke unterhielt ein Straßenkünstler eine Gruppe Touristen. »Glaub mir, der Barracuda mochte dich.«

Donovans Blick fiel auf Kates Knie, das der geknöpfte lange Rock freigab. Darunter waren ihre Beine in eleganten Stiefeln zu sehen. Erstaunlich, wie viel provozierender das wirkte als ein kurzer Rock. »Du warst diejenige, die Eindruck gemacht hat. Wenn du noch einen Knopf mehr geöffnet hättest, wäre er dir in den Schoß gekippt.«

»Wenn man mit Barracudas zu tun hat, muss eine Frau alle Waffen einsetzen, die sie hat. Was glaubst du, warum ich diesen Rock angezogen habe? Er hat schon früher gewirkt.«

»Du bist schamlos. Und ich dachte, du bist ganz Geschäftsfrau und Intellekt.«

»Mist, ich hatte gehofft, dass du es nicht merkst.«

Entspannt sah Donovan aus dem Fenster. Kate war bei dem Treffen eine echte Hilfe gewesen, auch wenn Randolph erst gedacht hatte, sie wäre seine Sekretärin oder Freundin, wenn nicht beides. Ihr Verstand hatte ihn fast so beeindruckt wie ihre Beine. Falls *PDI* den Auftrag bekam, war das genauso Kates Verdienst. Nick Corsi hatte sich ebenfalls beworben, aber selbst wenn er seine Frau mitbrachte – Angie war nicht Kate.

Donovan traf nicht gerne Menschen, die er verletzt hatte, und Tom Corsi machte es ihm auch nicht gerade einfach. Sein Ex-Schwager saß bereits im Khyber Pass, dem afghanischen Restaurant in Kates alter Wohngegend, wo sie sich zum Essen verabredet hatten. Als Kate und Donovan an den Tisch traten, stand Tom auf. Er war groß und schlank mit den dunklen Haaren seines Vaters und den blauen Augen seiner Mutter. Sein Gesicht zeigte, dass er älter geworden war.

Tom war immer ein angenehmer Gesprächspartner gewesen, aber heute waren seine Augen kalt wie Stein. Er umarmte Kate und wandte sich dann Donovan zu. »Es ist lange her.«

»Zu lange. Seit Jahren habe ich den Wunsch, mich zu entschuldigen. Als du meine Hilfe gebraucht hättest, habe ich nur alles noch schlimmer gemacht.« Donovan streckte Tom die Hand hin.

Nach kurzem Zögern akzeptierte Tom sie. »Entschuldigung angenommen.«

Das war ein Anfang. Sie setzten sich, und Kate überspielte jede Verlegenheit mit einer anschaulichen Schilderung der Sprengung in Las Vegas.

Kurz darauf kam Liz Chen dazu und entschuldigte sich für die Verspätung. Klein und graziös mit einer Fülle schwarzer Haare war sie eine echte Frau aus San Francisco. »Sie sind also der berüchtigte Donovan«, begrüßte sie ihn. Ihre Hand war klein, aber der Händedruck fest.

»Ich glaube nicht, dass ich wissen will, was das bedeuten soll.« Hier war in der Tat Kates Revier. Donovan hatte deutlich den Eindruck, dass die kleine Liz ihm die Kehle aufschlitzen würde, wenn sie den Eindruck hätte, er würde Kate das Leben schwer machen.

»Was Sie so berüchtigt macht, ist der Umstand, dass Kate so wenig von Ihnen erzählt«, fuhr Liz fort, gab Tom einen Kuss und setzte sich dann Donovan gegenüber. »Kalifornien steckt voller Ex-Männer, und üblicherweise erfährt man viel zu viel über sie. Nur Kate ist so diskret, dass ich endlos spekulieren muss.«

»Liz hat zu viel Fantasie«, warf Kate ein.

Ehe Liz noch mehr sagen konnte, erschien ein Kellner am Tisch und fragte nach ihren Wünschen, und die Unterhaltung wandte sich anderen Themen zu. Obwohl Tom nichts mit Donovan sprach, fiel das durch das Geplauder der Frauen wenig auf.

Doch das endete mit dem Essen. Nachdem der Kellner abgeräumt hatte, sagte Tom zu Kate: »Ich weiß, dass du mit Liz übers Geschäft reden willst. Donovan und ich machen solange einen kleinen Spaziergang. In einer Stunde kommen wir zu dir für Kaffee und Kuchen.«

Kate sah ihren Bruder aus schmalen Augen an. »Gut, ich nehme ein paar Kekse mit. Aber ich warne dich, wenn ihr zu lange unterwegs seid, sind keine mehr übrig.«

Nach kurzem Gerangel um die Rechnung, das Kate mit dem Argument gewann, so viel über Sprengungen gelernt zu haben, dass sie sich revanchieren wolle, führte Tom Donovan nach draußen. Es war dunkel und der Februar feucht und kalt.

Schweigend gingen sie nebeneinander her. Tausende von Lichtern erhellten die Stadt. Donovan warf Tom einen Blick zu, doch sein Gesicht wirkte kühl und reserviert. Besser, er überließ Tom den ersten Zug, er war es, der das Gespräch gewollt hatte.

Am Fuße des Hügels kamen sie an einer schäbigen Kirche vorbei. Nebel umwaberte den Glockenturm.

»Gehst du noch zur Kirche?«, brach Tom das Schweigen.

Das hatte Donovan nicht erwartet. »In letzter Zeit nicht.«

Tom strebte dem Eingang zu. »Dann komm mit rein für einen kurzen Besuch. Gut bei der Kälte für den Körper. Und gut für die Seele.«

»Ist das deine Kirche?«

»Nein, ich wohne in einem anderen Bezirk, aber ich komme regelmäßig hier vorbei.« Tom schritt auf den Altar zu. »Ich mag Kirchen, egal, welche. Meine Vorstellung von Ferien sind ein paar Wochen in einem Kloster in New Mexico.«

Im Dämmerlicht erkannte Donovan die Passionsgeschichte in typisch spanischem Stil an die Wand gemalt. Obwohl die Kirche anders war, als die, die er kannte, hätte er auch mit geschlossenen Augen sofort gewusst, dass sie katholisch war. Jahrzehnte voller Weihrauch waren in alle Poren gedrungen. »Wie lässt sich die offizielle Einstellung der Kirche zur Homosexualität mit deinem Glauben vereinbaren?«

»Kirche ist mehr als Steine, Mörtel und Erlasse. Ich akzeptiere ihre Irrungen, auch wenn sie meine nicht akzeptiert. Zum Glück gibt es in San Francisco viele Gemeinden, die Homosexuelle willkommen heißen. Einer der vielen Gründe, hierher zu ziehen.« Tom blieb vor den Votivkerzen stehen, wo nur ein Exemplar brannte. Er warf ein paar Münzen in einen Kasten und entzündete eine neue Kerze an der alten. »Für meinen Vater«, erklärte er leise, »mit dem steinharten Dickkopf und dem großen Herzen.«

Es war Jahre her, seit Donovan für jemanden eine Kerze entzündet hatte, und die Macht der Geste traf ihn tief. Der Triumph des Lichts über die Dunkelheit. Vielleicht eine Reinigung der Gefühle durch das Feuer. Er zog zehn Dollar aus der Tasche und steckte sie in die Büchse. Dann entzündete er eine kurze, weiße Kerze an Toms. »Für Sam, der mir vielleicht ein besserer Vater war als dir.«

Dann entzündete er noch eine Kerze für Mary Beth, seine kleine Schwester, die nie hatte erwachsen werden dürfen. Dann eine für seine Mutter, die nie von ihrem Glauben gelassen hatte, egal, was sie erduldet hatte. Und eine für seinen Vater, der böse Dinge getan hatte, ohne wirklich böse zu sein.

Genug Kerzen, um Wärme zu erzeugen. Impulsiv zündete Donovan eine weitere an. »Für Mick.«

Tom warf ihm einen scharfen Blick zu.

»Kate hat es mir erzählt. Ich weiß, wie hart es ist, eine Liebe zu verlieren, egal, aus welchem Grund. Auch wenn es keine Rolle mehr spielt, ich war nie ... nie so geschockt durch deine Enthüllung wie darüber, wie dein Vater reagiert hat. Seitdem habe ich immer bedauert, dass meine Unterstützung Sams wie ein Angriff auf dich gewirkt haben muss. Das habe ich oft bereut.«

»Mir ist dasselbe mit der Zeit klar geworden. Ich war sogar froh, dass Sam dich hatte, weil er sich mit Kate und mir so überworfen hat.« Tom entzündete noch eine Kerze. »Was willst du von Kate?«

Sie waren am eigentlichen Punkt der Unterhaltung angekommen. »Warum glaubst du, dass ich etwas will?«

»Keine Spielchen, Donovan.«

»Kate hat dir erzählt, warum sie mich verlassen hat?«

Tom nickte. »Soweit ich weiß, hat sie es nur zwei Menschen erzählt.«

»Ich will, dass sie über die Wunden wegkommt, die ich ihr zugefügt habe. Dann ... wünsche ich mir, dass sie sich wieder in mich verliebt.«

Tom zeigte keine Reaktion. »Willst du sie oder die verrückte Verliebtheit des Neunzehnjährigen?«

»Kate ist es, die ich will. Ich verdiene sie nicht, aber sie geht mir unter die Haut wie niemand sonst. Ich ... ich würde alles für sie tun.«

»Wenn du es sagst. Was hätte sie von einer erneuten Beziehung?«

Eine gute Frage. »Ich glaube, dass kein anderer Mann sie je so lieben wird wie ich.«

»Hast du sie deshalb verprügelt?«

Die kalten Worte waren wie ein Schlag ins Gesicht. »Die schreckliche Wahrheit ist, dass Liebe und Gewalt unleugbar miteinander zusammenhingen.«

»Erkenntnis ist der erste Schritt zur Besserung, aber Sex und Gewalt sind eine Furcht einflößende Mischung. Manchmal eine tödliche.« Beunruhigt sah Tom Donovan an. »Du solltest das wissen.«

»Ich habe es keinen verdammten Moment vergessen.« Er fragte sich, ob es Sinn machte, eine Kerze für eine tote Ehe zu entzünden. Einen Versuch war es wert. Als er den Docht in die Flamme hielt, fragte er: »Wirst du Kate sagen, was ich dir erzählt habe?«

»Nur, wenn sie mich fragt. Sie muss die Dinge auf ihre Weise ins Reine bringen.«

»Gut.« Donovan war noch nicht bereit, ihr sein Herz offen zu legen, nicht, wenn sie vielleicht nur darauf trat.

Tom wandte sich ab und bekreuzigte sich. Donovan tat es ihm nach. Alte Rituale spendeten Trost.

Beim Verlassen der Kirche sagte Tom: »Es ist an der Zeit, zu Kate zurück zu gehen. Ich habe jetzt Lust auf Kaffee und Kekse.«

»Auf den Kaffee freue ich mich auch.«

Nach ein paar Blocks fragte Tom: »Hat mein Vater je über mich gesprochen?«

»Jahrelang nicht, aber kurz vor seiner Runde durch das Jefferson Arms hat er plötzlich gesagt, dass er dich in den nächsten Tagen einmal anrufen wolle.«

»Himmel. Ist das wahr?«

»Ja.«

»Er muss schon eine Weile daran gedacht haben, da er mich in seinem Testament bedacht hat. Schade, dass er nicht noch angerufen hat.«

»Das Testament war seine Art, sich zu entschuldigen. Er war nie gut beim ersten Schritt, deshalb hat er mit dem letzten angefangen.«

»Manchmal habe ich überlegt, ob ich nach Baltimore fliegen und einfach unangemeldet dort aufkreuzen sollte. Was, meinst du, hätte er getan?«

»Ich weiß es wirklich nicht. Kann sein, dass er in die Luft gegangen wäre, aber ich könnte mir auch vorstellen, dass er dir ein Glas Rotwein gegeben und dir das neueste Video einer Explosion gezeigt hätte.«

»Vielleicht hätte ich es wagen sollen, aber ... ich hatte Angst. Mein Leben war im Lot, ich hatte es geschafft. Ich hatte furchtbare Angst, dass ich mich ... verlieren würde, wenn ich Sam wiedersähe.« Tom schwieg. »Wenn ich es ausspreche, klingt es absurd.«

Donovan dachte daran, wie oft er sich vorgestellt hatte, nach San Francisco zu fliegen, um Kate zu besuchen. Zurückweisung schmerzte. Sie schmerzte höllisch. »Sei nicht zu hart mit dir, nur weil du nicht riskieren wolltest, wieder das Opfer von Sams Bigotterie zu werden.«

»Danke, Donovan«, gab Tom ruhig zurück.

»Gerne geschehen. Nachdem du mir meine Verfehlungen aufgezeigt hast, bin ich jetzt dran. Warum hast du deine Mutter nie besucht? Julia braucht dich, aber sie würde dich nie bitten zu kommen.«

»Ich versuche, sie zu einem Besuch hier zu überreden.«

»Das reicht nicht. Sie muss wissen, dass du für sie dein Leben unterbrichst und etwas tust, was dir schwer fällt. Julia und du seid euch nicht mehr so nahe wie früher, aber sie ist immer noch deine Mutter. In einer unmöglichen Situation hat sie ihr Bestes versucht. Lass deine Probleme mit Sam nicht zwischen sie und dich kommen.«

Der Nebel wurde jetzt dichter. Als sie wieder auf dem Hügel waren, sagte Tom: »Ich hasse es, wenn mir jemand sagt, dass ich Unrecht habe, und damit Recht hat.«

»Du bist nicht im Unrecht, aber du hast auch einen gehörigen Teil des Corsi-Stolzes – und der Dickköpfigkeit.«

»Schreckliche Vorstellung ... aber du hast Recht.«

Wenn Donovan sich überlegte, was Stolz in ihren Leben alles angerichtet hatte, war das zu Recht eine der Todsünden.

24. Kapitel

Kates Haus war typisch für San Francisco, ein kleines, viktorianisches Gebäude mit Erker und viel Holz. Drinnen saßen Liz und Kate bei Cappuccino und Keksen auf dem Sofa, während eine große Katze auf Kates Schoß lag und besitzergreifend schnurrte. Selbst ohne Kates Anwesenheit hätte Donovan sofort gewusst, dass es Kates Haus war: Es verriet überall ihre persönliche Handschrift.

Er sah sich um und merkte, wie sie den Raum vergrößert hatte, ohne seinen Charme dabei zu opfern. Von einer Architektin hätte man erwartet, dass sie ein großes Haus besaß, aber Kates Haus war einfach nur gemütlich. Die liebevoll restaurierten Möbel wirkten warm, die Polstersessel luden zum sich Niederlassen ein. In den Regalen standen einzelne Sammlerstücke, und eine Reihe von Fotos schmückte eine Wand.

Donovan hatte sein Haus mit Sorgfalt und Genauigkeit umgewandelt, aber er war Ingenieur bis in die Knochen. Die kleinen Besonderheiten, die ein Haus individuell machten, lagen ihm nicht. »Das Haus ist entzückend, Kate.«

»Danke. Wenn man mit exzentrischen Kunden zu tun hat, ist es ein Vergnügen, hierher nach Hause zu kommen und tun zu können, was man will.« Kate erhob sich. »Cappuccino?«

»Ja, gerne.«

Donovan reichte Tom seinen Mantel und betrachtete dann die Fotos an der Wand. Eines zeigte Kate mit ihren vier Freundinnen am Strand, wahrscheinlich beim zehnjährigen Abiturtreffen. Val hatte das Treffen einmal erwähnt. Daneben hing das Bild von Tom und einem rothaarigen Mann, der zu dünn war, aber unwiderstehlich lächelte. Wahrscheinlich Mick. Wie Kate gesagt hatte, sah er sehr sympathisch aus. Daneben hingen viele andere Fotos von Freunden und Leuten, die er nicht kannte. Von Kates Ex-Mann war kein Bild dabei, was ihn nicht weiter verwunderte.

Unter den Fotos sah er außerdem mehrere Zertifikate. Offenbar verbrachte Kate viel Zeit damit, Spielplätze zu entwerfen. Ihre Schule wäre stolz auf sie. Alles zusammen ergaben die Fotos und Zertifikate einen Abriss ihres Lebens. Kate hatte in San Francisco viel erreicht.

Jetzt trat Kate zu ihm und reichte ihm einen Becher mit Sahnehaube. »Ich nehme an, Tom und du habt die Streitaxt irgendwo anders vergraben als in den Köpfen des anderen?«

»Ja. Es war gut, sich auszusprechen.«

Sie gesellten sich zu Liz und Tom. Das Kaffeetrinken war wesentlich entspannter als das Essen. Am besten gefiel Donovan der Schnurrbart aus Puderzucker, der Kates Lippe zierte, ehe sie ihn zierlich mit der Zunge ableckte.

Gegen halb zehn brachen Liz und Tom auf. Kate verabschiedete sich von ihnen und blieb noch auf der Veranda stehen, den Blick auf die Stadt gerichtet. »Ich kann mir San Francisco ohne Berge gar nicht vorstellen. Als ich herzog, habe ich mich immer gefragt, was die Leute machen, wenn die steilen Straßen vereist sind.«

»Mir ging es genauso. Ich nehme an, die Antwort ist, dass sie nie vereisen.«

»Genau.« Kate wandte sich zu ihm um, ihre Entspanntheit wie weggewischt. »Ich gehe aus. Es gibt da jemanden, den ich sehen muss.«

Donovan versteifte sich. »Dein Freund.«

»Stimmt.« Kate holte ihren Mantel. »Ich bin nicht allzu spät zurück.«

Donovan schaffte es, sich zu beherrschen, als sie die Stufen hinunterstieg. Er schloss die Tür und kehrte blicklos ins Wohnzimmer zurück.

Sie ging zu einem anderen Mann.

Himmel! Früher hätte er die Faust an die Wand oder einen Stuhl in Stücke geschlagen, aber inzwischen hatte er gelernt, dass es die Wut nur vergrößerte, wenn man gewalttätig wurde. Er ließ sich aufs Sofa sinken, vergrub den Kopf in den Händen und dachte nach.

Komm darüber hinweg. Ihre Ehe war lange vorbei. Egal, was er insgeheim hoffen mochte, er hatte keinerlei Ansprüche an sie. Kate hatte jedes Recht, sich den Liebhaber zu nehmen, den sie wollte. Er war ja auch kein Mönch gewesen.

Donovan zwang sich dazu, sich Kate mit einem anderen Mann zusammen im Bett vorzustellen. Lachend, schwitzend, intim. Ein großer männlicher Körper auf ihrem, fremde Hände auf ihrer Haut. Und Kate, die reagierte, die dunklen Augen weich vor Lust, woran er sich nur zu gut erinnerte.

Zuerst machten die Bilder ihn krank. Doch allmählich schaffte er es, seine Eifersucht zu kontrollieren. Er konnte froh sein, dass er nicht um sich geschlagen hatte. Aber er fragte sich, ob einmal ein Tag kommen würde, an dem er keine Wut mehr verspürte, nicht mehr den Drang hatte, einfach sinnlos zuzuschlagen.

Wahrscheinlich nicht.

In Alecs Haus brannte Licht. Kate zögerte im Auto und dachte darüber nach, wie lange sie ihn jetzt schon kannte. Sie hatte Alec kennen gelernt, als er Chen und Corsi angeheuert hatte, um seine Küche umzubauen. Ihre Arbeit – und sie – hatten ihm gefallen. Das Gefühl war gegenseitig gewesen, und so waren sie mühelos in eine Beziehung gerutscht.

Kate hatte telefonisch in Alecs Büro erfahren, dass er am Nachmittag von seiner Asienreise zurückkommen würde. Sie hatte ihm eine Nachricht auf seinem Anrufbeantworter hinterlassen, dass sie bei ihm vorbeikommen würde. Sie kannte seinen Rhythmus. Den Abend würde er zu Hause verbringen, seine Post durchsehen und die Wäsche waschen. Früher hatte er sie eingeladen, ihn später zu besuchen.

Kate rüstete sich für die Begegnung, stieg aus und klingelte. Er öffnete sofort und begrüßte sie mit einem Lächeln. Alec Gregory war Mitte Dreißig, hatte welliges braunes Haar und einen eckigen Kiefer, der zu einem FBI-Beamten in einem Spielfilm gepasst hätte. Sein Geschmack war exquisit, was bedeutete, dass er einen grauen Kaschmirpullover trug, der seine grauen Augen vorteilhaft betonte.

Liz, die immer wie eine allergische Katze auf Alec reagierte, behauptete, er wäre ein Yuppie und Workaholic, der nur Designerklamotten an seinen wohltrainierten Leib ließe. Möglich, dass das stimmte, aber er war ein netter Yuppie.

»Kate, das trifft sich gut. Gerade wollte ich dich anrufen. Ich bin heute erst aus Singapur zurückgekommen und leide unter dem Jetlag, aber mein Magen ist sich sicher, dass er leer ist. Wollen wir irgendwo etwas essen gehen?«

Kate schob sich an ihm vorbei, ehe er sie küssen

konnte. Im Flur stand eine teure, chinesische Konsole, zu deren Kauf sie ihn überredet hatte. »Tut mir Leid, ich kann nicht lange bleiben. Ich bin nur gekommen, weil ich mit dir reden muss.«

Alec folgte ihr ins Wohnzimmer, wo ein Stapel Post auf einem Sessel lag. »Besser ein paar Minuten als gar nicht. Wie geht es deiner Mutter?«

Er hatte Julia kennen gelernt, als sie Kate und Tom in San Francisco besucht hatte, und die beiden hatten einander immer gemocht. »Es geht ihr so gut, wie man bei einer Frau erwarten kann, die gerade den Mann verloren hat, mit dem sie fünfunddreißig Jahre lang verheiratet war.«

»Du hast Recht, das war eine dumme Frage«, erwiderte Alec trocken. »Grüße sie bitte herzlich von mir.«

»Deine Blumen waren sehr schön.« Genug Small Talk. »Mein Vater hat ein verrücktes Testament hinterlassen, das mich das nächste Jahr in Maryland festhält. Ich bin bereits umgezogen und nur zu einem kurzen Besuch hier. Ich ... ich wollte mich persönlich von dir verabschieden.«

»Deshalb also war deine Nachricht so kryptisch. Nun, ich denke, ein Jahr kriegen wir schon rum. Ich bin ziemlich regelmäßig an der Ostküste, und ab und zu kannst du sicher herkommen. So schlimm wird es schon nicht werden.« Er lächelte. »Abwesenheit verstärkt die Leidenschaft.«

»Nein, Alec, das würde nicht klappen. Mein Vater will, dass ich das Haus mit meinem Ex-Mann teile. An der Vereinbarung ist nichts Romantisches, aber ich kann mir nicht vorstellen, gleichzeitig eine Affäre mit einem anderen zu haben.«

Alec starrte sie an. »Du machst Scherze, nicht wahr?

Kein Testament kann dich zwingen, etwas so – ... so Mittelalterliches zu tun!«

»Niemand zwingt mich.«

»Warum tust du es dann? Was ist so wichtig, dass du dein Leben dafür ein Jahr lang anhältst?«

Kate dachte nach. »Ich gehe zum Teil deshalb zurück, weil ich so im Familienunternehmen mitarbeiten kann, aber auch, weil ich eine Chance darin sehe, mich mit einer Menge emotionalem Ballast auseinander zu setzen, den ich jahrelang ignoriert habe.«

»Mit anderen Worten, du bist so damit beschäftigt, dich mit deinem Ex-Mann auseinander zu setzen, dass für mich kein Platz mehr ist.«

»Ich ... ich habe nicht gedacht, dass du die Beziehung fortsetzen willst, wenn dreitausend Meilen zwischen uns liegen.«

Alec sah angespannt und zehn Jahre älter aus. »Nein? Und ich hatte gedacht, wir wären soweit, dass der nächste logische Schritt die Ehe gewesen wäre. Ich denke, da habe ich mich geirrt.«

Hätte sie Ja gesagt, wenn er sie gefragt hätte? Vielleicht. Sie mochte ihn mehr als jeden anderen, den sie seit ihrer Scheidung kennen gelernt hatte. Vielleicht hätte ihr Wunsch nach einer Familie sie dazu bewogen, Alecs Antrag anzunehmen.

Aber sich gut zu verstehen war nicht Liebe. Liebe bedeutete, sich mit jeder Faser des Herzens nach dem anderen zu sehnen. Sich nur mit ihm komplett zu fühlen. Solche tiefe Gefühle hatte sie seit Jahren nicht mehr empfunden und halb vergessen, dass es so etwas gab. Erst das Wiedersehen mit Patrick hatte ihr gezeigt, wie Liebe wirklich war, und nun konnte sie sich nie mehr mit weniger zufrieden geben. »Es ... es tut mir Leid. Ich habe nicht gewusst, dass es dir so viel bedeutet.«

»Du wolltest es nicht wissen.«

Ein unbehagliches Schweigen breitete sich zwischen ihnen aus. »Du hast Recht, ich habe vieles nicht wissen wollen. Deshalb muss ich auch in Maryland bleiben – um zu sehen, was schief gelaufen ist und wie ich darüber wieder hinwegkomme. Es tut mir Leid, Alec, ich wollte dich nie verletzen.«

»Das weiß ich, Kate. Aber ... wirf meine Telefonnummer nicht weg. Ich werde nicht zu Hause sitzen und warten, aber wenn du zurückkommst, bin ich vielleicht doch noch zu haben.«

»Ich werde zurückkommen. Aber nun – auf Wiedersehen.«

»Pass auf dich auf, Kate.« Alec nahm sie noch einmal in die Arme. Seine leere Stimme ließ ihr fast die Tränen kommen, und als er flüsterte: »Ich liebe dich«, trat sie mit Tränen auf den Wangen in die Nacht hinaus.

Ins Bett zu gehen war unmöglich, deshalb legte Donovan sich aufs Sofa, während seine Gedanken sich im Kreis drehten. Das Geräusch des Schlüssels, der sich im Schloss drehte, holte ihn zurück in die Gegenwart.

Kate trat ein, und blonde Strähnen hingen ihr ums Gesicht, als wenn sie jemand liebkost hätte. Donovan blieb sehr still und gestattete sich keinerlei Reaktion.

»Nur zu deiner Information«, begann Kate, »der Mann, mit dem ich die letzten Jahre geschlafen habe, heißt Alec.«

»Das brauche ich nicht zu wissen.«

»Er ist ein wunderbarer Liebhaber. Überraschend verspielt für einen Finanzhai. Wir haben einander die Kleider vom Leib gerissen und unseren Körperteilen Namen gegeben.«

Kate trat so nahe zu Donovan, dass sie einander fast berührten. »Sonntagmorgen war es immer am besten. Der Sex war noch besser als die belgischen Waffeln. Frühstück, Sex und die Zeitung. Alec mochte Sirup besonders. Den hat er immer ...«

»Hör auf!« Donovan sprang auf und packte Kate an den Armen. »Was willst du, Kate? Mich dazu bringen, dir zu beweisen, dass ich genauso schlimm bin wie früher?«

»Vielleicht will ich genau das. Dann ... dann hätte ich einen Grund zu kämpfen. Zu schreien und zu brüllen und wütend zu sein.« Ihre Stimme zitterte.

»Das ist verrückt. Ich will verdammt sein, wenn ich dir helfe zu beweisen, wie wertlos ich bin.« Donovan ließ sie los und trat einen Schritt zurück.

Kates Ärger schwand und machte Traurigkeit Platz. »Er hat gesagt, dass er mich liebt, Patrick. Das hat er mir vorher nie gesagt, weil er genau wusste, dass ich das nicht hören wollte. Es wäre so viel möglich gewesen, aber ich habe es nicht zugelassen. Es nicht einmal gesehen! Was stimmt nicht mit mir, dass ich nicht lieben kann und nicht geliebt werden will?«

Donovan zog sie zum Sofa und nahm sie in die Arme, als sie schluchzte. »Du kannst lieben, *cara.*« Er strich ihr das seidene Haar zurück. »Endlose, selbstlose Liebe. Mag sein, dass diese Fähigkeit gerade tiefgefroren ist, aber verschwunden kann sie nicht sein. Sie ist ein Teil von dir.«

Er dachte an Val und seine Blindheit den Möglichkeiten ihrer Beziehung gegenüber. Für zwei recht kluge Leute wie Kate und ihn hatten sie ihr Leben ziemlich vermurkst.

Als Kate sich langsam beruhigte, wurde er sich unbehaglich dessen bewusst, wie gerne er sie in den Armen hielt. Ihr Körper fühlte sich so vertraut an wie sein eigener. Er strich ihr über den Rücken und merkte, wie sie sich entspannte.

Sinnlichkeit erwachte. Donovans Herz schlug schneller, und sein Blut floss rascher durch die Adern. Er saß sehr still und fragte sich, was wohl geschehen würde, wenn er sie jetzt sanft küsste oder die Hand zu einer ihrer Brüste gleiten ließe. Sie war einsam und trostbedürftig ...

Ein Funken Vernunft hielt ihn zurück. Selbst wenn Kate wollte, wäre er ein Narr, sich so zu benehmen. Er hatte ihr versprochen, sie nicht anzurühren, auch wenn es schwer war, sich jetzt daran zu erinnern.

Einen Moment lang hielt er sie noch fest und spürte die Anziehung, die ihr Körper auf ihn ausübte. Die Vorstellung, sich in ihrem Körper zu vergraben, mit der Frau zu schlafen, die sein Seelengefährte war, war fast unerträglich. Vielleicht würde Intimität die Kluft überbrücken, die sie schon so lange trennte.

Nein. Ihre ganze Ehe über war Sex der Zuckerguss auf dem Kuchen gewesen oder das Pflaster, um die ersten Risse zu kitten, aber er hatte nie ein tieferes Problem gelöst. Das würde er auch jetzt nicht tun. Wenn sie eine gemeinsame Zukunft haben wollten, mussten ihre Seelen sich treffen, ehe ihre Körper es taten.

Außerdem wollte Donovan nicht wieder der Schurke im Stück sein, und das wäre er, wenn er ihre trostbedürftige Situation jetzt ausnutzte. Später würde sie es bereuen.

Er holte tief Luft und rückte zum anderen Ende des Sofas. Möglichst ruhig sagte er dann: »Die erste Liebe ist etwas Einfaches und Natürliches, Kate, zum größten Teil eine Instinktreaktion. Aber du hast dir gehörig die Finger verbrannt und musst erst wieder lernen, wie man liebt. Deine Mutter hat schon Recht, wir müssen beide die Vergangenheit verarbeiten, ehe wir weitergehen können.«

Kate setzte sich auf, und ihre Nase schimmerte entzückend rosa. »Ich bin für alle Vorschläge offen. Hast du welche?«

»Wir haben diese Sache mit dem einen Jahr in den Mustern angefangen, die wir uns aufgezwungen haben. Du willst nicht angefasst, berührt, in Form gezwungen oder missbraucht werden. Ich ...« Er schüttelte den Kopf, weil er nicht wusste, wie er es erklären sollte.

»Dein Muster war welches ...?«

»Selbsthass, den ich leid bin.«

»Das klingt für beide von uns nicht besonders erfreulich. Weißt du eine Alternative?«

»Lass uns den alten Ballast abwerfen. Lass zu, dass die Zukunft voller Möglichkeiten steckt, nicht voller emotionaler Minen und Sackgassen.«

»Möglichkeiten«, wiederholte Kate mit weicher Stimme.

Einen Augenblick lang erwog Donovan, ihr zu sagen, dass er sie immer noch liebte, aber sein Instinkt warnte ihn, dass es noch zu früh dafür war. Das Gewicht einer solchen Erklärung würde jede zarte Verbindung, die vielleicht gerade zwischen ihnen keimte, auf der Stelle zerstören.

Stattdessen legte er den Arm auf das Sofa, sodass seine Hand in der Mitte zu liegen kam. Lange geschah nichts. Dann legte Kate ihre Hand zögernd auf seine. Ihre Finger waren kühl.

Donovan verschlang seine Finger mit ihren.

Möglichkeiten.

25. Kapitel

Eigentlich hatte Kate gedacht, dass sie zu Hause in ihrem eigenen Bett gut schlafen könnte, aber das war nicht so. Sie lag hellwach im Dunkeln und fühlte sich wie eine Zwiebel, deren Schichten eine nach der anderen abgezogen worden waren. Alecs geflüsterte Liebeserklärung hatte sie zutiefst berührt. Natürlich hatte er auf eine Antwort gehofft, aber die hatte sie ihm nicht geben können.

Sie hatte ihn und ihre Beziehung falsch bewertet. Genau wie Donovan gesagt hatte, war sie in ihrer Vergangenheit gefangen.

Kates Wangen brannten, als sie daran dachte, wie nahe sie daran gewesen war, sich ihrem Ex-Mann an den Hals zu werfen. In seiner Umarmung hatte sie das Gefühl gehabt, nach Hause gekommen zu sein. Wenn sie ihm signalisiert hätte, dass sie bereit war, wäre er vermutlich darauf eingegangen.

Sie hätten ein kurzes, leidenschaftliches Zwischenspiel geteilt, das ihr Unglück für den Moment überbrückt hätte – um hinterher nur umso stärker wieder aufzulodern. Sie hatte gewusst, dass die körperliche Nähe zu Donovan tödlich für sie sein würde, und sie hatte Recht gehabt. Diese schmerzhafte Nähe eben hatte jede intime Erinnerung ihrer Ehe wieder zum Leben erweckt. Jetzt musste sie mit dieser aufgeflammten körperlichen Anziehung klarkommen, die sie nicht einfach ignorieren konnte, solange Donovan so nah war.

Kates Blick wanderte über die Möbel in ihrem Schlafzimmer, jedes Teil mit seiner eigenen Geschichte von Entdeckung und Restaurierung. Ihr Haus war ihr Projekt und ihre Zuflucht gewesen. Und so sorgsam, wie sie ihr Haus eingerichtet hatte, hatte sie sich auch ein sicheres, bequemes Leben in San Francisco aufgebaut, so makellos wie ein Puppenhaus – und genauso real. Jahrelang hatte sie sich treiben lassen und war jedem emotionalen Risiko aus dem Wege gegangen, indem sie ihre Gefühle einzig für ihren Bruder und ihre Freundinnen reserviert hatte. Sicher.

Früher einmal hatte sie vor gar nichts Angst gehabt, ein sicheres Zeichen für Jugend und Unerfahrenheit. Als sie Furcht kennen gelernt hatte, hatte sie sich vom Leben zurückgezogen, sich in die Opferrolle begeben. Himmel.

Donovan war zwar auch keine neue Bindung eingegangen, hatte sich aber wenigstens der harten Wahrheit über sich selbst gestellt. Er hatte sich erwachsener benommen als sie.

Das war ein weiterer betrüblicher Gedanke. Kate sah es als wichtigen Teil ihrer Persönlichkeit, sich reif und ruhig zu verhalten. Die Erkenntnis, dass sie eher betäubt als reif gewesen war, gefiel ihr gar nicht. Wenigstens aber hatte sie es jetzt erkannt.

Seufzend tastete Kate nach Ginger Bears warmem Körper neben sich. Er gab ein leises Schnurren von sich, als sie seinen Rücken streichelte. Kein Wunder, dass die Leute sich Haustiere hielten. Alles, was man für sie tun musste, war, sie zu füttern und ihnen ganz unkompliziert Zuneigung zu schenken. Viel einfacher als jede Beziehung zu einem anderen Menschen. Unbewusst hatte sie Alec in eine Schublade mit Ginger Bear geschoben – ein guter Kamerad, den sie gerne im Bett hatte, solange es unkompliziert blieb. Aber während Ginger Bear völlig damit zufrieden war, jetzt bei Jenny zu schlafen, erholten Menschen sich nicht so schnell vom Wechsel einer Bezugsperson.

Kate rollte auf die Seite und schmiegte sich an die Katze. Warum nur musste Erwachsenwerden so verflixt unbequem sein?

Im Gegensatz zu den milden Wintern in Nevada und San Francisco war es in Maryland kalt genug, um einen Stein zum Erfrieren zu bringen. Auf dem Rückweg vom Flughafen sahen Kate und Donovan kurz bei ihrer Mutter vorbei, nicht zuletzt, damit Kate sich einen Wintermantel holen konnte.

Julia freute sich über ihren Besuch und umarmte sie beide herzlich. Trotz der Ringe unter den Augen lud sie Kate und Donovan zum Abendessen ein und holte einen großen Topf Coq au vin aus dem gut gefüllten Tiefkühlfach. Anscheinend hatte sie gegen ihren Kummer angekocht. Kate nahm sich zwei Mal.

Als sie in der Brandy Lane ankamen, gähnte Kate. »Durch das viele Reisen habe ich seit einer Woche einen ununterbrochenen Jetlag.«

»Im nächsten Monat sind keine Reisen geplant. Luther hat heute damit angefangen, Concorde Place vorzubereiten. Du kannst unter seiner Aufsicht dort arbeiten, solange du im Büro nichts zu tun hast.«

Donovan trug beide Koffer ins Haus. Kate erhob keine Einwände. Das Gespräch der letzten Nacht hatte den Umgang zwischen ihnen entspannter gemacht. Außerdem hatte es keinen Sinn mehr, ihm die starke

Frau vorzuspielen, nachdem sie vor seinen Augen zusammengebrochen war. Die Erinnerung ließ sie erröten.

Kate legte den schwarzen Mantel ab, den sie sich von ihrer Mutter geborgt hatte, und ging in ihr Zimmer, um ihren Koffer auszupacken. Als sie ihre Wäsche sortierte, klingelte das Telefon. Donovan hob sofort ab.

Kurz darauf erschien er in der Tür zu ihrem Zimmer. »Das war Chief Stanski vom Feuerwehrbüro. Noch immer keine Erkenntnisse zu Sams Unfall. Stanski will mich morgen noch einmal zu ein paar Sachen befragen.«

»Ich nehme an, dass sie nie zu einer sicheren Antwort kommen werden«, vermutete Kate. Sie holte den Wäschekorb. »Hast du etwas zum Waschen?«

»Ja, toll, ich hole die Sachen sofort.«

Kate brachte ihre Schmutzwäsche in den Waschraum zwischen Küche und Garage. Der Raum mit der brandneuen Waschmaschine und dem chromblitzenden Trockner waren eine echte Verbesserung zu dem Kellerraum, den sie vor zwölf Jahren benutzt hatte. Wäschewaschen war schon ohne Spinnen schlimm genug.

Die schmutzigen Kleidungsstücke auf einem Arm, öffnete Kate die Tür und tastete nach dem Lichtschalter. Ehe sie ihn gefunden hatte, schoss eine pelzige Rakete an ihrem Arm vorbei, gefolgt von jaulenden Kreaturen, die ihr zwischen den Beinen durchwischten. Überrascht schrie Kate auf und sprang zurück.

Donovan, der ihren Schrei gehört hatte, war nach wenigen Sekunden bei ihr. »Kate?« Er legte den Arm um sie.

Kate vergrub zitternd ihr Gesicht an seiner Brust.

Er war warm: Verlässlich. Und alarmierend begehrenswert.

»War jemand da draußen?« Er blickte zum Fenster hinüber, das zum Wald hinaus ging.

Kate riss sich zusammen und trat von ihm weg. »Nein ... ich habe die Tür geöffnet, und lauter Tiere rannten heraus. Mindestens zwei haben mich berührt. Es ist nichts passiert, aber ich habe mich so erschrocken.«

»Was für Tiere? Fledermäuse?«

»Es ging so schnell, dass ich sie nicht richtig gesehen habe. Eichhörnchen, vielleicht, oder große Ratten.«

»Ich bin aus dem Schlafzimmer gekommen und habe nichts gesehen, also sind sie jetzt vielleicht in der Küche.«

Sie sahen in der Küche und im Esszimmer nach. Nichts. Donovan schaltete das Licht im Esszimmer an und beleuchtete dadurch drei große Katzen. Eine hockte in der Ecke, zwei andere liefen aufgescheucht herum.

Donovan schloss die Küchentür hinter ihnen. »Diese Tiere wollen nur raus. Du bleibst hier, während ich die Schiebetür öffne.«

Die offene Tür brachte einen Schwall eiskalter Luft herein, aber die Katzen verstanden. Sobald Donovan weg war, verschwanden sie über die Terrasse in die Nacht hinaus.

»Waren das alle?«, fragte Donovan.

»Ich glaube schon. Wie albern, wegen dreier Katzen in Panik zu geraten, aber ich dachte, ich würde von Wieseln oder Schlimmerem angegriffen.«

»Wer erwartet schon Untiere im Wäscheraum?« Er schloss die Tür wieder.

»Das verleiht mir viel Sympathie für unsere jagenden Ahnen. Was, wenn diese Katzen Pumas gewesen wären? Dann wäre ich ihr Abendessen gewesen. Apropos, die armen Katzen waren so dünn, und es ist so kalt. Hast du Katzenfutter im Haus?«

»Mein Vorrat an Thunfischdosen sollte für die Nacht genügen. Morgen werde ich ein paar Beutel Katzentrockenfutter holen.«

Kate hatte immer schon streunende Katzen gefüttert. Ginger Bear war auch ein Streuner gewesen, bis sie ihn adoptiert hatte.

Während Donovan untersuchte, wo die Katzen hereingekommen waren, öffnete Kate zwei Dosen Tunfisch und leerte sie in eine Schüssel. Sie hoffte, dass die Katzen das Futter entdeckten, ehe es fror.

Dann ging sie zurück in den Waschraum. Sie wollte gerade loslegen, als Donovan zurückkam.

»Diese Biester«, schimpfte er. »Sie sind durchs Wohnzimmer gekommen, indem sie einen Ventilator herausgedrückt haben. Dann haben sie ein Kissen zerrissen und sich ein hübsches, warmes Nest gebaut.« Er zeigte auf eine Stelle im Wäscheraum. »Wahrscheinlich kommen und gehen sie schon seit Tagen.«

»Wie nett.« Kate sah sich um. Ein Stapel Handtücher auf der Waschmaschine zeigte eine deutliche Kuhle. Offenbar hatte jemand darauf geschlafen. Sicher die Katze, die ihren Arm gestreift hatte, als sie in Sicherheit gesprungen war.

Kate wollte gerade die Maschine anstellen, als sie einen hohen Tierlaut hörte. Er schien aus der Lücke zwischen Waschmaschine und Trockner zu kommen. Sie kniete sich davor und entdeckte zwei grüne Augen und ein dreieckiges Pelzgesicht. »Eine ist zurückgeblieben.«

Kate legte eine Hand mit der Fläche nach oben auf den Boden. Die Katze zischte und wich zurück, als

Kate sie rasch am Kragen packte und aufhob. Nach kurzem Kampf beruhigte sie sich wieder und betrachtete sie wachsam.

Während sie beruhigend auf die Katze einsprach, stand Kate auf. Das Kätzchen war grau-weiß und wog so gut wie nichts. »Oh, Patrick, sie hat so hübsche grüne Augen.«

Donovan sah das Tier zweifelnd an. »Ich kenne diesen Tonfall, aber wie sollen wir uns eine Katze halten, wenn wir oft verreisen?«

»Wir könnten sie bei meiner Mutter lassen, wenn wir nicht in der Stadt sind. Julia mag Katzen.« Kate streichelte das Tier. »Ich kann sie nicht einfach aussetzen, sie ist erst ein paar Monate alt. Es ist überraschend, dass sie einen so kalten Winter überlebt hat.«

»Sie? Bist du sicher?«

»Sie ist eine *Blaue Sahne,* eine Rasse von dreifarbigen Katzen, die immer weiblich sind.« Die Katze kletterte zu Kates Schulter hoch.

»Wenn ich bedenke, dass ich so alt geworden bin, ohne das zu wissen.«

Kate löste die Katze von ihrem Pullover und reichte sie Donovan. »Nimm du sie, harter Mann.«

Donovan hielt die Katze vor sein Gesicht. Sie sahen einander an. »Du hast Recht, sie hat hübsche Augen.«

Sein Ton versetzte Kate um zwölf Jahre zurück. An dem Abend, an dem sie sich kennen gelernt hatten, hatten er seine kleine Cousine Lissie so angesehen, und da hatte sie gewusst, dass er einmal ein wundervoller Vater sein würde. Früher hatte sie manchmal von den Kindern geträumt, die sie haben würden, wenn ihre Karriere gefestigt war. Starke, freche Kinder mit dem warmen Lachen ihres Vaters, das sie so sehr liebte. Die Träume hatten geendet, als sie ihren

Mann verlassen hatte, aber jetzt schmerzte es sie, dass sie diese Kinder nie bekommen hatte.

»Sieh nicht so zufrieden drein. Hast du dir schon einen Namen überlegt?«

»Sie hat so viel Energie. Wie wäre es mit Dynamit? Abgekürzt Dinah.«

»Lass mich raten, das Nächste ist ein Hund namens Zünder.«

Kate bemühte sich ebenfalls um einen leichten Ton. »Wenn wir im Heizungskeller einen herrenlosen Hund finden, dann bestimmt.«

Donovan kraulte Dinah unter dem Kinn. »Hast du noch Thunfisch übrig?«

»Eine Dose, und Milch ist auch noch da.« Auf dem Weg zur Küche dachte Kate, wie viel mehr doch ein Haus ein Heim war, wenn es ein Baby gab. Und wenn es nur ein Katzenbaby war.

26. Kapitel

Den Rest des Abends verbrachte Dinah damit, rastlos und ganz ohne Angst ihr neues Zuhause zu erkunden. Sie begriff sofort das Prinzip des Katzenklos, das Kate aus einer alten Auflaufform baute.

Als es Zeit war, ins Bett zu gehen, ließ Kate ihre Zimmertür einen Spalt breit offen stehen. Und kurz darauf spürte sie tatsächlich einen leichten Zug an der Decke, als die Katze sich daran hochhangelte und das Bett erklomm wie ein Bergsteiger.

Mit einem hörbaren Plumpsen ließ Dinah ihren kleinen Körper auf die Matratze fallen und rollte sich dicht neben Kates Schulter zu einem kleinen Ball zusammen. Am nächsten Morgen wachte Kate auf und fand die Katze immer noch schlafend vor, statt auf ihrem Gesicht turnend. Das war eindeutig eine ganz besondere Katze. Lächelnd bereitete Kate sich für den ersten Tag im Büro vor.

Phoenix Demolition war in einer alten Mühle aus dem achtzehnten Jahrhundert untergebracht. Kate folgte Donovan in Sams Wagen zur Arbeit und parkte neben ihm. Es war noch früh, und es stand erst ein anderer Wagen auf dem Parkplatz.

Kate hatte die verwitterte Steinmühle immer gemocht. Mit dreizehn hatte sie über die Architektur der Kolonialzeit geforscht, weil ihr Vater die Mühle restaurieren wollte und es im richtigen Stil sein sollte. Es hatte ihr viel Spaß gemacht, ihre Ideen ihrem Vater und dem Architekten vorzustellen.

Janie Marino, die Sekretärin und Managerin, saß am Empfangstisch in der Halle, wo eine große Schautafel alle Projekte *PDI*s auflistete. Nach Luther war die nette Dame mit Silbersträhnen im dunklen Haar die zweite Angestellte, die Sam eingestellt hatte. »Hallo, Kate, schön dich zu sehen«, grüßte sie. »Schöner Knall in Vegas, Donovan. Wir haben uns gestern das Video angesehen.« Sie küsste ihre Fingerspitzen. »Großartig.«

»Es lief ganz gut. Hat Ted sich schon aus Brasilien gemeldet? Er hat mir gestern eine Nachricht hinterlassen, dass er über das Hotelprojekt mit mir reden wolle.«

»Hat noch nicht angerufen. Es müsste Zeit für einen Kaffee und eine kurze Führung sein, wenn Kate das möchte.«

»Das würde mir gefallen«, erwiderte Kate. »Es hat sich sicher einiges verändert.«

»Nicht viel«, widersprach Donovan. »Hier haben immer alle zu viel zu tun, um grundlos etwas zu ändern.«

Kate goss sich einen Kaffee ein und ging auf das Büro ihres Vaters zu. Sie war auf die plötzliche Trauer, die sie beim Anblick des vertrauten, sonnigen Raumes ergriff, nicht vorbereitet. An der Wand hing die Uhr aus Dynamitstangen, und im Zimmer war noch sein vertrauter Duft zu spüren. *Papa, o, Papa.*

»Ich kann immer noch nicht fassen, dass Sam nicht mehr zurückkommt«, bemerkte Jane hinter ihr. »Ich sehe ihn hier in jeder Ecke.«

»Falls er noch hier ist, ist er ein freundliches Gespenst«, erklärte Kate.

»Freundlich, von wegen. Er würde mich anbrüllen,

dass ich drei Sachen auf einmal machen müsste, und das in der Hälfte der Zeit.« Jane ging zurück zu ihrem Schreibtisch.

Donovan erschien im Türrahmen. »Ich weiß noch nicht, was ich mit diesem Büro machen soll. Niemand will hier einziehen, und ich kann es auch nicht.«

Der große Raum hatte einen offenen Kamin und Blick auf den Wald und den Fluss. Im Sommer würden Enten auf dem alten Mühlenteich herumpaddeln. »Das Haus ist nicht überfüllt, oder?«

»Nein, wir haben nur fünfzehn Angestellte, und es sind noch Büros frei. Warum? Es wäre doch verrückt, Sams Zimmer als eine Art Schrein zu bewahren.«

»Verwandele es in einen Aufenthaltsraum für die Angestellten. Mit der Sonne und dem Blick ist es eines der besten Zimmer im Haus«, schlug Kate vor. »Man könnte eine Küchenzeile einbauen, und ansonsten müsste der Raum nur anders eingerichtet werden. Etwas Farbe, ein paar Sofas und Stühle und Tischchen. Das ist einfach. Wenn die Leute erst einmal anfangen, ihr Essen hier in die Mikrowelle zu packen, werden sie über ihr Unbehagen schon hinwegkommen.«

»Großartige Idee! Damit hast du dein erstes unabhängiges Projekt. Erstelle für mich Umbauplan und Kostenvoranschlag. Wenn es nicht zu teuer wird, können wir das sofort in Angriff nehmen.«

»Okay. Aber ich bin doch trotzdem weiter vor Ort?«

»Ja. Komm mit hoch, im zweiten Stock ist es ruhiger. Sam wollte immer im Zentrum von allem sein.«

Oben waren die Abteilungen Buchhaltung und Ingenieurswesen größer geworden, aber sonst hatte sich wirklich nicht viel verändert. Sie gingen in Donovans Büro, das direkt über dem von Sam lag. Eine Seite wurde von einem Regal eingenommen, in dem Bücher und Souvenirs standen. Am anderen Ende war eine Entwurfswand. Neben dem Abschluss mit magna cum laude hing das Zeugnis vom Loyola. Das war nützlich für diesen Beruf, aber es zu kriegen hatte jahrelange Arbeit bedeutet.

Kate deutete auf den kunstvoll geschnitzten Kaminsims aus Mahagoni. »Der stammt zwar aus einer anderen Epoche als das Haus, aber es ist ein schöner Sims. Woher kommt er?«

»Ich habe ihn aus einem Hotel in Boston gerettet.« Donovan stellte seinen Kaffeebecher auf den erstaunlich aufgeräumten Schreibtisch. »Ich habe gedacht, dass du das Zimmer gegenüber der Halle nehmen könntest. Es steht leer, seit Nick gegangen ist.«

Ehe Kate etwas erwidern konnte, sprang die Gegensprechanlage an. »Donovan, Ted ist auf Leitung zwei aus Rio de Janeiro.«

Er griff zum Telefon. »Es wird ein hektischer Tag werden, weil ich eine Weile weg war. Ich werde nicht viel Zeit für dich haben. Versuch einfach, so durchzukommen.«

Ihr neues Büro hatte dieselbe Größe wie das von Donovan, und auch den gleichen schönen Blick. Kate sah in den Wald hinaus. Ein Dompfaff hob sich leuchtend vor der grauen Winterlandschaft ab. Früher hatte sie davon geträumt, hier zu arbeiten und Donovan als Lebens- und als Arbeitspartner zu haben, aber das war lange her.

Die nächste Stunde verbrachte Kate damit, sich das Gebäude anzusehen. *PDI* hatte immer schon eine niedrige Fluktuation gehabt, sodass sie die Hälfte der Angestellten noch kannte. Den anderen stellte sie sich vor. Jeder hieß sie warm willkommen, sei es aus Prinzip, oder, wie sie vermutete, weil sie Sams Tochter war, was den Leuten ein beruhigendes Gefühl von Kontinuität gab. Sie war froh, wieder hier zu sein.

Es würde ihr schwer fallen, wieder zu gehen.

Donovan hatte die Hälfte seiner Post durchgesehen, als die Gegensprechanlage wieder ansprang. »Kommen Sie lieber runter«, hörte er Jane, »wir haben Demonstranten hier.«

Fluchend stürmte Donovan nach unten, wo Jane und Kate zusahen, wie Leute aller Altersgruppen vom Opa bis zum Kleinkind mit Spruchbändern in der Hand aus Autos stiegen. »WIR BLEIBEN HIER«, stand auf einem der Plakate.

»Du hast ja schon vorausgesagt, dass besseres Wetter die Demonstranten auf den Plan ruft«, sagte Kate.

Ein Übertragungswagen des Fernsehens rollte auf die Wiese. »Luther hat vor ein paar Minuten vom Concorde aus angerufen«, berichtete Donovan. »Dort sind überall Demonstranten, aber ich habe nicht damit gerechnet, dass sie auch hierher kommen.«

Er griff nach seiner Jacke und marschierte nach draußen. Die Demonstranten liefen vor dem Haus hin und her. Er vermutete, dass die meisten Bewohner des Concorde-Hauses waren. Nur zwei der fünf Wohntürme standen völlig leer. In den anderen wohnten immer noch Menschen, die bislang keine neue Unterkunft hatten und innerhalb des nächsten Monats ausziehen sollten.

Donovan hatte Verständnis für die Leute, aber es war lästig, dass sie den Rasen zertrampelten. Das war nicht gerade die Werbung, die für *PDI* gut war.

Ein großer Mann in einer alten Armeejacke lief auf ihn zu. »Ihr Verbrecher vertreibt meine Mutter aus ihrem Zuhause!«

»Die Entscheidung, die Concorde-Wohntürme zu sprengen, ist von der Stadt getroffen worden, nicht von uns. Soweit ich weiß, erhalten die jetzigen Mieter als Erste eine neue Wohnung in den Häusern, die stattdessen gebaut werden.«

»Das nützt uns jetzt aber viel!«

Eine Kamera richtete sich auf die Streitenden. Donovan wippte auf den Zehenspitzen und wusste, dass der Chef von *PDI* sich nicht auf einen Kampf einlassen sollte. Aber wenn der andere zuerst zuschlug ...

Kate trat zwischen die beiden Männer. »Es ist schlimm, dass Leute zwangsevakuiert werden, aber die neuen Häuser werden sicherer und schöner sein.«

»Falls sie je gebaut werden!«, höhnte der Demonstrant. »Im Moment zählt nur, dass meine Mutter nach dreißig Jahren ihre Wohnung und ihre Freunde verliert. Meine Brüder und ich sind dort aufgewachsen.«

»Wie schrecklich. Wohnbedingungen sind eines der dringlichsten Themen, denen wir uns heutzutage in Amerika stellen müssen.« Kate warf sich in eine ausufernde – und endlose – Diskussion von Städtebaupolitik. Das Fernsehen war nicht gekommen, um etwas über Stadtplanung zu hören. Da es keine Kämpfe zu filmen gab, packten sie ihre Sachen zusammen und zogen wieder ab.

Als auch die Demonstranten sich anschickten zu gehen, kam ein ältlicher Hippie heran.

»Ich hätte mir gleich denken können, dass du dahinter steckst, Steve«, begrüßte ihn Donovan.

»War doch gut für die Presse, oder? Die Demonstration in der Stadt unten gibt nicht viel her, aber Leute, die am Boden zerstört sind, weil sie ihr Heim verlieren, und von der Verzweiflung getrieben hierher kommen – das hat Nachrichtenwert.«

»Verschone mich«, sagte Donovan.

»Du kennst den Typ?«, fragte Kate.

»Das ist Steve Burke, Leiter des Obdachlosenzentrums in der Stadt. Er macht ein paar sehr gute Sachen, und ein paar sehr dumme.«

»Donovan hilft uns manchmal am Wochenende, wenn wir kaputte Häuser für alte Leute reparieren«, erklärte Steve. »Er ist einer meiner wertvollsten Freiwilligen.«

»Und so vergelten Sie ihm das.«

»Ich tue, was ich kann, um selbstgefällige Städter wie Sie dazu zu bringen, dass sie über das nachdenken, was vor sich geht. Natürlich wird es irgendwann neue Häuser im Concorde-Viertel geben, aber sie werden nur halb so groß sein wie die alten, und wo zum Teufel sollen die Leute solange bleiben?«

»Das sind sicher wichtige Fragen, Mr Burke, aber Sie klagen den Hammer an, der die Nägel einschlägt. *PDI* ist nur ausführendes Organ. Die Entscheidung hat die Stadt getroffen.«

»Das haben die Nazis auch gesagt«, gab Burke zurück, »*Ich habe nur Befehle ausgeführt.* Aber ihr macht die Dreckarbeit. Joe und ich haben erfolglos versucht, die Entscheidung der Stadt zu verhindern. Mit etwas Glück können wir die Stadtväter zwingen, Übergangswohnungen für die Vertriebenen zu finden.«

»Ich habe keine Probleme mit euren Zielen«, wandte Donovan ein, »aber ich will nicht, dass ihr *PDI* zum Sündenbock macht.«

Ehe der Streit sich weiter entzünden konnte, sagte Kate: »Auf Wiedersehen, mein Herr. Ich kann nicht sagen, dass es nett war, Sie kennen zu lernen, aber es war zumindest interessant.« Damit ergriff sie Donovan am Arm und ging mit ihm zur Mühle zurück.

»Danke, dass du das Fernsehen vertrieben hast«, sagte Donovan im Haus. »Nichts ist besser als nüchterne Fakten, um die Medien in Verzweiflung zu stürzen.«

Kate lächelte. »Hier ist es großartig, Donovan. Nie gibt es Langeweile.«

Nachdem Kate den Schrank mit den Büromaterialien geplündert hatte, beschloss sie, sich in ihr neues Reich zurückzuziehen. Obwohl die Demonstration glimpflich verlaufen war, hatte sie die gefährlichen Gegner erkannt. Die politische Dimension von *PDI* war ihr nie bewusst gewesen. Es gab noch so viel dazuzulernen.

Kate zeichnete ein paar Umbaupläne für Sams Zimmer und griff dann zum Telefon. Da es heute nicht viel zu tun gab, konnte sie sich mit ihrer Mutter treffen. Julia nahm beim ersten Klingeln den Hörer ab.

»Hi, Mom«, begann Kate. »Kann ich dich zum Mittagessen einladen?«

»Oh, gerne. Ich kann gar nicht glauben, dass ich dich zweimal so kurz hintereinander zu sehen bekomme, wo es jahrelang nur zweimal pro Jahr war.«

Kate verabredete sich mit Julia in einem Restaurant zwischen Büro und Julias Haus. Wie seltsam, dachte sie, als sie auflegte, einfach so ihre Mutter sehen zu können. Seltsam, und auch sehr nett.

27. Kapitel

Kate war schon da, als Julia ins *Valley Inn* kam, ein altbekanntes Restaurant in der Gegend. »Es ist beruhigend zu sehen, wie wenig sich hier verändert hat«, bemerkte Kate. »Anders als in Kalifornien, wo Dinge manchmal nur um der Veränderung willen verändert werden.«

»Den Vorwurf kann man Baltimore wirklich nicht machen.« Julia gab ihrer Tochter einen Kuss. Seit Jahren hatte sie sich gesagt, dass es das Recht eines Kindes war, aus dem Nest zu fliehen, aber im Herzen hatte sie immer den Wunsch gehegt, dass Tom und Kate nie weiter als fünf Minuten von ihr weg lebten Man verpasste so viel, wenn man an entgegengesetzten Küsten lebte. Nicht die großen Dramen des Lebens, aber kleine Momente wie diese, das Reden und Lachen und das Gespräch über das Wetter.

Sie hatten ihr Dessert gegessen und waren beim Kaffee, als Julia fragte: »Hast du deinen Freund Alec gesehen, als du in San Francisco warst?«

»Er war gerade aus dem Fernen Osten zurück, sodass ich mich persönlich von ihm verabschieden konnte.«

Dann hatte Kate die Beziehung also beendet. Julia wusste nicht, ob sie sich freuen oder das bedauern sollte. »Er war ein anziehender Mann, aber dreitausend Meilen ist zu weit.«

»Das habe ich mir auch gesagt.« Kate setzte ihre Kaffeetasse ab. »Ich weiß nicht, ob du es auch gehört hast, aber die Feuerwehr untersucht noch immer Sams Tod. Sie scheinen keine Erklärung für den Unfall zu finden, aber sie denken, dass jemand am Zünder herumgespielt haben könnte.«

Julia atmete hörbar ein. »Oje, die Ermittlungen habe ich ganz vergessen.«

»Sie tun ihr Bestes, aber es kann sein, dass sie nie die volle Antwort finden.«

Julia hatte sich vorgenommen, ihren Kindern die Wahrheit zu sagen, hatte sich aber noch nicht dazu bereit gefühlt. Vielleicht würde sie das auch nie sein. »Da ist etwas, was ich dir sagen muss, und auch dem Ermittler. Einen Monat vor Sams Tod wurde bei ihm Magenkrebs diagnostiziert.«

Ihre Tochter wurde blass. »Um Gottes willen!«

Julia war ebenfalls schockiert gewesen, als der Arzt ihr gesagt hatte, dass ihr Mann an einer der tödlichsten Krebsarten gelitten hatte. Wie konnte jemand, der so vital war wie Sam, so eine Krankheit haben? »Sie haben mir gesagt, dass er noch drei oder vier Monate zu leben gehabt hätte. Aber ein normales Leben wäre nicht mehr lange möglich gewesen.«

»Warum hast du mir das nicht eher erzählt? Wenn man weiß, dass er nicht Jahrzehnte seines Lebens, sondern nur Wochen verloren hat, ist sein Tod doch leichter zu ertragen.«

»Ich musste erst selber damit klarkommen. Ich hatte die ganze Zeit den Verdacht, dass Sams Tod kein Unfall war. Ich ... ich bin mir ziemlich sicher, dass er die Explosion selber in Gang gesetzt hat.«

»Ich ... verstehe«, sagte Kate nach einem erschütterten Schweigen. »Ich habe mal gelesen, dass die meisten Leute weniger Angst vor dem Tod als vor dem Sterben haben. Sam muss gehasst haben, zu wissen was ihn erwartete. Was war da besser, als mit einer Explosion zu gehen?«

»Der Unfall passierte gleich, nachdem er alle gesetzlichen und finanziellen Dinge geregelt hatte. Da kann ich nicht an einen Zufall glauben. Ich hatte schon alles in die Wege geleitet, damit er zu Hause hätte gepflegt werden können, statt ins Krankenhaus zu müssen. Ich wollte sogar schon Schmerztabletten sammeln, nur ... nur für alle Fälle.«

Ihre Finger krampften sich um den Becher. »Aber Sam hat dafür gesorgt, dass ich nichts Schwieriges tun musste. Er hat sich immer um mich gekümmert, ob ich wollte oder nicht. Er würde sagen, dass er mich nicht damit hätte belasten wollen. Aber er hat mich damit der Chance beraubt, ihm zu zeigen, dass ich mehr bin, als nur eine Schönwetter-Ehefrau. Dass ich für ihn gesorgt hätte. Das getan hätte, was eine Frau für den Mann tut, den sie liebt.«

»Oh, Mom, wie schrecklich für dich! Und wie typisch für Sam, zu entscheiden, dass du verschont wirst, ohne in Betracht zu ziehen, ob es das ist, was du dir wünschen würdest.«

Einen Moment lang waren sie einfach zwei Frauen, die denselben dickköpfigen Mann geliebt hatten. Julia spürte die Veränderung in ihrer Beziehung. Sie kamen sich nicht nur näher, sondern wurden auch gleichberechtigter. »Ich klinge schrecklich egoistisch, nicht wahr? Als wenn er unter Qualen hätte sterben sollen, nur damit ich mich hätte beweisen können. Natürlich wollte ich das nicht. Aber als er so plötzlich starb, habe ich mich so ... betrogen gefühlt.«

»Und wütend«, ergänzte Kate. »Ich bin auch wütend auf ihn.«

»Ich bin nicht wütend auf deinen Vater«, sagte Julia und hielt inne. »Doch ich *bin* so. Ich bin wütend! Mein dickköpfiger, sturer Ehemann hat uns die Zeit gestohlen, die wir noch gehabt hätten. Ich war noch nicht bereit, ihn gehen zu lassen.«

All ihre aufgestaute Wut entlud sich in einem befreienden Ausbruch. Vielleicht hätte sie bei den Gelegenheiten, wo er sie angebrüllt hatte, mal zurückbrüllen sollen.

Kate ergriff die Hand ihrer Mutter, bis sie sich beruhigt hatte. »Er hat mir nicht die Chance gegeben, auf Wiedersehen zu sagen«, klagte Julia leise. »Ihm zu sagen, wie sehr ich ihn geliebt habe.«

Ihre Tochter betrachtete sie aus Augen, die sie schmerzlich an Sams erinnerten. »Ich bin mir einer Sache ganz sicher: dass Sam wusste, wie sehr du ihn liebst. Du warst das große Wunder seines Lebens, noch mehr als das Dynamit.«

»Sicher habe ich ihm nicht *so viel* bedeutet.«

»Ich nehme an, Sam hat niemandem von seiner Krankheit erzählt?«

»Nur mir und Charles Hamilton.« Julia entzog Kate ihre Hand. »Charles musste Sam helfen, seine Angelegenheiten zu ordnen. Hast du dich nicht über die bizarre Art gewundert, mit der sein Testament dich und Patrick zusammenzwingt?«

»Die verrückten Bedingungen machen jetzt viel mehr Sinn. Das ist nicht das Testament eines Mannes, der erwartet, noch dreißig Jahre vor sich zu haben. Er wusste, dass Donovan und ich noch ledig waren, sodass sein Verbandelungsversuch eine geringe Aussicht auf Erfolg hatte.«

»Hat er?«

Kate errötete. »Natürlich nicht. Ich denke, Donovan

und ich schaffen es, ein gemeinsames Jahr zu überleben. Wir fangen sogar an, mit der Vergangenheit ins Reine zu kommen. Aber das ändert nichts an dem, was zwischen uns steht.«

»Was steht zwischen euch? Leute verändern sich, und zehn Jahre sind eine lange Zeit. Wenn Patrick damals etwas Dummes gemacht hat – nun, das bedeutet nicht, dass er kein guter Ehemann sein könnte. Er war noch sehr jung. Leute machen Fehler.«

Kate biss sich auf die Lippen und war kurz davor, alles zu erzählen. Doch der Moment ging vorüber. »Donovan und ich haben beide Fehler gemacht.«

Das war sicher richtig, erklärte aber gar nichts.

Donovan wurde erneut von Chief Stanski und einem Beamten der Staatspolizei, Lieutenant Miller, verhört, einem Mann mittleren Alters mit irreführendem Pokerface und verschlagenen Augen. Als er *PDI* verließ, waren alle anderen schon nach Hause gegangen.

Alle, außer Kate. Nachdem Donovan die beiden Ermittler zur Tür begleitet hatte, machte er einen Kontrollgang durch das Gebäude, um zu sehen, ob alles abgeschlossen war, und holte dann müde seinen Mantel. Da sah er auf der Ecke seines Schreibtisches Kate sitzen. Ihr Anblick wirkte belebend.

»Was machst du denn noch hier?«, fragte er sie. »Es ist so leer, dass ich annehme, dass weitere Schneefälle vorausgesagt wurden.«

»Glatteis, um genau zu sein. Janie fragte, ob die Leute eher gehen könnten, und ich habe ja gesagt.«

»Großzügig von dir.«

»Heh, ich kann nichts dafür, wenn sie denkt, ich hätte Autorität, obwohl ich nur ein kleiner Lehrling bin.«

»Du hast die natürliche Autorität, die jede Junior-Prinzessin hat.«

»Ich dachte schon, die Polizisten würden nie gehen. Was hat sie solange aufgehalten?«

»Sie neigen zu der Unfalltheorie mit dem Feuerwerksverrückten. Aber es ist auch denkbar, dass jemand absichtlich versucht hat, Sam zu töten.« Er zögerte und entschloss sich dann, ihr auch den Rest zu erzählen. »Sie haben gefragt, ob ich ein paar elektronische Teile identifizieren könnte, die sie im Schutt gefunden haben. Es war nichts, was *PDI* benutzt. Ich bin mir nicht sicher, aber es könnten Teile einer ferngesteuerten Zündung gewesen sein.«

Kate keuchte auf. »Du meinst, jemand hat aus sicherer Entfernung mit Absicht die Ladung hochgehen lassen?«

»Möglich. Wenn ihr Labor das herausfindet, wandelt sich das Ganze in eine Mordermittlung.«

»Es war kein Mord, Donovan. Ich habe mit Julia zu Mittag gegessen, und sie hat mir gesagt, dass Sam Krebs hatte und nur noch ein paar Monate zu leben.«

»Krebs?« Donovans Schock wandelte sich rasch in Erleichterung. »Weißt du, das überrascht mich nicht. Sam sah müde aus und hatte in letzter Zeit abgenommen. Er wurde nachlässig im Büro, was ihm gar nicht ähnlich sah. Ich dachte, er wäre nur überarbeitet und wütend, weil Nick gegangen ist. Vielleicht war es vor dem Hintergrund sogar gut, dass sich ein Verrückter eingemischt hat.«

Kates Züge wurden hart. »Julia glaubt, dass Sam sich selber in die Luft gejagt hat.«

»Sam hat sich nicht selbst umgebracht«, gab Donovan flach zurück.

»Nein? Mir leuchtet es ein, dass er lieber mit einer

großen, dramatischen Geste abtreten wollte. Das ist genau sein Stil. Außer ihm wurde niemand verletzt, und er hat Schlagzeilen bekommen.«

»Julia und du seid evangelisch, aber für Katholiken ist Selbstmord eine Todsünde. Eine direkte Fahrkarte in die Hölle. Sam hätte sich niemals umgebracht, da bin ich mir ganz sicher.«

»Willst du damit sagen, dass kein Katholik sein Ende beschleunigen würde, wenn er wüsste, dass ihm ein qualvoller Tod bevorsteht?«, hielt Kate dagegen.

»Vielleicht am Ende, wenn der Schmerz unerträglich wird«, gab Donovan zu. »Aber davon war Sam noch weit entfernt. Himmel, Sam war ein Kämpfer. Er hätte nicht aufgegeben, wenn er noch Wochen oder Monate vor sich gehabt hätte. Wenn der Arzt ihm gesagt hat, dass er innerhalb von drei Monaten sterben würde, hätte er alles darangesetzt, ihm das Gegenteil zu beweisen.«

»Ich weiß, aber angesichts des Todes hat er sich vielleicht verändert. Man weiß nie, was jemand unter extremen Bedingungen tun wird.«

»Stimmt, aber sein Tod kam zu plötzlich. Er hätte dich noch einmal sehen wollen, selbst wenn er nicht gesagt hätte, warum. Außerdem hat er vor dem Unfall gesagt, dass er Tom vielleicht mal wieder anrufen wird. Ich bin sicher, dass er sich vor seinem Tod mit ihm versöhnen wollte.«

»Meinst du?«

»Bestimmt.«

»Hoffentlich hast du Recht. Dennoch bin ich noch nicht überzeugt, dass Sam das Haus nicht selber in die Luft gejagt hat.«

»Ich kann dir einen guten Grund nennen: Sam hätte nie etwas getan, was dem Geschäft schadet. Er war stolz darauf, dass es bei *PDI* noch nie einen Todesfall gegeben hatte. Das Image hätte er nicht ruiniert, indem er sich selbst bei der Arbeit umbrächte.«

»Das macht Sinn«, gab Kate beunruhigt zu. »Aber Sams Krankheit lässt noch eine Möglichkeit zu. Vielleicht war es kein Verrückter, der das Jefferson Arms vorzeitig in die Luft gejagt hat. Könnte es nicht sein, dass jemand, der Sam nahe stand, von seiner Krankheit wusste und ihm helfen wollte, rasch und ohne Qual zu sterben?«

»Himmel.« Donovan dachte darüber nach und schüttelte dann den Kopf. »Das bezweifele ich doch sehr. Bei *PDI* hätte keiner die Arroganz, Gott zu spielen. Ich ganz bestimmt nicht. Ich hoffe, du glaubst mir.«

»Wenn du sagst, dass du es nicht warst, glaube ich dir.«

Sie sahen einander an. Donovan wusste, dass er jetzt gehen sollte, konnte es aber nicht. Die erotische Spannung, die unterschwellig immer zwischen ihnen vorhanden war, stieg an. Es wäre so leicht, sich jetzt vorzubeugen und sie zu küssen. Diesmal war sie nicht wegen eines anderen Mannes traurig. Wenn sie jetzt reagierte, dann weil sie es wollte, nicht weil sie verzweifelt war ...

»Wenn Eis angekündigt ist, sollten wir nach Hause fahren«, schlug er Kate vor. »Willst du mitfahren? Der Jeep ist für Glätte besser geeignet.«

Sie sah aus dem Fenster. »Noch ist alles okay. Ich nehme lieber Sams Wagen und stelle ihn in die Garage, dann muss ich ihn morgen nicht freikratzen.«

Sie ging, und er sah blicklos aus dem Fenster und wünschte, das Eis wäre in seinen Adern.

Julia hatte nach dem Essen mit Kate noch eine Verabredung gehabt, war dann aber schließlich nach Hause gefahren. Es hatte sie nie gestört, in ein leeres Haus zu kommen, solange Sam noch am Leben war, weil es nur eine Sache der Zeit gewesen war, bis er kam und die leeren Räume mit seiner lauten Stimme und seiner Persönlichkeit füllte. Jetzt würde er nie mehr nach Hause kommen, und sie empfand tiefe Trauer. Es war seltsam, dass sie auf Charles' Freundlichkeit und Leidenschaft reagierte und gleichzeitig so um Sam trauern konnte. Charles verstand das zum Glück.

Julia überlegte, ob sie etwas essen sollte, als sie das Licht im Wohnzimmer sah. Als sie nachsehen ging, entdeckte sie einen großen, dunkelhaarigen Mann vor dem Kamin. Donovan hatte einen Schlüssel, aber das war nicht ...

»Tom!«

Er erhob sich und wandte sich zu ihr um. »Tut mir Leid, dich so zu überrumpeln, Mutter, aber ich bin aus einem Impuls heraus gekommen. Als ich vom Flughafen aus angerufen habe, war nur der Anrufbeantworter dran. Gut, dass du nicht die Schlösser ausgetauscht hast, seit wir hier alle gewohnt haben.«

»Schatz, wie schön!« Julia umarmte ihn begeistert. Es hatte zwar keinen offiziellen Bruch gegeben, aber sie konnte die wenigen Treffen seit damals an einer Hand abzählen. »Nachdem ich dich so im Stich gelassen habe, habe ich nicht erwartet, dich je wieder hier im Haus zu sehen. Es tut mir so Leid, Tom, alles.«

Tom hielt sie ganz fest. »Ich bin der, der sich entschuldigen muss. In mir war ein kleiner, kindischer Teil, der sich gewünscht hat, du würdest anders reagieren, aber mein Herz und mein Kopf hätten das nie gewollt. Du bist für mich eingetreten, als es wichtig war. Alles andere hätte eure Ehe zerstört und Sam und dich unglücklich gemacht.«

»Aber spürst du nicht doch ein wenig Groll?«

»Nur ein bisschen, und das ist jetzt weg.« Tom kniete sich wieder vor den Kamin, wo er bereits Holz aufgeschichtet hatte. »Ich hätte eher kommen sollen. Als ich sagte, dass ich wegen eines sterbenden Freundes nicht zu Sams Beerdigung kommen könnte, war das zwar die Wahrheit, aber nicht die ganze Wahrheit. Offen gesagt hatte ich Angst, zurückzukommen. Angst vor den schlechten Erinnerungen, schätze ich. Doch Donovan hat mir in San Francisco die Leviten gelesen. Gründlich genug, um mich erkennen zu lassen, wie schlecht ich mich benommen habe.«

»Sei nicht zu hart mit dir. Du hast das sicher von mir. Ich höre nicht auf, darüber nachzudenken, wie ich mich in der Situation besser verhalten hätte.«

»Was ist passiert, nachdem ich weg war?«

»Ich habe Sam erklärt, dass er dich zwar enterben könne, ich das aber nicht tun würde, und wenn er mich daran hindern wollte, den Kontakt zu dir aufrechtzuerhalten, würde ich mich scheiden lassen.«

Tom zündete ein Streichholz an. »Das hat ihn sicher nachgeben lassen.«

»Ich glaube, er war sogar froh darüber. So ... so konnte er aus zweiter Hand mit dir in Kontakt bleiben. Er konnte sich von seinen Vorurteilen nicht lösen, aber er liebte dich zu sehr, um dich aufzugeben. Er hat nie deine Fotos abgehängt.«

Tom sah in die ersten kleinen Flammen, die am Holz leckten. »Wie typisch für Sam.«

»Ist es so schlimm, in Baltimore zu sein, wie du erwartet hast?«

Tom erhob sich und sah sich um, sah die Ecke, in der

immer der Weihnachtsbaum gestanden hatte, das Sofa, auf dem er mit seinen und Kates Freunden gesessen hatte, und schüttelte den Kopf. »Nein, es gibt viel mehr gute Erinnerungen.« Er lächelte. In San Francisco hatte er sich selbst gefunden. In Maryland heilte sein Besuch eine zehn Jahre alte Trennung.

»Dann bin ich froh.« Julia schob ihren Arm in seinen. »Magst du etwas Coq au vin zum Abendessen?«

Es war überraschend, was sie plötzlich wieder für Appetit hatte.

Am nächsten Morgen betrachtete Kate das Foto der Demonstration auf der ersten Seite der Lokalzeitung. Wie Burke vorhergesagt hatte, war die Demonstration vor dem *PDI*-Gebäude eine Sache mit Nachrichtenwert gewesen. Das Foto zeigte Burke und seinen Freund Joe Beekman, den Mann mit der Armee-Jacke. Kate war froh, dass weder sie noch Donovan zu sehen waren. Aus einem Impuls heraus griff sie zum Telefon und rief Val Covington im Büro an.

»Hi, Kate«, begrüßte sie Val. »Ich wollte dich auch anrufen. Hast du in zwei Wochen Zeit? Dann kommt Rachel aus Australien zurück, und es wäre doch nett, wenn wir uns alle treffen könnten.«

»Großartig.« Nachdem sie einen Termin festgelegt hatten, sagte Kate: »Du bist doch Anwältin und weißt sicher alles über Recherche. Kannst du mir Hintergrundinfos zu zwei Männern besorgen?«

»Ich könnte es versuchen«, gab Val vorsichtig zurück. »Sind sie von hier?«

»Sie sind Demonstranten gegen das Concorde-Projekt. Vielleicht sind sie einfach nur laut, aber ich wüsste gerne, ob ihnen auch Vandalismus zuzutrauen ist.«

»Das ist einen Blick wert. Gib mir die Namen, und ich schau mal, was ich finden kann.«

Kate buchstabierte die Namen und dankte Val. Wahrscheinlich hatte keiner der Männer etwas mit Sams Tod zu tun – aber es konnte nicht schaden, mehr über sie zu wissen.

28. Kapitel

Auf dem Weg von der Tür zur Garage rief Donovan: »Bis heute Abend.«

Kate sah von der Zeitung auf, die über eine Erdbebengeschichte berichtete. »Viel Spaß. Grüß Connie und Frank von mir.«

»Mache ich.« Die Tür schloss sich, und Donovan verschwand, um seinem Onkel dabei zu helfen, ein Badezimmer umzubauen – eines jener Projekte unter Männern, die Kerle so sehr lieben.

Connie, ganz die kluge Frau, die sie war, ermutigte solche Vorhaben. Und ihr Haus hatte sehr davon profitiert. Am Wochenende davor hatten sie Kate und Donovan zum Essen eingeladen. Es war schön gewesen, die Russos wiederzusehen, obwohl Kate genauso gewusst hatte, dass sie für ihre Sünde, Donovan verlassen zu haben, verurteilt wurde. Am Ende des Essens aber schienen die Russos sie wieder akzeptiert zu haben.

Nach dem Frühstück stand Kate auf, um ihren Becher auszuwaschen. Sie wohnte jetzt seit drei Wochen in der Brandy Lane, und ihr Leben verlief friedvoll. Donovan hatte ein paarmal über die Unfallgefahr auf unordentlichen Arbeitsplätzen gemurrt, aber ansonsten lief im Unternehmen alles glatt.

Kate war in eine Routine verfallen, bei der sich Büroarbeit und Arbeit vor Ort unter Luthers Anweisung die Waage hielten. Als die Vorbereitungen für die Sprengung der Concorde-Wohnblocks fortschritten, hatten die Demonstrationen aufgehört, größtenteils deshalb, weil die Verantwortlichen, beschämt durch Steve Burkes Proteste, Wohnungen für die Betroffenen gefunden hatten.

In den Wäldern erschien das erste Frühlingsgrün. Am Freitag hatten sie offiziell den neuen Aufenthaltsraum von *PDI* mit einem kleinen Buffett eingeweiht. Bereits beim Apfelkuchen war jede Scheu vor Sams Büro für immer verschwunden.

Die Zeit verging schnell. Heute war das Mittagessen mit Val und Rachel. Ein Jammer, dass Tom wieder in Kalifornien war, sonst hätte er mitkommen können. Es war schön, dass er da gewesen war, und die ganze Familie hatte ihn mit offenen Armen und Unmengen von Pasta aufgenommen. Wenn einer von ihnen sich noch immer daran störte, dass er homosexuell war, hatte es zumindest keiner gezeigt.

Vor dem Essen mit ihren Freundinnen musste Kate noch zum Tierarzt, um Dinah impfen zu lassen. »Dinah, komm zu Mama.«

Dynamit hatte gedöst, doch als Kate sie rief, dachte sie, es wäre Zeit zum Verstecken spielen. Und Dinah kannte nur zwei Geschwindigkeiten – Vollgas und Koma. Im Moment war ihre aktive Phase. Den dicken kleinen Schwanz hochgestreckt, verschwand sie im Schlafzimmer unter dem Bett.

Kate stand zögernd im Flur. Das war Donovans Zimmer, und sie wollte seine Privatsphäre nicht stören, aber sie musste das Kätzchen einfangen.

»Dinah, Liebes, kleiner Teufel, wo bist du?« Kate legte sich auf den Bauch und spähte unter das Bett. Dinah hockte dort und war, wie es schien, zum Spielen aufgelegt. Sie drückte sich an der Wand entlang und wich

Kates Hand aus. Als sie in der Ecke angekommen war, fasste Kate zu. Die Katze sprang weg, und Kates Mittelfinger traf auf etwas Scharfes.

Der Ohrring einer Frau war zwischen Bettpfosten und Wand eingeklemmt. Lang und baumelnd, eine Schöpfung aus Perlen und Bernstein. Den hatte eine Freundin von Donovan verloren, eine Frau mit eindeutig dramatischem Geschmack. Am liebsten hätte Kate den Ohrring auf dem Fußboden zertreten.

Stattdessen stand sie mit schmalen Lippen auf. Warum war der Beweis für die Anwesenheit einer anderen Frau so viel schlimmer als das abstrakte Wissen?

Plötzlich erschien Dinah und rieb ihren Kopf an Kates Bein, als wenn sie wüsste, dass ihr Frauchen Trost brauchte. Kate hob die kleine Katze auf und drückte sie an sich. Kein Wunder, dass allein stehende Frauen sich immer Katzen hielten, sie waren viel verlässlicher als Männer.

Sobald Kate das Restaurant betrat, erklärte die Kellnerin: »Ihre Freundinnen sind schon da.«

Morgan Millard war ein Restaurant in der Gegend, in der Kate aufgewachsen war, und sie liebte die behagliche Atmosphäre, das goldene Holz und die dunkelblaue Tapete. Außerdem war das Essen gut. Val Covington erhob sich, um sie zu begrüßen. Klein und rothaarig hüpfte sie auf Kate zu, und umarmte sie. »Du siehst großartig aus, Kate. Es bekommt dir, wieder in Maryland zu sein.«

»Dasselbe gilt für dich, Val. Dein Liebesleben scheint zu blühen.«

»Geht so. Im Moment lebe ich zölibatär. Das gibt Power, genau, wie die Feministinnen immer sagen.«

»Zölibatär? Das hältst du nicht lange durch.« Kate drehte sich um, um Rachel zu begrüßen, und entdeckte eine weitere alte Freundin. »Laurel, wie schön!«

Laurel Clark glitt hinter dem Tisch hervor, ganz die New Yorkerin mit ihren schwarzen Strümpfen und dem zimtfarbenen Zopf, der ihr über die Schulter fiel. Es war schwer, sie sich im weißen Rüschenkleid der Debütantinnen vorzustellen. »Val hat mich überredet, heute zu kommen und dich zu überraschen.«

Kate umarmte sie entzückt. Die fünf Mitglieder des Freundeskreises waren einander einmal so nahe wie Schwestern gewesen. Nach dem Examen hatten sie sich in alle Richtungen verstreut, aber auch nach so vielen Jahren waren sie immer füreinander da.

Sobald sie zusammen waren, fielen die Jahre von ihnen ab, und sie verstanden sich sofort so gut wie immer.

Kate hatte den Verdacht, wenn sie einander erst als Erwachsene kennen gelernt hätten, dass sie sich dann nicht so gut verstanden hätten. Doch die gemeinsame Vergangenheit hatte das Band zwischen ihnen gefestigt.

Kate wandte sich an Rachel. Dunkelhaarig und groß wie sie war, sah sie aus wie eine Ärztin, der man vertrauen konnte. Rachel hatte immer gewusst, dass sie Medizin studieren wollte, und ihr Ziel mit einer Verbissenheit verfolgt, die Kate bewundert hatte. »Wie war Australien?«

»Voll. Heiß. Ich hätte noch länger bleiben sollen, bis es hier Frühling ist.« Sie senkte die Stimme. »Das mit deinem Vater tut mir so Leid.«

»Ich habe deine Karte gekriegt. Danke schön.« Außer zu kondolieren hatte Rachel bewegend ihren Schock nach dem Tod ihrer Mutter geschildert und

Kate mit ihrem Verständnis zum Weinen gebracht. Sams Verlust war auch für Rachel schwer, so wie Kate umgekehrt Barbaras Tod beweint hatte.

Obwohl alle anderen Frauen Kate in San Francisco besucht hatten, ließ dieses Treffen in Baltimore sie nostalgisch an ihre Highschool-Zeit zurückdenken. Sie hob ihr Wasserglas. »Auf Rainey! Möge sie beim nächsten Mal dabei sein.«

»Hört, hört.« Sie stießen an.

»Okay, Leute«, begann dann Val. »Wer weiß Neues? Wer hat Bilder mit?«

»Ich habe ein Foto von Sandy und ihrer Familie.« Rachel legte ein Foto auf den Tisch.

»Du glückliche Tante. Was für süße Kinder«, rief Laurel.

Rachel stimmte zu und erzählte dann über ihre Monate in Australien. Es war sehr interessant, aber Kate konnte nur daran denken, dass diese Gruppe junger Frauen in Sachen Familie und Kinder nicht sehr erfolgreich gewesen war. Rachel war jahrelang mit Tom ausgegangen und immer noch gut mit ihm befreundet – aber mehr als Freundschaft war es nicht.

Val liebte Männer, und sie liebten sie wieder. Aber sie hatte einen Hang dafür, immer hoffnungslose Fälle auszuwählen. Unter der New York-Fassade war Laurel recht schüchtern, also hatte sie den Richtigen vielleicht nur noch nicht gefunden. Nun, da war wenigstens Rainey. Kenzie schien nett zu sein, obwohl er ein Superstar war, und die beiden waren ganz sicher sehr verliebt. Vielleicht gab es doch noch Hoffnung für sie alle.

»Und was machst du jetzt, Laurel?«, fragte Kate. »Erzähl uns alles.«

»Nichts Aufregendes. Mein Verlag ist in das Decatur-

Bauwerk umgezogen, einen der ersten Wolkenkratzer. Du musst mich dort mal besuchen, Kate, für eine Architektin ist das sicher sehenswert.«

»Ich habe im Studium davon gehört«, erwiderte Kate. »Ich würde es sehr gerne sehen. Vielleicht kann ich im Frühsommer mal einen Ausflug nach New York machen. Gibt es irgendwelche aufregenden Männer in deinem Leben?«

»In New York? Nicht wirklich. Was Verabredungen angeht, ist es dort wie bei einem riesigen Schlussverkauf – viele seltsame Exemplare, aber wenige, die du mit nach Hause nehmen willst. Ich warte noch auf einen Mann mit der Stimme von Sean Connery.«

»Sean Connery«, seufzte Val hingerissen. »Wenn du so einen Mann findest und ihn nicht behalten willst, musst du ihn mir vorstellen.«

»Ich denke, du lebst im Zölibat«, gab Laurel zu bedenken, »und findest, dass es Power gibt.«

»Wenn ein Mann mit Sean Connerys Stimme auftaucht, wirst du sehen, welche Power mir das gibt.«

Dann war Kate an der Reihe, von Kenzie zu erzählen, der in der Tat eine Stimme wie Sean Connery hatte, wenn sie so darüber nachdachte.

Als Rachel und Laurel zur Toilette verschwanden, zog Val einen Packen Papiere aus ihrer großen Tasche. »Hier ist das Ergebnis der Suche, um die du mich gebeten hast. Wenn du mich fragst, sind beide dieser Clowns zu Vandalismus fähig, wenn man sie nur genug provoziert.«

Kate las sich die Texte durch und runzelte die Stirn. Burke war seit Studienzeiten als politischer Aktivist bekannt. Er war wohl ebenso am Bombardement eines Labors in der Uni beteiligt gewesen, auch wenn man ihm nichts hatte nachweisen können.

Joe Beekman war ein hoch dekorierter Vietnam-Veteran, der einiges über Sprengstoff wusste und im Dienste des Vaterlandes getötet hatte. Jetzt stand er einem Drogenentzugsprojekt vor. Ein wertvoller Mensch – aber konnte die Wut über den Rausschmiss seiner Mutter dazu führen, dass er in die Gewalt früherer Tage zurückverfiel?

Vielleicht war den Ermittlern in Sams Fall der Gedanke mit den Demonstranten auch schon gekommen, aber es konnte sicher nichts schaden, die Informationen weiterzureichen. »Danke, Val. Im Fall Concorde haben sich die Gemüter etwas beruhigt, aber wenn es wieder Ärger gibt, werden wir wissen, wo wir gucken müssen.«

»Gerne geschehen.«

Kate bemerkte Vals bunten Zigeunerschmuck. »Deine drei Goldringe am Ohr gefallen mir. Bist du auch an anderen Stellen gepierct?«

»Ich habe es mal überlegt«, gab Val zu, »aber der Gedanke, dass man mit dem Nabelring im Reißverschluss hängen bleibt, verursacht mir eine Gänsehaut.«

Kates Blick fiel auf Vals Halskette. Daran baumelte ein Anhänger aus Perlen und Bernstein, der sehr vertraut wirkte.

»Hübsch, nicht wahr?«, fragte Val. »Ursprünglich waren das mal Ohrringe, aber einen habe ich verloren, also habe ich diesen hier an die Kette gelegt.«

Die Frau mit dem dramatischen Sinn für Mode. Donovan und Val zusammen im Bett. Kate hatte das Gefühl, als hätte man sie getreten und hätte am liebsten gerufen: Aber du bist doch meine Freundin! Stattdessen zählte sie bis zehn und sagte: »Heute ist dein Glückstag. Ich habe den verlorenen Ohrring heute Morgen unter Donovans Bett gefunden.«

Vals Gesicht wurde ausdruckslos. »Ich glaube nicht, dass ich dir eine andere Geschichte auftischen könnte als die offensichtliche.«

»Du brauchst nichts zu sagen. Es geht mich nichts an, mit wem einer von euch schläft.«

»Vielleicht nicht, aber du bist auch nur ein Mensch. Himmel, wir sind alle nur zu menschlich. Ich habe den Gute-Freundinnen-Kodex gebrochen, indem ich mit deinem Ex-Mann geschlafen habe.«

»Ach Quatsch, ich habe den Mann fast zehn Jahre lang nicht gesehen. Er war auf dem freien Markt.« Dann fragte Kate, obwohl sie sich dafür hasste: »Wie lange seid ihr miteinander ausgegangen?«

»Etwa eineinhalb Jahre. Wir sind uns eines Tages über den Weg gelaufen, haben uns unterhalten und dann – na, ja, du weißt schon.« Val zuckte unbehaglich die Achseln.

»Und jetzt?«

Val fuhr sich mit den Fingern durch die Haare. »Er hat die Sache beendet, nachdem er Sams Testament gelesen hatte.«

Kate befeuchtete ihre trockenen Lippen und fragte sich, ob das an dem Tag gewesen war, als er sie in die Brandy Lane gebracht und überzeugt hatte, ein Jahr bei ihm zu bleiben. »Er muss sich *PDI* sehr wünschen, wenn er dafür mit dir bricht.«

»Es war nichts Ernstes zwischen uns, Kate. Es war nur Spaß und die Gesellschaft. Donovan ist so nett, dass ich mich gefragt habe, was ich jahrelang in den anderen Kerlen gesehen habe. Aber es war bei uns beiden nicht die große Leidenschaft.«

Kate sagte sich, dass jetzt Reife gefragt war. »Es tut mir Leid, dass meine Rückkehr das beendet hat. Aber in einem Jahr bin ich wieder weg.«

»Deine Rückkehr war gar nicht so entscheidend.« Val wickelte sich eine rote Locke um den Zeigefinger. »Ich muss zugeben, dass ich nichts dagegen gehabt hätte, wenn die Dinge weitergegangen wären, aber Donovan wollte nicht, und wenn ich eines gelernt habe, dann, einen Mann zu erkennen, der an einer tieferen Beziehung nicht interessiert ist. Nur eine hat den Schlüssel zu seinem Herzen: du.«

»Wenn ja, habe ich ihn verloren.« Kate bemühte sich um Fassung, weil Rachel und Laurel jetzt wiederkamen. »Offen gesagt will ich ihn auch nicht wiederfinden.«

»Wenn das stimmt, bist du eine Närrin, Kate. Glaub mir, gute Männer sind selten«, verkündete Val. »Sind wir noch Freundinnen? Ich könnte mir nie verzeihen, wenn ich das verdorben hätte.«

Vals betroffenes Gesicht rührte Kate. Das war ihre Freundin, mit der sie Jahre ihres Lebens geteilt hatte. Sie hatte jedes Recht gehabt, mit Donovan auszugehen. Kate beugte sich vor und umarmte sie. »Natürlich sind wir noch Freundinnen, du hast dich für nichts zu entschuldigen. Erinnerst du dich noch an unser altes Schulmotto?«

Sie zitierten: »Männer kommen und gehen, aber Freundinnen sind für immer.«

Die anderen setzten sich und suchten einen Nachtisch aus, aber Kate nahm an dem Geplänkel von »Ich nehm nur so was, wenn ihr auch so was nehmt« nicht teil. Ihre Gedanken waren bei Donovan. Jeder hatte sie für verrückt erklärt, weil sie ihn damals verlassen hatte.

Jeder, außer den beiden, die die ganze Geschichte kannten: Tom und Rachel Hamilton.

29. Kapitel

Der Zusammenbruch von Kates Familie hatte als ganz normales Familientreffen begonnen. Sonntagabends kamen Kate und Donovan meist zum Essen zu Kates Eltern, und auch Tom und Rachel waren häufig dabei. An diesem Abend war Tom alleine gekommen.

Es gab Pasta, was Kate gewöhnlich immer sehr gerne aß, aber diesmal war sie schlechter Stimmung. Obwohl sie es geschafft hatte, das Sommersemester nicht schlecht abzuschließen, waren die letzten Wochen hart gewesen, denn ihre Ehe lief immer schlechter.

Donovan saß rechts von ihr. Er trug einen blauen Blazer und sah sehr ernst aus, als er seinen Gin-Tonic nippte. Sie wusste, dass er genauso beunruhigt war wie sie, aber er reagierte auf dieses Gefühl immer besitzergreifender, fragte, wo sie gewesen war, wenn sie sich nur um zehn Minuten verspätete. Er mochte es nicht, wenn sie ihre Freunde besuchte oder auch nur anrief, und so wurde sie immer einsamer. Sie konnte ihn ja verstehen – ihr Studium ließ ihr wenig Zeit für ihn, und er fühlte sich zunehmend vernachlässigt.

Doch ihre Freunde fehlten ihr, vor allem jetzt, wo es mit ihrer Ehe immer mehr bergab ging. Er hatte sie ein paarmal brutal geschüttelt, als sein Jähzorn die Oberhand bekam. Zwar hatte er sich jedes Mal schnell wieder beruhigt und entschuldigt, und er hatte sie nie wirklich verletzt. Dennoch war Kate verunsichert, weil sie nie wusste, was die Wut auslösen würde.

Donovan bemerkte ihren Blick und lächelte. Gut, sie machten gerade eine schwierige Phase durch, aber sie würden sie überstehen. Sie liebten einander zu sehr, um ihre Probleme nicht zu bewältigen.

Die Stimme ihres Vaters weckte Kate aus ihren Grübeleien. »Wo ist Rachel, Tom? Ich habe sie seit Wochen nicht gesehen.«

»Sie lernt fürs Abschlussexamen. Künftige Ärzte wissen nicht, wie man sich entspannt.«

»Wird Zeit, dass du sie heiratest. Medizin kann sie später noch studieren. Babys bekommt man am besten, solange man noch jung und voller Energie ist.«

Kate hatte das selber schon oft zu hören bekommen. Drei Jahre verheiratet und noch nicht schwanger? Gut, sie hatte noch kein Examen, aber Donovan war doch fertig. Sie reagierte geduldig auf solche Tiraden und versprach den Onkeln, Tanten, Cousins, dass die Babys schon noch kommen würden.

Doch Toms Situation war anders. Sein Blick traf Kates, und sie las die Qual in seinen Augen. »Dad, Mutter, ich habe euch etwas zu sagen.«

Julia legte mit ausdruckslosem Gesicht die Gabel nieder. »Ja, mein Lieber?«

»Rachel ist die beste Freundin der Welt, aber wir werden niemals heiraten.« Ein Muskel zuckte in seiner Wange. »Ich ... ich habe erkannt, dass ich homosexuell bin.«

»Nein!« Mit grauem Gesicht sprang Sam auf und warf seine Serviette auf den Tisch. »Das ist ein Witz, nicht wahr? Junge, was für ein lausiger Witz.«

»Das ist kein Witz, Dad. Glaub mir, wenn ich anders

sein könnte, wäre ich es. Aber Gott hat mich so geschaffen, und ich kann mich nicht ändern.«

»Nein!«, brüllte Sam wieder. »Lass Gott aus dem Spiel, du bist krank, kaputt. Wir gehen zu einem Arzt, der dich heilen kann.«

Donovan sah so höhnisch drein, als wenn sein Schwager gerade zu einer Küchenschabe mutiert wäre, und Julias Gesicht war von Kummer überzogen. »Das ... das ist nicht das, was ich mir für dich gewünscht habe, Tom. Aber du bist mein Sohn. Nichts wird daran je etwas ändern.«

Sam starrte sie schockiert an. »Wie kannst du so tun, als wäre dieser ..., dieser ekelhafte Gedanke von ihm normal?«

»Tom ist nicht krank, Sam«, erklärte Julia. »Ich hatte schon länger den Verdacht, habe aber gehofft, dass ich mich irre.«

»Weil du den Gedanken nicht ertragen kannst, einen schwulen Sohn zu haben?«, warf Tom scharf ein.

»Nein. Weil ich weiß, dass das Leben für die, die anders sind, schwieriger ist, und welche Mutter wünscht sich das für ihr Kind?« Julia griff über den Tisch und legte ihre Hand für einen Moment auf seine. »Aber manchmal muss man den schweren Weg gehen.«

Tom sah an seinem Tischende furchtbar einsam aus. Kate trat zu ihm und legte ihm die Hand auf die Schulter. »Ich weiß, dass das ein Schock ist, Vater, das war es für mich auch. Aber Tom hat sich nicht geändert. Alles, was dich stolz auf ihn macht, ist noch da.«

»Verdammt, Kate, ermutige ihn nicht noch!«, fauchte ihr Vater.

Donovan saß mit schmalen Lippen da. »Du hast es gewusst und mir nichts davon gesagt?«

»Es war nicht an mir, darüber zu sprechen, bevor Tom bereit dafür war.«

»Ich denke, ich werde besser die Stadt verlassen«, erklärte Tom. »Ich habe einen Job in San Francisco angeboten bekommen. Dort ist jeder richtig, der sich für Computer interessiert.«

Sam fluchte. »Dort ist auch Amerikas Hauptstadt für Perverse. Gehst du dahin, damit du ... damit du ...« Er brachte es nicht fertig, das auszusprechen, was er so sehr verabscheute.

»Ich ziehe aus einer Reihe von Gründen um«, erklärte Tom ruhig. »Einer davon ist, dass ich einen Ort vorziehe, an dem ich mehr Freiheit für mich selber habe, ohne euch zu beschämen.«

»Bleib hier, Tom«, bat Sam. »Ich finde eine Behandlung für dich. Es ist mir egal, wie lange sie dauert oder was sie kostet, solange du nur über diese ... diese kranken Ideen wegkommst.«

»Ich werde nicht zum Arzt gehen. Ein guter würde sagen, dass ich bin, was ich bin. Ein schlechter würde dir falsche Hoffnungen machen und mir das Gefühl zu geben versuchen, dass ich ein abstoßender Perverser wäre, was ich nicht bin. Ich bin eben nur ... anders.«

»Und wenn du es solange versuchst, Tom, bis Dad sich damit abgefunden hat?« Kate hielt den Atem an.

»Das wird er nicht, Kate. Wenn ich jetzt aufgebe, verliere ich mich vielleicht für immer.«

Mit wütender Stimme rief Sam: »Wenn du dich weigerst, dich zu ändern, verlass auf der Stelle mein Haus. Und komm nie wieder.«

»Es ist auch mein Haus«, warf Julia scharf ein. »Meine Kinder sind hier immer willkommen.«

Mit einem Wutschrei wischte Sam Geschirr und Gläser vom Tisch. »Verdammt, Julia, wenn du diesem ...

diesem Degenerierten je wieder gestattest, unser Haus zu betreten, dann gehe ich für immer.«

»Für immer? Du weißt doch nicht, was du redest, Sam. Halt dich bloß ein bisschen zurück, sonst bin ich es noch, die geht.« Julias Gesicht war aschfahl.

Himmel, würde ihre Mutter zwischen ihrem Mann und ihrem Sohn wählen müssen? Kate presste eine Hand auf den Magen, und ihr wurde übel bei der Vorstellung, dass ihre Familie nie wieder dieselbe sein würde.

»Es ist gut, Mutter«, griff Tom jetzt ein. »Du gehörst hierher. Ich komme schon zurecht.« Dann wandte er sich an seinen Vater. »Mach dir keine Sorgen, dass ich dein kostbares Haus verschmutzen könnte. Ich verspreche dir, dass ich nie wieder einen Fuß über die Schwelle setzen werde.«

Dann umarmte er Kate. »Danke, Katie, du ahnst nicht, wie viel mir deine Unterstützung bedeutet. Nächste Woche gehe ich nach San Francisco.«

Das musste er schon eine Weile geplant haben, erkannte Kate. Sie konnte es ihm nicht verdenken.

»Zur Hölle oder nach San Francisco, für mich ist das alles dasselbe.« Sams Brust hob sich, als er nach Atem rang. »Du bist nicht mehr mein Sohn.«

Er verließ das Zimmer, und Julia sah ihm verstört nach.

»Tut mir Leid, dass du diesen Corsi-Familienstreit mitmachen musstest«, entschuldigte Tom sich bei Donovan. »Kein schönes Erlebnis.«

»Wie konntest du das Sam nur antun?«, fauchte Donovan wütend. »Er gibt dir alles, und statt dankbar zu sein, brichst du ihm das Herz.« Er stand auf und schob den Stuhl zurück. »Halt dich ja von Kate fern.«

»Wage es nicht, so mit Tom zu sprechen! Du hast

nicht das Recht, mir zu verbieten, meinen eigenen Bruder zu sehen!«

»Ich habe jedes Recht!« Donovan packte Kate am Handgelenk. »Tut mir Leid, mitten im Essen zu gehen, Julia, aber ich denke, das ist unter den Umständen das Beste.«

Als Kate Toms besorgtes Gesicht sah, nickte sie ihm beruhigend zu. »Ich rufe dich an«, bedeutete sie ihm.

Kate musste rennen, um mit den wütenden Schritten ihres Mannes mithalten zu können, als sie gingen. Nachdem er sie ins Auto geschubst hatte, ging er zur Fahrerseite, das Gesicht finster.

»Du tust mir weh«, sagte Kate kalt.

Er fuhr los. »Du kannst froh sein, dass ich dir nicht noch mehr wehtue!«

Kate wollte zurückfauchen, aber sie hatte gelernt, vorsichtiger zu sein. Wenn Donovan in dieser Stimmung war, wusste man nie, was er als Nächstes tun würde. Klüger war es zu warten, bis er sich wieder beruhigt hatte.

Sie sprachen nicht, bis sie ihr Haus erreicht hatten. Kate stieg aus, ohne auf ihn zu warten, und ging ins Haus. An der Tür holte Donovan sie ein.

»Ich mache das.« Er schloss auf und ließ sie eintreten. Kate ging in die Küche und holte sich Käse und ein Messer. Sie hatte seit dem Frühstück nichts gegessen, und sie wusste, dass ihre Wut wuchs, wenn sie ihren Blutzucker nicht ins Lot bekam. Wer wusste, was dann passieren würde.

Donovan folgte ihr in die Küche. »Sam will nichts mehr mit Tom zu tun haben, und ich will dein Versprechen, dass du es auch nicht wirst. Dein Vater regt sich schon genug auf, ohne deine Illoyalität auch noch ertragen zu müssen.«

»Illoyalität!« Kate knallte das Messer auf den Tisch. »Sam ist derjenige, der illoyal ist. Wie kann er seinen eigenen Sohn wegen etwas verstoßen, wofür er gar nichts kann?«

»Wenn Tom es nicht ändern kann, sollte er wenigstens den Anstand besitzen, es geheim zu halten. Ich war glücklicher, als ich nicht wusste, was ihn anmacht!«

»Niemand soll mit so einer Lüge leben müssen.« Kate holte tief Luft, um sich zu beruhigen. »Ich werde Tom nicht die kalte Schulter zeigen und meine Mutter auch nicht. Bei Sam habe ich erwartet, dass er so reagiert, aber du? Wie konntest du dich nur so aufführen?«

Donovan schlug mit der Faust auf den Tisch. »Du willst über Benehmen reden? Kate, wieso hast du mich so angelogen? Was hast du noch alles zu verbergen?«

»Es ist ein großer Unterschied, ob man lügt oder das Geheimnis von jemand anderem für sich behält. Ich konnte dir von Tom nichts sagen, weil er mich ausdrücklich darum gebeten hatte. Er wusste wohl besser als ich, was für ein Idiot du bist.«

Donovan verlor die Beherrschung. »Wage es nicht, so mit mir zu reden! Du bist meine Frau, und ich erlaube dir nicht, dass du Sam verletzt oder mit eine Horde Schwuler herumhängst.«

»Warum? Denkst du, Homosexualität wäre ansteckend?« Kate suchte nach etwas, was ihn so verletzen konnte, wie er sie verletzt hatte. »Hast du insgeheim Angst, du wärest eine Patsy und kein Patrick?«

Seine Faust traf ihren Kiefer und schleuderte sie gegen den Kühlschrank. Benommen hielt Kate sich fest, war aber zu wütend, um Angst vor ihm zu haben oder den Schmerz zu spüren.

Nach kurzem Schweigen sagte Donovan: »Himmel, Kate, du solltest mich nicht dazu bringen, so etwas zu tun.«

Seine Worte schmerzten sie mehr als seine Faust es getan hatte. »Du Bastard! Wage es nicht, so zu tun, als wäre das meine Schuld! Ich habe alles versucht, um deine kranke Wut zu verstehen, aber jetzt reicht es! Das Problem bist du, nicht ich, und ich werde nicht hier bleiben, um mich immer wieder schlagen zu lassen.«

Donovan sah sie entsetzt an. »Nein, Kate, du kannst mich nicht verlassen.«

Kate berührte ihren tauben Kiefer und wusste mit Sicherheit, dass ihre Ehe eine hoffnungslose Spirale aus Angst und Gewalt werden würde, wenn sie jetzt nicht ging. Ganz allmählich hatte er ihr Selbstbewusstsein untergraben und sie von ihren Freunden abgeschnitten, sie immer mehr isoliert. Wenn sie jetzt blieb, würde sie als eine gebrochene Frau enden.

»Ich muss gehen«, stieß sie hervor. »Vielleicht hilft dir eine Therapie, aber ich werde nicht abwarten, ob sie funktioniert.«

Kate griff nach ihrer Tasche, aber Donovan hielt ihren Arm fest. »Du kannst nicht gehen! Du bist das Beste, was mir je passiert ist. Ich schwöre dir, dass ich dir nie mehr wehtun werde!«

Kate riss sich los. »Das hast du schon oft gesagt«, bemerkte sie bitter. »Und weißt du was? Ich glaube dir nicht mehr.«

»Wir haben so viel. Wirf es nicht in einem Moment der Wut weg.« Bittend umfasste er ihre Schultern. »Ich ... ich kann ohne dich nicht leben.«

Sie sah seine verzweifelte Angst, sie zu verlieren, aber diesmal war sie selber verzweifelt. »Lass mich los.«

Donovan hörte sie nicht. Er vergrub die Hände in ihren Haaren und zog sie an sich, um sie zu küssen.

Leidenschaftlich und voller Liebe hatten sie sich tausendmal umarmt. Mancher Konflikt war durch Intimität bereinigt worden. Doch diesmal empfand sie Panik und wachsende Abscheu. Verdammt, sie war ihm hilflos ausgeliefert, hilflos gegen seine Stärke und Größe. Fast hysterisch weinte Kate los: »Tu das nicht. Bitte, tu das nicht!«

So leicht, als wäre sie ein Kind, drängte er sie gegen den Tresen. »Du gehörst mir, Kate, mir. Ich liebe dich so sehr. Ich kann nicht zulassen, dass jemand anderer dich bekommt.«

Seine Hände packten sie, und wieder küsste er sie. Wild fuhr Kates Hand auf der Suche nach einer Waffe über den Tisch. Fand eine vertraute Form. Hob den Arm.

Stach zu.

Er schrie auf und ließ sie los, während Blut aus einem Schnitt von der linken Schulter bis zum Ellbogen lief. Mit zitternden Fingern berührte er die Wunde und starrte auf die roten Flecken.

Kate hätte sich beim Anblick des Blutes fast übergeben. Himmel, sie hätte ihn töten können!

Donovan sah sie an, und dieser Blick würde sie bis in alle Ewigkeit verfolgen. Lange starrten sie aufeinander, auf das, was aus ihrer Ehe geworden war, die letzten Fetzen von Vertrauen zerrissen.

Donovan versuchte, die erschütternde Wahrheit zu leugnen, und sagte: »Keine Sorge, Katie, die Wunde ist nicht tief. Ich habe mich an meinem Auto schon schlimmer verletzt. Lass uns ... uns setzen und beruhigen.«

Benommen sah Kate das blutige Messer in ihrer Hand an. »Dafür ist es zu spät, Patrick«, flüsterte sie.

»Nein! Es darf nicht zu spät sein!«

Kate schüttelte stumm den Kopf. Sie wünschte, sie wäre tot.

Donovan spürte eine schreckliche Resignation, wie ein Mann, der tödlich getroffen ist und weiß, dass er sterben muss. Er sank gegen den Kühlschrank und rutschte langsam zu Boden. »Das ist alles meine Schuld. Es tut mir so Leid, Kate. So ... verdammt ... Leid.«

Kate sah ihn noch einmal an, das schöne Gesicht, das sie liebte, den starken Körper, der ihr so viel Glück geschenkt hatte.

Das Blut, das zwischen seinen Fingern hervorsickerte.

Das war der Mann, von dem sie gedacht hatte, dass er ihr ganzes Leben lang an ihrer Seite sein würde. Wie konnte sie es ertragen, ihn zu verlassen? Gequält flüsterte Donovan: »Wenn du gehen willst, dann geh schnell, Kate. Um unser beider willen.«

Voller Schmerz legte Kate das Messer auf die Tischplatte. Dann nahm sie ihre Tasche und verließ das Haus, in dem sie so glücklich und so verzweifelt gewesen war.

Sie sah den Mann, den sie geheiratet hatte, zehn lange Jahre nicht wieder.

30. Kapitel

Kate, bist du noch bei uns?« Vals Stimme riss Kate aus ihren Überlegungen.

»Ich weiß nicht, ob ich den Pfirsich oder Schokoladenkuchen nehmen soll, das ist eine wichtige Entscheidung, die Konzentration erfordert.«

»Nimm den Pfirsich«, empfahl Laurie, »ich nehme den Schokoladenkuchen. Dann können wir teilen.«

Als ihr Dreistundenessen schließlich vorbei war, fragte Laurel: »Kate und Rachel, wollt ihr mit Val und mir zur Handwerk- und Bastelmesse gehen?«

»Ich war gestern da und habe die halbe Halle gekauft«, antwortete Kate. »Für euch ist nichts mehr übrig.«

»Kommst du mit auf einen Spaziergang?«, fragte Rachel. »Etwas frische Luft würde mir jetzt gut tun.«

Kate wusste, dass ihr mehr angeboten wurde als ein Spaziergang. »Ja, gerne, wir können nach Krokussen Ausschau halten.«

»Kroci«, verbesserte Val. »Vergesst eure lateinische Bildung nicht, Mädchen.«

Lachend bezahlten sie und gaben der Kellnerin ein Trinkgeld, das ihr Einkommen für den Tag vermutlich verdoppelte, ehe sie in die Frühlingssonne hinaustraten. Laurel stieg in Vals alten Toyota, und beide verschwanden Richtung Stadt.

Als Kate und Rachel über den Parkplatz schlenderten, bemerkte Kate: »Neben meinem Auto steht ein silberner Honda, der genauso aussieht wie meiner.«

»Der burgunderfarbene ist deiner? Der Silberne gehört mir.«

»Wir hatten schon immer einen ähnlichen Geschmack. Als ein paar Studenten meinen Honda aus San Francisco gebracht haben, meinte Donovan, ich sei wie ein Lemming ohne eigene Initiative.«

»Männer. Was hast du geantwortet?«

»Wenn es lemminghaft ist, sich ein gutes, verlässliches Auto zu kaufen, dann solle man mich zur nächsten Klippe fahren. Donovan bevorzugt natürlich Autos mit Stil wie seine Harley oder die Corvette.«

Rachel wandte sich nach links. »Du warst eine ganze Weile im Niemandsland, vorhin am Tisch.«

»Wenn es das doch gewesen wäre. Aber es war höchst real.«

»Das dachte ich mir. Hast du an den Tag gedacht, an dem du Donovan verlassen hast?«

Kate war damals ziellos durch die Gegend gefahren und schließlich bei Rachels Wohnung gelandet. Ihre schockierte Freundin hatte die Bücher beiseite gelegt und sich um Kate gekümmert. Sie hätte Donovan am liebsten sofort verhaften und ins Gefängnis werfen lassen, aber Kate hatte nicht zugelassen, dass Rachel jemand anderen als Tom anrief. Sie hatte gewusst, dass sie erst alles überdenken musste, ehe sie Dinge in Gang setzte, die außer Kontrolle gerieten.

»Ja. Ich denke immer noch, dass Schweigen das Beste war. Mein Vater war über Toms Enthüllung am Boden zerstört, und als ich auf einer Scheidung bestand, war das in seinen Augen auch nicht viel besser. Donovan war der Sohn, den er sich immer gewünscht hatte. Das zu wissen, dass er mich geschlagen hat, hätte Sam das Herz vollständig gebrochen. Außerdem hätte die Polizei ja vielleicht mich verhaftet. Donovan war derjenige, der den Messerstich hatte.«

»Wenn du deinem Vater die ganze Geschichte erzählt hättest, hätte er vielleicht Donovan verloren, aber dafür hätte er dich gehabt. Du warst immer sein Augapfel.«

»Ich musste weg aus Maryland. Also hätte er mich in jedem Fall nicht mehr gehabt. So hatte er immerhin noch Donovan, und ich glaube, dass sie einander die Rettung waren.« Kate glaubte das wirklich. Tom war zu Kate geeilt, sobald Rachel ihn angerufen hatte. Da er Kate nicht dazu hatte überreden können, die Polizei zu holen, hatte er ihr vorgeschlagen, mit ihm nach Kalifornien zu gehen. Dort konnte sie ohne Angst vor Donovan ein neues Leben beginnen. Kate hatte die Idee gefallen. Mehr als alles andere waren es die Güte und das Verständnis ihres Bruders gewesen, die ihr geholfen hatten, die Sache durchzustehen.

Am nächsten Morgen hatte Kate ihre Eltern angerufen und ihnen gesagt, dass sie die Scheidung eingereicht habe. Da brach die Hölle los, und Sam erlitt erneut einen Wutanfall. Der einzige Grund, den er für eine Scheidung akzeptiert hätte, war die Wahrheit, aber die wollte Kate nicht erzählen. Julia hatte versucht zu vermitteln, aber auch ihr konnte Kate nicht sagen, was passiert war. Vierundzwanzig Stunden, nachdem sie ihren Mann verlassen hatte, war ein Bruch zwischen ihr und ihrem Vater entstanden, der nie mehr ganz überbrückt wurde. Später erst erkannte Kate, dass Sam Tom die Schuld an ihrer Scheidung gegeben hatte.

Rachel unterbrach ihre Gedanken. »Weiß Donovan eigentlich, wie viel Glück er hatte, dass er so glimpflich davongekommen ist?«

»Er weiß es. Er selber hätte es wahrscheinlich lieber gehabt, wenn ich ihn gekreuzigt hätte. Aber was hätte es genützt, sein Leben zu zerstören?« Kate trat einen Stein vom Gehweg. »Erst kürzlich hat Donovan mir erzählt, dass sein Vater ein gewalttätiger Alkoholiker war. Früher hat er es nie geschafft, darüber zu sprechen.«

»Das erklärt einiges – Gewalt wird oft aus der eigenen Jugend kopiert. Vielleicht gibt es in Donovans Familie schon seit Generationen Aggressionen.«

»Es ist überraschend, dass wir uns als Wohngemeinschaft so gut behaupten. Wir gehen uns halt aus dem Weg.«

»Kein schlechtes Rezept für eine Ehe.«

»Das ist keine Ehe.« Kates Magen verkrampfte sich bei der Vorstellung.

»Klingt ganz so, als wenn die Wunden noch nicht verheilt wären.«

Kate seufzte. »Warum schlagen Männer ihre Frauen, Doc?«

»Manchen Männern gefällt es, Schmerz zu bereiten, aber meist ist Gewalt eine Art, die Kontrolle zu haben, der Boss zu sein. Manche Männer müssen alles kontrollieren. Andere sind Versager, die nur zu Hause groß rauskommen, wenn sie ihre Familie schlagen. Ein anderes Motiv ist die Angst, den Partner zu verlieren. Kontrolliere die Frau, lass sie keine anderen Kontakte haben, halte sie in Abhängigkeit, damit sie sich nicht von der Leine reißt.«

Donovan war immer von seiner eigenen Brutalität entsetzt gewesen. Er war ordentlich und genau, aber eigentlich kein Kontroll-Freak. Auf ihn traf eher zu, dass er Angst gehabt hatte, seine Frau zu verlieren. »Jeder Mann tötet das, was er am meisten liebt«, zitierte Kate.

»Nicht immer, aber viel zu oft. Wenn du noch Zweifel hast, dann verbringe mal einen Samstagabend in der Notaufnahme. Wenn man in Betracht zieht, dass Donovans Vater Alkoholiker war, war wahrscheinlich bei ihm Alkohol der Auslöser.«

»Das hat er selber auch gesagt. Allerdings habe ich das nicht gemerkt, denn die meiste Zeit schien das Trinken ihm nichts auszumachen.« Kate dachte nach. »Himmel, war ich dumm. Ich dachte, Liebe wäre genug, aber das stimmt nicht. Ändern sich Männer, die ihre Frau jemals schlagen?«

»Wenn sie es wirklich wollen, ja.« Rachel sah Kate an. »Aber meistens finden sie eine andere Frau, die sie misshandeln können. Vielleicht hat Donovan das getan.«

»Er hat mir gesagt, dass ich die einzige Frau sei, die er je geschlagen habe. Eine zweifelhafte Ehre, nicht wahr?«

»Falls er die Wahrheit sagt.«

»Ich denke schon. Zum einen trinkt er keinen Alkohol mehr, was helfen sollte.« Kate beobachtete zwei Eichhörnchen, die einander jagten. »Bis ich zurückgekommen bin, waren Val und er zusammen. Da Val mir gesagt hat, was für ein netter Mann er sei, denke ich nicht, dass er sie je gegen eine Wand gedrückt hat.«

»Val?« Rachel zog eine Grimasse. »Wie kompliziert.«

»Eigentlich nicht. Wir haben uns beide höchst zivilisiert benommen und uns fast beide für die Situation entschuldigt.«

»Gut, dass es Freundschaft gibt. Die ist so viel verlässlicher als Leidenschaft.«

Sie wanderten durch eine Gegend, die Kate von Kindheit an kannte. Sie spürte, wie sie sich langsam entspannte, sei es durch die vertraute Umgebung, sei es durch Rachels ruhiges Verständnis. Rachel hatte die Art Fassung, um in einen brodelnden Vulkan zu schauen und die Lava zu fragen, ob es ihr gut gehe.

Nach einer Weile sagte Kate: »Manchmal ändern sich solche Männer also doch.«

»Manchmal. Wenn sie noch sehr jung sind, so wie Donovan war, stehen die Chancen besser, zumal er so klug war, das Trinken einzustellen. Aber die meisten ändern sich *nicht.*« Rachel sah Kate an. »Überlegst du im Ernst, ob du zu ihm zurückgehen sollst, oder ist das nur ein Gedankenspiel?«

»Natürlich will ich nicht zurück! Und selbst wenn ich wollte, heißt das nicht, dass er es auch wünschte ... Aber ich bin verwirrt, um es milde auszudrücken. Er ist in den letzten zehn Jahren erwachsen geworden. Meist ist es richtig angenehm mit ihm. Aber er hat immer noch ein höllisches Temperament, auch wenn er es jetzt besser zu beherrschen scheint.«

Rachel schüttelte den Kopf, und ihr perfekt geschnittenes Haar fiel mühelos zurück. »Wovor hast du mehr Angst – vor körperlichen Verletzungen oder vor emotionalen Wunden?«

Ihre Worte rüttelten Kate auf. Als sie damals zu Rachel gekommen war, war sie verletzt gewesen und voll vom Blut ihres Ehemannes, aber das war nichts gewesen im Vergleich zu ihrer Psyche. »Die emotionalen Ängste sind viel schlimmer.«

»Gut. Wenn du jetzt weißt, wovor du am meisten Angst hast, dann setze dich damit auseinander.«

»Du bist gut, Hamilton.«

»Das stimmt, das bin ich. Wenn auch nur die kleinste Chance besteht, dass du mit Donovan ins Feuer zurückspringst, dann solltest du dir genau klarmachen, was du riskierst.«

»Ich muss darüber nachdenken. Ich verhalte mich seltsam, wenn ich bei ihm bin. Ich fühle mich angezogen, bin aber nervös. Mir gefällt mein Verhalten selber nicht.«

»Niemand ist perfekt, Kate, nicht einmal du.«

»Was soll das denn heißen?«

»Früher habe ich immer gedacht, dass du der Mensch wärest, der am meisten in sich ruht. Eine fröhliche Extrovertierte, die immer entspannt ist. Ich war froh, dass du mich als Freundin gewählt hast, obwohl ich ein seltsames Kind war, das deinem Ruf nicht Genüge tat.«

Kate war erschüttert. Wie konnte man mit jemandem ein Leben lang befreundet sein und so wenig über ihn wissen? »Seltsam? Wie absurd. Und ich war auch kein Wunderkind.«

»Ich war scheu und kurzsichtig und klug«, erwiderte Rachel. »Du warst zwar genauso klug, aber nicht so offensichtlich. Ich habe viel von dir gelernt.«

»Was für eine seltsame Wendung dieses Gespräch nimmt. Wenn ich so toll war, warum habe ich dann als geschlagene Frau und Beziehungsfeigling geendet?«

»Nun, früher hast du auf Autopilot geschaltet, da funktionierte alles, ohne dass du dich anstrengen musstest«, erwiderte Rachel langsam. »Dann hat Donovan deine innere Sicherheit zerstört, und damit bist du nicht fertig geworden. Du machst deine Sache gut, aber du kannst dich innerlich nicht mehr binden. Bis du das nicht überwunden hast, kannst du keine echte Beziehung mehr eingehen. Und Überwindung bedeutet, dass du dich nicht nur als Opfer sehen darfst, sondern überlegen musst, wie es dazu kommen konnte, dass du selber gewalttätig geworden bist.«

Während Kate das verarbeitete, sah Rachel auf das

Straßenschild. »Wir sind fast bei deiner Mutter. Wollen wir ihr schnell guten Tag sagen?«

»Das würde ihr gefallen, und Oscar wird vor Freude verrückt werden.«

Als sie abbogen und zu Kates Elternhaus gingen, versuchte Kate zu entscheiden, was sie von Donovan wollte. Strafe? Nähe? Bei *PDI* arbeiten?

Oder etwas anderes, was viel gefährlicher war?

31. Kapitel

Donovan sah zu Hause gerade den Inhalt des Kühlschranks durch, als Dinah auftauchte und ihm um die Knöchel strich. Er hob sie auf. Die kleine Katze war die glücklichste, die er je gesehen hatte. Alles machte ihr Spaß. Sie lief auch nicht wie normale Katzen, sondern hüpfte fast, als würde sie durchs Leben tanzen.

Dinah legte den Kopf zurück und schnurrte entzückt, als er sie unter dem Kinn kraulte. Diese ehrliche Freude weckte bei Donovan eine Erinnerung. Nicht zu fassen – das Kätzchen war wie Kate mit achtzehn, voller Erwartungen und davon überzeugt, dass die Welt ein Ort der Wunder war. Nicht erstaunlich, dass er das kleine Fellbündel so mochte. Und ein Jammer, dass Menschen, die ihren unschuldigen Blick in die Welt verloren hatten, sie nie mehr zurückbekommen konnten.

Verlust der Unschuld ...

Sein Blick wanderte unwillkürlich zu der Stelle, wo sie ihren letzten, furchtbaren Kampf geführt hatten. Die Küche war seitdem neu eingerichtet worden – aber wie bei Lady Macbeth und ihren fruchtlosen Versuchen, sich die Hände zu waschen, blieb der Fleck auf der Seele. Donovan hätte es gern verdrängt, aber stattdessen zwang er sich, daran zu denken, denn die Vergangenheit war der Schlüssel für die Zukunft.

Er war angespannt gewesen, als sie an jenem Abend zum Essen zu den Corsis gegangen waren, denn er hatte gewusst, dass die Dinge zwischen Kate und ihm schief liefen. Und er hatte keine Ahnung gehabt, wie er das ändern konnte. Dann hatte er doppelt so viel Gin getrunken wie sonst, in der Hoffnung, dass ihn das entspannen würde.

Doch dann hatte Tom seine Bombe platzen lassen, und es wurde die Hölle. Donovan war von der Eröffnung schockiert und verunsichert worden, aber es war der Anblick von Sams Schmerz, der ihn wütend gemacht hatte. Warum hatte Tom die Sache nicht für sich behalten können? Es war unverzeihlich, dass er Sam das antat.

Schlimmer aber noch war, dass Kate sich mit ihrem Bruder gegen die Familie gestellt hatte. Wie lange noch, bis sie sich so gegen ihren Mann stellte?

In der nächsten Stunde hatten sich Gin, Wut und Sorge in ihm gesteigert. Er hatte Kate nach Hause gebracht, voller Angst, sie zu verlieren. Und zu Hause waren seine schlimmsten Befürchtungen wahr geworden: Nach einem weiteren Streit hatte sie angekündigt, dass sie ihn verlassen würde.

Da war er ausgerastet und hatte sie gepackt, hatte ihr verzweifelt beweisen wollen, wie sehr er sie liebte. Intime Nähe würde alle Differenzen verschwinden lassen und sie wieder zusammenbringen. Er hatte kaum bemerkt, dass sie sich gewehrt hatte, bis die Messerklinge in ihn drang.

Der Schmerz und der Schock hatten ihn wieder zur Vernunft gebracht, und ihm war quälend bewusst geworden, dass sie einen Punkt erreicht hatten, an dem es nicht mehr zurückging. Er hatte alles versucht, um die Sache herunterzuspielen, aber da war es bereits zu spät gewesen. Kate hatte ihn verlassen, und er hatte gewusst, dass sie damit das Richtige tat.

Erschüttert stand Donovan in Erinnerungen versunken da, als Dinah plötzlich die Ohren aufstellte. Sie wand sich aus Donovans Griff und rannte zur Garagentür, um Kate zu begrüßen. Frühwarnsystem Katze.

»Hallo.« Donovan schüttelte die schwarze Vergangenheit ab. »Wie war es mit der alten Bande?«

»Schön.« Kate schloss die Tür, während Dinah um sie herumtanzte. Wie immer starrte Donovan Kate an, um den Hunger der vergangenen einsamen Jahre ohne sie zu stillen. Ihr goldenes Haar fiel ihr ins Gesicht, sodass er ihren Gesichtsausdruck nicht sehen konnte. Ihre Figur war graziös, anmutig und einfach perfekt.

Kate hängte ihre Jacke weg. »Und ein Glück hatte ich: Als ich Dinah heute Morgen unter deinem Bett vorgezogen habe, habe ich einen von Vals Ohrringen gefunden, noch dazu ihr Lieblingsstück.«

Mist. »Sie hat sich sicher gefreut.«

»Sie hat mehr Schuldgefühle als Freude gezeigt.«

Überraschenderweise empfand Donovan plötzlich Bedauern, wenn er an seine Beziehung zu Val dachte. Sie war so einfach und befriedigend gewesen, ohne Schmerz oder Schuldgefühle. Warum hatte ihm das nicht genügt? Warum sehnte er sich nach der schmerzhaften Kompliziertheit einer Verbindung mit Kate?

Aber er kannte die Antwort. Um die höchsten Gipfel zu erreichen, musste man die größten Tiefen in Kauf nehmen. Nur mit Kate hatte er Glück kennen gelernt, nur bei ihr gab es Vollkommenheit.

»Vielleicht sollten wir Val mit deinem Freund Alec bekannt machen.«

Kate sah amüsiert auf. »Sie würden einander wahrscheinlich mögen. Ein Jammer, dass ein ganzer Kontinent zwischen ihnen liegt.« Kate hob Dinah auf. »Leider ... musste ich die ganze Zeit an den Tag denken, an dem ich dich verlassen habe.«

»Ich wünschte, die Erinnerung könnte aus unser beider Köpfen gelöscht werden.«

»Oh, nein. Das war einer der Wendepunkte in meinem Leben. Wenn man den auslöscht, macht nichts von dem, was hinterher passiert ist, noch Sinn.«

»Das ist mir jetzt zu metaphysisch. Mir würde Vergessen gefallen.« Und doch gab es Dinge, die gesagt werden mussten. »Als wir den Streit hatten, hast du gesagt, ich hätte Angst, eine Patsy zu sein, kein Patrick. Genau so was hat mein Vater immer gebrüllt, wenn er betrunken war. Er hat gedacht, jeder Mann, der kein Macho ist, wäre ein Homo. Er nannte mich immer Patsy und drohte, dass ich die Kleider meiner Schwester tragen müsste.«

Kate zuckte zusammen. »Weil ich dich verletzen wollte, um es dir zurückzuzahlen, habe ich unabsichtlich den schlimmsten Knopf zum unglücklichsten Zeitpunkt gedrückt.«

»Es spielt keine Rolle, wie wütend wir beide waren, nichts kann mein Verhalten rechtfertigen. Himmel, Kate, wie kannst du es überhaupt aushalten, mit mir in einem Zimmer zu sein?«

»Das sollte ich dich fragen, zumal wir hier in der Küche sind, wo so viele Messer herumliegen.« Ihr Ton war leicht, aber ihre Augen blickten ernst.

Er hatte das Messer, mit dem sie ihn verletzt hatte, jahrelang aufgehoben. Als ihm schließlich klar geworden war, was für ein krankes Souvenir ihrer Ehe das war, hatte er es in der Chesapeake Bay versenkt. »Du bist keine Mörderin, Kate. Du hast aus Notwehr gehandelt.«

»Es heißt, dass Liebe ein Abgrund ist – je größer die

Liebe, desto tiefer der Fall. Wenn das stimmt, sind wir ohne Liebe vielleicht besser dran.«

»Niemals! Liebe hat viele Gesichter, Kate. Lass dich davon, dass meine Liebe zu dir schon an Verrücktheit grenzt, nicht von der Liebe generell abbringen.«

Kate sah ihn mit einem unergründlichen Blick an, und Donovan war erleichtert, als das Telefon klingelte. Der Mann am anderen Ende rasselte eine Reihe von Sätzen herunter, die Donovan angespannt werden ließen.

Er legte auf. »Das war das FBI. Ich hoffe, dass du einen gültigen Pass hast? Wir reisen nämlich nach Mexiko.«

»Mexiko?« Kates überraschte Stimme ließ Dinah den Kopf heben.

»Hast du von dem Erdbeben in Mexiko-City gelesen?«

»Ja, aber ich dachte, das wäre nicht so schlimm.«

»Nicht so schlimm wie das vor ein paar Jahren. Das war damals *sehr* schlimm.« Noch heute wurde er in seinen Träumen von den Menschen heimgesucht, die die Ruinen verzweifelt nach Angehörigen abgesucht hatten. »Damals haben wir sechsundzwanzig beschädigte Häuser abgerissen. Diesmal war es nicht ganz so dramatisch, aber das Epizentrum lag genau unter einem Komplex, dessen Fundament von schlechter Qualität war. Es hat nachgegeben wie Gelee.«

»Sind das die Häuser, die heute in der Zeitung waren?«

»Genau.« Donovan holte sich einen Block und begann zu schreiben. »Fast alle Opfer gab es dort in der Casa Miranda. Die mexikanische Regierung will, dass wir die Häuser so schnell wie möglich einreißen, ehe noch mehr Leute verletzt werden.«

»Ich verstehe. Und weil *PDI* schon mal dort war, wollen sie wieder mit dir zusammenarbeiten.«

»Natürlich. Also hat sich die mexikanische Regierung an die US-Regierung gewandt, und jetzt ist schon halb *PDI* dort unten.«

»Ich bin beeindruckt.«

»Noch beeindruckender sind die Bauvorschriften der Regierung, über die wir aber nicht reden dürfen.«

»Dinah, du musst wieder bei Großmutter Julia und Onkel Oscar bleiben. Wann brechen wir auf, Donovan?«

»Morgen, wenn es geht, sonst Montag. Gut, dass du Spanisch kannst.«

»Diesmal werde ich auch schon bei den Sprengungen eine Hilfe sein.«

»Ich will nicht, dass du in die Häuser gehst, Kate – Erdbeben machen diese Häuser instabil. Niemand kann sagen, wann sie einstürzen. Sam hatte einen Instinkt dafür zu wissen, wann der Zeitpunkt des Einsturzes war. Ohne ihn wird die Arbeit ohnehin schon gefährlicher werden als sonst.«

»Habe ich das jetzt richtig verstanden?«, fragte Kate. »Willst du sagen, dass ich so unfähig bin, dass ich versehentlich eines der Häuser zum Einsturz bringen würde, wenn ich dort arbeite?«

»Kate ...«

Ihre Augen wurden groß. »Oh, es ist die Sache mit den Frauen, Kindern und Rettungsbooten. Mit anderen Worten, mein Leben ist wertvoller als deines oder Luthers – was wohl seine Familie dazu sagen würde? – oder Jims oder Teds?«

»Sarkasmus bringt dich hier nicht weiter. Dies ist ein heftiger Auftrag, und ich will dich nicht an Orten haben, wo jede Minute ein Haus einstürzen kann. Glaub mir, du wirst dein Geld schon verdienen. Es gibt genug Arbeit, auch ohne dass du Sprengladungen anbringst.«

»Würdest du mir das auch sagen, wenn ich ein Mann wäre? Sicher nicht.«

Aber sie war kein Mann. Sie war Kate. Ausweichend erwiderte Donovan: »Wenn der Mann ein Anfänger wäre, dann schon.«

»Das bezweifele ich doch sehr. Schutzbedürfnis ist normal und gilt für uns beide, aber bei der Arbeit hat es nichts zu suchen.« Kate sah ihn ernst an. »Ich will ja auch nicht, dass mir ein Haus auf den Kopf fällt, Patrick. Aber wenn ich diese Art Arbeit machen will, muss ich sie ganz machen – die Routine, das Aufregende, den Spaß und das Gefährliche. Sonst kann ich genauso gut nach San Francisco zurückgehen.«

Früher hätte er alles getan, um sich durchzusetzen. In Las Vegas war sie fast in einen Fahrstuhlschacht gestürzt, dabei war das ein völlig sicherer Ort gewesen. Aber wenn er eine Zukunft mit Kate haben wollte, musste er neue Grundlagen legen. Er würde sie als gleichberechtigt akzeptieren müssen, so wenig es ihm auch gefiel, sie in Gefahr zu bringen. »Na gut, Kate, du hast gewonnen – du arbeitest unter denselben Bedingungen wie alle anderen. Aber geh nur kein dummes Risiko ein, Machofrau.«

»Nein, Sir.«

Ihr Lächeln war es fast wert, dass sie ihren Hals riskierte.

Fast.

Das massive Nachbeben war da. Kate verlor den Halt, als das Gebäude über ihr stöhnte und sich bewegte. Terror ergriff sie, als sie zu Boden fiel und der Putz sie an

Kopf und Gliedmaßen traf. Himmel, das Haus stürzte über ihr zusammen! War es das, was Sam kurz vor seinem Tod erlebt hatte?

Kate fuhr aus dem Schlaf auf. Einen Moment lang wusste sie nicht, wo sie war. Dann zeigte ihr die Sonne, dass sie in Maryland war, sicher und geborgen nach einer Woche harter Arbeit in Mexiko. Während der erschreckenden Nachbeben konnte sie sich nicht mehr so richtig daran erinnern, warum sie darauf bestanden hatte, wie die anderen behandelt zu werden. Nur ein Narr würde freiwillig in die bröckeligen Todesfallen von La Casa Miranda gehen.

Aber die Arbeit musste getan werden. Sie hatte lange Zeit angespannt und in Angst verbracht. Nach den Sechzehn Stunden-Tagen war sie nur noch in der Lage gewesen, erst unter die Dusche und dann ins Bett zu taumeln.

Und doch hätte Kate auf die Erfahrung nicht verzichten wollen, denn sie hatte es geschafft, ihre Ängste zu bezwingen. Vielleicht war es dieser Adrenalinstoß hinterher, der Feuerwehrleute und Katastrophenhelfer zu Höchstleistungen antrieb. Am Ende der Woche hatte sie sich mit ihren Kollegen kameradschaftlich verbunden gefühlt wie noch nie.

Es hatte sich herausgestellt, dass sie das Talent ihres Vaters geerbt hatte, voraussagen zu können, wie ein beschädigtes Gebäude einstürzen würde. Donovan war beeindruckt gewesen. Sie hatte außerdem die Erfahrung gemacht, dass es einen heilenden Effekt hatte, ein Haus einzureißen, das so viel Schmerz erlebt hatte.

Aber nun war ein sonniger Samstag, und sie war zu Hause und hatte einen Berg Wäsche zu waschen. Leise pfeifend stieg Kate aus dem Bett und ging ins Bad.

Nach einer ausgiebigen Dusche zog sie sich an und öffnete die Küchentür. In Jeans und einem blauen Hemd mahlte Donovan gerade Kaffee.

Beim Anblick seines muskulösen Rückens blieb Kate in der Tür stehen. Es hatte eine Zeit gegeben, als sie diesen Körper bestens gekannt hatte – den salzigen Geschmack der warmen, weichen Haut, das Spiel der Muskeln, wenn sie sich geliebt hatten. Einen Moment lang fragte sich Kate, wie es wohl wäre, wenn sie jetzt hinter ihn treten und ihm wie früher die Arme um den Leib schlingen würde. Ihr Vater war ein Mistkerl! Er hatte genau gewusst, dass es ein großer Unterschied war, ob man zusammen wohnte oder zusammen arbeitete!

Donovan sah über die Schulter. »Als ich draußen war, um die Zeitung zu holen, habe ich entdeckt, dass es hier Frühling geworden ist, während wir in Mexiko waren. Die Forsythien blühen schon, und die Osterglocken gehen auf.«

»Der Frühling in Maryland ist so schön. Das habe ich in Kalifornien vermisst.« Kate ging zum Kühlschrank. »Der Job in Mexiko war wirklich interessant, aber je mehr ich beruflich reise, desto mehr weiß ich mein Zuhause zu schätzen.«

»Dann genieße dieses Wochenende. Am Dienstag müssen wir für drei Tage nach Atlanta.«

Kate stöhnte theatralisch und öffnete den Kühlschrank. »Wie wäre es mit Rührei und Würstchen und einer deprimiert aussehenden Paprika, die gerade eben noch überlebt hat?«

»Klingt gut. Und dann, *cara mia,* werden wir losziehen und Sommer spielen.«

»Was machen?«

Donovan füllte die Kaffeekanne. »Heute ist einer

von diesen herrlichen Frühlingstagen, an denen die Temperaturen schon ungewöhnlich steigen. Jeder wird den Pullover ausziehen, und die Lokalpresse wird unterwegs sein, um Bilder von hübschen jungen Dingern in Trägerhemdchen zu machen.«

»Das passiert immer noch?«

»Das ist ein Frühlingsritual für Journalisten. In ein, zwei Tagen wird es dann wieder kühl werden, die Leute holen ihre Pullover wieder hervor und klagen über das kalte Frühjahr.«

»Es ist beruhigend zu wissen, dass die lokalen Ereignisse sich nicht ändern. Aber der Frühling muss heute ohne mich auskommen. Ich habe so viel zu tun.«

»Die Wäsche kann warten. In der letzten Woche hast du zwischen achtzig und hundert Stunden gearbeitet. Du brauchst freie Zeit, um geistig fit zu bleiben, und einen so schönen Tag soll man nicht verschwenden.«

»Wenn du meinst ...« Kate schlug ein paar Eier auf. »Hast du schon einen Plan?«

»Ich wollte das Motorrad rausholen und mit dir nach Annapolis fahren.«

Kate wusste genau, was das bedeutete: eng aneinander gepresst durch die Berge zu brausen, während die Harley ihre Körper vibrieren ließ. Donovan hatte schon immer ein Motorrad gehabt, und in den guten Zeiten ihrer Ehe waren sie gerne zusammen losgebraust. Hinterher hatten sie sich jedes Mal geliebt. Kate zögerte mit zweifelnder Miene.

»Inzwischen sind wir gesetzlich verpflichtet, einen Helm zu tragen. Weißt du noch, wie wir immer gedacht haben, dass es nie soweit kommen würde?«

»Mit Speck fängt man Mäuse. Okay, genießen wir den Frühling mit einer Verwirklichung pubertärer

Fantasien.« Die Arbeit in Mexiko hatte Kate gelehrt, dass es wert war, ein Risiko einzugehen. Vielleicht sollte sie das endlich auch im Privatleben tun.

32. Kapitel

Es war ein Tag wie im Paradies. Kate warf den Kopf zurück und lachte vor Vergnügen, als sie die Straße entlangrasten. Noch vor einer Woche hätte sie nichts dazu gebracht, mit Donovan auf ein Motorrad zu steigen, aber heute war es genau das Richtige.

Manche Dinge hatten sich überhaupt nicht geändert. Die harte Taille, an der sie sich festhielt. Oder die erotische Vorstellung dabei, mit ihm durch die Gegend zu brausen. Eindeutig eine pubertäre Fantasie, aber eine verdammt gute. Fast konnte Kate sich vorstellen, dass sie noch in den Flitterwochen wären, ohne dass eine Wolke ihren Ehehimmel verdunkelte.

Sie fuhren in die historische Altstadt von Annapolis, die dreihundert Jahre alt war, und ließen das Motorrad in einer Tiefgarage. Für Kate war der Anblick der alten Gassen und Häuser ein zweites Nachhausekommen. Die Hauptstadt von Maryland bat eine spannende Mischung aus Touristen, Marineangehörigen und Politikern. Kate sog tief die milde Frühlingsluft ein. »Das war ein großartige Idee, Donovan, ich liebe Annapolis.«

»Wer nicht? Es ist hübsch, bildet und hat viele tolle Läden und Restaurants. Für jeden etwas.«

»Aber klein.« Sie betraten den Regierungsbezirk. »Es sieht aus wie eine Modellbaustadt.«

»Der Triumph der Qualität über die Quantität. Wo

sonst gibt es ein Regierungsgebäude, in dem George Washington als Führer der Armee zurückgetreten ist.«

»So kann nur ein wahrer Marylander reden«, erwiderte Kate lächelnd.

Es erschreckte sie, wie sehr auch sie sich als eine Marylanderin fühlte. Als sie nach Kalifornien gezogen war, hatte sie gedacht, dass sie sich vollkommen gelöst hatte. Aber jetzt erkannte sie, wie sehr sie doch in dieser kleinen Ecke der Welt verwurzelt war. Die Familie ihrer Mutter war seit Jahrhunderten in Maryland ansässig. Die Eltern ihres Vaters waren verarmte Einwanderer aus Italien gewesen, die dankbar alle Möglichkeiten der neuen Heimat genutzt hatten. Sie war ein Teil von beiden Familiengeschichten.

Zwei Marinesoldaten in adretten Uniformen kamen an ihnen vorbei. »Wie jung sie aussehen«, sagte Kate leise. »Das ist ein sicheres Zeichen, dass ich es nicht mehr bin.«

»Apropos jung, weißt du eigentlich, wann ich das erste Mal in Annapolis war?«

»Du hast es mir nie erzählt. Ich nehme an, dass deine Eltern mit dir hier waren. Oder war es ein Schulausflug?«

»Es war mit dir.«

Kate blieb abrupt stehen, sodass eine Gruppe Touristen um sie herumgehen musste. Sie erinnerte sich sehr gut an diesen Tag. Ein paar Monate vor ihrer Hochzeit waren sie hier gewesen, hatten sich alles angesehen und dann Mittag gegessen. So, wie es für heute geplant war. »Du warst mit neunzehn das erste Mal in der Landeshauptstadt?«

»Stimmt.« Donovan führte sie die Hauptstraße zum Wasser hinunter. »Annapolis ist eine Stadt für Reiche. Sieh dir doch an, für was es bekannt ist – Politik, Segeln, Marine, Geschichte. Das sind die Interessen der Oberklasse, wenn man mal von der Politik absieht. Meine Eltern waren nie auf die Idee gekommen, herzufahren. Wir sind immer nur daran vorbeigerast.«

»Als wir verheiratet waren, habe ich gedacht, dass ich dich so gut kenne wie mich selbst. Jetzt erkenne ich Stück für Stück, wie wenig ich von dir wusste. Ich habe nie gemerkt, dass das damals dein erster Ausflug nach Annapolis war.«

»Nachdem du den Vorschlag gemacht hattest, habe ich einen Abend lang den Stadtplan studiert und mich bei einem Freund erkundigt, der nicht so isoliert groß geworden ist. Ich hatte Angst, du könntest denken, dass du unter deinem Niveau heiratest, und dir die Sache noch mal überlegen. Deshalb habe ich hart gearbeitet, um gebildeter zu wirken.«

»Gelegentlich hat es mich überrascht, was du nicht wusstest, aber andererseits wusstest du vieles, von dem ich keine Ahnung hatte. Wahrscheinlich sind Klassenunterschiede entscheidender für jemanden wie dich als für mich, der sie nie viel bedeutet haben.« Kate schwieg. »Heute scheint dir das nichts mehr auszumachen. Was ist passiert?«

»Das kam allmählich, und Sam verdanke ich da viel. Bei ihm hatte ich nie das Gefühl, mehr vorgeben zu müssen, als ich war. Bei der Arbeit habe ich mit der Erfahrung auch an Selbstbewusstsein gewonnen. Nach fünf Jahren geriet ich nicht mehr in Panik, wenn ich mit Regierungsbeamten und Firmenchefs sprechen musste.«

»Können schafft Selbstvertrauen. Du hast mit den Jahren viel gelernt. Jetzt klingst du nicht mehr nach Arbeiterklasse aus Baltimore.« Obwohl ihr das nie etwas ausgemacht hatte. In gewisser Weise vermisste sie sogar den Hell's Angel, aber sie konnte Donovans Sehnsucht verstehen, in die Welt hineinzupassen, in die er eingeheiratet hatte. Sie hatte Glück gehabt: Als eine Mischung aus Carroll und Corsi hatte sie sich überall wohl gefühlt.

»In der kleinen Welt der Sprengungen bin ich ein Experte, was meinem Arbeiterklasse-Ego sehr gut bekommt. Im Großen und Ganzen bin ich zufrieden mit mir. Außer mit allem, was dich betrifft.«

»Wegen der Klasse oder der Schuldgefühle?«

»Schuldgefühle. Die Klasse ist kein Thema mehr.«

»Wenn man Schuld verkaufen könnte, wären wir alle reich. Aber jeder würde verkaufen und keiner kaufen.«

»Weswegen fühlst du dich schuldig, Kate?«

»Weil ich ein Feigling bin, der weggelaufen ist, als es schwierig wurde.«

»Du hast es dir nie einfach gemacht. Du warst es, die bei Sams Beerdigung zu mir gekommen ist. Du hast darauf bestanden, Häuser zu betreten, die jeden Moment zusammenbrechen könnten.«

»Und beide Male war ich verrückt vor Angst.«

»Was dich umso mutiger macht. Du weichst mir aus, glaube ich. Ich wüsste zu gerne, was dich wirklich an dir stört.«

»Es ist eine gute Seite an dir, Donovan, dass du bereit bist, auch deine Schattenseiten zu enthüllen, das muss ich zugeben – aber ich habe weder den Wunsch noch die Absicht, das Gleiche zu tun.«

»Das ist wenigstens ehrlich«, gab er trocken zurück.

Ehrlichkeit war bestimmt eine ihrer Tugenden. Inzwischen hatten sie den Marktplatz am Ende der Hauptstraße erreicht. Donovan schlug vor, in einem Restaurant mit Blick auf den Hafen zu essen. Kates gute Stimmung kehrte zurück, als sie lachten und redeten und die Jachten beobachteten, die in der Sonne dümpelten. Donovan war wirklich ein guter Unterhalter, klug, witzig und gut informiert.

Vielleicht lag es an dem Glas Wein, das sie zum Essen getrunken hatte, aber Kate begann sich zu fragen, wie sie wohl auf Donovan reagiert hätte, wenn sie sich jetzt erst bei *PDI* kennen gelernt hätten. Ohne die komplizierte und schmerzhafte Vergangenheit, und er als der Lehrer, der sie in einer komplizierten Technik anleitete.

Es war nicht zu fassen – sie war schon wieder halb in ihn verliebt. Die Erkenntnis versetzte Kate einen Schlag in die Magengegend. Er war immer noch der attraktivste Mann, den sie je getroffen hatte. Nichts war aufregender als ein Mann, der über ihre Witze lachte. Wenn sie ihn wirklich jetzt erst kennen gelernt hätte, hätte sie ihre Freundinnen zusammengetrommelt, ihnen alles beschrieben und endlos darüber spekuliert, ob sie mit ihm wohl die große Liebe gefunden hätte. Wie entsetzlich, dass sie im Herzen offenbar eine Romantikerin geblieben war.

Sie warfen eine Münze dafür, wer die Rechnung übernehmen durfte. Kate gewann, und Donovan versuchte nicht einmal, sie zu überreden. Der Höhlenmensch war eindeutig moderner geworden.

Als sie wieder in der Sonne standen, liefen sie zum Tor der Marineakademie, die sie jedes Mal besucht hatten, wenn sie in Annapolis gewesen waren. Die Akademie war auf drei Seiten von Wasser umgeben, sodass man einen herrlichen Blick hatte. Kate schützte die Augen vor der Sonne und betrachtete die Boote in der Ferne, froh, dass sich in der Stadt seit ihrem letzten Besuch nichts verändert hatte.

Sie kamen an das Ende der Bucht und bogen nach

links ab, um der Biegung des Severn zu folgen. Trotz der anderen Spaziergänger hatte Kate das Gefühl, mit Donovan alleine zu sein, und nur der Wind und die Möwen drangen zu ihnen vor. Fast konnte sie sich vorstellen, dass sie wieder achtzehn und neunzehn wären.

»Denkst du je über die Zukunft nach, Kate?«, unterbrach Donovan ihre Gedanken.

Kate sah einer Möwe nach, die über den Himmel schoss. »Nicht wirklich.«

»Was, keine Ziele?«

Es war seltsam, wie wenig Ziele sie all die Jahre gehabt hatte. Sie hatte ihr Examen als Architektin haben wollen und irgendwann ein eigenes Büro, aber das waren eher die üblichen Meilensteine des Lebens als echte Ziele. Bei *PDI* zu arbeiten war ein Traum gewesen, kein Ziel, und er hatte sich zufällig erfüllt, nicht absichtlich. »Mein Hauptziel ist im Moment, dieses Jahr zu überstehen«, sagte sie kühl.

»Das ist alles? Bloßes Überleben?«

Kate dachte an die Kinder, die sie sich einmal mit Donovan gewünscht hatte. Fast konnte sie das Gewicht eines imaginären Babys im Arm fühlen, es entzückt gurgeln hören. Das Ziel, sich ein Leben mit dem Mann aufzubauen, den sie liebte, lag in den Ruinen ihrer Ehe begraben. »Unterschätze das Überleben nicht. Manchmal ist das das Äußerste, was man noch schafft.«

Donovan ergriff ihre Hand und streichelte sie. »Ich habe dir versprochen, dass ich dich nicht anrühren werde. Ich halte mich bis jetzt nicht ganz daran.«

Kate hatte das Gefühl, als wäre sie vierzehn und ein Junge, den sie mochte, hätte zum ersten Mal ihre Hand ergriffen. Sie war sich seiner Haut sehr bewusst, die über ihre empfindliche Handfläche glitt.

Ein Teil von ihr wollte ihm ihre Hand entreißen. Ein

größerer Teil wollte sich voller Sehnsucht in seine Arme werfen. »Als du dein Wort das erste Mal gebrochen hast, hat mich das davor bewahrt, in einen Fahrstuhlschacht zu stürzen, sodass ich dir leicht verzeihen kann.«

»Aber bei den anderen Gelegenheiten ging es nicht um Leben und Tod. Allmählich reißt die Mauer zwischen uns ein.« Er fuhr fort, ihre Hand zu liebkosen. Es war eine Verführung am hellichten Tag. Kates Blut strömte schneller durch ihre Adern.

Dann hielt er inne. »Ich warne dich, Kate, wir tragen aus der Vergangenheit viel Ballast mit uns herum. Aber vielleicht gibt es ja doch eine gemeinsame Zukunft für uns. Für mich hat es nie eine andere gegeben als dich. Ich kann dich nicht wieder gehen lassen, ohne zumindest zu versuchen, dich erneut für mich zu gewinnen.«

Kate war gefangen in seinem Blick der Intensität. Panik ergriff sie, als sie sich vorstellte, ihn wieder in ihr Leben, ihren Körper, ihre Seele zu lassen. Und doch lief sie nicht weg. »Ich höre die Warnung. Aber wir haben uns beide verändert, Patrick. Bist du wirklich an mir interessiert oder eher an den goldenen Erinnerungen an die Vergangenheit?«

Sein Griff wurde fester. »An dir, Kate. Du hast viele Kanten entwickelt, die nicht immer bequem sind, aber im Herzen bist du immer noch das Mädchen, in das ich mich mit neunzehn Hals über Kopf verliebt habe. Ich kann ohne dich überleben – aber ich würde lieber mit dir leben.«

Vorhin hatte Kate sich gefragt, wie sie wohl auf ihn reagiert hätte, wenn sie ihn jetzt erst kennen gelernt hätte. Aber das war viel zu theoretisch, denn die Vergangenheit würde immer ihre Schatten auf sie werfen.

»Dräng mich nicht. Ich weiß nicht, ob ich dir das geben kann, wonach du dich sehnst.«

»Aber du sagst nicht gleich niemals! Himmel, Kate, wenn es eine Chance gibt ...« Er hob ihre Hand an die Lippen und küsste ihre Finger mit einer Zärtlichkeit, die ihr die Tränen in die Augen trieb.

»Ich weiß es nicht, Patrick! Vielleicht werden wir den Ballast nie loswerden.«

Donovan verschlang seine Finger mit ihren und strich ihr über die Wange. »Bäume können aus kleinen Steinspalten wachsen, Kate. Bei uns gibt es vielleicht nur eine sehr kleine Spalte – aber es ist ein Anfang.«

33. Kapitel

Die Türglocke erklang zweistimmig, als Julia gerade das Huhn mit Zitrone in den Ofen schob. Sie schloss den Backofen und ging in die Halle, wobei sie sich fragte, wer das am späten Samstagabend noch sein konnte. Waren die Pfadfinder-Keksverkäufer schon wieder unterwegs?

Noch nicht. Stattdessen stand Charles Hamilton mit einem Blumenstrauß und zwei Hunden vor der Tür. »Du bist eine Stunde zu früh, Charles, ich habe das Essen gerade erst in den Ofen getan und noch nicht geduscht.«

»Ich weiß, dass das ein billiger Trick ist. Aber ich bin mit der Arbeit fertig und habe mich deshalb entschlossen, selbstsüchtig zu sein und es als Spontaneität zu tarnen.«

Julia versteckte ihr Lächeln in den Blüten. »Und welche Entschuldigung haben die Hunde?«

»Sie wollten Oscar besuchen.«

»Natürlich. Gut, Tort und Retort, kommt rein.«

Sie trotteten herein. Oscar Wilde erschien, und eine Runde rituellen Beschnüffelns begann. Die Hunde waren schon lange befreundet. Julia war immer wieder amüsiert darüber, dass der kleine Oscar der Anführer des Trios war.

Sie brachte die Hunde zur Hintertür, sodass sie sich durch den Garten jagen konnten. Als sie zurück in die

Küche kam, hob Charles ihr Kinn an und gab ihr einen langen Kuss. »Ich habe mir gedacht, wenn ich schon deinen Zeitplan durcheinanderbringe, könnte ich doch mit den Hunden spazieren gehen, solange du duschst.«

»Ein guter Plan. Ich stelle nur rasch die Blumen ins Wasser.« Während sie eine Vase füllte, überlegte Julia, wie schnell Charles und sie sich ein bisschen gemeinsamen Alltag geschaffen hatten. Sie aßen ein paarmal pro Woche zusammen zu Abend, mal bei ihm, mal bei ihr. Auch wenn die Beziehung ihre Trauer um Sam nicht vertrieb, half sie ihr doch dabei, den Tag herumzubringen – und die Abende. Besonders die Abende.

Julia stellte die Blumen auf den Tisch. »Vielleicht komme ich auch mit. Es ist noch viel Zeit, ehe das Essen fertig ist.«

Charles zog sie ins Wohnzimmer und dort auf ein Sofa. »Ich habe noch einen besseren Plan. Lass uns knutschen.«

Lachend befreite Julia sich aus seiner Umarmung. »Charles, in unserem Alter ist das absurd!«

»Warum sollen nur die Kinder den ganzen Spaß haben?«

»Gute Frage, aber ich glaube, das Knutschen wurde irgendwann in der sexuellen Revolution abgeschafft.«

»Es ist ein schöner alter Brauch, der es verdient, wiedererweckt zu werden.« Er spielte mit dem obersten Knopf ihrer Bluse. »Wie das Petting. Erinnerst du dich noch daran, welche Aufregung ein einziger Knopf verursachen konnte?«

Tatsächlich erinnerte sie sich sehr gut daran. Etwas atemlos sagte sie: »Warst du immer schon so verspielt, ohne dass ich es gemerkt habe?«

»Nein, Barbara hat die Stärke aus meinen steifen Hemden gewaschen. Es war unmöglich, mit ihr zusammenzuleben und dabei pompös zu sein«, gab er zurück. »Stört es dich, wenn ich von ihr spreche?«

»Ich kann unsere Beziehung als eine Art geheime Welt fern der Realität akzeptieren, aber wenn wir über Sam oder Barbara oder die Kinder sprechen, bringt mich das wieder zurück in die Gegenwart. Als Tom hier war und Rachel und Kate unerwartet vorbeikamen, hatte ich das Gefühl, ein rotes E wie Ehebrecherin auf der Stirn zu haben.«

»Dann lass uns zum Knutschen zurückkehren und so tun, als wären wir wieder Jugendliche.« Er nahm sie in die Arme und senkte sie auf den Teppich hinunter, ehe er sie erneut küsste. »Wenn wir sechzehn wären, könnte ich mir vorstellen, dass wir vor Erregung vom Sofa fielen, ohne es zu merken.«

»Heutzutage müssen wir dagegen aufpassen, dass wir uns die alternden Gliedmaße nicht verrenken.« Sie umschlang ihn ganz fest. »Ich muss allerdings sagen, dass nicht alle deine Gliedmaße gealtert sind.«

Er wackelte mit den Brauen. »Ich bin nicht mehr so gut, wie ich mal war, aber das eine Mal bin ich so gut wie immer.«

Julia stöhnte. »Der Spruch ist alt.«

»Alt ist gut, das ist doch der Punkt.« Er wandte sich wieder ihren Blusenknöpfen zu. »Ich frage mich, ob ich bis zum Essen die Unterschicht erreiche?«

Julia hatte Charles' Humor immer gemocht, aber diese private, alberne Seite an ihm war ihr neu. Es war nett, dass jemand, den sie ihr Leben lang gekannt hatte, sie immer noch überraschen konnte. Mit zitternder Teenagerstimme sagte sie: »Ich bin ein braves Mädchen. Meine Mutter sagt, wenn ich es zulasse, dass ein Mann mich so berührt, wird er mich am Morgen nicht mehr respektieren.«

Wieder bewegte Charles die Brauen. »Glaub mir, kleines Mädchen, je mehr ich dich heute berühre, desto mehr werde ich dich morgen respektieren.«

Sie kicherte und er öffnete den letzten Knopf ihrer Bluse, als die Haustür aufging und Kate und Donovan windzerzaust hereinkamen. Die Lähmung befiel alle. Kate blieb der Mund offen stehen, Donovan sah aus wie vom Blitz getroffen, und Julia wünschte, sie wäre tot.

Charles erholte sich als Erster. Rasch schloss er ein paar der Knöpfe an Julias Bluse wieder, dann stand er auf und half ihr hoch. »Es macht keinen Sinn, so zu tun, als wäre alles anders als es aussieht.«

»Kate ... es tut mir so Leid ... das ... das ...«, stammelte Julia.

»Nein, wir müssen uns entschuldigen«, gab Kate sehr blass zurück. »Wir kommen gerade aus Annapolis zurück und dachten, wir schauen mal vorbei und fragen, ob du mit uns essen möchtest. Wir hätten nicht ... ich meine, ich hätte nie gedacht, dass ...«

»Dass ein erwachsenes Kind mit Schlüssel nicht unangekündigt in das Haus kommen kann, in dem es aufgewachsen ist«, vervollständigte Charles für sie. »Eine verständliche Einstellung. Darum bin ich der Schuldige.«

Donovan versuchte mit bleichen Lippen, etwas zu sagen, aber Kate ergriff ihn am Arm und zog ihn weg. »Gute Nacht. Ich ... ich hoffe, ihr habt noch einen schönen Abend.«

Die Tür fiel ins Schloss, und Julia sank aufs Sofa und vergrub ihr Gesicht in den Händen. Charles setzte sich neben sie und legte ihr den Arm um die Schultern. »Es tut mir Leid, Julia. Von seinen Kindern ertappt zu werden, ist schlimmer, als von den Eltern ertappt zu werden. Das ist wirklich alles meine Schuld.«

Julia konnte so nicht weitermachen. »Es war genauso meine wie deine Schuld. Ich hätte nein sagen können. Also ... sage ich jetzt nein. Besser spät als nie.«

Charles wurde sehr still. »Willst du die Dinge zwischen uns beenden?«

»Es ist nicht so, dass es mir nicht gefallen hätte, aber ich ... ich ...«

»Du schämst dich, mit mir gesehen zu werden.«

In gewisser Weise stimmte das. Mit ihm von Kate und Donovan überrascht zu werden, war so, als hätte sie eine Ehe geleugnet, in der sie über vierzig Jahre lang glücklich gewesen war. »Es tut mir Leid, Charles. Die Wahrheit ist, dass ich im Moment ... einfach zu durcheinander bin, um für etwas zu taugen.«

Charles Verspieltheit war verflogen, und er sah jetzt so alt aus wie er war. »Ich dachte, es würde uns beiden gut tun, zusammen zu sein. Für mich ist es gut, aber ich hatte natürlich auch ein paar Jahre lang Zeit, mich daran zu gewöhnen, alleine zu sein und sich wieder mehr zu wünschen.« Er stand auf. »Du dagegen nicht. Das Wichtigste dabei ist, dass ich nicht Sam bin. Das kann ich nicht ändern und würde ich auch nicht, wenn ich es könnte.«

Ein Wort von ihr würde ihn daran hindern zu gehen, aber sie konnte es nicht. Sie war eine Persönlichkeit, und die war durch Trauer bestimmt. Der kichernde Teenager war eine Fremde. »Danke, dass du mir helfen wolltest. Ich wünschte, ich könnte deine Hilfe annehmen.«

»Jeder braucht seine Zeit, um zu trauern. Ich denke, es wäre am besten, wenn wir einander nicht mehr sehen. Leb wohl, Julia.«

Charles rief nach den Hunden, während Julia unglücklich in einer Ecke des Sofas in sich zusammen sank. Würde sie je über die momentane Verrücktheit hinwegkommen, diesen Wechsel der Stimmungen, der sie erschöpfte? Eines Tages vielleicht.

Aber im Moment konnte sie sich nicht vorstellen, dass das je geschehen würde.

Donovan stand kurz vor dem Explodieren, als Kate ihn vor die Tür gezogen hatte. »Himmel, Kate, wie kann sie nur?« Er setzte sich seinen Helm auf. »Und wie kann Charles das nur tun? Ich hätte nie gedacht, dass er die Sorte Mann ist, die sich an trauernde Witwen heranmacht.«

Er zündete den Motor. »Steig auf.« Die Maschine erwachte brüllend zum Leben.

Kate wurde an den Tag erinnert, als Tom sich geoutet hatte. An jenem Tag war Donovan derjenige gewesen, der sie nach draußen gezogen hatte, aber die Wut war die gleiche gewesen.

Er ist vor Wut außer sich, und ich werde mir nichts mehr gefallen lassen. Kate griff nach dem Zündschlüssel, stellte den Motor aus und nahm ihn an sich. »Wir gehen nirgendwohin, bis du dich nicht beruhigt hast«, erklärte sie in die plötzliche Stille hinein. »In dem Zustand bringst du uns beide um, ehe wir in Ruxton sind.«

»Gib mir die Schlüssel!«

»Warum ereiferst du dich so? Es war *meine* Mutter, die gerade halbnackt mit dem Familienanwalt auf dem Teppich lag. Hast du irgendeinen bösen Ödipus-Komplex oder so was?«

Donovan schlug mit der Hand auf den Lenker. »Verdammt, Kate, hör auf, mich zu analysieren.«

Kate zuckte zusammen. Die Angst vor dem, was als

Nächstes geschehen könnte, war schlimmer als jeder körperliche Schmerz. Es war an der Zeit, das Drehbuch zu ändern. »Heute Morgen hast du gesagt, dass du dir eine gemeinsame Zukunft mit mir wünschst, Patrick. Das wird nie geschehen, ehe du deinen Jähzorn nicht besser beherrschen kannst. Wut ist normal, aber Drohen und Einschüchtern kann ich nicht akzeptieren.«

Sein Gesicht wurde weiß, und einen schrecklichen Moment lang wusste sie nicht, was er tun würde.

»Himmel.« Er senkte den Kopf und setzte den Helm ab, um sich mit zitternden Fingern durchs Haar zu fahren. »Du weißt, wie man zuschlägt, Kate.«

»Dies hier ist kein Kampf. Oder eher eine lange Reise, zu der das hier der erste Schritt ist. Wenn du diese Reise mit mir zusammen machen willst, musst du mir beweisen, dass du dich geändert hast.«

Ein Muskel zuckte an Donovans Kinn, aber langsam wich die Spannung aus seinem Körper. »Es tut mir Leid, Kate. Ich dachte immer, ich hätte gelernt, mich zu beherrschen.« Rau stieß er den Atem aus. »Und dann passiert so was.«

»Fälle, die Sex und deine Frauen betreffen, scheinen irgendwelche primitiven Reflexe bei dir freizusetzen.«

»Primitiv ist noch untertrieben. Ich empfinde nicht ödipal für Julia, eher töchterlich, denke ich. Seit Sam nicht mehr lebt, habe ich das Gefühl, mich jetzt um sie kümmern zu müssen. Dumm, was?

»Ja. Ich mache dir keinen Vorwurf, dass du schockiert bist. Das bin ich auch. Ich meine, sie ist meine Mutter, und wir sind alle in dem Glauben aufgewachsen, dass uns der Storch gebracht hat und es vor unserer Pubertät keinen Sex gab. Aber Julias Liebesleben ist ihre Sache, nicht unsere. Und Charles ist ja nicht gerade ein Ungeheuer. Sie sind seit Ewigkeiten miteinander befreundet. Charles ist wirklich nett und ein einsamer Witwer. Ich kann verstehen, dass sie sich jetzt näher kommen.«

»Aber Sam ist erst seit ein paar Monaten tot!«

»Die Leute reagieren unterschiedlich auf Trauer. Mit welchem Recht dürfte ich über meine Mutter urteilen, wo sie doch immer für mich da war?« Kate wurde bewusst, dass sie die Liebe ihrer Mutter immer als etwas Selbstverständliches hingenommen hatte. Ihr Vater, der oft auf Reisen gewesen war, war der Elternteil gewesen, dessen Anerkennung sie gesucht hatte. Erst jetzt lernte sie Julia richtig kennen. Das Mindeste, was sie tun konnte, war, die Wahl ihrer Mutter zu akzeptieren.

»Wie lange hat es gedauert, bis du mit einem anderen Mann geschlafen hast, nachdem du mich verlassen hast?«

»Möchtest du das wirklich wissen?«

Donovan wandte den Blick ab. »Wahrscheinlich nicht.«

»Es hat über zwei Jahre gedauert, ehe ich wieder ausgegangen bin. Und mehr als vier, bis ich wieder jemanden gefunden habe, mit dem ich schlafen wollte. Fühlst du dich besser, weil ich nicht sofort wieder eine neue Beziehung hatte?«

»Nicht wirklich, es zeigt mir eher, wie sehr ich dich verletzt habe.«

Kate stieß ihn in die Rippen. »Okay, Romeo, du bist dran, wie lange hast du gebraucht, um in die Welt zurückzukehren?«

»Länger als ein Jahr, weniger als vier. Gut, dass ich nicht wusste, wo du bist. Ich wäre sonst vielleicht wirklich verrückt geworden. Ich habe monatelang gedacht, ich würde alles wieder ins Lot bringen, wenn ich nur mit dir reden könnte.«

»Deshalb habe ich auch die Scheidung auf Distanz betrieben. Ich hatte Angst davor, mit dir in einem Raum zu sein, denn das hätte sich vielleicht richtig und normal und vertraut angefühlt, und es hätte passieren können, dass ich direkt zurück ins Feuer gesprungen wäre. Und ich weiß nicht, ob ich noch einmal die Kraft gehabt hätte, zu entkommen.«

Donovans Hand krampfte sich um den Lenker. »Ich kann die Vorstellung nicht ertragen, dass ich vielleicht ... bei größtem Zorn ... Himmel, ich kann es nicht einmal aussprechen.«

Kate sah kurz die blutige Klinge vor sich. »Ich weiß nicht, ob es Glück oder Weisheit war, aber es ist nicht zum Schlimmsten gekommen.« Sie knöpfte ihre Jacke zu. »Geht es wieder? Ich habe Hunger, und mir wird kalt.«

»Es geht.« Er hielt ihr die Hand hin. Als Kate zögerte, sagte Donovan ernst: »Gott ist mein Zeuge, ich werde auch im Zorn nie wieder Hand an dich legen.« Kate ließ den Schlüssel hineinfallen und stieg auf. Heute Abend war es nicht zu der Wut gekommen, die ihre Ehe zerstört hatte. Stattdessen hatte sie ihre Meinung gesagt, und er hatte sich beherrscht. Das war eindeutig ein Fortschritt.

Als Kate ihm die Arme um den Leib schlang, war es ihr unmöglich, eine leise Hoffnung zu unterdrücken.

34. Kapitel

Ein anderer Tag, eine andere Stadt. In diesem Fall Atlanta. Donovan nahm den letzten Bissen von seinem Sandwich und warf die Verpackung in den Müll. Es war entschieden unzivilisiert, am Schreibtisch zu essen. Obwohl er zugeben musste, dass Kate, die an ihrem Schreibtisch einen Nudelsalat aß, durchaus zivilisiert aussah.

Das Telefon klingelte, und Brian, ein *PDI*-Vorarbeiter, der zur Zeit in Honolulu war, meldete sich. Donovan hörte zu und fluchte dann leise. »Machen Sie weiter und mieten Sie sich eine neue Ausrüstung, egal, was es kostet. Wir können uns keine weitere Verzögerung leisten. Und ... seien Sie vorsichtig.«

»Ärger?«, fragte Kate, als er auflegte.

»Brandstiftung bei dem Projekt in Honolulu. Ein Kompressor und ein Bohrhammer wurden zerstört. Ich habe noch nie so viel Pech bei so vielen Aufträgen auf einmal erlebt. Brandstiftung, Unfälle, Arbeitsprobleme – nenn was du willst, uns passiert es.«

»Verletzte?«

»Nein, zum Glück nicht.«

Kate faltete ihren Pappteller und warf ihn in den Papierkorb. »Gut. Du weißt doch, wenn es kommt, dann kommt es dicke. Das wird sich bald wieder ändern.«

»Ich hoffe es.« In stillen Momenten fragte Donovan

sich, ob Gott ihm zeigte, dass er die Firma nicht leiten sollte. Aber es hatte immer Unfälle gegeben. Es war nur Zufall, dass jetzt alles auf einmal passierte.

»Ich bin deine Liste durchgegangen«, fuhr Kate fort. »Hast du noch Bürokram für mich, oder kann ich zum Haus rübergehen und den Boss spielen?«

»Tu das. Ich käme ja mit, aber Bob Glazer, unser Kunde, kommt in einer halben Stunde.«

Kate griff nach ihrem Helm und stand auf. »Dann bis später.«

Ein älterer Herr im grauen Anzug und mit Hut öffnete die Tür. »Verzeihung«, fragte er mit weichem Südstaatenakzent, »sind Sie die Leute von *Phönix Demolition*?«

»Ja«, sagte Kate, »kommen Sie herein.«

Er trat ein, gefolgt von einer älteren Frau mit sympathischem Gesicht im Blümchenkleid und mit einer großen Handtasche. »Ich habe eine Frage, die Sie wahrscheinlich sehr dumm finden werden«, begann der Herr.

»Das bezweifle ich«, gab Donovan zurück. »Ich mag ungewöhnliche Fragen.«

»Mein Name ist Wilfred Bowen, und das ist meine Frau Essie. Am Wochenende ist es fünfzig Jahre her, dass wir hier im Hotel St. Cyr geheiratet haben.«

»Ja?«, ermutigte Kate.

»Wilfred verwöhnt mich«, warf jetzt Mrs Bowen ein. »Als ich gehört habe, dass das St. Cyr eingerissen wird, hat er mich hergebracht, damit ich es noch einmal sehen kann.«

»Es tut mir Leid, Mrs Bowen, aber die Abrissarbeiten haben schon begonnen«, sagte Donovan. »Es sieht nicht mehr so aus, wie Sie es in Erinnerung haben.«

»Das macht nichts. Ist der Ballsaal auch schon weg?«

»Ich glaube, da steht noch alles«, erklärte Kate. »Ich bringe Sie hin, aber Sie müssen einen Helm aufsetzen.«

»Einen Helm! Oh, das macht Spaß!« Mrs Bowen war begeistert. »Können wir sofort los?«

Donovan sah auf die Uhr. Es war noch Zeit, bis Glazer kam. »Jetzt wäre gut. Die Leute haben Mittagspause, und es ist alles ruhig. Später wird es zu laut, um auch nur zu denken.«

Kate stellte Donovan und sich vor und holte die Besucherhelme. Wilfred trug seinen mit stiller Würde, während Essie so süß aussah wie in einer Werbeaufnahme.

Kate ging voran. Nachdem sie sich einen Weg durch das staubige Foyer gebahnt hatten, erreichten sie den Saal, der zwar schäbig, aber noch vollständig erhalten war.

Essie ging langsam im Kreis, den Blick auf die hohe Stuckdecke gerichtet. »Erinnerst du dich an unseren Hochzeitsempfang, Liebster?«

»Oh, ja, Essie Mae, daran erinnere ich mich gut.«

Essie zog etwas aus ihrer Tasche. »Mein Neffe hat mir das Band geliehen, und mein Enkel den Rekorder. Würde es Ihnen etwas ausmachen, wenn wir noch einmal tanzten?«

»Natürlich nicht«, sagte Kate sofort.

»Wilfred, kriegst du das in Gang?«

Ihr Mann betrachtete die kleinen Knöpfe und drückte dann den Start-Knopf. Geigentöne füllten den Raum.

Essie gab Kate eine kleine Kamera. »Würden Sie ein paar Fotos machen, bitte? Die können wir der Familie dann bei der Feier am Sonntag zeigen.«

Kate fotografierte, während Essie und Wilfred sich

mit der Harmonie bewegten, die von einem langen gemeinsamen Leben zeugte. Im Halbdunkel des Ballsaals konnte man sich gut vorstellen, wie sie an ihrem Hochzeitstag ausgesehen hatten.

Donovan überlegte, wie Kate in fünfzig Jahren aussehen würde. Silberne Haare, zarte Haut über den Knochen und noch immer ihr altes Lächeln. Sie würde auch dann noch wunderschön aussehen.

Kate war mit Fotografieren fertig und legte den Apparat neben den Rekorder. Donovan trat zu ihr. »Miss Corsi, schenken Sie mir diesen Tanz?«

Sie blinzelte. »Mein Herr, sind wir einander richtig vorgestellt worden?«

»Nein, ich habe mich hereingeschmuggelt.«

»Wunderbar. Ich habe eine geheime Schwäche für Schufte.«

Donovan ergriff ihre Hand und führte sie auf die Tanzfläche. Auch mit Helm und Overall war Kate so anmutig wie die Debütantin von einst. Damals hatte Donovan die Männer beneidet, die mit ihr getanzt hatten. Aber sie hatte den Abend mit ihm beendet, sodass er der eigentlich Beneidenswerte gewesen war.

Schweigend drehten sie sich zur Musik. Wenn das eine echte Verabredung gewesen wäre, hätte er ihren Kopf an seine Schulter gezogen, um das rhythmische Schwingen ihres Körpers zu spüren. Allein der Gedanke ließ seinen Atem schneller gehen. Verdammt, es war richtig von ihr gewesen, dass sie am Anfang auf Distanz beharrt hatte. Je mehr er sie berührte, desto stärker wurde sein Wunsch, mit ihr zu schlafen. In der Leidenschaft konnte er sie vielleicht wirklich für die Vergangenheit entschädigen. Ausdrücken, was er mit Worten nicht sagen konnte. Zu schade, dass das nur eine ungewöhnliche Pause an einem Arbeitstag war, keine Verabredung mit anschließender Verführung.

Die Musik endete. Kate senkte die Arme, trat aber nicht von ihm weg. Eine lange Weile sahen sie einander an.

Das Aufbrüllen eines Pressluftbohrers über ihnen riss sie aus der Stimmung. Kate wandte sich an die Bowens. »Sie haben ein gutes Timing.«

»Danke, dass wir unseren romantischen Moment haben durften«, lächelte Essie und packte den Rekorder und die Kamera weg. »Vergessen Sie und Ihr junger Mann nur nie, sich Zeit für Romantik zu nehmen. Das hilft in schlechten Zeiten.«

Kate errötete, und Wilfred ergänzte ernst: »Essie, mit dir hat es nie schlechte Zeiten gegeben. Du warst immer das süßeste Ding in Dixie.«

»Verstehen Sie jetzt, warum ich ihn all diese Jahre behalten habe?« Essie lächelte.

»Ich bringe Sie jetzt zurück ins Büro«, kündigte Donovan an. »Ich treffe mich dort in ein paar Minuten mit einem Kunden.«

»Zeit, wieder an die Arbeit zu gehen«, stimmte Kate zu.

Donovan führte die Bowens zurück und dachte dabei an Essies Bemerkung über die Zeit für Romantik. Das gefiel ihm ungeheuer.

Eine andere Stadt, ein anderes Gebäude, das es abzureißen galt. Kate wurde die Arbeit von *PDI* nie langweilig, aber das aufgeregte Stadium des Neulings hatte sich auch schon hinter sich gelassen. Sie war davon überzeugt, dass es ihre Berufung war, Häuser einzureißen. Dabei fühlte sie sich freier und mehr wie sie selbst als auf jedem Ballsaalboden.

Das Hotel St. Cyr war solide gebaut, und es erforderte eine Menge Berechnungen und Überlegungen, um es mitten in einer Wolkenkratzerzeile herunterzubringen. Das Projekt war eigentlich von Sam abgewickelt worden, deshalb musste Donovan sich ein genaues Bild von allem machen, eh er den endgültigen Sprengplan festlegen konnte. Sobald er alles Wichtige wusste, würden sie nach Baltimore zurückkehren, und ein Vorarbeiter von *PDI* würde die Sprengung überwachen.

Kate hatte Dinah zu Julia gebracht und damit einen willkommenen Grund gehabt, Julia nach der peinlichen Szene am Samstag wiederzusehen. Das Thema wurde von beiden nicht angesprochen, aber Kate hatte durch die Blume gesagt, dass sie keineswegs über das Verhalten ihrer Mutter richten wolle, während Julia verschleiert klargemacht hatte, dass ihre Affäre mit Charles vorbei war.

Kate war sich nicht sicher, wie sie dazu stand. Ein egoistischer Teil von ihr war über die Nachricht erleichtert gewesen – aber wie konnte eine Tochter froh darüber sein, dass ihre Mutter eine Quelle des Trostes in einer so schwierigen Zeit verloren hatte? Wenn Kate wieder in Baltimore war, würde sie mit ihrer Mutter darüber reden müssen.

Kate ging ins Kellergeschoss, wo ein Radlader unter gewaltigem Lärm nicht-tragende Wände abriss. Sie unterhielt sich ein paar Minuten mit dem Vorarbeiter Gil Brown, der zum Glück schnell und zuverlässig arbeitete. So würde das Projekt gut vonstatten gehen.

Dann ging Brown nach oben und ließ Kate beim Radlader zurück. Sie sah sich interessiert um, denn hier unten war sie noch nicht gewesen. Ursprünglich hatte sich hier eine Reihe von Lager- und Vorratsräumen befunden. Inzwischen war schon mehr als die Hälfte der Wände mit einer Wucht eingerissen worden, die an der gegenüberliegenden Wand Sprünge erzeugt hatte.

Kate leuchtete in einen der Räume und entdeckte einen Riss in der Decke, den sie sich näher ansehen wollte. Er schien besonders groß zu sein, und war damit genau das, was einen Sprengplan durcheinanderbringen konnte.

In einer Ecke stand ein altes Holzfass, das Kate jetzt unter die Stelle schob, um daraufzusteigen. Sie zog ihren Schraubenzieher hervor und schabte an dem Putz, hinter dem sich ein Träger verbarg.

In diesem Moment rammte der Radlader eine Säule so heftig, dass Kate die Vibrationen bis in ihr Fass spürte. Sie runzelte die Stirn. Der Fahrer war ein rothaariger Mann mit leerem Gesicht, der anscheinend dachte, dass er das Gebäude ganz alleine einreißen könnte. Ehe sie wieder hochging, würde sie mit ihm reden müssen.

Der Radlader prallte an die nächste Säule. Diesmal zitterte die Decke. Es war mehr als zittern ... Himmel, sie kam auf sie zu!

Es war nicht einmal mehr Zeit zum Schreien, als die Decke Kate unter sich begrub und sie in Dunkelheit versank.

Benommen wurde sich Kate bewusst, dass sie in drückender Schwärze eingeschlossen war. Sie versuchte, sich zu bewegen, schaffte es aber nicht. War sie gelähmt? Nein, sie war unter einem Gewicht gefangen, das so immens war, dass sie kaum atmen konnte. Instinktiv holte sie tief Luft, um zu schreien, doch sofort nahm der Druck zu. Oh, nein, das Gewicht auf ihrer Brust war so groß, dass sie nicht atmen konnte! Sie konnte nicht *atmen!*

Kate versuchte, ihre Panik in den Griff zu bekommen. Sie konnte ihren Kopf nicht bewegen, aber ihr Gesicht war frei, und wenn sie ruhig atmete, bekam sie auch Luft genug.

Kate riss sich zusammen und dachte nach. Sie war nach hinten gestürzt und lag mit dem Rücken auf dem kalten Betonboden, wo eine Menge Schutt sie festhielt. Geplättet wie ein Tier unter dem Mikroskop.

Kate war zwar zerschrammt und zittrig, aber sie spürte keinen starken Schmerz. Bei den Zehen beginnend spannte sie nacheinander verschiedene Muskeln ihres Körpers an. Es schien alles in Ordnung zu sein. Der Lärm des Radladers klang genauso wie vor dem Einsturz der Decke, also war wahrscheinlich noch nicht viel Zeit vergangen. Kate war vor Schock benommen gewesen, nicht durch einen Schlag auf den Kopf.

Der Schuttberg auf ihr stieg von rechts nach links an und presste sie nach unten. Bald würde ihre linke Seite gefühllos werden. Andererseits konnte sie ihre Arme und Hände ein wenig bewegen, vor allem rechts. Und die Dunkelheit war nicht absolut. Schwaches Licht drang durch die Ritzen, was etwas besser war als völlige Dunkelheit. Denn sie hatte keine Ahnung, wo ihre Taschenlampe gelandet war.

Ob sie es schaffen konnte, aus eigener Kraft wieder hier rauszukommen? Kate stieß versuchsweise gegen den Schutt. Ein paar Teile rutschten herunter, aber sie konnte das Gewicht nicht bewegen. Kate schätzte, dass das Material viel zu schwer war, als dass sie es hätte heben können.

Zögernd erkundete Kate mit der rechten Hand ihre

Umgebung. Ihre tastenden Finger spürten Holzsplitter. Das Fass, auf dem sie gestanden hatte, stützte den Schutt, anderenfalls wäre sie zerschmettert worden. Kate war dem Fass sehr dankbar.

Der Radlader kam näher. Entsetzt erkannte Kate, dass der Fahrer den Schutthaufen einfach wegkarren würde – und sie dabei in zwei Teile schneiden!

Kate wollte schreien, aber selbst wenn sie genug Luft bekommen hätte, hätte man sie über den Lärm der Maschine gar nicht hören können. Sie konnte also weder schreien noch sich bewegen. Ob jemand sie vermisste, ehe der Radlader in diesen Teil des Kellers vordrang? Wahrscheinlich nicht.

Der Boden bebte, als der Radlader eine weitere Säule traf. Erneut fiel Schutt herunter, und das Gewicht auf Kates Brust nahm zu. Voller Panik erkannte Kate, dass sie in Todesgefahr war. So viel Angst hatte sie nicht einmal in Las Vegas gehabt, als sie sich an den Rand des Fahrstuhlschachts geklammert hatte.

Im Angesicht des Todes reduzierte sich ihr Leben auf ein paar einfache Elemente. Es gab nicht viel, was sie bedauerte, und all das hatte mit Menschen zu tun. Sie hätte sich mehr Mühe geben sollen, die Entfremdung zu ihrem Vater zu überbrücken.

Sie hätte die Chance ergreifen sollen, es noch einmal mit Donovan zu versuchen. Ihre Ängste waren berechtigt und verständlich gewesen, aber Rachel hatte Recht – Kate hatte jede Intimität vermieden. Nur wenn sie das schwelende Feuer ihrer Ehe noch einmal entfacht hätte, hätte sie sich von der Angst befreien können. Jetzt war es vielleicht zu spät. Wenn sie doch nur noch einmal mit Patrick sprechen und sich für ihre Feigheit entschuldigen könnte ...

Ruf ihn an! Kate verfluchte sich selbst, weil sie nicht

früher an das Walkie-Talkie gedacht hatte. Sie suchte mit ihrer rechten Hand, bis sie es an ihrem Gürtel fand. Es schien noch heil zu sein.

Dann fluchte sie, weil sie es nicht an ihr Gesicht heben konnte. Kate war verzweifelt. Wenn der Fahrer keine Pause mehr machte, war ihr Schicksal besiegelt. *Papa, hattest du davor Angst – dass ich so sterben könnte wie du?*

Plötzlich wurde Kate seltsam ruhig, ganz so, als wenn Sam da wäre und sie wie früher zudeckte. Falls sie jetzt starb, würde sie bald wissen, ob wirklich ein Tunnel voller Licht vor ihr lag, in dem die Leute, die sie liebte, auf sie warteten. Wenn ja, wäre Sam sicher dabei.

Aber sie wollte noch nicht sterben! Wieder versuchte Kate, sich zu befreien. Das Fass knirschte, und die Masse sank schmerzhaft noch tiefer herab. Kate brach kalter Schweiß aus, als sie erkannte, dass ihre Versuche das Fass zerbrechen lassen könnten, was den sicheren Tod bedeuten würde.

Wieder berührte ihre Hand das Walkie-Talkie. Der Sendeknopf war genau unter ihrem Daumen. Sie drückte. Der Lärm hier unten musste ins Büro übertragen werden. Wenn sie Glück hatte, war Donovan noch da.

Mit zusammengebissenen Zähnen drückte Kate immer wieder den einzigen Morsecode, den sie kannte.

Wenn sie nur jemand hörte.

35. Kapitel

Nachdem Donovan die Bowens verabschiedet hatte, hatte er gerade noch Zeit, einen frischen Kaffee zu machen, ehe Bob Glazer erschien. Glazer war untersetzt, mittelalt und einer der großen Bauunternehmer der Südstaaten. Wenn *PDI* ihm zusagt, bedeutete das mehr Aufträge.

Natürlich wollte Glazer das Gebäude so schnell wie möglich gesprengt haben, damit die Arbeiten an dem neuen Bürohaus beginnen konnten, das er geplant hatte. Jetzt, wo Donovan das Haus kannte, konnte er abschätzen, wie lange er brauchen würde. Sie besprachen gerade die Einzelheiten, als ihm auffiel, dass seltsame Klickgeräusche aus seiner Gegensprechanlage drangen.

Das Treffen war fast vorbei, als ihm das Klicken erneut auffiel. »Entschuldigung, hören Sie das Geräusch auch?«

»Ja. Was ist damit?« Glazer lauschte. »Dreimal kurz, dreimal lang, dreimal kurz.«

Ihre Blicke trafen sich. »SOS«, rief Donovan und griff zum Sender. »Achtung, Kontrolle! Bitte alle Nummer und Position melden.«

Ein paar Sekunden später meldete sich Gil Brown. »Einheit eins. Vierter Stock.«

Eine andere Stimme folgte: »Einheit drei, zweiter Stock«, gefolgt von »Einheit zwei, erster Stock.«

Einheit vier war Kate, er selber war fünf, aber es meldete sich niemand mehr. *Kate, wo zum Teufel bist du?* Donovan rief: »Einheit vier, bitte sofort melden.«

Es klickte heftig als Antwort. »Kate, ist dein Funkgerät kaputt?«

Wieder das Klicken als Antwort. Im Hintergrund waren Baugeräusche zu hören. Warum sagte sie nichts?

Weil sie nicht konnte. »Ein Klick für ja, zwei für nein. Hast du Probleme?«

Ein Klick.

»Ich habe verstanden.« Donovan warf dem Kunden einen Blick zu. »Ich muss ins Hotel rüber, meine Assistentin scheint Probleme zu haben.«

»Natürlich. Das Wichtigste zuerst. Kann ich Ihnen helfen?«

»Falls Sie ein paar Gebete wissen, nur zu.« Donovan lief los und sprach erneut ins Funkgerät: »Weiß jemand, wo Kate ist?«

Drei Antworten kamen, und alle besagten, dass Kate nicht in ihrem Stockwerk war. »Hat jemand sie seit der Pause gesehen?«

»Ich habe im Keller mit ihr gesprochen«, meldete Gil Brown. »Sie war noch da, als ich hochging.«

Donovan betrat das Hotel. »Bist du im Keller, Kate?«

Ein Klick.

Himmel, der Radlader riss da unten die Wände ab! Mit hämmerndem Herzen rannte Donovan die Treppe hinunter.

Die Hälfte des Kellers war jetzt ein offener, schuttübersäter Ort. Links zerbröselte der Radlader Zementstücke. Donovan sprang winkend ins Blickfeld des Fahrers. Der Mann überfuhr ihn fast, ehe er ihn bemerkte und anhielt. »Stellen Sie das Ding ab!«, bellte Donovan.

Der Mann gehorchte. »Ist Kate hier unten?«, fragte Donovan, und seine Stimme klang laut in der plötzlichen Stille.

»Vorhin habe ich sie gesehen, das ist schon eine Weile her. Vielleicht ist sie hochgegangen.«

»Machen Sie eine Pause«, ordnete Donovan an und griff wieder zum Funkgerät. »Ein Arbeiter fehlt. Stoppt alles schwere Gerät.«

Die Pressluftbohrer verstummten sofort, und es wurde still im Gebäude. Langsam sah Donovan sich um. Überall lagen Schutthaufen des Radladers herum. Himmel, wenn Kate unter einem davon lag ... wenn sie überfahren worden war ... »Kate, bist du in dem Bereich, wo der Radlader noch nicht war?«

Ein Klick.

»Nordwesten?«

Eine Pause, dann zwei Klicks.

Donovan wandte sich um und ging in die südwestliche Ecke des Hauses. Laut rief er: »Hörst du mich?«

Ein Klick.

Donovan lief weiter. »Werde ich lauter?«, rief er.

Ein Klick.

Er sah alles Mögliche, aber nichts, was groß genug war, um jemanden zu verschütten. Dann kam ein Lagerraum, in dem die halbe Decke als ein Stück eingestürzt war. Konnte jemand darunter liegen und noch leben? »Bist du hier drunter, Kate?«

Diesmal war es ihre Stimme, die schwach antwortete. »Ich bin hier und im Großen und Ganzen heil. Ein Fass trägt das meiste Gewicht.«

Donovan packte in Panik das Zementstück und zog. Mit allergrößter Kraft gelang es ihm, den Brocken ein Stück anzuheben.

Kates Körper wurde sichtbar. Als das Stück Zement

zu Boden krachte und zersplitterte, hockte sich Donovan neben sie. »Kate?«

Sie krümmte sich und hustete, und Donovan half ihr auf.

»Danke«, keuchte Kate und sog tief die frische Luft ein.

Donovans Erleichterung wandelte sich in Wut. Warum nur beharrte sie darauf, eine so gefährliche Arbeit zu machen? Am liebsten hätte er sie geschüttelt, bis ihr die Zähne klapperten ...

Entsetzt hielt Donovan inne und zog sie an sich, als er von einer Kindheitserinnerung gepackt wurde. Er war aufs Dach geklettert, um die Katze des Nachbarn zu retten, und dann heruntergefallen. Als er betäubt unten gelegen hatte, waren seine Eltern aus dem Haus gestürzt gekommen. Seine Mutter hatte vor Erleichterung geweint, als sie gesehen hatte, dass er in Ordnung war, aber sein Vater war vor Wut explodiert. Er hatte Donovan geschüttelt und ihm gedroht, wenn er noch mal so dumm wäre, würde er ihn verprügeln.

Das war das Rollenmodell, mit den Donovan groß geworden war. Ein Mann durfte Wut zeigen, aber keine sanften Gefühle. Trotz all seiner Vorsätze war er genauso wie sein Vater. Himmel, was für ein Idiot er war. Wenn seine Emotionen ihn übermannten, was bei Kate oft geschah, reagierte er immer mit Wut, denn das war männlicher als Tränen oder Angst. Es war alles so offensichtlich.

An der Tür sagte jemand: »Teufel, hast du gesehen, wie er das gehoben hat?«

»Das muss sieben- oder achthundert Pfund gewogen haben«, erwiderte ein anderer.

Donovan merkte, dass sie Zuschauer hatten – die

Männer aus den anderen Stockwerken hatten sich eingefunden. Selbst Bob Glazer war da – korrekt mit Helm.

Sein Blick wanderte zu dem Zementblock, den er bewegt hatte. Kaum zu glauben, dass er das geschafft hatte! Das war wohl dem Adrenalin zu verdanken. Um Kate zu helfen, hätte er auch den Mount Everest versetzt. »Wie geht es dir?«

Sie war staubig und zerschrammt, brachte aber ein Lächeln zustande. »Mir geht es gut, ich habe Glück gehabt. Nur links habe ich ein etwas taubes Gefühl, aber das vergeht, wenn das Blut wieder fließt.« Donovan half ihr auf die Beine.

»Wirklich Glück wäre gewesen, wenn du es hättest verhindern können, wie ein Käfer an die Windschutzscheibe gepresst zu werden.«

Kate stolperte etwas, hatte aber anscheinend keine Schmerzen. Donovan stützte sie. »Du scheinst Schwierigkeiten geradezu anzuziehen.«

»Ich habe eben Talent. Ich war immer dafür, sich in die Arbeit zu knien.«

Die anderen lachten erleichtert. Diese Männer wussten, dass sie bei der Arbeit immer mit einem Bein neben der Katastrophe standen.

»Ich denke, ich bringe dich zur Untersuchung ins Krankenhaus«, wandte Donovan sich an Kate.

»Nicht nötig. Außerdem hast du keine Zeit. Der Zeitplan ist zu eng.«

Kichernd trat Glazer näher. »Das ist eine Frau nach meinem Herzen. Aber um die Versicherung glücklich zu machen, bringe ich Sie zu einer Ambulanz in der Nähe. Dann fahre ich Sie ins Hotel. Jeder, der lebendig begraben war, verdient es, den Rest des Tages frei zu haben.«

Kate schluckte. »Ich muss zugeben, dass es mir für heute reicht.«

Donovan hätte sie lieber selbst gefahren, aber so war es sinnvoller. »Gut, aber ruf an, wenn es Komplikationen gibt.«

»Es wird keine geben. Übrigens habe ich gerade den Balken da geprüft, er ist doppelt gearbeitet, du musst deine Berechnungen ändern.«

Donovan richtete seine Taschenlampe darauf und sah, dass sie Recht hatte. »Ich suche noch weiter.« Er musste lächeln. Kate war wirklich Sams Tochter.

Gil Brown zögerte, nachdem die anderen gegangen waren. »Ist sie Ihre Freundin, Donovan?«

»Ex-Frau.«

»Vielleicht sollten Sie an dem ›Ex‹ was ändern.«

Donovan setzte den Helm ab und fuhr sich durchs Haar. »Ja, wahrscheinlich sollte ich das.«

Später rief Glazer über Autotelefon an, um zu sagen, dass Kate nicht ernsthaft verletzt war. Am Hotel habe sie erklärt, erst baden und dann schlafen zu wollen. Donovan hatte keinen Grund, sich Sorgen um sie zu machen.

Dennoch machte er so früh wie möglich Feierabend. Atlanta war voll wegen einer Konferenz, deshalb hatten sie die Hochzeitssuite in einem Hotel buchen müssen, die so teuer war, dass er die Hälfte der Rechnung privat bezahlte, statt sie *PDI* anzulasten. Als Hochzeitssuite gab es keine zwei Schlafzimmer, aber ein Klappsofa im Wohnzimmer. Darauf hatte er letzte Nacht geschlafen.

Was es in Hülle und Fülle gab, waren Seide und Rüschen und Spiegel. Sie hatten beide über die kitschige

Einrichtung lachen müssen. An diesem Abend lief Donovan wie ein nervöser Tiger durch das überladene Wohnzimmer. Von Kate war nichts zu sehen, also spähte er ins Schlafzimmer, wo er sie schlafend zu sehen erwartete.

Das seidene Bettzeug war zerwühlt, aber leer. Mit gerunzelter Stirn sah Donovan sich um. Die Badtür war geschlossen. Er klopfte an. »Ich bin zurück. Bist du im Whirlpool?«

Das Plätschern drinnen hörte auf. »Darauf kannst du wetten. Das tut steifen Muskeln gut. Kannst du mir einen Gefallen tun?«

»Sicher. Was brauchst du?«

»Da ist etwas Rotwein in der Minibar. Würdest du mir den bitte bringen?«

Ehe seine Fantasie mit ihm durchging, setzte sie hinzu: »Ich bin bekleidet. Zumindest ziemlich.«

Donovan fragte sich, was das wohl bedeutete, und ging zur Minibar. Offenbar hatte es zwei Weinflaschen gegeben, denn eine leere Flasche Chardonnay stand schon draußen. Er nahm den anderen Wein, öffnete ihn und drückte die Klinke der Badezimmertür herunter.

Warme Luft schlug ihm entgegen, aber nicht das war es, was ihn abrupt innehalten ließ. Ziemlich bedeutete, dass Kate nackt in der Wanne lag, die Haare hochgesteckt, und lediglich von Schaum bedeckt. Man sah zwar nur Kopf und Schultern – aber zu wissen, dass sie unter all dem Schaum nackt war, ließ seinen Mund trocken werden.

Unter ihren Augen lagen Schatten, aber sie sah dennoch entzückend aus. »Ich wusste nicht, wie schnell der Schaum kommt«, erklärte sie. »Ein paar Minuten, und ich muss die Düsen wieder ausschalten, sonst wird es zu viel.«

Donovan atmete Rosenduft. »Dieses Hotel weiß entschieden, was Frischvermählten gefällt.«

»Ich habe den Verdacht, dass die meisten Gäste Eltern sind, die sich für eine Nacht einen Babysitter holen und hier Romantik-Urlaub machen.«

Donovan goss den Wein ein und konzentrierte sich ganz auf das Glas. Es wäre masochistisch gewesen, ihre rosa Haut zu betrachten.

Gerade wollte er gehen, als er eine Schürfwunde auf ihrer rechten Wange entdeckte.

»Nur ein Kratzer. Das und ein paar mehr sind alle Verletzungen, die ich habe. Ein Wunder.« Sie griff nach dem Weinglas, und Schaum tropfte von ihrem Arm.

Donovan versuchte, nicht hinzustarren, als diese Bewegung ihre rechte Brust halb entblößte. »Haben sie dir in der Klinik ein Beruhigungsmittel gegeben? Falls ja, solltest du vielleicht lieber nicht trinken.«

»Sie sagten, ich solle Ibuprofen nehmen, das sei nicht sehr stark.«

»Na gut, aber schlaf nicht in der Wanne ein.«

Seine Hand lag bereits auf der Klinke, als sie plötzlich vorschlug: »Hast du nicht Lust, dir auch ein Glas zu holen und mir Gesellschaft zu leisten?«

Sie wollte nach dem Unfall sicher mit jemandem reden. Damit konnte er umgehen. »Ich hole mir nur schnell etwas zu trinken.«

Sobald Donovan sicher aus dem Bad war, knöpfte er sein Hemd auf und wischte sich damit den Schweiß von der Stirn. Er hatte das Gefühl, als hätte er gerade eine Nacht in den Tropen verbracht.

Er schnürte seine Schuhe auf und zog sie aus, danach die Socken. Dann füllte er sein Glas mit Eiswürfeln, die in einem Behälter auf der Minibar standen, und goss sich ein Ginger Ale ein, ehe er zurück ins Bad ging.

Kate nahm einen Schluck Wein. »Weißt du, was das für ein Stück Decke war, das da auf mich gestürzt ist? Das hätte doch nicht passieren dürfen!«

Donovan setzte sich auf den Fußboden und lehnte sich mit dem Rücken gegen die Tür, ein Bein angewinkelt. »Ich habe mir die Sache mal angesehen. Termiten haben dem Putz böse zugesetzt, und die Erschütterungen durch den Radlader haben das Ganze einstürzen lassen. Es war reines Pech, dass du gerade darunter warst.«

»Weißt du, bei einem Unfall, den man überlebt, hat man eigentlich kein Pech.«

»In deiner kurzen Zeit bei *PDI* hast du mehr als genug Unfälle gehabt. Ich sollte dich nicht mehr vor Ort lassen.«

Statt wütend zu werden, erwiderte Kate: »Du hattest selber viele Unfälle und Beinahekatastrophen, nicht wahr? An ein Paar erinnere ich mich noch aus der Zeit unserer Ehe, und ich habe den Verdacht, dass du mir damals gar nicht von allen erzählt hast, weil du mich nicht unnötig beunruhigen wolltest.«

»Ich hätte mir gleich denken können, dass ich dir nichts vormachen kann.«

»Was war dein gefährlichster Unfall?«

Der Schaum war zurückgegangen, sodass bald ihre Brustspitzen zu sehen sein würden. »Stell wieder den Whirlpool an, um Schaum zu kriegen, dann erzähle ich es dir.«

Kate errötete und drückte den Knopf. Donovan sagte stumm das Einmaleins auf, um sich abzulenken. Sobald ein vorsichtiger Blick ihm zeigte, dass sie wieder bis zu den Schlüsselbeinen im Schaum steckte, bedeutete er ihr, die Anlage abzustellen, und begann zu erzählen. »Das Schlimmste war ein Überfall. Ich habe restliches Dynamit zusammengefegt, um es später zu verbrennen, als ein Irrer ankam, seine Pistole zog und in den Haufen schoss.«

»Meine Güte! Was ist dann passiert?«

»Es gab eine höllische Explosion. Weil ich kniete, ging das meiste über mich hinweg, aber nicht alles. Der Druck hat mich ein paar Meter weit geschleudert. Ein paar Rippen waren gebrochen, ich konnte auf einem Ohr nicht mehr hören, und mein Collegering wurde mir vom Finger gerissen. Aber ich will mich nicht beklagen, ich bin noch gut davongekommen.«

»Und der andere?«

»Tot. Ein frustrierter Dynamitfan.« Donovan drückte sich das kalte Glas an die Stirn, als er sich daran erinnerte. Es war August gewesen und furchtbar heiß. »Er hatte einen von *PDI* töten wollen, weil die Wachen ihn daran gehindert hatten, Dynamit zu stehlen. Dass er selber mit hochflog, war ihm völlig egal.«

»Und du sagst, ich würde Schwierigkeiten anziehen! Dabei falle ich nur in Fahrstuhlschächte und kriege Decken auf den Kopf. Dich dagegen wollte jemand absichtlich hochgehen lassen.«

»Da hast du Recht.«

Kate verschränkte die Arme. »Hast du angesichts des Todes je dein Leben an dir vorbeiziehen sehen? An unverarbeitete Geschichten gedacht?«

»Um ehrlich zu sein, nein. Es war jedes Mal vorbei, ehe ich überhaupt Zeit hatte, an solche Sachen zu denken. Hast du heute so etwas durchgemacht?«

»Ja.« Ihr Weinglas war leer, und sie stellte es ab. »Du willst doch sicher auch noch baden. Warum gesellst du dich nicht zu mir? Diese Wanne ist groß genug für zwei.«

Donovan starrte sie an. »Himmel, Kate! Wie viel hast du getrunken?«

»Nur zwei Gläser Wein. Nicht genug, um betrunken zu sein.« Sie holte tief Luft. »Nur genug, um mir Mut zu machen ... dich zu verführen.«

Ihre Worte weckten eine Hitze in ihm, die ihn atemlos machte. »Fang nichts an, das du nicht auch beenden willst.«

»Das ist nicht meine Absicht.« Sie schloss kurz die Augen. »Als ich unter dem Schutt lag und Todesangst hatte, habe ich am meisten bedauert, dass ich zu feige gewesen bin, um ... mit dir zusammen zu sein. Ich habe immer noch Angst, und wer weiß, was dabei herauskommt, aber ich weiß, dass ich dieses eine Risiko eingehen muss, sonst würde ich mir nie verzeihen.«

»Bist du dir da sicher?«

»Ganz sicher.«

Donovan zog sein T-Shirt aus und warf es beiseite. »Dann lass uns hoffen, *cara mia,* dass genug Wasser in der Wanne ist, um zwölf Jahre alten Ballast wegzuwaschen.«

36. Kapitel

Trotz der Wärme des Wassers erschauerte Kate, als sie zusah, wie Donovan sein T-Shirt auszog. Jahrelange harte Arbeit hatten große Muskeln auf Brust und Armen hinterlassen, und dazu auch ein paar Narben.

Kate konnte kaum glauben, dass sie nach den langen Wochen, in denen sie die Anziehung zwischen ihnen immer unterdrückt hatte, endlich den Mut hatte, sich ihren Ängsten zu stellen.

Donovan öffnete seine Jeans. Ehe er sich weiter auszog, beugte er sich vor und legte seine Lippen zart auf die Schramme auf ihrer Wange. »Du siehst aus wie ein erschreckter Hase. Noch ist es nicht zu spät, deine Meinung zu ändern. Aber bald.«

Kate schlang ihm einen Arm um den Hals und zog seinen Mund zu sich. *Patrick. Patrick.* Seinen Mund, seinen Kuss würde sie überall erkennen. Warm, fest, vertraut. Früher hatten sie sich so oft geküsst, sei es aus Zärtlichkeit, sei es aus Leidenschaft, manchmal auch nur im Vorübergehen, weil sie zusammengehörten.

Dieser war ein langsamer, zögernder Kuss des Willkommens und Erforschens. Kate konnte Donovans Verlangen darin spüren. Ihre Angst machte kribbelnder Spannung Platz. »Ich werde meine Meinung nicht ändern, das verspreche ich«, flüsterte sie an seinen Lippen.

Dann zwang sie sich, die dünne Narbe anzusehen,

die von seiner linken Schulter bis zum Ellbogen verlief. Ihr Magen krampfte sich zusammen, und sie fuhr die dünne Linie mit den Fingerspitzen nach. »Und du, Patrick, willst du jemandem so nahe kommen, der mit dem Messer auf dich losgegangen ist?«

Donovan fing ihre Hand ein und presste sie auf sein Herz. »Alles, was du getan hast, Kate, war eine Reaktion auf das, was ich dir angetan habe.«

Er hatte einiges über Geduld gelernt in den vergangenen Jahren. Statt sie erneut zu küssen, nachdem er sich ausgezogen hatte, ging er an das andere Ende der Wanne. Das Wasser stieg, als er seine muskulösen Beine zu beiden Seiten ihres Körpers ausstreckte. Beide mussten sie die Knie anwinkeln, um bequem in der Wanne sitzen zu können.

»Ich denke, dieses Projekt verdient ein wenig Vorfreude.« Sacht strich Donovan mit dem Fuß über ihre Hüfte. Sexy.

»Die Wanne wirkt viel kleiner als eben.« Kate umfasste seinen Knöchel und ließ die Hand dann nach oben wandern.

»Zusammen sein ist es, worauf es ankommt. Wo wir gerade davon sprechen, ich war nicht gerade abstinent, aber ich hatte vor kurzem einen Bluttest und bin frei von allen schrecklichen Viren.«

»Das gilt für mich auch. Für die Verhütung ist auch gesorgt.« Kate errötete ein wenig. Eine moderne Frau vertraute nie den Worten eines erregten Mannes, aber dies war Patrick. Auch wenn er sie mehr verletzt hatte als je ein Mensch zuvor, wusste sie gleichzeitig, dass sie ihm diesbezüglich vertrauen konnte. So wie er ihr auch.

Donovan griff nach einem Waschlappen und seifte sich ab, als Kate den Whirlpool wieder in Gang setzte.

Donovan lehnte sich zurück, während das Wasser um ihn herum wirbelte. »Das tut gut, ich sollte den Whirlpool zu Hause auch öfter nutzen. Meistens dusche ich nur.« Seine Hand glitt ihr Bein entlang und wanderte auf die Innenseite ihrer Schenkel. Sanft liebkoste er sie dort.

Kate erschauerte. Er konnte sie so schnell erregen. »Duschen ist gut zum Haarewaschen, Bäder sind zum Erholen.«

»Ich bin bereit, mich zu erholen.«

»Wie seltsam, dass Sex damals bei unserem ersten Treffen – das nicht mal eine Verabredung war – so einfach und natürlich war. Jetzt bin ich furchtbar verkrampft.«

»Das ist nicht verwunderlich.« Seine Hand strich sacht über ihre Haut. »Damals haben wir uns beide von unserem Gefühl leiten lassen – wir wussten, dass wir zusammengehörten. Aber seitdem ist so viel passiert. Kein Wunder, dass du diesmal Zweifel hast.«

»Ich denke zu viel. Das hast du schon immer gesagt, und es stimmt.«

»Wie alles kann das sowohl gut als auch schlecht sein.« Er seufzte. »Ich kann dir keinen Vorwurf daraus machen, dass du in mir ein Problem siehst. Ich habe eine Beziehung, die ein Gottesgeschenk war, kaputt gemacht.«

Als Kate unter dem Schutt gefangen gewesen war, hatte sie sich ein paar Wahrheiten gestellt, die sie bislang unterdrückt hatte. »Ich war auch nicht unschuldig, Patrick. Ich habe mich von Anfang an falsch verhalten. Ich habe nach Entschuldigungen für dich gesucht, mir die Schuld gegeben, weil ich dich nicht verstand, geschworen, es besser zu machen. Vielleicht habe ich das Problem auch nicht ernst genug genommen, weil die Versöhnung immer so fantastisch war.« Aus verschiedenen Gründen hatte sie bei der Gewalt gegen sich mitgespielt.

»Großartiger Sex ist dazu angetan, tiefere Probleme zu verschleiern. Für mich war die Leidenschaft zwischen uns ein Zeichen, dass nicht wirklich etwas nicht stimmte.« Donovan sah sie an. »Es war auch eine Entschuldigung für mich, nicht allzu kritisch mit mir zu sein. Da ich meine Frau befriedigen konnte, musste ich ja ein echter Mann sein.«

Kate hatte ebenfalls geglaubt, dass Sex für eine gute Partnerschaft sprach. »Als dann alles so schief ging, bin ich zusammengebrochen. Wenn ich klüger gewesen wäre, wäre ich in Maryland geblieben und hätte versucht, an unserer Ehe zu arbeiten, statt weit wegzurennen. Ich kannte nur Schwarz und Weiß, Zwischentöne gab es für mich nicht.«

»Mach dir keine Vorwürfe, Kate, wahrscheinlich hätten wir damals gar nichts ändern können. Vielleicht haben wir beide die Jahre gebraucht, um uns weiterzuentwickeln. Der Gedanke gefällt mir.«

Kate füllte ihre Hände mit Schaum und ließ ihn über ihre Arme fließen. So viele perfekte, glitzernde Seifenblasen. Hatte Donovan Recht, und die Dinge hätten sich nicht anders entwickeln können? »Das gefällt mir auch.«

»Kate ... ich will nicht, dass dich heute etwas an das letzte Mal erinnert. Du sollst tun, was du willst und wann du willst. Du hast die Führung.«

Erstaunt erkannte Kate, dass Donovan den Grund ihrer Angst erkannt hatte. Ihre Ehe war an Verzweiflung und Machtdenken und Besitzanspruch kaputtgegangen, nicht an der fehlenden Liebe. Sie hatte mit Donovan zusammen arbeiten und leben können, solange sie die Liebe verleugnet hatte. Aber nicht heute. Heute hatte sie die Macht. »Ich werde mein Bestes tun.«

Kate stellte die Düsen ab und glitt auf die andere Seite der Wanne. Dort setzte sie sich auf ihn, sodass ihre Brüste über seine Brust strichen, ihr Körper sanft auf seinen gelehnt. »Das ist viel schöner als die Opferrolle.«

Sie schmiegte sich an ihn, leckte über seine Kehle, strich über seine breiten Schultern und die dunklen Haare auf seiner Brust. Dann presste sie ihre Lippen auf die Narbe am Arm. Trotz der Rosen konnte sie seinen persönlichen Duft deutlich erkennen. Einzigartig, erregend. »Erinnerst du dich noch an die Nacht am Strand von Antigua auf unserer Hochzeitsreise?«

»Natürlich. Mondlicht und Wahnsinn.« Sein Körper unter ihr erwachte zum Leben, und mit seidener Glätte liebkosten seine Hände ihren Rücken und die Hüften.

Kate glitt über ihn. Dann berührte sie jeden Zentimeter seiner heißen Haut, löschte die Vergangenheit aus und beschwor die Gegenwart. »Ich habe versucht, dich zu vergessen, aber ich habe es nicht geschafft.«

Seine Erregung presste sich samten gegen ihren Bauch, hart und unübersehbar. Kate rieb sich an ihm und schuf so für sie beide süße Qual. Donovan packte ihre Hüften und zog sie eng an sich. »Ah, *cara mia,* ich schwöre, die Erinnerung an dich ist in meine DNA eingebrannt.«

Kate wollte Macht, und sie hatte sie. Nicht körperliche Macht, sondern die der Erregung, die machtvoll durch ihrer beider Körper strömte. Sie ließ sich über ihn treiben, küsste, rieb und streichelte ihn, während sie kaum glauben konnte, dass sie nach so vielen Jahren wieder beisammen waren. Das hier musste der realistischste Traum ihres Lebens sein, und doch war er zu real, um ihn zu leugnen.

Als Kate nicht länger warten konnte, hob sie die Hüften und ließ ihn in sich gleiten. Seidenweiche Hitze umfing ihn verheißungsvoll. Donovan stöhnte auf und bog sich ihr entgegen, angespannt, als er tiefer in sie eindrang.

Es fühlte sich so gut und richtig an, ihn in sich zu haben. Kate vergrub die Hände in seinen Haaren, als sie den uralten Tanz von Geben und Nehmen begannen. Sie wusste nicht, wo er anfing und sie endete, nur dass sie in Leidenschaft und Glut vereint waren. Die Zeit blieb stehen, als er ihren Rhythmus in perfekter Harmonie aufnahm. Nie hatte jemand so gut zu ihr gepasst, nie, nie, nie ...

Kate vergaß die Zeit um sie herum, als es soweit war und sie die Kontrolle verlor. Er hielt sie in eisernem Griff, als er noch einmal hart in sie stieß und dann ebenfalls aufstöhnte. Höhepunkt und Vollendung, so perfekt hatte sie sich seit über zehn Jahren nicht mehr gefühlt.

Schwindelig vor Erleichterung sank Kate auf seiner Brust zusammen. »Himmel, Patrick, ich habe dich so sehr vermisst!«

»Cara.« Er küsste ihre Schläfe, ihre Wange, ihr Ohr. *»Carissima.«*

Liebste. Er hatte seine Liebkosungen immer für die intimsten Momente aufbewahrt. Ein paar Herzschläge lang genoss Kate das Gefühl, dass alles richtig war.

Die Euphorie verschwand schnell. Kate hatte gesehen, dass die Leidenschaft zwischen ihnen so stark wie eh und je war. Kein Wunder bei der sexuellen Spannung, die wie stets zwischen ihnen geherrscht hatte.

Aber sie wusste auch, dass Verlangen allein nicht reichte. Insgeheim hatte sie gehofft, dass sie, wenn sie den Mut hatte, sich verletzlich zu zeigen, ihre Ängste verlieren könnte und den Schatten der Vergangenheit verschwinden würde. Stattdessen hatte sie jetzt das schreckliche Gefühl, am Rande eines Abgrundes zu stehen. Dass sie ihre Seele verlieren würde, wenn sie ihn liebte.

Wie sollte es weitergehen? Der Flaschengeist der Leidenschaft war losgelassen und würde nicht wieder in die Flasche zurückgehen. Sie konnte sich nicht vorstellen, weiter mit ihm unter einem Dach zu leben, ohne seine Geliebte zu sein, und doch wagte sie es nicht, sich ihm wieder ganz auszuliefern.

Kate sagte sich, dass er das auch gar nicht von ihr verlangte. Er wollte sehen, was noch zwischen ihnen war, aber großartiger Sex bedeutete nicht automatisch, dass sie wieder heiraten würden. Körperlich hatten sie sich immer schon gut verstanden. Damals war es nicht genug gewesen, und vielleicht kam er zu dem Schluss, dass es auch heute nicht genug war.

Der Gedanke befreite sie innerlich.

Donovan streichelte träumerisch Kates Haut und wünschte sich, sie würde sich nie mehr bewegen. Kaum zu glauben, wie lange es her war, dass sie sich geliebt hatten. Wie hatte er nur ohne sie leben können?

Nur sehr schlecht.

Das Telefon klingelte und zerstörte die Stimmung. Donovan stöhnte, als Kate sich aufsetzte und aus der Wanne stieg. »Geh nicht ran«, protestierte er. »Wer immer es ist, kann eine Nachricht auf den Anrufbeantworter sprechen.«

»Wir können nicht für immer in der Wanne bleiben. Wir werden ja faltig wie Krabben.«

»Das würde deiner Schönheit auch nichts anhaben.«

Noch tropfend nahm Kate beim dritten Läuten ab. »Hallo? Oh, Mr Glazer. Wie nett von Ihnen, mich anzurufen. Mir geht es gut.« Sie sah Donovan an und verdrehte die Augen. »Ich habe gerade ein schönes, entspannendes Bad genommen. Morgen bin ich wieder so gut wie neu.«

Da es nicht viel Sinn machte, alleine in der Wanne zu bleiben, stieg Donovan heraus und hüllte sich in ein Handtuch. Dann griff er nach einem zweiten und begann, Kate abzutrocknen. Er genoss es, wenn ihr die Haare schimmernd über die Schultern fielen, aber er musste zugeben, dass er auch gerne ihren eleganten Nacken betrachtete, wenn sie es hochgesteckt hatte.

Kate hielt den Atem an, als er mit dem Handtuch über ihren Schenkel fuhr. »Ja, Donovan kam vorbei, um zu sehen, wie es mir geht. Er ist sehr ... aufmerksam.«

Donovan betrachtete ihren Körper. Ihr Körper war etwas fülliger und aufregender denn je. Doch die Schrammen sahen hässlich aus. Eine Hüfte war blutunterlaufen, und überall hatte sie kleine Blutergüsse. Er küsste jeden Fleck hauchzart und wünschte, er könnte sie verschwinden lassen.

Dann berührte er eine ihrer Brustspitzen mit der Zunge und leckte solange, bis sie sich aufrichtete. Kates Atem ging schneller. Rasch verabschiedete sie sich und legte auf. »Das ist ein gemeiner Trick, Donovan.«

»So?« Er wandte sich ihrer anderen Brust zu.

»Ja. Du hast gesagt, dass ich heute die Führung habe.«

»Ach, da hab ich wohl den Mund zu voll genommen.« Er atmete aus, und sein Atem strich warm über ihre Haut.

»Nun – ich habe ja nichts gegen deinen Mund. Aber jetzt bin ich dran, dich abzutrocknen.«

»Damit kann ich leben.« Er zog ihr die Klemmen aus dem Haar und genoss die goldene Flut. Kate entwischte ihm, ehe er weiterspielen konnte, und holte sich selber ein Handtuch. Sie war sehr gründlich. Als sie fertig war und nichts ausgelassen hatte, war er bereit fürs Schlafzimmer.

Kate griff nach der Klinke, als Donovan sie in die Arme nahm. Nach einiger Zeit zog sie sich zurück. »Du bist in sehr oraler Stimmung, und du weißt, was das bedeutet.«

»Mehr wilder Sex?«, fragte er hoffnungsvoll.

Sie warf ihm einen Bademantel zu. »Zeit, den Zimmerservice zu rufen und etwas zu essen zu bestellen.«

Was konnte besser sein als ein ruhiger Abend und das Wissen, dass das Bett nicht weit weg war?

Donovan wusste später nicht mehr, worüber sie beim Essen gesprochen hatten, er wusste nur, dass er noch nie so zufrieden gewesen war. Vielleicht in ihrer Ehe, aber damals hatte er das Gefühl nicht erkannt.

Allmählich aber wurde Donovan klar, dass Kate seine Stimmung nicht hundertprozentig teilte. Obwohl sie ihn nicht abwehrte, war sie sehr still, und in ihren Augen lag ein Hauch von Zweifel. Donovan ergriff ihre Hand und zog sie zu sich. »Ist immer noch Damenwahl?«

Sie berührte sein Gesicht mit den Fingerspitzen. »Jetzt bist du dran, denke ich.«

Er öffnete ihren Bademantel. »Ich denke, du weißt, was ich vorhabe.«

»In mancherlei Hinsicht hast du dich kein bisschen verändert.« Mit einem Achselzucken streifte Kate den Bademantel ab. Eine ganze Wand war verspiegelt und schuf zwei Kates.

Erregung flammte auf. Donovan hatte das Gefühl, als wäre er zehn Jahre lang in der Wüste vertrocknet und könnte seinen Durst nach ihr nie mehr stillen. Er umfasste ihr Gesicht und küsste sie wieder und wieder.

Dann nahm er sie in die Arme und trug sie ins Schlafzimmer, wo er sie auf das Bett legte. Mit Können und Zartheit und intimem Wissen führte er sie immer wieder an den Rand des Höhepunktes, bis sie vor Verlangen stöhnte.

Dann kamen sie wie wilde Tiere zusammen, bis alle Kraft verströmt war und sie einander keuchend in den Armen lagen. Und doch, obwohl sein Körper befriedigt war, brannte in ihm ein Verlangen, das nie gestillt sein würde.

Donovan rollte auf die Seite und zog sie an sich. Es war so gut, sie zu halten, dass er versucht war, still zu liegen und nichts zu sagen. Aber er konnte die Wahrheit nicht verleugnen. Sanft sagte er: »Du bist nicht ganz bei mir, nicht wahr?«

»Mag sein ... ich bin soweit hier, wie ich vermag. Ein paar Stücke aber scheinen für immer verloren gegangen zu sein.«

Das Stück mit Namen Liebe? Donovan vergrub das Gesicht in ihren Haaren und sog tief den Rosenduft ein. »Hast du immer noch Angst vor mir?«

»Nicht direkt Angst. Es ist eher ... eher Unruhe.«

Trotz ihrer taktvollen Antwort empfand sie doch

eindeutig noch Furcht. Er hasste das, konnte ihr aber keinen Vorwurf daraus machen. »Ich möchte so gerne schwören, dass ich meine gefährliche Wut hinter mir habe, aber das kann ich nicht. Ich kann nur versprechen, dass ich nicht mehr zuschlagen werde. Aber der körperliche Schmerz ist nicht das Schlimmste, nicht wahr?«

»Nur zu wahr. Vertrauen ist eine verletzliche Sache. Leicht zu zerstören und kaum zu heilen, wenn überhaupt.«

Ihre ruhigen Worte trafen ihn wie Nadelstiche. Ein paar Stunden lang hatte er geglaubt, die Vergangenheit überwunden zu haben, und dass sie nur noch über die Einzelheiten einer gemeinsamen Zukunft reden müssten.

Seine Hoffnung schwand. Er umfasste sie fest. »Ich liebe dich, Kate. Das wird sich nie ändern.«

Kate drückte ihr Gesicht ins Kissen, und er erkannte, dass sie weinte. Sanft strich er ihr über den Rücken, um ihr die Spannung zu nehmen. »Ist es denn so schlimm, *cara?* Doch sicher nicht.«

»Ich bin immer noch ein Feigling, Patrick. Du bist so sehr ein Teil von mir. Wenn du dich schneidest, blute ich. Aber wenn ich bei dir bleibe, wird mich das zerstören. Ich kann mir nicht vorstellen, den Rest des Jahres als Liebende zusammen zu sein und dann zu gehen. Aber wie können wir jetzt weiter unter einem Dach leben, ohne erneut miteinander zu schlafen? Ich ... ich denke, ich sollte zurück nach Kalifornien gehen, ehe die Dinge gänzlich außer Kontrolle geraten.«

Er konnte sie nicht verlieren, nicht noch einmal.

Donovan drehte Kate zu sich und sah sie an. »Überstürze nichts, Kate. In zwei Monaten haben wir so viel erreicht. Mehr, als wir beide für möglich gehalten hätten. Gib uns Zeit.«

Kate antwortete nicht, wandte sich aber auch nicht ab. Das tröstete ihn, als er sie an sich zog.

Sie wandte sich nicht ab.

37. Kapitel

Kate lag zufrieden an einen starken, warmen Körper geschmiegt da, als das Telefon sie aus dem Schlaf riss. Sie brauchte einen Moment, um sich zu erinnern, wo sie war, und um zu registrierten, dass das Klingeln echt war.

Rrrring! Sie hob den Hörer ab. »Hallo?«

Luther Hairstons Stimme fragte: »Ist Donovan da, Katie?«

Es war noch nicht einmal fünf Uhr morgens, und Luther und sie befanden sich in derselben Zeitzone. Irgendetwas musste passiert sein. »Ja, aber wenn es etwas Geschäftliches ist, möchte ich es auch wissen.«

»Es ist geschäftlich. Im Concorde hat es eine Gasexplosion gegeben.«

»Verdammt! Ich hole Donovan sofort.«

Kate knipste die Nachttischlampe an. Den Hörer ins Kissen gedrückt sagte sie: »Es ist Luther. Gasexplosion im Concorde. Ich gehe an den zweiten Apparat.«

Kate lief los und zog sich dabei ihren Bademantel über. Donovan fluchte und griff nach dem Hörer. »Jemand verletzt, Luther?«

Kate hörte an ihrem Apparat die Antwort. »Zum Glück nicht. Haus vier hat es böse erwischt, etwa ein Drittel ist eingestürzt, und der Rest ist so instabil wie ein Kartenhaus. Es muss sofort eingerissen werden.«

»War es ein Unfall?«, wollte Donovan wissen.

»Die Leute von der Feuerwehr haben gerade erst mit den Ermittlungen begonnen, also wer weiß? Gas geht ab und zu hoch.«

»Aber wenn man die Probleme mit diesem Projekt bedenkt, denkst du anders darüber.«

»Scheint mir sonst schon ein gewaltiger Zufall zu sein. Die Gasgesellschaft hat zwar die Versorgung unterbrochen, sobald die Leute ausgezogen waren, aber es ist sicher nicht schwer, sie wieder anzudrehen.«

Ob hier ein Zusammenhang zu den anderen Problemen bestand, mit denen *PDI* in letzter Zeit zu kämpfen hatte? Die Demonstranten hatten das Concorde retten wollen, deshalb konnte Kate sich nicht vorstellen, warum sie es jetzt hätten in die Luft jagen sollen. Vielleicht dürstete auch der Verrückte, der Sam auf dem Gewissen hatte, nach neuen Taten.

»Wann können wir in Haus vier mit der Arbeit anfangen?«, fragte jetzt Kate.

»Nicht vor morgen. Aber ich habe schon vom Bürgermeister gehört, dass sie das Haus runterhaben wollen, sobald es möglich ist, wenn nicht schon eher. Das sollte eine PR-Action werden, kein blaues Augen vor der Wahl.«

»Bis heute Abend sollte ich den Sprengplan für das St. Cyr fertig haben, dann fliege ich zurück«, mischte sich jetzt Donovan wieder ein. »Kate kann in Atlanta bleiben und die Vorarbeiten beaufsichtigen. Wenn ich den Plan richtig im Kopf habe, ist Ted morgen in Chicago fertig. Er kann dann Kate ablösen, sodass sie nachkommen kann.«

»Reise nach Jerusalem.« Kate machte sich ein paar Notizen. Zum Glück ließ Sams Testament solche gelegentlichen Trennungen zu. »Ich spreche Janie auf den

Anrufbeantworter, dass sie sich gleich früh um die Tickets kümmern soll.«

Kurz darauf legte Luther auf.

»Ich glaube, ehe ich dich verplane, hätte ich dich erstmal fragen sollen, ob es dir überhaupt passt«, sagte Donovan aus dem Schlafzimmer.

Kate setzte sich neben ihn aufs Bett. »Ich habe mal gelesen, dass in uns ein Muster von Flucht oder Kampf angelegt ist und dass man erst merkt, welcher Typ man ist, wenn man mit einer Gefahr konfrontiert wird. Bei mir sieht es ganz so aus, als könnte mein Fluchtinstinkt dem eines Kaninchens alle Ehre machen. Wann immer ich in Panik gerate, ist der Impuls, an die andere Küste zu fliehen, fast ununterdrückbar. Aber ich kann nicht schon wieder weglaufen und alle Probleme ungelöst lassen.«

»Ein Glück.« Donovan umfasste warm ihre Hand.

»Dass ich hierbleibe, bedeutet nicht, dass alles in Ordnung ist, Donovan. Ich ... glaube nicht, dass es das je wieder wirklich sein wird.«

»Soll das heißen, dass du mich nie mehr wieder wirst lieben können?«

Kate betrachtete ihre ineinander verschlungenen Hände. Seine war rau und groß und einige Schattierungen dunkler als ihre. Eine sehr starke Hand. Eine, die geschmerzt hatte, wenn sie zugeschlagen hatte.

Andererseits hatte er gelernt, mit den Dämonen umzugehen, die ihn zur Gewalt getrieben hatten. Obwohl er ein paarmal in den letzten Wochen wütend geworden war, hatte er sich jedes Mal schnell wieder beruhigt, ohne körperlich brutal zu werden. Aber ...

»Ich weiß nicht, ob ich mich wieder so fallen lassen kann«, erwiderte Kate. »Allein der Gedanke ans Fallen lässt mich an den Aufprall denken.«

»Der muss in der Liebe nicht dazugehören. Manchmal fängt sie einen auf.«

»Aber meistens nicht.«

Donovan verfolgte das Thema nicht weiter, und Kate war dankbar dafür. Wenn sie jetzt erklärte, dass sie einen Abgrund in ihrer Seele hätte, wäre das albern.

Donovan legte ihr den Arm um die Schultern und zog sie an sich. »In einer halben Stunde gibt es Frühstück, also haben wir noch dreißig Minuten.« Damit küsste er sie und öffnete ihr den Bademantel.

Wozu eine halbe Stunde ungenutzt verstreichen lassen?

Kate war angespannt, als sie das St. Cyr wieder betrat, aber schon nach einer Stunde war ihr Unfall vom Vortag nur noch eine schwache Erinnerung. Die Nacht mit Donovan war ihr viel lebendiger im Gedächtnis.

Zum Glück verbrachte er die meiste Zeit im Büro an Telefon und Computer, sodass sie ihn nicht oft zu Gesicht bekam. Doch wenn sie sich sahen, ließ sein Blick sie innerlich schmelzen.

Nach Feierabend rief Donovan Kate und Gil Brown ins Büro und ging mit ihnen den Sprengplan durch. Danach ging Brown, aber Kate blieb noch da, um sich von Donovan zu verabschieden.

Er zog sie in seine Arme. »Ich fange an, Baustaub regelrecht sexy zu finden. Schade, dass du nicht schon heute mit mir zurück nach Baltimore fliegst.«

Kate rieb die Wange an seiner Schulter, was ihn an Dinah erinnerte. »Denk daran, Tage der Trennung werden hinten angehängt.«

»Ich will noch nicht an das Ende denken.«

Sein Taxi kam, ehe Kate antworten konnte. Donovan küsste sie und eilte dann mit Tasche in der einen Hand, Laptop in der anderen, zum Wagen. Ganz der Karrieremensch.

Nachdem Sam Kate den Eintritt bei *PDI* verweigert hatte, hatte sie sich vorgenommen, nach ihrem Studium vor der Firma herumzuhängen, bis ihr Vater sich an sie gewöhnt hatte. Donovan benahm sich jetzt genauso: Als wenn sie ein Paar wären, voller Hoffnung, dass sie es akzeptierte. Ein Tag Trennung würde ihnen gut tun, um von der intimen Nähe einer Ehe wieder abzurücken.

Dennoch empfand Kate die Leere der Hotel-Suite, als sie dorthin zurückkehrte. Hellwach lag sie im Bett und dachte an die Ereignisse der letzten Nacht. Schon ehe sie Liebende geworden waren, hatte sie sich wieder an seine Nähe gewöhnt.

Dieselbe Luft zu atmen war wichtig für sie geworden.

Kate döste den Rückflug über und bedauerte nur, dass er nicht länger dauerte. Der Tag im St. Cyr war anstrengend gewesen, aber es hatte ihr Spaß gemacht, die Verantwortung zu haben. Ihre Jahre als Architektin hatten sie gelehrt, dass es viel schöner war, Befehle zu geben als sie anzunehmen.

Ihre Mutter wartete am Ausgang. »Mom, wie schön.« Sie umarmte Julia. »Ich wollte mit dem Taxi nach Hause kommen.«

»Als Donovan wegen deiner Katze angerufen hat, erwähnte er, dass du heute kommst, also habe ich mich angeboten, dich abzuholen. Wir können Dinah auf dem

Weg zu dir abholen.« Julia nahm Kate den Laptop ab und hängte ihn sich um. »Ich habe bei Sam gelernt, dass man seine Zeit gut einteilen soll.«

»Ich bin mir nicht sicher, dass ich viel Zeit habe. Ich habe mich zwar auf der Flughafentoilette in Atlanta umgezogen, aber ich fürchte, ich schwitze trotzdem wie eine Ziege.«

»Damen schwitzen nicht, sie glühen rosig«, gab ihre Mutter lächelnd zurück. Sie kamen an einer Glasskulptur von einer gigantischen blauen Krabbe vorbei. Kate betrachtete sie fasziniert. »Wie wunderbar typisch für Maryland.«

»Es heißt, alle Flughäfen wären gleich, aber das stimmt nicht. Jeder hat seinen eigenen Charakter. Wenn Sam und ich verreist waren –« Julia hielt inne.

»Wie geht es dir?«, fragte Kate.

»Mal so, mal so.«

Kate wollte weiter fragen, aber Julias ausdrucksloses Gesicht hielt sie davon ab. Ein eindeutiges Zeichen. Bis zu Julias Auto sagten sie nichts mehr.

Kate setzte das Gepäck in den Kofferraum und ließ sich auf den Beifahrerplatz sinken. Ihre Gedanken wanderten. Haltung unter allen Umständen. Gefühle zeigen ist vulgär. *Wut ist hässlich, Liebes.* Die Lektionen ihrer Kindheit.

Dieses Verhalten hatte seine Vorteile wie Stärke, Würde und Solidarität. Aber manchmal war es falsch, seine Gefühle zu unterdrücken, und jetzt war vielleicht so ein Moment. Kate und Julia saßen nebeneinander, und beide hatten sie Probleme. Vielleicht würde ein wenig Offenheit ihnen beiden gut tun? Kate konnte mütterlichen Rat wahrlich brauchen. Aber wo sollte sie anfangen?

Als sie nach Norden abbogen, begann Kate: »Donovan und ich schlafen wieder miteinander.«

Nach einer verblüfften Pause erwiderte ihre Mutter: »Wie ... wie nett für euch. Hat das längerfristige Konsequenzen?«

»Wahrscheinlich nicht.« Kate spielte mit dem Gurt, als sie versuchte, die richtigen Worte zu finden. Wenn sie nicht offen mit ihrer eigenen Mutter sprechen konnte, mit wem dann? »Du hast dich sicher gefragt, warum ich mich von Donovan habe scheiden lassen.«

»Natürlich. Irgendetwas hat dich offenbar zutiefst verletzt. Ich habe gedacht, dass er vielleicht eine Affäre mit einer Exfreundin hatte oder einen One-Night-Stand auf einer Geschäftsreise – etwas in der Art.«

»Patrick mich betrügen?« Das war ein Thema, um das sie sich nie Sorgen gemacht hatte. Was auch immer er getan hatte, er hatte ihr immer gezeigt, dass sie die einzige Frau für ihn war. Ein Jammer nur, dass die übergroße Eifersucht dazugehört hatte.

Noch konnte sie schweigen, aber das wollte sie jetzt nicht mehr. »Ich habe ihn verlassen, weil er ... gewalttätig war. Anfangs nur ein bisschen, aber es nahm immer mehr zu. Am Schluss war es ... schlimm. Sehr schlimm.«

»Himmel!«, keuchte Julia. »Ich kann nicht glauben, dass Patrick dir je wehtun würde.«

»Glaub mir. Solange, bis ich zurückgeschlagen habe und gemacht habe, dass ich wegkomme.«

»Wie konnte Sam und mir so etwas nur entgehen?«, rief Julia aus. »Ich wusste, dass Patrick nicht ganz einfach war, aber er schien dir immer so ergeben zu sein. Er war – ist – so ein rücksichtsvoller junger Mann.«

»Alles richtig. Ein gutes Herz, aber leider eine lausige Selbstbeherrschung. Was heißt, dass er manchmal durchdrehte und mich schlug.«

Julia biss sich auf die Lippe. »Deshalb also Kalifornien. Und weil du über so etwas Schreckliches nicht reden wolltest, hast du uns auch nie den Grund gesagt.«

»Schweigen schien das Beste für Donovan zu sein, für Sam, für alle. Auch für mich ... ich habe es nicht über mich gebracht, öffentlich zuzugeben, in was für eine Katastrophe ich mich hineinmanövriert hatte. Mädchen aus der oberen Mittelklasse werden nicht geschlagen. Weglaufen war da einfacher.«

»Wenn Sam das gewusst hätte, hätte er niemals so ein Testament aufgesetzt. Jetzt, wo ich den Hintergrund kenne, bin ich überrascht, dass du dich darauf eingelassen hast. Was hat dich dazu gebracht?«

»Insgeheim wollte ich nach Hause kommen und in die Firma eintreten. Und dann war da deine vernünftige Anregung, sich mit der Vergangenheit auseinander zu setzen. Ich war erst vorsichtig im Umgang mit Donovan, aber andererseits wusste ich, dass ich beim kleinsten Ärger wieder gehen konnte.«

»Gab es denn Ärger?«, fragte ihre Mutter.

»Bisher nicht. Sein Vater war ein gewalttätiger Alkoholiker, sodass es nicht verwunderlich ist, dass Donovan nicht zuschlägt. Aber er trinkt nichts mehr. Er war auch nur gelegentlich brutal, dazwischen war er immer nett.«

»Dann reicht das Vermeiden von Alkohol vielleicht aus, ihn in Zukunft nicht mehr brutal werden zu lassen. Fühlst du dich denn sicher, jetzt, wo du weißt, dass Donovan nicht mehr trinkt?«

»Eigentlich nicht. Ich vertraue ihm noch immer nicht.«

»Das widerspricht natürlich einer dauerhaften Beziehung. Wollt ihr das überhaupt?«

»Donovan ja, aber ich weiß nicht, ob ich es schaffe. Meine Psyche ist kompliziert. Und ich kann nicht aufhören, nach seiner Faust zu schielen, wenn er wütend wird.«

»Allein der Gedanke, dass er dich schlagen könnte, macht mich krank. Du bist meine Tochter, und er ist fast ein Sohn für mich. Wie konnte etwas so Schreckliches nur passieren?«

Sie kamen jetzt an die Straße, die in die Stadt führte.

»Deine komplizierte Psyche – ist es Furcht? Wut? Oder beides?«, wollte Julia wissen.

»Ich bin mir nicht sicher. Wohl beides.«

»Vielleicht ist Vergebung die Lösung. Eine Ehe verlangt viel Vergebung auf beiden Seiten. Sam und ich hätten uns nach Toms Coming-out trennen können, aber wir haben es geschafft, sogar da unsere unterschiedlichen Auffassungen zu akzeptieren. Obwohl es sehr schwer war.«

Es fing jetzt an, leicht zu regnen, und Julia schaltete die Scheibenwischer ein. »Wenn du Patrick seine Übergriffe verzeihen könntest, verschwindet vielleicht deine Wut. Vielleicht geht es mit der Furcht dann auch so.«

»Er hat mir nie absichtlich wehgetan. Wann immer etwas passierte, war er genauso entsetzt wie ich. Er steckt noch heute voller Schuldgefühle.«

Hypnotisierend glitten die Wischer über die Scheibe. »Du magst sein Verhalten verstehen, aber das kommt vom Kopf her«, widersprach Julia. »Vergebung ist aber viel mehr als Verständnis. Sie kommt aus dem Herzen und dem Geist, denke ich. Die weltliche Version von Gnade. Patrick verdient Vergebung nicht nur um seinetwillen, sondern auch um deinetwillen. Das nimmt deiner Seele die Kompliziertheit.«

»Ich dachte, Tom ist der Theologe bei den Corsis.«

»Das ist hier Praxis, Kate, keine Theorie. Ich musste selber erkennen, dass Wut die Seele belastet. Denk darüber nach.«

»Hast du aus Problemen gelernt, die du mit Dad hattest?« Der Gedanke an Untreue lag am nächsten, und eigentlich wollte Kate es gar nicht wissen.

»Unsere Ehe ist fast gescheitert, als ich mit Tom schwanger war. Aber Sams Mutter hat mir damals einen guten Rat gegeben – ungefähr das, was ich dir eben gesagt habe«, erklärte Julia. »Weißt du, was unsere Ehe außerdem gerettet hat? Mein Stolz. Ich wollte meiner Familie nicht Recht geben müssen, dass sie Sam richtig eingeschätzt hatten. Unsere Ehe hat gehalten und ist stärker geworden, als ich es je für möglich gehalten hätte.«

Wie seltsam, dachte Kate, dass sie gar nicht auf der Welt wäre, wenn ihre Eltern ihr Problem nicht gelöst hätten. Das Gedächtnis ihrer Mutter war beeindruckend als Beweis, dass eine Ehe überleben konnte.

Aber war Kate dazu fähig? Wenn sie ehrlich war, erkannte sie, dass Julia Recht hatte, sie empfand noch immer Wut über Donovans Brutalität. Intellektuell konnte sie ihn verstehen und sogar Mitleid empfinden. Aber tief in ihrem Inneren schwelte noch immer die Wut. Ihr Herz hatte ihm nicht vergeben, weil ihr Herz noch immer blutete.

Um diese Zeit waren die regennassen Straßen der Stadt verlassen. Kate dachte über das nach, was ihre Mutter ihr gesagt hatte. Vergebung machte Sinn – falls sie sich dazu bringen konnte. Das würde schwer sein.

Aber darin lag immerhin auch ihre Chance für die Zukunft.

Jetzt erst erkannte Kate plötzlich, wie sehr sie sich für sie beide eine Zukunft wünschte.

38. Kapitel

Als sie vor Julias Haus hielten, beugte Kate sich vor und umarmte ihre Mutter rasch. »Danke, Mom, das habe ich gebraucht.«

»Freut mich, dass ich dir helfen konnte. Das ist selten genug der Fall.« Als sie ins Haus gingen, um Dinah zu holen, fragte Julia: »Hast du schon was gegessen? Ich habe noch Chili auf dem Herd.«

Kate hob die Katze auf, die um ihre Knöchel tanzte, und steckte sie in den Katzenkorb. »Danke, aber ich möchte lieber nach Hause. Ich habe in Atlanta gegessen.« Sie sah die Enttäuschung in den Augen ihrer Mutter und bückte sich, um Oscar Wilde zu streicheln.

Als sie wieder im Auto saßen, fragte Kate: »Wie sieht es mit dir und Charles Hamilton aus?«

»Das geht dich wirklich nichts an, meine Liebe.«

»Ja und nein. Ihr seid beide erwachsen. Aber ich bin auch deine Tochter und mache mir Sorgen um dich.« Da Dinah zu den wenigen Katzen gehörte, die gerne reisten, nahm Kate sie aus dem Korb und auf den Schoß. »Beim letzten Mal hast du gesagt, dass die Sache zwischen euch zu Ende sei. Ist das so?«

»Wenn du es unbedingt wissen willst – mir ist klar geworden, wie unschicklich es ist, mit einem Mann zu tändeln, wenn der eigene noch kaum kalt ist. Ich wusste das immer, hatte es aber verdrängt. Bis ich deinen Blick gesehen habe.«

»Ich war verblüfft, sicher, aber das heißt nicht, dass ich finde, dass du Charles nicht mehr sehen solltest. Es ist ja nicht so, dass er irgendein wertloser Schürzenjäger wäre. Gestern habe ich mit Tom darüber gesprochen, und er hatte kein Problem damit.«

»Du hast es deinem Bruder erzählt?«, rief Julia aus.

»Tom hat telefonisch gezwinkert und dann gesagt, dass er das mit euch für eine gute Idee halte. Er hat sich immer gut mit Charles verstanden. Wenn es deinen Schmerz lindert, mit Charles zusammen zu sein, hilft das uns allen. Hättest du denn gewollt, dass Sam im Falle deines Todes alleine geblieben wäre?«

»Natürlich nicht. Jemand hätte sich um Sam kümmern müssen, und er war auch nicht der enthaltsame Typ. Je eher er wieder geheiratet hätte, desto besser.«

Kate schwieg und lachte dann auf. »Oh, wenn du Charles heiratest, sind Rachel und Sandy unsere Stiefschwestern. Das wäre toll!«

»Sei nicht albern! Von Ehe ist überhaupt keine Rede. Wir ... wir sprechen nicht einmal mehr miteinander.«

»Warum nicht?«

Julia seufzte. »Ich nehme an, weil ich mich schuldig fühle.«

»Val sagt, dass alle Frauen mit Schuldgefühlen zur Welt kommen. Aber jeder weiß auch, wie glücklich deine Ehe mit Sam war. Gerade die, die in ihrer ersten Ehe glücklich waren, finden am ehesten einen neuen Partner. Es ist ein Kompliment für Sam, wenn du bereit bist, erneut eine Partnerschaft einzugehen.«

»Sehr schlau geredet, aber du gehst davon aus, dass Charles noch Interesse hat. In meiner Verwirrung habe ich ihn und seinen Stolz ein paar Mal verletzt. Ich kann mir nicht denken, dass er noch mal ein Risiko eingehen will. Ich glaube, er wollte nur nett sein, und ist dafür schlecht weggekommen.«

Kate dachte, dass ihre Mutter wie eine Frau klang, die mit einem bestimmten Mann zusammen sein wollte, aber nicht wusste, wie sie es angehen sollte. Ein attraktiver Witwer hatte sicher keinen Mangel an Anwärterinnen. Aber wenn man Rachel glauben konnte, hatte Charles seit Barbaras Tod keine Verabredung mehr gehabt. Erst Julia hatte das geändert. Bis zu dem Abend, als Donovan und Kate sie überrascht hatten, schienen sie sich sehr gut verstanden zu haben. Freundschaft war die Basis einer guten Beziehung, und Charles und Julia waren ihr Leben lang Freunde gewesen.

Julia war nicht der Typ, der den ersten Schritt machte, und er war jetzt sicher zu verschreckt, um seinerseits noch einmal auf sie zuzugehen. Was die beiden brauchten, war ein altmodischer Zwischenträger.

Zum Teufel. Kate griff zum Telefon und gab die Nummer ein, die sie auswendig kannte, seit sie vier war.

»Wen rufst du an?«, fragte Julia.

»Charles natürlich.« Es klingelte am anderen Ende.

»Wage es ja nicht, Katherine Carroll Corsi!«, schrie ihre Mutter auf.

Kate hielt das Telefon außer Reichweite. »Mom, pass auf, das Auto!«

Das brachte Julias Aufmerksamkeit auf die Straße zurück. »Häng sofort auf!«, zischte sie dabei.

»Zu spät, er nimmt ab.« Kate presste das Telefon ans Ohr. »Hallo«, grüßte sie fröhlich, »hier ist Kate Corsi.«

»Guten Abend. Wie geht es dir?«

»Eigentlich rufe ich an, um dich zu fragen, ob deine Absichten bezogen auf meine Mutter ehrenhaft sind.«

»Kate!«, schrie ihre Mutter auf, und Charles sagte erstickt: »Um Himmels willen, Diplomatie liegt dir wirklich nicht.«

»Ich mache mir Sorgen um meine Mutter«, erwiderte Kate. »Ich will nicht, dass sie von alternden Schürzenjägern verletzt wird, die sich Kerben in den Bettpfosten schnitzen. Also – was sind deine Absichten?«

»Du bist noch nicht zu groß für eine Tracht Prügel, junge Dame.« Charles holte tief Luft. »Aber da du fragst – wenn du mit Absichten eine langfristige Beziehung meinst, dann ist die Antwort ja. Aber die Frage ist reine Theorie. Julia hat mich weggeschickt, nachdem du durch dein Reinplatzen alles kaputtgemacht hast.«

»Das tut mir Leid, und ich versuche gerade, das wieder gutzumachen. Falls du den Schrei eben gehört hast, das war Julia. Wir sitzen im Auto und könnten gleich bei dir sein. Willst du sie sehen, nachdem sie mich abgesetzt hat?«

»Nichts wäre mir lieber. Aber du kannst sie nicht zu etwas zwingen, was sie gar nicht will.«

»Wollen ist nicht das Problem.« Kate überlegte, den Hörer ihrer Mutter zu geben, aber dann gäbe es bestimmt einen Unfall. »Ich hätte nichts dagegen, dich als Stiefvater zu bekommen.«

»Dann dürfte ich dir endlich den Hintern versohlen. Wenn es dazu kommt, danke ich dir, Kate. Und wenn nicht – nun, dann danke für den Versuch.« Er legte auf.

Kate sah ihre Mutter an. »Tu einmal so, als wenn es Trauerphasen und die Meinung anderer Leute nicht gäbe. Wenn das so wäre, würdest du dann mit Charles zusammen sein wollen?«

Julia schwieg lange Zeit. »Ja«, sagte sie dann.

»Dann solltest du vielleicht vergessen, dass es nicht ganz das ist, was sich gehört. Die besten Dinge im Leben geschehen zu unkonventionellen Zeiten. Die Freundschaft zwischen dir und Charles ist etwas ganz Besonderes. Wirf sie nicht aus falschen Gründen weg.«

»Manchmal denke ich, dass du wie ich bist, und dann wieder ganz wie dein Vater«, bemerkte Julia. »Aber eben hast du deutlich gemacht, dass unter deinem damenhaften Äußeren das sizilianische Blut deiner Großmutter fließt.«

Kate war sich nicht sicher, ob das ein Vorwurf oder ein Kompliment sein sollte, und schwieg lieber. Jetzt hatten sie die Brandy Lane erreicht. »Ich weiß, dass das gerade ziemlich unmöglich war. Aber ... ich habe es getan, weil ich dich lieb habe.«

»Liebe, die gefährlichste aller Segnungen. Ich weiß, dass du es gut gemeint hast, mein Liebes.«

Kate stieg aus, winkte und ging dann mit Tasche und Katzenkorb die Auffahrt hoch. Als sie nach dem Schlüssel suchte, ging die Tür auf, und Donovan stand vor ihr, die blauen Augen voller Freude und Vorsicht. Bei seinem Anblick verspürte sie die übliche Mischung aus Glück, Wut und Angst. Und doch hatte er mindestens so sehr gelitten wie sie.

»Kate, ich habe dich vermisst.« Er breitete die Arme aus, und sie ging zu ihm.

Zu Hause. Sie lehnte den Kopf an seine Schulter und spürte, wie ihre Wut langsam schwand.

Vergib.

Vergib ihm, vergib dir, und dann lebe.

Julia hielt aufgewühlt auf der Straße vor Charles Haus an. Sollte sie nicht lieber nach Hause fahren? Oder doch zu Charles? Sie umkrampfte das Lenkrad. *Sam, was soll ich tun?*, schrie sie innerlich.

Dann kam eine seltsame Ruhe über sie, und fast hatte sie das Gefühl, als säße er neben ihr im Wagen. Sam, getauft Sansone, ihr Mann, Geliebter, Freund und Vater ihrer Kinder. Fast meinte sie, seine Hand an ihrer Wange zu spüren. *Es ist gut, cara, du kannst auch jemand anderen lieben. Ich weiß, dass du mich nicht vergessen wirst.*

Falls es Geister tatsächlich gab, gab Sam gerade seine Zustimmung. Machte das die Sache nun besser oder nicht?

Eine Hupe erklang, und Scheinwerfer erschienen im Rückspiegel. Julia entschied sich, zu Charles zu fahren.

Das Licht brannte. Julia stieg aus und klingelte. Drinnen erklangen die ersten Töne von Beethovens Fünfter. Die Türklingel hatten sie Charles und Barbara vor Jahren einmal geschenkt.

Die Tür ging auf, und Tort und Retort kamen schwanzwedelnd herausgestürmt. Hinter ihnen erschien Charles, sein Haar silbern im Licht.

Lange sahen sie einander an, ehe Charles sagte: »Ich dachte nicht, dass du kommen würdest.«

»Fast wäre ich auch nicht gekommen.« Julia trat in die Halle und dachte, dass Kate ihre Fluchtinstinkte sicher von ihr geerbt hatte, denn am liebsten wäre sie davongelaufen. »Kannst du mir mein Hin und Her verzeihen?«

»Julia, ich kann dir alles verzeihen, aber ich muss zugeben, dass das Hin und Her, wie du es nennst, mir auf die alternden Nerven gegangen ist.«

»Ich sage besser, was ich zu sagen habe, ehe ich den Mut verliere. Erstens macht es einen verrückt, den Gatten zu verlieren. Verrückt und schuldbewusst.«

»Ich kann mir nicht vorstellen, aus welchem Grund du dich schuldig fühlen solltest, außer allgemein deshalb, weil du noch lebst und Sam nicht mehr. Das Gefühl habe ich immer wieder. Warum Barbara und nicht ich? Leben und Tod sind unfair.«

»Das hier... ist mehr. Ich habe Sam vom ersten Tag an geliebt, in guten wie in schlechten Zeiten. Zu den besten gehörten die Jahre, in denen ich im Büro von *PDI* gearbeitet habe und er das Unternehmen aufgebaut hat. Er war der Mittelpunkt meines Lebens. Aber ...« Sie zögerte. »Manchmal war es so, als wenn er allen Sauerstoff verbrauchte und für mich dann nichts mehr übrig war. Mit dir zusammen zu sein, ist so ... erholsam – und ich hasse mich dafür, dass ich mich bei dir so wohl fühle, wo ich Sam gleichzeitig so sehr vermisse. Was bin ich nur für eine Frau, dass ich so fühle?«

Charles trat hinter sie, legte ihr die Hände auf die Schultern und begann, sanft ihre Muskeln zu massieren. »Weißt du, manchmal habe ich in Bezug auf Barbara genauso empfunden. Sie war sicher die dynamischste und ehrenhafteste Person, die ich kenne. Ich bin immer wieder dankbar, dass sie so lange meine Frau war. Aber Ruhe hatte man bei ihr nie.«

Julia umfasste seine rechte Hand. »Ich habe mich schon gefragt, ob Sam und Barbara zusammengekommen wären, wenn du und ich diejenigen gewesen wären, die gestorben wären.«

»Gut möglich. Sie haben einander angebetet. Aber wenn es dazu gekommen wäre, wäre es sicher eine lautere Beziehung geworden als bei uns.«

Julia wusste, dass sie die ganze Wahrheit sagen musste. »Ich habe dich immer als Freund geliebt, Charles. Was mir so Angst gemacht hat, ist die Tatsache ... dass ich dich auch als Mann liebe. Anders als Sam, weil du anders bist. Aber dennoch.«

Sein Griff wurde fester. »Wenn du mich liebst, nimmt das Sam nichts weg. Er war einer der großzügigsten Männer, die ich kenne. Meinst du denn, er würde wollen, dass du unglücklicher bist als nötig?«

»Nein, das würde er nicht.« Julia wandte sich um und sah Charles an.

»Kate sagt, einige der besten Dinge passieren zu den unpassendsten Zeiten, und man sollte etwas so Besonderes nicht aus den falschen Gründen wegwerfen.«

Charles lächelte. »Ein gutes Kind.«

Dann küsste er sie.

39. Kapitel

Der Wecker klingelte schrill, und gleichzeitig gingen sechshundert Watt Deckenlicht an. Kate wachte mit Blick auf die bemalte Decke auf, die sie vor Jahren selber entworfen hatte. Allerdings hätte sie sich damals nicht vorstellen können, vor Sonnenaufgang aufstehen zu müssen.

Donovan stellte den Wecker ab. »Ich habe das Klingeln mit dem Licht gekoppelt, weil ich es einfacher finde, wach zu werden, wenn es hell ist. Jetzt einen Kaffee, und der Tag kann kommen.« Er küsste Kate schläfrig auf die Schläfe.

Kate spürte ein Gewicht auf ihrer Brust und erkannte, dass es Dinah war, die das kleine Maul öffnete und gähnte. Donovan, eine Katze und ein warmes Bett – was gab es mehr?

Kate fragte sich, wie lange so ein Glück anhalten konnte. Auf dem Anrufbeantworter war gestern eine Nachricht des Beamten gewesen, der Sams Tod untersuchte. Er war an den Hintergrundinformationen interessiert gewesen, die sie zu Steve Burke und Joe Beekman gesammelt hatte. Ob er wohl etwas herausgefunden hatte? »Was steht heute an? Du hast von einer eiligen Sache gesprochen, aber ehe du das erklären konntest, wurden wir ... abgelenkt.«

»Und wie! Heute geht es dem Concorde an den Kragen. Dieses Projekt war vom ersten Tag an wie verhext, und durch die Gasexplosion ist jetzt Haus vier einsturzgefährdet. Wenn das passiert, kann die Kirche gegenüber zerstört werden. Also müssen wir es so schnell wie möglich runterbringen.«

»Der Zement ist bei diesem Gebäude so bröckelig, dass er schon vom Anschauen zerfällt. Wäre da die herkömmliche Weise mit der Abrissbirne nicht besser geeignet?«

»Sie wäre sicherer, aber zu langsam. Die Stadt will das Haus sofort weghaben. Benachbarte Kirchen zu beschädigen ist nicht gut für den Ruf.«

»Und was meinst du mit so schnell wie möglich?«

»Genau das, was es heißt. Jeder verfügbare Mitarbeiter wird da sein, und dazu noch Nick und Joe Flynn, der Vormann, den Nick von uns abgeworben hat.«

»Nick will helfen?«

»Sei nicht zu schockiert, das ist kein Altruismus. Er wird als Subunternehmer sehr gut dafür bezahlt. Er und Joe haben schon einmal im Concorde gearbeitet und kennen die Gebäude, was uns gelegen kommt. Wenn alles klappt, können wir das Gebäude heute Abend oder morgen früh sprengen.«

»So schnell? Du machst Witze!«

»Der innere Abriss war zum Zeitpunkt der Gasexplosion schon fertig, und wir können heute den Plan erstellen, während die anderen die Ladungen anbringen. Dein Talent, instabile Stellen zu finden, kommt uns da zugute. Das Haus ist chaotisch. Wir beide müssen uns alles genau ansehen, ehe wir über alles endgültig Bescheid wissen.«

»Das ist ein historischer Moment. Du sagst tatsächlich, dass du mich in einem gefährlichen Gebäude sehen möchtest, statt zu lamentieren, dass ich doch lieber draußen bleiben sollte, wo es sicher ist.«

»Keine Sorge. Ich denke das nach wie vor, aber ich kann es mir nicht leisten, auf deinen Instinkt zu verzichten.«

Der Wecker ging erneut los. Diesmal stellte Kate ihn ab und vertrieb damit Dinah aus dem Bett. »Es wird Zeit.«

Sie schwang die Beine über die Bettkante, aber Donovan hielt sie fest, zog sie an sich und küsste sie. Es war nicht primär Leidenschaft, die ihn trieb, auch wenn die immer unterschwellig vorhanden war. Heiser sagte er: »Nur für den Fall, dass ich es länger nicht gesagt habe, Kate, aber ich liebe dich.«

Er hatte es gesagt, ein paar Mal sogar letzte Nacht. Kates Reaktion war eine unsichere Mischung aus Angst und Freude gewesen. Doch heute Morgen war die Angst etwas weniger ausgeprägt. Wenn doch nur der Tag kommen würde, wo sie ihm vertrauensvoll und ohne Angst ihr Herz schenken könnte ...

Die Zeit war noch nicht reif. Kate gab Donovan einen raschen Kuss auf die Nase und stand auf. Einen Tag nach dem anderen.

Es würde ein Vergnügen werden, Gebäude vier platt zu machen, falls es nicht vorher ihn platt machte, dachte Donovan. Er sprang mit einem Fluch zurück, als ein Stück Zement kurz vor seiner Nase von der Decke stürzte. Zum Glück war er immer vorsichtig, aber trotzdem prasselten Steinchen wie Hagel auf seinen Helm.

Die unbeschädigten Teile des Hauses waren nachlässig gebaut – Donovan hoffte, dass die Stadt den Bauunternehmer verklagte – aber zumindest waren sie noch einigermaßen intakt. Der Westflügel war ein anderes Thema. Donovan wurde an Aufnahmen von Beirut nach einem Bombenangriff erinnert. Überall lagen Trümmer herum. Je weiter er vordrang, desto kaputter war das Gebäude.

Kate erschien mit Block und Stift und einer interessanten Vielfalt von Schmutzstreifen im Gesicht. Den ganzen Tag über hatte sie sich Notizen über das Gebäude gemacht. »Wollen wir unsere Erkenntnisse vergleichen?«

»Ja, aber nicht hier.« Gemeinsam gingen sie zurück in den stabilen Gebäudeteil. Nach fünfzehn Minuten Diskussion meinte Donovan: »Besser können wir es wohl nicht machen. Ich bin fast soweit, den Sprengplan zu unterschreiben. Was ist mit dir?«

Kate nagte an der Unterlippe und betrachtete den Plan. »Ich will mir den achten Stock noch einmal ansehen, aber grundsätzlich bin ich auch soweit. Bessere Daten werden wir nicht bekommen.«

»Solange du im Achten bist, gehe ich noch mal in den fünften Stock.« Er sah aus dem Fenster, das mit Holz vernagelt war. »Ich bin mir sicher, dass der Kirche nichts passiert, auch wenn unsere Berechnungen etwas ungenau sein sollten. Sonst ist nichts in der Nähe.«

Kate sah auf die Uhr. »Luther hat gesagt, dass die Ladung schon fast überall angebracht ist. Wie lange brauchst du noch für diesen Teil hier?«

»Etwa sechs Stunden, denn wir müssen hier sehr vorsichtig sein. Dann kann das Ding in die Luft gehen.«

»Notfälle können richtig Spaß machen«, bemerkte Kate.

»Aber nur bis zu einem gewissen Punkt. Bleib nicht zu lange oben, sonst schicke ich ein Suchkommando los.« Haus vier war so gefährlich wie ein erdbebengefährdetes Haus, und er hatte angeordnet, dass alle zu zweit arbeiten sollten.

»Ich brauche nur ein paar Minuten.« Kate wandte sich ab und bahnte sich den Weg durch ein ehemaliges Wohnzimmer. Jetzt blies der Wind kalt durch die Ritzen.

Donovan ging vorsichtig weiter nach Westen. Verrostete Trägerteile ragten wie Knochenstücke aus zersplitterten Säulen. Hier würde schon wenig Dynamit genügen. Ein Stück war vielleicht schon genug. Der Trick war, die tragenden Teile zu erwischen.

Ihr Plan gefiel ihm. Jim Frazer, Chefingenieur bei *PDI*, hatte ihn bereits abgesegnet.

Donovan trat um eine Säule herum und erkannte grimmig alte Einschusslöcher im Putz. Dies war auch früher kein glücklicher Ort gewesen. Doch es war ein Fehler gewesen, nicht aufzupassen, wohin er trat. Der Boden gab unter ihm nach, und fast wäre er gestürzt.

Fluchend gewann er sein Gleichgewicht zurück und wich ein paar Schritte zurück. Überall war der Boden mit Zement, Glas und Eisenteilen bedeckt.

Vor sich sah Donovan plötzlich eine Bewegung. Und das, obwohl hier niemand sein dürfte. Vorsichtig schob er sich um die Säule herum und blieb überrascht stehen, als er eine vertraute Gestalt entdeckte. »Nick? Was zum Teufel suchst du denn hier?«

Nick Corsi fuhr herum, ein Brecheisen in der Hand. »Ich ... ich überprüfe nur etwas.« Er schob sich zwischen Donovan und die Säule.

Doch das reichte nicht, um zu verbergen, was er getan hatte. »Bringst du da Plastiksprengstoff an?«, fragte Donovan ungläubig. »Das ist doch völlig falsch.«

»Scheiße!«, knurrte Nick. »Ich habe gehofft, das nicht tun zu müssen.« Er ließ die Brechstange fallen und zog etwas aus der Tasche, das wie eine Fernbedienung aussah. »Schlechtes Timing, Donovan.« Er rammte das Teil in Donovans Solarplexus, und es wurde schwarz um ihn.

Benommen erwachte Donovan und fand sich mit dem Rücken auf rauem Untergrund liegen. Wo war er? Und was zum Teufel war passiert?

Über ihm lag Zement, und es roch nach Sprengstoff. Froh, das herausgefunden zu haben, versuchte Donovan, sich auf die Gestalt zu konzentrieren, die vor ihm stand. Nick Corsi, einen Arm ausgestreckt.

Instinktiv wollte Donovan ausweichen, aber seine Muskeln gehorchten ihm nicht. Himmel, war er gelähmt?

»Wenn eine Sekunde dafür reicht, müssten fünf Sekunden genug sein, um dich lange genug lahm zu legen.« Nick presste ein dunkles Objekt unter Donovans Brustkorb.

Ein intensiver Schock durchfuhr Donovans Körper. Alles um ihn herum verschwand, und hilflos wirbelte er mitten durch die Hölle.

Pfeifend kehrte Kate von ihrem kurzen Ausflug zurück. Es blieb alles beim Alten. Wenn Donovan bereit war zu unterschreiben, konnte die Sache losgehen.

Um dieses Haus war es nicht schade. Den Abriss des St. Cyr hatte Kate bedauert, aber Concorde hatte lange genug gestanden. Immer, wenn sie alleine war, empfand sie die Spuren des alten Lebens, das in diesen

Wänden geherrscht hatte. Es hatte Glück, Lachen und Geborgenheit gegeben, aber auch Wut und Verzweiflung. Zeit, alles in die Luft zu jagen, Zeit für einen gesunden Neuanfang.

Es herrschte ein solcher Baulärm im Gebäude, dass Kate sich nicht die Mühe machte, Donovans Namen zu rufen. Sie ging einfach dorthin, wo sie ihn zuletzt gesehen hatte. Als sie ihren Cousin entdeckte, der sich einen Weg durch den Schutt bahnte, rief sie: »Hallo, Nick, suchst du auch nach Donovan?«

»Ich hätte mir denken können, dass du auch bald kommst.« Nick winkte sie zu sich. »Donovan ist hier hinten.« Er führte sie in einen offenen Flur.

Ehe Kate Zeit hatte, sich über das seltsame Verhalten ihres Cousins zu wundern, entdeckte sie Donovan vor einer Säule auf der Seite liegend, zusammengerollt und ohne Helm. »Himmel, Nick, was ist passiert? Hast du Hilfe angefordert?«

Sie sank neben Donovan auf die Knie. Keine Trümmer, kein Blut oder Verletzungen, und dennoch schien er nicht bei Bewusstsein zu sein. Er hatte doch sicher keinen Herzanfall, dafür war er doch noch zu jung! Halb erstickt vor Angst tastete Kate an seinem Hals nach einem Puls. Zu ihrer Erleichterung schlug er bei der Berührung die Augen auf und sah sie benommen an.

Da Nick anscheinend nichts unternommen hatte, löste Kate ihren Walkie-Talkie vom Gürtel. »Was ist passiert, Patrick?«

Ihre Stimme schien ihn zu sich zu bringen. »Kate, pass auf ...«, flüsterte er. »Nick ...«

Kate fuhr herum und sah Nick auf sich zukommen. »Jetzt bist du auch dran, Katie«, sagte er bedauernd.

»Lauf!«, stieß Donovan hervor.

Kate stand auf, aber bis sie soweit war, hatte Nick ihr das Funkgerät entrissen und war dabei, ihr ein kleines schwarzes Gerät in den Magen zu schieben.

Donovan griff nach Nicks Knöchel. »Lauf, K... Kate.«

Fluchend riss Nick sich los, aber Kate hatte genügend Zeit gehabt, ein paar Meter zwischen sich und ihren Cousin zu bringen. »Nick, was zum Teufel machst du da?«

»Ich korrigiere Sams Testament. Dein Ex erholt sich überraschend schnell. Muss sein Beschützerinstinkt sein. Das hier sollte ihn wieder stoppen.« Er hielt das Gerät eine Weile an Donovans Bauch. Donovan gab ein schreckliches Geräusch von sich und wurde wieder schlaff.

Mit grimmigem Gesicht richtete Nick sich auf. »Versuch gar nicht erst wegzurennen, Cousine. Dieses Versteckspiel wirst du nicht gewinnen.«

Er warf das Funkgerät zur Seite. »Ein Jammer, dass ihr mich überrascht habt, ehe ich die Säule fertig präpariert hatte, aber eigentlich liegt die Schuld bei Sam. Er hätte *PDI* niemandem hinterlassen sollen, der nicht zur Familie gehört. Himmel, Donovan war nicht einmal mehr sein Schwiegersohn!«

Entsetzt wich Kate zurück. Nick war es, der *PDI* in Schwierigkeiten brachte. Er hatte das Können und die Möglichkeiten dazu, und wenn sie ihn richtig verstand, hatte er auch ein Motiv. Warum war ihr Verdacht nicht früher auf ihn gefallen?

Weil es schwer war – ja, fast unmöglich – zu glauben, dass jemand, den sie ihr ganzes Leben kannte, so niederträchtig sein konnte. »Hast du die Explosion ausgelöst, die Sam getötet hat?«

»Er wäre sowieso in ein paar Monaten gestorben. Ich dachte mir, dass ich ihm einen Gefallen tue, wenn er abtritt, ehe der Schmerz kommt.«

Kate ließ jede Hoffnung auf ein Missverständnis fahren. »Du Bastard! Du hast meiner Mutter die letzten Monate mit meinem Vater gestohlen!«

»Es wäre nicht soweit gekommen, wenn Sam sich richtig verhalten hätte. Ich persönlich meine, dass der Krebs sein Gehirn verwirrt hat. Ich war wirklich verletzt, als Angie mir von seinem Testament erzählt hat. Ich konnte kaum glauben, dass Sam seinen Neffen übergeht und *PDI* diesem dämlichen Ex-Schwiegersohn hinterlässt. Ich hätte ja verstanden, wenn er es dir oder sogar deinem schwulen Bruder hinterlassen hätte, aber Donovan? Das war eine verdammte Beleidigung.« Er kam einen Schritt näher.

Angie? Richtig, Nicks Frau arbeitete bei Charles Hamilton. Nick hatte sie dort kennen gelernt. Sie hatte offensichtlich Geheimnisse ausgeplaudert.

»Wie bequem für dich, einen Spion in Charles' Büro zu haben.« Ihr Cousin stand zwischen ihr und dem heilen Teil des Gebäudes und trieb sie weiter in den beschädigten Teil hinein.

»Angie ist ein nettes, altmodisches Mädchen, das genau das tut, was ich ihr sage. Seit unserem zweiten Ehejahr widerspricht sie nicht mehr.«

Bastard. »Ich gehöre auch zur Familie, Nick. Unsere Väter waren Brüder, und wir tragen denselben Namen. Tötet ein Familienmitglied ein anderes?«

»Du hättest in Kalifornien bleiben sollen. Aber nein, du musstest ja unbedingt für *PDI* arbeiten. Wenn nicht, wärest du jetzt nicht hier. Ich wollte nur diesen Gebäudeteil mit viel Tamtam zum Einsturz bringen, damit die Kirche beschädigt wird und *PDI*s Ruf auch. Zu schade, dass Donovan und du mich überrascht habt, sodass ich euch ausschalten muss.«

Wieder trat er einen Schritt vor. Kate wich genauso weit zurück. Der Boden unter ihr knackte verdächtig.

»Was hast du vor – willst du uns umbringen?«

»Es soll wie ein Unfall aussehen«, erwiderte Nick. »Deshalb habe ich das Stromgerät mit. Wenn die Explosion losgeht, werden Donovan und du mittendrin sein. Eine Autopsie würde wahrscheinlich zeigen, dass ihr durch Strom gelähmt wart, aber wer untersucht schon eine Leiche so, wenn sie in lauter Stücke zerfetzt ist?«

»Warum tust du das?«

»Nach zwei weiteren Todesfällen wird *PDI* entweder geschlossen oder an Marchetti verkauft. Marchetti würde wahrscheinlich mich anheuern, um *PDI* zu führen. Wenn *PDI* hingegen geschlossen wird, habe ich keine Konkurrenz mehr. So oder so habe also ich den Nutzen davon. Es wäre so viel einfacher gewesen, wenn Sam mir gleich die Firma hinterlassen hätte.«

Sein Egoismus entsetzte Kate, aber für derartige Empfindungen war jetzt keine Zeit. Schreien nutzte bei dem Lärm auch nichts. Ihr Funkgerät war außer Reichweite und Donovan ausgeschaltet. Zum Glück musste Nick nahe an sie herankommen, um sie mit Strom lähmen zu können. Er war ganz ruhig, weil er sich sicher war, sie jederzeit leicht überwältigen zu können. Falls sie eine Waffe fand, hätte sie vielleicht eine Chance.

Ein Stück Metallträger fiel ihr ins Auge. Es war rund fünfzig Zentimeter lang, nur ein paar Schritte entfernt und gäbe eine hervorragende Waffe ab, um Nick auf Distanz zu halten. Kate schob sich nach links. Nick folgte ihr in einem unheimlichen Tanz, der ihn immer näher brachte.

Um Zeit zu gewinnen, sagte Kate: »Hast du auch etwas mit den vielen Unfällen zu tun, die *PDI* in letzter Zeit zu verzeichnen hatte?«

»Du bist schlau, Kate. Ja. Ich stecke dahinter. Ich wusste von allen Projekten und kenne alle Sprengarbeiter. Es war nicht schwer, ein paar Jungs zu finden, die für ein paar Dollar extra bereit waren, einen Streich zu spielen. Etwas zündeln, ein paar Bestellfehler, Ausrüstung zerstören – alles kein Problem. Das Gas hier in Gebäude habe ich selber angestellt. Kinderleicht.«

»Du hast also ein Talent für Industriespionage und bist ein schmieriger Verkäufertyp. Aber das heißt noch lange nicht, dass du das Können hast, um *PDI* zu führen. Du warst schon immer ein Großmaul, aber kein Macher. In ein paar Jahren würdest du die Firma in den Ruin treiben.«

»Und du warst immer die vorlaute kleine Prinzessin. Daddys kleines Mädchen, das nichts falsch machen konnte!«

»Du bist eine technische Null«, erklang Donovans schwache Stimme. »Deshalb hat Sam dir die Firma nicht hinterlassen, Nick.«

Wütend fuhr Nick herum. »Du warst es, der nichts taugt! Löcher bohren kann jeder, aber man braucht Talent, um Kunden zu bekommen und zu binden. Ich war der, der unentbehrlich war, nicht du. Aber nachdem ich gegangen war, hast du Sam so gegen mich aufgehetzt, dass er mich nicht zurückhaben wollte, als ich ihn gefragt habe. Du bist selber an allem schuld!«

»Unsinn!« Donovan rollte sich auf die Seite, und sein Körper zitterte bei der Anstrengung. »Du sagst, dass Sam die Familie nichts bedeutet hat, aber das hat sie.

Wenn du nicht sein Neffe gewesen wärest, hätte er dich längst auf die Straße gesetzt.«

Kate hatte Donovans Ablenkungsmanöver genutzt und sich dem Metallteil genähert. Als Nick Donovan voller Wut in die Rippen trat, ergriff sie es. Drei große Schritte, und sie war nahe genug, ihren Cousin schlagen zu können. Mit aller Macht zielte sie auf seinen Nacken, in der Hoffnung, ihm den Hals zu brechen.

Doch Nick hörte sie, fuhr herum und blockte den Schlag mit dem Arm ab. Er taumelte zurück, fing sich wieder und stürzte mit dem Stromgerät auf sie zu.

Himmel, er zielte auf das Metall. Voller Angst vor dem Stromstoß warf Kate das Teil weg, hob ein Stück Zement auf und schleuderte es ihrem Cousin entgegen. Das Metall traf ihn in der Mitte, sodass er sich krümmte und der Zement über ihn hinwegflog.

Unverletzt richtete Nick sich auf. »Vergiss es, Prinzessin, mich schlägst du doch nicht.«

Kate lief los, und Nick folgte ihr. Sie hob eine Hand voll Kiesel auf und warf sie hinter sich. Einige trafen Nicks Gesicht. »Himmel, du kleine ...«

Das gab ihr die Zeit, hinter ihn zu gelangen und in den stabilen Teil des Gebäudes zu rasen. Mit etwas Vorsprung konnte sie in ein anderes Stockwerk gelangen und Hilfe holen ...

»Komm zurück, Kate«, bellte Nick. »Wenn nicht, töte ich Donovan, ehe du das nächste Stockwerk erreichst.«

Kate blieb stehen, dann drehte sie sich mit klopfendem Herzen um, um dem Mörder ihres Vaters ins Gesicht zu sehen.

40. Kapitel

Nick hob das Stück Eisen auf und stellte sich über Donovan. »Ein paar Schläge damit sollten seinen Kopf nett zerschmettern. Obwohl ein Stoß durch ein Auge vielleicht noch effektvoller wäre. Das ist etwa so, wie im Biounterricht einen Frosch zu töten. Ich weiß noch, dass du zu schwach dazu warst. Musstest deine Freundin Rachel um Hilfe bitten. Soll ich dir zeigen, wie man es macht?«

Seine Drohung erfüllte Kate mit kalter Wut. Ihr musste etwas einfallen, sonst waren Donovan und sie tot. »Wenn du uns beide sowieso umbringen willst, bleibe ich nicht hier. Das bringt mich nur um, ohne dass ich Donovan helfen kann.«

Nick runzelte die Stirn. »Das stimmt. Es wäre ideal, wenn ich euch beide gleichzeitig töten könnte, aber das geht nicht. Was soll ich ihn jetzt erschlagen und dann wegen Mordes verurteilt werden? Ich will ja auch nicht unbedingt jemanden töten. Lass uns verhandeln. Wie wäre es, wenn ich dir Donovans Leben schenke und du als Gegenleistung schweigst? Versprich mir, dass keiner von euch mich verrät, dann lasse ich euch gehen. Dann tun wir alle so, als wäre das hier nie passiert.«

Hielt er sie für so dumm, dass sie ihm das glaubte? Offenbar. Aber solange er ein Eisenstück an Donovans Kopf hielt, war er in der stärkeren Position. »Alles, was ich tun muss, ist Stillschweigen zu bewahren?«

»Genau. Ich habe ja noch keinen richtigen Schaden angerichtet. Donovan ist in ein paar Minuten wieder so gut wie neu, und Sam wäre sowieso gestorben.«

»Das stimmt.« Um überzeugend zu klingen, sah sie Donovan stirnrunzelnd an und legte ein wenig Zweifel in ihre Stimme. »Ich denke, ich kann ihn überreden, dass er mitmacht.«

»Keine Sorge«, erklärte Nick zuversichtlich. »Ich habe gesehen, wie er dich ansieht. Donovan frisst dir aus der Hand – er wird alles tun, was du willst. Also lass uns einfach weitermachen, als wäre nichts passiert. Ich wollte *PDI* für mich haben, aber ich habe meine Chance vertan. Meine Firma läuft gut. Ich werde mich rächen, indem ich euch vom Markt verdränge.«

Kate sah ihm in die Augen und erkannte den eiskalten Mörder. Wenn sie in seine Nähe käme, würde er sie lähmen und dann die Sprengung zünden, um Donovan und sie zu töten. Er musste sie für eine Idiotin halten. Sie war ja auch nur eine Frau, und Frauen hatte er noch nie ernst genommen.

Diese Tatsache musste sie ausnutzen. »Okay, Nick, abgemacht.«

»Lass uns darauf die Hand schütteln.«

Kate trat langsam vor. Sie musste außer Reichweite des Stromgeräts bleiben, ihn davon abhalten, Donovan zu schaden, und sie musste Hilfe holen. Ihr Blick glitt über den steinigen Boden.

Plötzlich hatte sie eine Idee. Ihr Walkie-Talkie lag ungefähr einen Meter von Nick entfernt. Fünf Sekunden, und alle Männer im Haus kämen angerannt.

Sobald sie es aufheben würde, würde Nick sie verfolgen, statt Donovan zu bedrohen. Wenn er eine echte Pistole gehabt hätte, bliebe ihr keine Chance, aber das Stromgerät war zur Verteidigung gedacht, nicht zum Angriff. Kate mutmaßte, dass sie ihn lange genug ablenken könnte. Ihr beider Leben stand auf dem Spiel.

Kate tat noch zwei Schritte und wendete den Blick bewusst vom Walkie-Talkie ab. »Versprichst du, Donovan, *PDI* und mich in Zukunft in Ruhe zu lassen?«

»Du hast mein Wort darauf. Ich gebe zu, dass ich zu weit gegangen bin, aber Sam hat meine Gefühle wirklich verletzt.« Er warf Donovan einen finsteren Blick zu. »Halt diesen Affen von mir fern. Er geht mir auf die Nerven.«

Diese kurze Ablenkung war Kates Chance. Sie hechtete zum Funkgerät und drückte schon auf Senden, ehe sie es am Mund hatte.

Ehe sie sprechen konnte, wirbelte Nick herum und schlug ihr das Gerät mit der Metallstange aus der Hand. »Du hinterlistige Hexe!«

Mit verzerrtem Gesicht hob er das Stromgerät. Kate wich zurück, aber das Gerät traf ihren Ellbogen. Ein blauweißer Blitz erschien, und ihr Arm begann, wie mit tausend Nadeln zu prickeln.

Ihr linker Arm war fast taub, und Kate griff mit rechts nach einem Stück Beton. »Gar nicht so einfach, dieses hässliche kleine Ding zu benutzen, wenn das Opfer Bescheid weiß, was? Donovan konntest du nur durch den Überraschungseffekt lahm legen. Er ist zehn Mal mehr Mann als du – deshalb hat Sam ihm die Firma hinterlassen.«

Wie Kate gehofft hatte, ließ die Beleidigung Nick wie einen gereizten Bullen losstürmen. Statt Nick zu schlagen, ließ Kate das Betonstück auf das Stromgerät niedersausen. Es zerbrach in seiner Hand, war nicht länger benutzbar.

Nicks Körperwucht jedoch konnte sie nicht ausweichen. Er warf sie um und nagelte sie unter sich fest. Sein heißer Atem traf ihr Gesicht, als er keuchte. »Du dreckige Schlampe!« Er packte sie an der Kehle.

Kate zielte mit dem Knie auf seinen Unterleib, aber er rollte beiseite, sodass sie ihn nicht traf. »Dafür wirst du bezahlen, ehe du stirbst!«

Nick stand zwischen ihr und der Säule, genau an der richtigen Stelle. Sicher, dass sie ihm nicht mehr entkommen konnte, näherte Nick sich seinem Opfer. Kate zwang sich, zu warten, bis er sich über sie beugte. Dann winkelte sie die Knie an, stemmte ihm die Füße in seinen Unterleib und stieß mit aller Kraft zu.

Nick keuchte als er nach hinten flog – direkt auf ein Stück Eisen zu, das aus der Säule ragte. Er schrie einen grauenhaften Schrei, als das Eisen vorne aus seiner Brust drang. Einen entsetzlichen Moment lang starrte er sie ungläubig an. Dann schoss das Blut aus seinem Mund, ehe sein Kopf schlaff nach vorne fiel.

Noch bevor Kate sich erholt hatte, verriet ihr ein mahlendes Geräusch, dass der Aufprall seines Körpers an der Säule die Stabilität geschwächt hatte und die Decke einstürzen ließ. Kate rappelte sich auf. »Donovan, wir müssen weg hier!«

Ihre Dringlichkeit vermochte den Nebel in seinem Kopf zu durchdringen, und er kam taumelnd auf die Knie. Kates linker Arm war noch taub, aber mit dem rechten konnte sie ihm aufhelfen. Dann begann sie, ihn in Sicherheit zu schleppen.

Als sie an der Säule vorbeikamen, fiel ein großes Stück Beton hinter ihnen in einer Staubwolke zu Boden. Der Aufprall warf sie um. Kate sah, dass Donovan keinen Helm mehr trug, und warf sich über ihn, um ihn zu schützen.

Es wurde dunkel um sie, als etwas ihren Kopf traf.

Etwas Scharfes schlug zwischen ihre Schulterblätter, gefolgt von kleinen Steinen.

Dann herrschte Schweigen – und Kate wurde klar, was sie getan hatte.

Julia döste auf dem Sofa, als Donovan nach Hause kam, sie wachte aber sofort auf, als er ins Wohnzimmer trat. Er küsste sie auf die Wange. »Wie geht es Kate? Ich dachte, sie würde eine Weile im Krankenhaus bleiben.«

»Du weißt doch, wie das heutzutage ist – keiner bleibt über Nacht, wenn er noch laufen kann. Kate war zerschrammt und durcheinander, aber ihr fehlt nichts Ernstes. Sie schläft jetzt.«

Julia sah ihn an. »Du siehst aus, als hättest du auch einiges abbekommen.«

Er dachte an die langen Stunden, nachdem Luther und die anderen Kate und ihn aus dem Schutt befreit hatten. Als sie Nicks Leiche fanden, war er langsam wieder in der Lage gewesen, zu arbeiten. In Rekordzeit hatten sie danach die letzten Sprengladungen angebracht.

»Ich bin nur müde – aber wir sind fertig. Der ganze Komplex ist vor einer Stunde hochgeflogen.« Den Rest des Concordes würden sie im Beisein von Kameras und Scheinwerfern sprengen. Bei Haus vier waren nur ernste Polizisten, Feuerwehrleute und die Leute von *PDI* dabei gewesen. Donovan hatte ein primitves Vergnügen dabei empfunden, selber die Knöpfe zu drücken.

»Zum Teufel mit all dem.« Julia stand auf. »Zeit, nach Hause zu gehen. Oscar wird sich fragen, was mit mir passiert ist.«

»Bleib doch heute Nacht hier. Das Gästezimmer ist bereit.«

»Ich fahre lieber nach Hause. In ein paar Stunden muss ich zu Angie Corsi rüber und sehen, ob ich helfen kann. Arme Angie, beide haben wir unsere Männer bei Sprengunfällen verloren. Das ist eine schreckliche Gemeinsamkeit.«

Es gab vieles, was Julia nicht wusste, aber Donovan würde nichts sagen. Erst musste er mit Kate sprechen.

Kate verspannte sich, als Donovan ins Schlafzimmer kam, und war versucht, sich weiter schlafend zu stellen. Der Wecker zeigte vier Uhr früh, und redliche Bürger schliefen um diese Zeit. Sie dagegen lag seit Stunden wach. Wenn sie nicht vorgeben wollte, im Koma zu liegen, musste sie sich früher oder später der Welt – und Donovan – stellen.

»Bist du wach, Kate?«

»Ich fürchte ja.« Der sanfte Schein der Lampe erhellte sein Gesicht und zeigte ihr seine Erschöpfung und Sorge. Er trug immer noch seine Arbeitskleidung und war voller Staub.

Donovan setzte sich auf den Bettrand und ergriff Kates Hand. »Haus vier ist Geschichte. Es dauerte nicht lange, Nicks ... Leiche auszugraben. Die Stadt hat angeordnet, das Haus so schnell wie möglich zu sprengen, ehe noch jemand zu schaden käme.«

»Wie geht es dir? Haben die Stromschläge dir etwas getan?«

»Mir geht es gut. Es war scheußlich – als wäre ich unter Betäubung. Ich war wach, aber nicht ganz da, völlig passiv. Nach einer halben Stunde war es vorbei, aber in der Zeit hatten sie dich schon in die Ambulanz gebracht. Ich habe niemandem gesagt, was passiert ist, nur dass die Decke eingestürzt ist. Ich wollte lieber erst mit dir sprechen, weil mir ein paar Einzelheiten fehlen.«

»Nick fand, dass *PDI* an ihn hätte gehen sollen, und er hätte uns umgebracht, nur um es zu bekommen. Er hat Sam getötet, die Arbeit von *PDI* sabotiert und die Gasexplosion im Concorde ausgelöst.«

Donovan fluchte. »An etwas davon kann ich mich erinnern, aber ich dachte, ich hätte mir das eingebildet. Es liegt eine schreckliche Gerechtigkeit darin, dass Nick am Ende durch seine eigene Sabotage ums Leben gekommen ist.«

»Nick wurde nicht durch den Einsturz der Decke getötet«, bekannte Kate flach. »Ich habe ihn ermordet.«

Sie wollte ihm ihre Hand entziehen, aber Donovan hielt sie fest. »Erzähl mir alles, cara«, sagte er leise.

»Ich habe ihn absichtlich gegen ein Metallstück geschleudert. Es hat seine Brust durchbohrt.«

»Himmel! Kein Wunder, dass du unter Schock standest.« Donovan legte sich neben sie aufs Bett und nahm sie in die Arme. »Aber das war kein Mord, Kate. Das war Notwehr. Ich habe jahrelang mit Nick zusammengearbeitet, und meistens war er okay, aber er hatte einen verrückten Zug. Sobald er beschlossen hatte, dass wir sterben müssten, um seinen Arsch zu retten, war es unsere einzige Chance, uns zu wehren. Du hast uns beide gerettet.« Er streichelte ihren Arm und versuchte, ihren zitternden Körper zu wärmen.

»Aber ich hatte eine Wahl!« Kate dachte an den rostigen, blutigen Schaft, der aus Nicks Brust ragte. Sah sein vertrautes Gesicht von Unglauben und Schmerz verzerrt. Himmel, sie hatte ihre Sache gut gemacht, alles sorgfältig geplant, Nick mit Bedacht vor der Säule platziert. Nick, ihr Cousin, der an jedem Kindergeburtstag dabei gewesen war und ihr das Pokern beigebracht hatte. Der immer lustig gewesen war. Die Tat, die sie begangen hatte, überwältigte Kate. »Ich habe seinen Tod gewünscht, Patrick!« Sie begann zu schluchzen.

Donovan nahm sie in die Arme. »Kate, Kate, das ist doch unter den Umständen gar nicht überraschend. Gib dir nicht die Schuld.«

»Aber ich bin schuld!« Er verstand nicht. Sie hatte sich ja selber nicht verstanden, bis die Tatsache, dass sie ihren Cousin getötet hatte, ihr den Schleier von den Augen gerissen hatte.

In jenem letzten Kampf hatte sie Nick nicht verletzen wollen – sie hatte sich an ihm rächen wollen, weil er Sam getötet hatte und Patrick und sie hatte umbringen wollen. Sie war von Verteidigung zu Blutdurst gewechselt. »Jeder hat mich sofort entschuldigt, als ich dich mit dem Messer verletzt hatte, Tom, Rachel, sogar du. Ich wollte damals wirklich glauben, dass der Akt der Gewalt nichts mit mir zu tun hatte. Aber er hatte etwas mit mir zu tun. Ich hätte dich töten können, und heute habe ich Nick getötet.«

Donovan schwieg ein paar Minuten lang. »Das Schlimmste, dem ich mich stellen musste, war die Erkenntnis, dass ich den Menschen verletzt hatte, den ich am meisten liebe. Es ist höllisch, die schwärzeste Ecke der eigenen Seele zu sehen.«

»Du hast dich deiner dunklen Seite lange vor mir gestellt, Patrick. Die gut erzogene Tochter meiner Mutter hat eine wilde Seite. Ich kann nicht verstehen, wie du es erträgst, mir so nahe zu sein.«

»Ich soll mich aufregen, weil du die Stärke hattest, mein Leben zu retten? Ich wusste immer schon, dass du stark bist, *cara*. Natürlich hast du auch die Anlage zur Gewalt. Die hat jeder in Extremsituationen. Offen gesagt verrät es ein gutes Urteilsvermögen, Nick töten zu wollen.«

»Du akzeptierst meinen Hang zum Totschlag viel besser als ich.«

»Weil ich dich liebe, Kate. Immer schon. Immer werde.« Sanft drückte er seine Lippen auf ihren Hals und zog sie noch fester an sich.

Seit Julia Kate nach Hause gebracht hatte, hatte sie wach gelegen und immer wieder die Szene mit Nick in ihrem Kopf ablaufen lassen. Vielleicht war es lebenswichtig gewesen, sich zu wehren – aber die wilde Wut, die sie dabei empfunden hatte, war nicht notwendig gewesen. Bei der Erinnerung daran wurde ihr übel.

Aber sie konnte nicht leugnen, dass sie so empfunden hatte. Sie hatte ihr ganzes Leben damit verbracht, erschreckende Gefühle zu leugnen. Sie hatte nicht über das Ende ihrer Ehe sprechen wollen, teils, um Patrick zu schützen, teils, weil sie nicht enthüllen wollte, wessen sie sich so sehr schämte. Die einzige Möglichkeit, die Kontrolle zu behalten, war leugnen. Kein guter Weg. Ein katastrophaler sogar.

Jetzt, wo sie sich endlich ganz akzeptierte, fühlte sie sich seltsam befreit. Das Wissen um ihre Tat verschaffte ihr keine Genugtuung, aber um jemanden zu schützen, den sie liebte, würde sic es wieder tun.

Endlich war ihr klar, dass sie nicht nur durch Donovans Hang zur Gewalt, sondern durch ihre Angst zu tiefen Gefühlen gelähmt gewesen war. Ironischerweise hatte Patrick in den letzten Wochen bewiesen, dass er sich beherrschen konnte, nicht mehr zu weit zu gehen. Obwohl er immer noch rasch wütend wurde, wusste sie jetzt, dass er nie mehr die Hand gegen sie erheben würde. Ihre eigene dunkle Seite stand auf einem anderen Blatt. Instinktiv hatte sie immer Angst davor ge-

habt, dass sie sich und alles um sich herum zerstören würde, wenn sie diesen Gefühlen freien Raum gäbe.

Jetzt hatte sie sich ihrer Angst gestellt ... »Ich liebe dich, Patrick.«

Er lag sehr still. »Der Schluss gefällt mir, aber ich weiß nicht, ob ich die Begründung verstehe.«

»Ich habe erkannt, dass die Angst vor mir selber mich genauso verkrüppelt hat wie die vor dir.«

»Alles verständliche Gefühle, Kate. Ich habe oft vor meiner eigenen Wut Angst gehabt. Vielleicht liegt es in der Natur des Menschen, dass wir uns selber unser größter Feind sind. Ich habe jahrelang an meinen Unzulänglichkeiten gearbeitet. Ich wette, dass du mit deiner schwarzen Seite viel eher ins Reine kommst als ich.« Er presste seine Lippen auf ihre Stirn, ihre Augen, die empfindliche Stelle unter ihrem Ohr. »Lass uns zu dem Teil zurückgehen, als du sagtest, dass du mich liebst. Das würde ich gerne noch einmal hören.«

»Ich liebe dich, Patrick. Himmel, tut das gut, es endlich zuzugeben!« Kate klammerte sich an ihn und fühlte sich zum ersten Mal seit den Anfängen ihrer Ehe wieder heil. Nur noch besser als damals. Mit achtzehn war sie ein Mädchen mit viel Glück und Instinkt gewesen. Jetzt war sie eine Frau mit Narben, aber ein ganzes Stück weiser.

Kate fiel etwas ein. »Weißt du was, mir wird gerade klar, warum ich Sprengungen so mag. Außer wegen des pubertären Reizes, meine ich.«

»Gibt es einen anderen Grund?«

»Ich wurde als brave junge Dame erzogen, die nie ihre Wut zeigen darf«, erklärte Kate. »Sprengungen waren genau das Richtige, um alle wilden Impulse auszuleben. Kein Wunder, dass ich so gerne für *PDI* arbeiten wollte.«

»Interessant. Das wird wohl auch für mich ein Teil der Anziehungskraft sein. Außer dass ich wütend war und das wusste und einen passenden Ort suchte, um mich abzureagieren.«

Endlich konnten sie Sicherheit und Frieden in den Armen des anderen finden. Kate schloss die Augen und lehnte ihren Kopf an Donovans Brust, beruhigt durch den starken, rhythmischen Schlag seines Herzens. *Carissimo.*

»Ich liebe dich, Kate.« Er zog sie enger an sich. »Und ich bin der glücklichste Mann der Welt.«

Erleichtert stieß Kate den Atem aus.

Endlich zu Hause.

EPILOG

Voller Freude atmete Julia die duftende Mailuft ein. Es war ein perfekter Frühlingstag, und sie war so zufrieden, als wenn sie persönlich für das Wetter verantwortlich wäre. Immerhin aber hatte sie alles für Kates und Donovans Fest organisiert und spielte jetzt das Empfangskomittee für Spätankömmlinge.

Julia warf einen Blick in das überfüllte Wohnzimmer. Kates Haus eignete sich sehr gut für Feiern, und die Einrichtung fügte den großen Räumen die nötige Wärme hinzu. Im Moment standen Donovan und Kate mit Frank und Connie Russo vor dem Kamin und lachten.

Kate trug ein langes, blaues Kleid voller Perlen, das auch auf einem Renaissancefest nicht fehl am Platz gewesen wäre. Stolz dachte Julia, wie schön ihre Tochter war. Donovan, konventionell in Blazer und dunkler Hose, sah ebenfalls sehr attraktiv aus.

Wie Donovan in Hose und Blazer gekleidet, kam Tom aus der Küche geschlendert. »Ich hatte ganz vergessen, wie schön Maryland im Frühjahr ist. Die Wälder voller Anemonen und überall Azaleen. Dagegen kommt nicht einmal Kalifornien an.«

Julia schob ihm die Hand unter den Arm. »Dann musst du eben öfter kommen.«

»Um ehrlich zu sein, überlege ich mir, ob ich in ein Kloster in New Mexiko eintrete. Ich war schon oft da, und jedes Mal frage ich mich, ob ich bleiben soll.«

»Ein Kloster?« Ihr Sohn als Mönch? Wie hatten Sam und sie nur so ein geistliches Kind produziert? Doch irgendwie passte das Bild. Tom hatte immer schon einen besonderen Sinn für das Spirituelle gehabt. »Ich dachte, die Kirche würde Homosexualität ablehnen.«

»Diese Gemeinschaft ist der Meinung, solange ein Mann abstinent lebt, ist es egal, was er vorher gemacht hat.«

Das ergab Sinn. »Sind Besucher dort erlaubt?«

»Oh, ja. Unsere Liebe Frau der Wüste ist kein Gefängnis. Dort herrscht ein Licht, das den Geist befreit. Es gibt dort ... Frieden.«

»Wenn du es sagst. Ich werde dich auf jeden Fall besuchen, wenn du dich dafür entscheidest. Was wirst du dort machen, außer beten?«

»Die Brüder sind sehr beschäftigt. Sie versorgen den Garten, backen Brot, machen Wein.« Er grinste. »Richten Web-Seiten ein.«

»Im Ernst?«

»Ganz im Ernst. Einer der Brüder entwirft Leucht-Manuskript-Designs, die im Internet verwendet werden. Ich nehme an, meine Computerkenntnisse sind ein Grund, warum sie mich dort aufnehmen würden. Klöster müssen irgendwie ihre Rechnungen bezahlen.«

Ehe er noch mehr sagen konnte, traten Sams Schwester Maria und ihr Mann Sean zu ihnen. »Tom, wie geht es dir?«, dröhnte Sean. »Du solltest öfter nach Hause kommen, und wenn es nur wegen der Krabbentörtchen wäre.«

»In San Francisco gibt es auch Krabben.«

Sean zog ein angewidertes Gesicht. »Das ist doch nicht dasselbe.« Sie zogen Tom mit sich, um ihm ihren neuesten Enkel zu zeigen. Julia sah ihnen nach und wusste, dass sie verliebt lächelte.

Charles trat an ihre Seite. »Möchtest du noch etwas trinken? Dein Eiswasser scheint sein Eis verloren zu haben.«

»Danke, das passt schon. Ich brauche heute nicht mehr, um glücklich zu sein.«

»Gleich kannst du deinen Posten aufgeben, es ist bald soweit.«

»Ich warte noch etwas, denn die meisten denken, es wäre wirklich nur eine ungezwungene Einladung. Es kommen sicher noch ein paar.« Sie lächelte auf Dinah herab, die ihr um die Knöchel strich. »Außerdem leistet mit meine Enkelkatze Gesellschaft.«

Charles' Blick schweifte durch die Menge, wo Angie Corsi sich gerade mit Connie unterhielt. »Ich freue mich, dass Angie heute gekommen ist. Seit Nicks Tod wirkt sie irgendwie entspannter. Natürlich nicht glücklich, aber erlöst.«

Das Frühjahr war kompliziert gewesen, um es milde auszudrücken. Aber es hatte Julia sehr erleichtert, dass Sam sich nicht selbst getötet hatte. Die Sache hatte sich selber geregelt.

Eine schlanke junge Frau trat ins Haus. Raine Marlowe. »Rainey, wie schön!«, rief Julia. »Ich freue mich so, dass du kommen kannst.«

»Ich habe Kates erste Hochzeit verpasst, also habe ich ihr versprochen, dass ich zur zweiten auf jeden Fall komme.« Rainey umarmte Julia. Sie hatte Hollywood heute abgelegt und war so schlicht gekleidet, dass Julia an früher erinnert wurde, als Kate sich mit ihren Freundinnen im Wohnzimmer breit gemacht und alle »Eine verhängnisvolle Affäre« geguckt hatten. Die gute alte Zeit ...

Apropos Hollywood ... »Kommt der erotischste Mann der Welt auch?«

»Er ist in Griechenland zu Dreharbeiten.«

Vielleicht war das gut so. Julia würde ihn zwar zu gerne kennen lernen, aber Kenzie Scotts Anwesenheit würde von der Hauptsache heute ablenken. »Geh rein und begrüße Kate. Sie und der Rest der Gang werden begeistert sein, dich zu sehen.«

Rainey schlenderte ins Wohnzimmer und wurde sofort jubelnd begrüßt. Es tat gut, sie wieder in Baltimore zu haben.

Eine tibetanische Gebetsglocke erklang. Julia umfasste Charles' Hand. Der Höhepunkt des Abends war gekommen.

Es hatte Vorteile, über Lärm hinwegbrüllen zu können, dachte Donovan, als er die Arme hob und rief: »Hört bitte alle mal her.«

Als es ruhig wurde, trat Kate aus dem Kreis ihrer Freunde, plötzlich mit Blumen in der Hand und Blüten im Haar. Sie sah aus wie eine mittelalterliche Prinzessin.

»Ich muss ein Geständnis ablegen. Dies ist nicht nur eine Party. Es ist eine Hochzeit«, kündigte Donovan an. »Es wussten nur die Bescheid, die wir aus anderen Staaten anlocken mussten.«

Aufgeregtes Raunen erklang, und die Trauzeugen traten vor, Tom Corsi und Liz Chen. »Wir wollten kein großes Tam-Tam, sondern nur unsere Freunde um uns haben.« Donovan sah sich um und dachte an die Hochzeit vor mehr als zwölf Jahren. Himmel, was waren sie damals jung gewesen. »Wir wollten auch keine Geschenke. Wir haben noch die vom ersten Mal. Sucht euch einen guten Platz, dann geht es los.«

Laurel Clark fungierte als Musikerin. Julia und

Charles standen im Arbeitszimmer, von wo sie einen guten Blick hatten. Donovans Ex-und-künftige-Schwiegermutter warf ihm eine Kusshand zu.

Der Methodistenpfarrer, der die Trauung vornehmen würde, erschien in voller Robe. Als Reverend Whittaker sich einen Weg durch die Gäste bahnte, suchte Donovan in seiner Tasche nach den Ringen. Kate und er hatten immer noch ihre alten Trauringe mit dem alten Datum, und sie hatten nur das neue Datum eingravieren lassen. Er gab Tom und Liz die Ringe, dann ergriff Patrick Kates Hand.

»Hast du den Tag der Scheidung einritzen lassen?«, fragte ihn Kate. »Es erscheint mir nur fair, um unserer Enkel willen die ganze Geschichte zu berücksichtigen.«

Er grinste und dachte, wie sehr sie in den letzten Wochen wieder seine lachende, selbstbewusste Kate geworden war. »Nein, ich habe ein Zeichen für Unendlichkeit eingravieren lassen.« Er hob ihre vereinten Hände und küsste ihre Finger. »Diesmal, *carissima,* ist es für immer.«

»Hiermit erkläre ich euch für Mann und Frau.«

Als Kate und Patrick sich küssten, wischte Julia sich die Augen. Diesmal würden die beiden es richtig machen.

Als sie ihr Taschentuch einsteckte, sagte Charles leise: »Ich liebe Hochzeiten. Wie wäre es, wenn wir zwei es auch machen, nachdem etwas Zeit verstrichen ist? Vielleicht in einem Jahr?«

Julias Puls beschleunigte sich. »Soweit habe ich noch gar nicht gedacht.«

»Ich schon. Die Kinder haben Recht, zweite Hochzeiten sind einfach. Ich denke immer wieder, wie gut du aussehen würdest, wenn du die Treppe in meinem Haus herunterkämest. Das Bleifenster sieht mit einer Braut davor am besten aus. Falls Rachel nicht doch noch jemanden findet, bist du meine einzige Chance für das Fenster.«

Julia biss sich auf die Lippe. »Ja«, flüsterte sie dann fast unhörbar.

Sein Gesicht hellte sich auf. »Falls ich es nicht erwähnt habe, Julia, ich liebe dich.«

»Ich dich auch, Charles.«

Vor dem Kamin legte Patrick seiner strahlenden Frau den Arm um die Schulter. »Wie glücklich ich bin. Ich war schon überrascht, dass Kate mich einmal geheiratet hat.« Er sah ihr mit warmem Blick in die Augen. »Dass sie es ein zweites Mal tut, ist fast ein Wunder.«

»Patrick unterschätzt sich wie üblich«, erwiderte Kate. »Auch ich muss etwas gestehen. All ihr guten Freunde, die ihr mir geraten habt, dass ich mir gut ansehen soll, was ich wegwerfe, hattet Recht.«

Alle lachten. Dann sagte Kate plötzlich ernst: »Schade, dass mein Vater das nicht erleben kann. Können wir eine Gedenkminute für Sam Corsi einlegen? Ohne ihn wäre ich heute nicht hier, und mein Leben wäre unvollkommen.«

Das Schweigen war vollkommen. Dann sagte Reverend Whittacker: »Amen. Und jetzt lasst uns im Kreis des Lebens den Neubeginn feiern.«

Die Freunde drängten vor, um zu gratulieren, und Charles sagte zu Julia: »Als Sam sein verrücktes Testament aufsetzte, habe ich ihm gesagt, dass er verrückter sei als ein verrücktes Huhn. Aber er wusste wohl verdammt genau, was er tat.«

Julia hakte sich bei ihm ein. »Ich weiß nicht, ob er weise war oder Glück hatte, aber eines weiß ich genau.« Sie lächelte unter Tränen. »Irgendwo lacht er jetzt, mein Sam Corsi.«

ANMERKUNG DER AUTORIN

Gewalt in der Ehe und Familie ist falsch, falsch, falsch. Da gibt es nichts zu diskutieren, und niemand sollte sie hinnehmen. Doch das Leben ist selten nur schwarz oder weiß, gute und schlechte Tage mischen sich auf das Verwirrendste.

Obwohl ich für diesen Roman ein schwieriges und wenig behandeltes Thema gewählt habe, passt es zu meinen anderen Romanen, denn Trennung und Versöhnung kommen sehr häufig vor. Wann ist es Zeit zu gehen, ehe eine schwierige Situation erdrückend wird? Kann zerstörtes Vertrauen wiedererweckt werden?

Kate hat als sehr junge Frau nicht ganz erkannt, was ihre Ehe gefährdet. Sie hat geglaubt, dass jeder einzelne Vorfall unabhängig geschah und sich nicht wiederholen würde. Sie wusste, dass Donovan sie liebte, was bedeuten musste, dass ihre Ehe stark und gut war. Sie war davon überzeugt, mit Verständnis und Liebe alle Probleme lösen zu können. Zum Glück hat sie dazugelernt.

Donovan war nie ein Bösewicht, aber er war mit Gewalt groß geworden, und seine Liebe hatte sich in gefährlicher Weise auf Kate fixiert. Manchmal war sein Verhalten furchtbar, und er wusste es, aber solange Kate es tolerierte, hatte er keinen Grund, sich zu ändern. Erst nachdem er verloren hatte, was er am meisten liebte, erkannte er, dass er selber grundlegend an sich arbeiten musste.

Obwohl Kate und Donovan fiktive Personen sind, haben sie reale Vorbilder, die ihre Vergangenheit überwunden und sich eine gemeinsame Zukunft aufgebaut haben. Eine kaputte Beziehung zu kitten verlangt mehr als Liebe. Es müssen auch Weisheit, Durchhaltevermögen und Verständnis hinzukommen. Kate und Donovan verfügen über alle diese Eigenschaften, und dazu haben sie die Gabe, zu vergeben. Deshalb können sie ihre Beziehung wiederbeleben und sie stärker machen denn je.